超大规模工程
EPC项目集群管理

主　编　沈兰康　张党国
——　副主编　时　炜　云　鹏　张洪洲　——
解崇晖　白晓宁

中国建筑工业出版社

图书在版编目（CIP）数据

超大规模工程EPC项目集群管理/沈兰康，张党国主编；时炜等副主编. —北京：中国建筑工业出版社，2021.9（2023.10重印）
（新型建造方式与工程项目管理创新丛书；分册7）
ISBN 978-7-112-26741-5

Ⅰ.①超… Ⅱ.①沈… ②张… ③时… Ⅲ.①工程项目管理 Ⅳ.①F284

中国版本图书馆CIP数据核字（2021）第208923号

随着国家推行工程总承包政策力度的加大，EPC工程总承包项目集群管理的新模式和新方法被许多复杂的工程项目所使用，取得了显著的效果。本书以中国西部科技创新港工程为样本，深度剖析超大规模工程EPC项目集群管理，为超大规模工程实施提供智力支撑。

责任编辑：封　毅　朱晓瑜
书籍设计：锋尚设计
责任校对：党　蕾

新型建造方式与工程项目管理创新丛书　分册7
超大规模工程 EPC 项目集群管理
主　编　沈兰康　张党国
副主编　时　炜　云　鹏　张洪洲
　　　　解崇晖　白晓宁
*
中国建筑工业出版社出版、发行（北京海淀三里河路9号）
各地新华书店、建筑书店经销
北京锋尚制版有限公司制版
北京富诚彩色印刷有限公司印刷
*
开本：787毫米×1092毫米　1/16　印张：23¾　字数：437千字
2022年2月第一版　2023年10月第二次印刷
定价：128.00元
ISBN 978-7-112-26741-5
　　（38550）

课题研究及丛书编写指导委员会

杜　锐　山西四建集团有限公司董事长

笪鸿鹄　江苏苏中建设集团董事长

葛汉明　华新建工集团有限公司副董事长

吕树宝　正方圆建设集团董事长

沈世祥　江苏江中集团有限公司总工程师

李云岱　兴润建设集团有限公司董事长

钱福培　西北工业大学教授

王守清　清华大学教授

成　虎　东南大学教授

王要武　哈尔滨工业大学教授

刘伊生　北京交通大学教授

丁荣贵　山东大学教授

肖建庄　同济大学教授

课题研究及丛书编写委员会

主　任： 肖绪文　中国工程院院士、中国建筑集团首席专家

　　　　吴　涛　中国建筑业协会原副会长兼秘书长、山东科技大学特聘教授

副主任： 贾宏俊　山东科技大学泰安校区副主任、教授

　　　　尤　完　中亚协建筑产业委员会副会长兼秘书长、中建协建筑业
　　　　　　　　高质量发展研究院副院长、北京建筑大学教授

　　　　白思俊　中国（双法）项目管理研究委员会副主任、西北工业大学教授

　　　　李永明　中国建筑第八工程局有限公司党委书记、董事长

委　员： 赵正嘉　南京市住房城乡和建设委员会原副主任

　　　　徐　坤　中建科工集团有限公司总工程师

刘明生　陕西建工控股集团有限公司党委常委、董事

王海云　黑龙江建工集团公司顾问总工程师

王永锋　中国建筑第五工程局华南公司总经理

张宝海　中石化工程建设有限公司EPC项目总监

李国建　中亿丰建设集团有限公司总工程师

张党国　陕西建工集团创新港项目部总经理

苗林庆　北京城建建设工程有限公司党委书记、董事长

何　丹　宏盛建业投资集团公司总工程师

李继军　山西四建集团有限公司副总裁

陈　杰　天一建设集团有限公司副总工程师

钱　红　江苏苏中建设集团总工程师

蒋金生　浙江中天建设集团总工程师

安占法　河北建工集团总工程师

李　洪　重庆建工集团副总工程师

黄友保　安徽水安建设公司总经理

卢昱杰　同济大学土木工程学院教授

吴新华　山东科技大学工程造价研究所所长

课题研究与丛书编写委员会办公室

主　任：贾宏俊　尤　完

副主任：郭中华　李志国　邓　阳　李　琰

成　员：朱　彤　王丽丽　袁金铭　吴德全

本书编委会

主　编：沈兰康　张党国

副主编：时　炜　云　鹏　张洪洲　解崇晖　白晓宁

编　委：沈兰康　张党国　时　炜　云　鹏　张洪洲　解崇晖
　　　　白晓宁　景旬祥　杨　斌　畅　争　蒲　靖

其他编写人员（按姓氏笔画排序）：
　　　　于　博　王　佳　王帅锋　王宁峰　冯亚平　刘存军
　　　　刘宗文　汤林锴　杜　博　李　茜　李西寿　杨　桦
　　　　杨增宁　吴　征　张小源　张振峰　陈战辉　尚思伟
　　　　帖　秋　周　拓　赵　伟　赵　凯　赵　辉　宫　平
　　　　郭　伟　董军林　强高峰　蒲　锋　雷　强　蔺进士

丛书总序

2021年是中国共产党成立100周年，也是"十四五"期间全面建设社会主义现代化国家新征程开局之年。在这个具有重大历史意义的年份，我们又迎来了国务院五部委提出在建筑业学习推广鲁布革工程管理经验进行施工企业管理体制改革35周年。

为进一步总结、巩固、深化、提升中国建设工程项目管理改革、发展、创新的先进经验和做法，按照党和国家统筹推进"五位一体"总体布局，协调推进"四个全面"战略布局，全面实现中华民族伟大复兴"两个一百年"奋斗目标，加快建设工程项目管理资本化、信息化、集约化、标准化、规范化、国际化，促进新阶段建筑业高质量发展，以适应当今世界百年未有之大变局和国内国际双循环相互促进的新发展格局，积极践行"一带一路"建设，充分彰显建筑业在经济社会发展中的基础性作用和当代高科技、高质量、高动能的"中国建造"实力，努力开创我国建筑业无愧于历史和新时代新的辉煌业绩。由山东科技大学、中国亚洲经济发展协会建筑产业委员会、中国（双法）项目管理研究专家委员会发起，会同中国建筑第八工程局有限公司、中国建筑第五工程局有限公司、中建科工集团有限公司、陕西建工集团有限公司、北京城建建设工程有限公司、天一投资控股集团有限公司、河南国基建设集团有限公司、山西四建集团有限公司、广联达科技股份有限公司、瑞和安惠项目管理集团公司、苏中建设集团有限公司、江中建设集团有限公司等三十多家企业和西北工业大学、中国社科院大学、同济大学、北京建筑大学等数十所高校联合组织成立了《建设工程项目管理创新发展与治理体系现代化建设》课题研究组和《新型建造方式与工程项目管理创新丛书》编写委员会，组织行业内权威专家学者进行该课题研究和撰写重大工程建造实践案例，以此有效引领建筑业绿色可持续发展和工程建设领域相关企业和不同项目管理模式的创新发展，着力推动新发展阶段建筑业转变发展方式与工程项目管理的优化升级，以实际行动和优秀成果庆祝中国共产党成立100周年。我有幸被邀请作为本课题研究指导委员会主任委员，很高兴和大家一起分享了课题研究过程，颇有一些感受和收获。该课题研究注重学习追踪和吸收国内外业内专家学者研究的先进理念和做法，归纳、总结我国重大工程建设的成功经验和国际工程的建设管理成果，坚持在研究中发现问题，在化解问题中深化研究，体现了课题团队深入思考、合作协力、用心研究的进取意识和奉献精神。课题研究内容既全面深入，又有理论与实践相结合，其实效性与指导性均十分显著。

一是坚持以习近平新时代中国特色社会主义思想为指导，准确把握新发展阶段这个战略机遇期，深入贯彻落实创新、协调、绿色、开放、共享的新发展理念，立足于构建以国内大循环为主题、国内国际双循环相互促进的经济发展势态和新发展格局，研究提出工程项目管理保持定力、与时俱进、理论凝练、引领发展的治理体系和创新模式。

二是围绕"中国建设工程项目管理创新发展与治理体系现代化建设"这个主题，传承历史、总结过去、立足当代、谋划未来。突出反映了党的十八大以来，我国建筑业及工程建设领域改革发展和践行"一带一路"国际工程建设中项目管理创新的新理论、新方法、新经验。重点总结提升、研究探讨项目治理体系现代化建设的新思路、新内涵、新特征、新架构。

三是回答面向"十四五"期间向第二个百年奋斗目标进军的第一个五年，建筑业如何应对当前纷繁复杂的国际形势、全球蔓延的新冠肺炎疫情带来的严峻挑战和激烈竞争的国内外建筑市场，抢抓新一轮科技革命和产业变革的重要战略机遇期，大力推进工程承包，深化项目管理模式创新，发展和运用装配式建筑、绿色建造、智能建造、数字建造等新型建造方式提升项目生产力水平，多方面、全方位推进和实现新阶段高质量绿色可持续发展。

四是在系统总结提炼推广鲁布革工程管理经验35年，特别是党的十八大以来，我国建设工程项目管理创新发展的宝贵经验基础上，从服务、引领、指导、实施等方面谋划基于国家治理体系现代化的大背景下"行业治理—企业治理—项目治理"多维度的治理现代化体系建设，为新发展阶段建设工程项目管理理论研究与实践应用创新及建筑业高质量发展提出了具有针对性、实用性、创造性、前瞻性的合理化建议。

本课题研究的主要内容已入选住房和城乡建设部2021年度重点软科学题库，并以撰写系列丛书出版发行的形式，从十多个方面诠释了课题全部内容。我认为，该研究成果有助于建筑业在全面建设社会主义现代化国家的新征程中立足新发展阶段，贯彻新发展理念，构建新发展格局，完善现代产业体系，进一步深化和创新工程项目管理理论研究和实践应用，实现供给侧结构性改革的质量变革、效率变革、动力变革，对新时代建筑业推进产业现代化、全面完成"十四五"规划各项任务，具有创新性、现实性的重大而深远的意义。

真诚希望该课题研究成果和系列丛书的撰写发行，能够为建筑业企业从事项目管理的工作者和相关企业的广大读者提供有益的借鉴与参考。

二〇二一年六月十二日

张基尧

中共第十七届中央候补委员，第十二届全国政协常委，人口资源环境委员会副主任

国务院原南水北调工程建设委员会办公室主任，党组书记（正部级）

曾担任鲁布革水电站和小浪底水利枢纽、南水北调等工程项目总指挥

本书序言

西安交通大学科技创新港科创基地项目[①]荣获"2020～2021年度第一批中国建设工程鲁班奖",成为鲁班奖有史以来获奖面积最大的群体性工程。这体现出创新港高起点、高标准、高质量规划建设的成效和价值,也彰显出西安交通大学与陕西建工集团精诚合作、拼搏奋进的精神,获得了住房和城乡建设部、中国建筑业协会的充分肯定和关怀支持。

今天,这个成果上升到理论层面,成功入选IPMP中国工程项目管理专家委员会优秀群体工程创建鲁班奖实践案例,并经行业内权威专家学者专题研究、撰写和出版发行,我不由得要伸出双手点赞,为工程的高质量,为工程所凝结的经验方法点赞。因为,工程已经矗立在大地上,而工程的经验却需要正在进行的工程学习,需要更广泛地传播学习借鉴,需要不断地上升到规范、标准的境地,从而使建筑行业的水平不断升高。

西安交通大学是国家"七五""八五"首批重点建设的高校,也是国家"211工程"首批重点建设的大学和"985工程"首批重点建设的高校,今天又被国家确定为"双一流"建设的全国重点大学。建设创新港工程,我们将项目定位为:国家使命担当、全球科教高地、服务陕西引擎、创新驱动平台、智慧学镇示范。建成后,它已然是一所没有围墙的大学,是中国西部最大的智慧学镇,是世界级科技中心、国家级科技成果研发转换平台。

创新港工程的建设,本身就是创新的结果。规划设想契合西咸新区作为"国家创新城市发展方式试验区"的理念、功能定位。现代施工中的海绵城市、绿色生态、装配式建筑、屋顶绿化、分布式能源、微电网等各种先进理

---

① 本工程是中国西部科技创新港项目的一部分。

念和技术，都得到充分应用。不仅是全国首个智慧5G校园和国内规模最大的无干扰地热供热项目，也是陕西首个装配整体式框架结构多层民用公共建筑和一次性栽种规模最大的屋顶绿化项目。

创新港工程要想在短期内完成建设任务，采用传统的基建模式是难以实现的，必须创新体制机制。本工程采用了省部共建、区校联建方式。陕西建工集团在施工中创下240天实现159万㎡主体封顶、677天完成科创基地52栋单体建设任务的"创新港速度"，这背后充分体现了陕西建工集团高度的荣誉感、使命感和责任感。西安交通大学和陕西建工集团的紧密协同，"西迁精神"与工匠精神完美融合，打造出了全国面积最大、一次成优的群体鲁班奖工程。

在这个新的空间里，现有39个研究院，300多个研究平台，几千名科研人员已经投入科技钻研，并且渐入佳境，我们有理由相信，在未来不远的时光里，这里将会源源不断地产生增强国家科技实力的成果和富有实力的人才骨干。

创新港工程建设的成功，不仅是一道高校谋求创新发展空间、高等教育探索与社会深度融合发展模式的命题，也是地方试点新型城镇化建设、政产学研融合推进创新驱动发展的命题，也是一道突破常规建设模式、打造建设工程领域全国标志性项目的命题。各方凝智聚力、不舍昼夜地谋划建设，终于使智慧学镇蓝图变为现实。

此次项目成功入选IPMP中国工程项目管理专家委员会优秀群体工程创建鲁班奖实践案例，是项目继荣获国内面积最大"鲁班奖""中国安装之星"奖、全国建设工程项目施工安全生产标准化工地、全国工人先锋号、中国工程建设安全质量标准化示范单位等20多项荣誉之后的又一项新成果，它的入选和经行业权威专家学者专题研究和撰写出版发行，必将推动西安交通大学和陕西建工集团立足新发展阶段、贯彻新发展理念、构建新发展格局，必将推动全国建筑行业借助实践经验，运用新的方法提升质量和效率，从而提升中国在全世界建筑业的前瞻引领方面更上一层楼。而这又是对国务院五部委学习推广鲁布革工程管理经验35周年的一份献礼，更是以实际行动和成果为庆祝中国共产党成立100周年献出的一份厚礼。

签名：张迈曾

2021年4月10日

张迈曾

陕西省第十二届人大常委会副主任、党组成员、代表资格审查委员会主任委员。
曾任西安交通大学党委书记、校务委员会主任（副部长级）

丛书前言

改革开放40多年来，我国建筑业持续快速发展。1987年，国务院号召建筑业学习鲁布革工程管理经验，开启了建筑工程项目管理体制和运行机制的全方位变革，促进了建筑业总量规模的持续高速增长。尤其是党的十八大以来，在以习近平同志为核心的党中央坚强领导下，全国建设系统认真贯彻落实党中央"五位一体"总体布局和"四个全面"的战略布局，住房城乡建设事业蓬勃发展，建筑业发展成就斐然，对外开放度和综合实力明显提高，为完成投资建设任务和改善人民居住条件做出了巨大贡献。从建筑业大国开始走向建造强国。正如习近平总书记在2019年新年贺词中所赞许的那样：中国制造、中国创造、中国建造共同发力，继续改变着中国的面貌。

随着国家改革开放的不断深入，建筑业持续稳步发展，发展质量不断提升，呈现出新的发展特征：一是建筑业现代产业地位全面提升。2020年，建筑业总产值263 947.04亿元，建筑业增加值占国内生产总值的比重为7.18%。建筑业在保持国民经济支柱产业地位的同时，民生产业、基础产业的地位日益凸显，在改善和提高人民的居住条件生活水平以及推动其他相关产业的发展等方面发挥了巨大作用。二是建设工程建造能力大幅度提升。建筑业先后完成了一系列设计理念超前、结构造型复杂、科技含量高、质量要求严、施工难度大、令世界瞩目的高速铁路、巨型水电站、超长隧道、超大跨度桥梁等重大工程。目前在全球前10名超高层建筑中，由中国建筑企业承建的占70%。三是工程项目管理水平全面提升，以BIM技术为代表的信息化技术的应用日益普及，正在全面融入工程项目管理过程，施工现场互联网技术应用比率达到55%。四是新型建造方式的作用全面提升。装配式建造方式、绿色建造方式、智能建造方式以及工程总承包、全过程工程咨询等正在成为新型建造方式和工程建设组织实施的主流模式。

建筑业在取得举世瞩目的发展成绩的同时，依然还存在许多长期积累形成的疑难问题和薄弱环节，严重制约了建筑业的持续健康发展。一是建筑产业工人素质亟待提升。建筑施工现场操作工人队伍仍然是以进城务工人员为主体，管理难度加大，施工安全生产事故呈现高压态势。二是建筑市场治理仍需加大力度。建筑业虽然是最早从计划经济走向市场经济的领域，但离市场运行机制的规范化仍然相距甚远。挂靠、转包、串标、围标、压价等恶性竞争乱象难以根除，企业产值利润率走低的趋势日益明显。三是建设工程项目管理模式存在多元主体，各自为政，互相制约，工程实施主体责任不够明确，监督检查与工程实际脱节，严重阻碍了工程项目管理和工程总体质量协同发展提升。四是创新驱动发展动能不足。由于建筑业的发展长期依赖于固定资产投资的拉动，同时企业自身资金积累有限，因而导致科技创新能力不足。在新常态背景下，当经济发展动能从要素驱动、投资驱动转向创新驱动时，对于以劳动密集型为特征的建筑业而言，创新驱动发展更加充满挑战性，创新能力成为建筑业企业发展的短板。这些影响建筑业高质量发展的痼疾，必须要彻底加以革除。

目前，世界正面临着百年未有之大变局。在全球科技革命的推动下，科技创新、传播、应用的规模和速度不断提高，科学技术与传统产业和新兴产业发展的融合更加紧密，一系列重大科技成果以前所未有的速度转化为现实生产力。以信息技术、能源资源技术、生物技术、现代制造技术、人工智能技术等为代表的战略性新兴产业迅速兴起，现代科技新兴产业的深度融合，既代表着科技创新方向，也代表着产业发展方向，对未来经济社会发展具有重大引领带动作用。因此，在这个大趋势下，对于建筑业而言，唯有快速从规模增长阶段转向高质量发展阶段、从粗放型低效率的传统建筑业走向高质高效的现代建筑业，才能跟上新时代中国特色社会主义建设事业发展的步伐。

现代科学技术与传统建筑业的融合，极大地提高了建筑业的生产力水平，变革着建筑业的生产关系，形成了多种类型的新型建造方式。绿色建造方式、装配建造方式、智能建造方式、3D打印等是具有典型特征的新型建造方式，这些新型建造方式是建筑业高质量发展的必由路径，也必将有力推动建筑产业现代化的发展进程。同时还要看到，任何一种新型建造方式总是与一定形式的项目管理模式和项目治理体系相适应的。某种类型的新型建造方式的形成和成功实践，必然伴随着项目管理模式和项目治理体系的创新。例如，装配式建造方式是来源于施工工艺和技术的根本性变革而产生的新型建造方式，则在项目管理层面上，项目管理和项目治理的所有要素优化配置或知识集成融合都必须进行相应的变革、调整或创新，从而才能促使工程建设目标得以顺利实现。

随着现代工程项目日益大型化和复杂化，传统的项目管理理论在解决项目实施过程中的各种问题时显现出一些不足之处。1999年，Turner提出"项目治理"理论，把研究视角从项目管理技术层面转向管理制度层面。近年来，项目治理日益成为项目管理领域研究的热点。国外学者较早地对项目治理的含义、结构、机制及应用等问题进行了研究，取得了较多颇具价值的研究成果。国内外大多数学者认为，项目治理是一种组织制度框架，具有明确项目参与方关系与治理结构的管理制度、规则和协议，协调参与方之间的关系，优化配置项目资源，化解相互间的利益冲突，为项目实施提供制度支撑，以确保项目在整个生命周期内高效运行，以实现既定的管理战略和目标。项目治理是一个静态和动态相结合的过程：静态主要指制度层面的治理；动态主要指项目实施层面的治理。国内关于项目治理的研究正处于起步阶段，取得一些阶段性成果。归纳、总结、提炼已有的研究成果，对于新发展阶段建设工程领域项目治理理论研究和实践发展具有重要的现实意义。

党的十九届五中全会审议通过的《中共中央关于制定国民经济和社会发展第十四个五年规划和二〇三五年远景目标的建议》，着眼于第二个百年奋斗目标，规划了"十四五"乃至2035年间我国经济社会发展的目标、路径和主要政策措施，是指引全党、全国人民实现中华民族伟大复兴的行动指南。为了进一步认真贯彻落实党的十九届五中全会精神，准确把握新发展阶段，深入贯彻新发展理念，加快构建新发展格局，凝聚共识，团结一致，奋力拼搏，推动建筑业"十四五"高质量发展战略目标的实现，由山东科技大学、中国亚洲经济发展协会建筑产业委员会、中国（双法）项目管理研究专家委员会发起，会同中国建筑第八工程局有限公司、中国建筑第五工程局有限公司、中建科工集团有限公司、陕西建工集团有限公司、北京城建建设工程有限公司、天一投资控股集团有限公司、河南国基建设集团有限公司、山西四建集团有限公司、广联达科技股份有限公司、瑞和安惠项目管理集团公司、苏中建设集团有限公司、江中建设集团有限公司等三十多家企业和西北工业大学、中国社科院大学、同济大学、北京建筑大学等数十所高校联合组织成立了《建设工程项目管理创新发展与治理体系现代化建设》课题，该课题研究的目的在于探讨在习近平新时代中国特色社会主义思想和党的十九大精神指引下，贯彻落实创新、协调、绿色、开放、共享的发展理念，揭示新时代工程项目管理和项目治理的新特征、新规律、新趋势，促进绿色建造方式、装配式建造方式、智能建造方式的协同发展，推动在构建人类命运共同体旗帜下的"一带一路"建设，加速传统建筑业企业的数字化变革和转型升级，推动实现双碳目标和建筑业高质量发展。为此，课题深入研究建设工程项目管理创新和项目治理体系的内涵及内容构成，着力探索工程总承包、全过程工程咨询等工程建设组织实施方式对新型建造方式的作用机制和有效路径，系统总结"一带一路"建设的国际化项目管理经验和创新举措，深入研讨项目生产力理论、数字化建筑、企业项目化管理的理论创新和实践应用，从多个层面上提出推动建筑业高质量发展的政策建议。该课题已列为住房和城乡建设部2021年软科学技术计划项目。课题研究成果除《建设工程项目管理创新发展与治理体系现代化建设》总报告之外，还有我们著的《建筑业绿色发展与项目治理体系创新研究》以及由吴涛著的《"项目生产力论"与建筑业高质量发展》，贾宏俊和白思俊著的《建设工程项目管理体系创新》，校荣春、贾宏俊和李永明编著的《建设项目工程总承包管理》，孙丽丽著的《"一带一路"建设与国际工程管理创新》，王宏、卢昱杰和徐坤著的《新型建造方式与钢结构装配式建造体系》，袁正刚著的《数字建筑理论及实践》，宋蕊著的《全过程工程咨询管理》《建筑企业项目化管理理论与实践》，张基尧和肖绪文主编的《建设工程项目管理与绿色建造案例》，尤完和郭中华著的《绿色建造与资源循环利用》《精益建造理论与实践》，沈兰康和张党国主编的《超大规模工程EPC项目集群管理》等10余部相关领域的研究专著。

本课题在研究过程中得到了中国（双法）项目管理研究委员会、天津市建筑业协会、河南省建筑业协会、内蒙古建筑业协会、广东省建筑业协会、江苏省建筑业协会、浙江省建筑施工协会、上海市建筑业协会、陕西省建筑业协会、云南省建筑业协会、南通市建筑业协会、南京市住房城乡建设委员会、西北工业大学、北京建筑大学、同济大学、中国社科院大学等数十家行业协会、建筑企业、高等院校以及一百多位专家、学者、企业家的大力支持，在此表示衷心感谢。《建设工程管理创新发展与治理体系现代化建设》课题研究指导委员会主任、国务院原南水北调办公室主任张基尧，第十届全国人大环境与资源保护委员会主任毛如柏，原铁道部常务副部长、中国工程院院士孙永福亲自写序并给予具体指导，为此向德高望重的三位老领导、老专家致以崇高的敬意！在研究报告撰写过程中，我们还参考了国内外专家的观点和研究成果，在此一并致以真诚谢意！

二〇二一年六月三十日

肖绪文
中国建筑集团首席专家，中国建筑业协会副会长、绿色建造与智能建筑分会会长，中国工程院院士。本课题与系列丛书撰写总主编

本书前言

在喜迎中国共产党百年华诞之际，中国西部科技创新港项目建设经验和优秀管理成果，《超大规模工程EPC项目集群管理》一书成功入选2021年"中国建设工程项目管理创新发展与治理体系现代化建设"课题系列丛书实践案例并出版发行，深感喜悦鼓舞，表示热烈祝贺！

正如国际项目管理协会中国认证委员会（IPMP）工程项目管理专家委员会所讲，中国西部科技创新港的建设，不仅为西安交通大学弘扬"西迁精神"、培养国际化人才、共建"一带一路"、创新驱动发展搭建了广阔的平台，也为建筑企业进一步巩固推广深化建设工程项目管理，解放和发展提升项目生产力水平，加快项目管理国际化、资本化、信息化、集约化、标准化、规范化提供了"陕建方案"。

回望700多个日日夜夜的紧张建设，一桩桩、一幕幕，依然清晰，难以忘怀。作为集团"一号"项目和"一把手"工程，我们立下"开局就是决战，起步就是冲刺""出手必须出彩，完成必须完美"的誓言，众志成城，攻坚克难。我们充分发挥集团军作战优势，在施工组织、设计优化、物资集采、质量管控、技术工艺、安全保障、智能建造等方面进行了大胆的创新探索，总结提炼出"五个一"工程总包管理、"五个一流"项目党建、"五个统一"创优、"六比六赛"等一系列务实高效、推进有力、饱含人性化的现代化管理模式，159万 m^2 的52个单体工程提前两个月全部封顶，创造了令人惊叹的"陕建速度"，慕名而来的5万余名观摩者对项目赞赏有加。项目部获评全国总工会"工人先锋号""陕西省文明工地"等中省市20余项荣誉，并一举摘得全国建筑面积最大的群体工程"鲁班奖"和国家优质工程金奖等殊荣，交出了一份经得起历史检验的完美答卷。

今日的创新港美轮美奂，光彩夺目，正以她宽阔的视野、博大的胸襟、伟岸的雄姿，成为国内外教育界聚焦的热土。我们也为能够传承伟大的"西迁精神"打造如此广阔的平台，而感到光荣自豪！

本书的出版发行，是对我们工作的肯定，更是对我们不断前行的一种鞭策。未来，我们将以更大的担当、更大的热情、更大的作为，为中国建筑业高质量发展贡献新的更大力量。

本书在编辑撰写过程中得到了不少专家学者的指导支持，特别是肖绪文院士以及吴涛、尤完、贾宏俊、李君、赵丽、郭仲华、李志国、李玉林、邓阳同志亲自参与调研总结撰写，在此谨代表集团公司对他们表示崇高的敬意和衷心的感谢！

2021年10月15日

张义光

全国政协委员，陕西政协常委，中国建筑业协会副会长，陕建控股集团党委书记、董事长

目录

第1章

项目集群管理概述

1.1 工程项目集群管理原理

1.1.1 工程项目集群概念及其特征

1.1.1.1 项目集群概念

根据美国项目管理学会（Project Management Institute，PMI）的定义，项目集群是指经过协调管理以获取单独管理所无法取得的收益的一组相关联的项目、子项目集和项目集活动。集群中的项目需要共享资源，实现统一管理。

项目集群[①]由各种组件组成，在项目集群内，这些组件大多数是单个项目。项目集群也包括与组件项目相关的其他工作，如培训、运营和维护活动。同时也包括被认为是管理项目集群所需的管理工作以及项目集群治理、移交活动或项目集群相关方管理活动等。因此，项目集群可能包括项目集群中单个项目范围之外的其他工作内容（如管理项目集群本身）。

项目集群和项目通过为组织产生商业价值、提高现有能力、促进商业变化、维持资产规模、为市场提供新产品和服务，或者拓展新的能力，从而为组织交付收益。收益是向组织及项目集群预期受益者或相关方提供具有实用性的行动、行为、产品或服务的结果。项目集群为组织提供了一种向相关方交付收益的能力，这些相关方包括受益人或客户，同时也以商业价值的形式为组织交付收益。

项目集群是执行公司战略并实现商业或组织目标和目的的手段。项目集群收益有可能在整个项目集群执行过程中渐进实现，也可能在项目集群结束时一次性全部

---

① 美国项目管理学会. 项目集管理标准 [S]. 北京：电子工业出版社，2013.

实现。渐进收益交付的一个例子是在跨组织范围内实施含有多个项目的过程改进项目集群。例如，一个商业现代化的项目集群可能包含在多个地点实行标准化并强化财务管理流程的项目，一个提升人员招聘和绩效考核的项目，以及一个调整物流后勤服务的项目。每个项目都有不同的进度计划并交付渐进收益，但商业现代化的成果直到项目集群完成所有流程提升项目之后才能实现。相反，项目集群有可能作为一个统一的整体，一次性交付计划的收益。在这种情况下，项目集群的价值直到项目集群移交和完成，项目集群收益发生时才实现。国家的太空计划可视为完整收益交付的例子，项目集群内单个组件直到项目集群处在运行阶段时才开始交付收益。

图1-1直观地说明了项目集群内的一组项目有各自分散的收益，这些收益合并在一起便组成了项目集群所定义的完整收益。

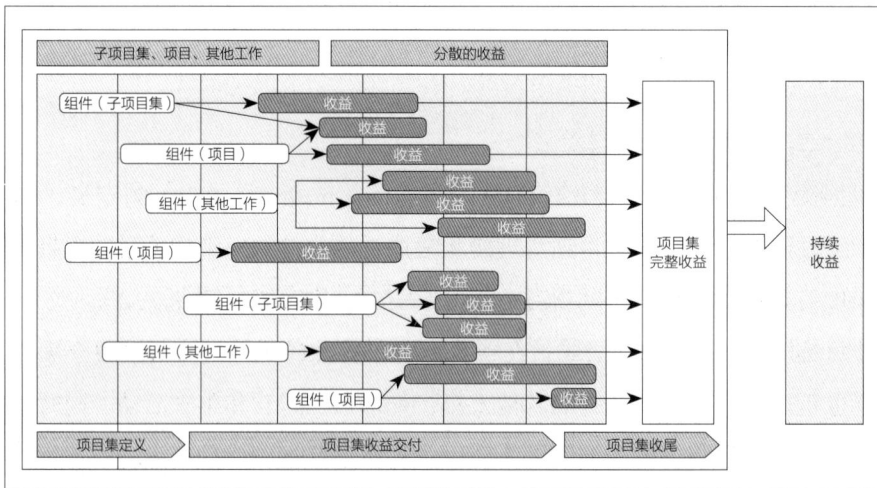

图1-1 项目集群收益管理

1.1.1.2 工程项目集群特征[①]

工程项目集群不同于传统的单一项目，其具有如下特点：

1）投资额巨大。大型集群工程项目建设周期长，工程项目多，一般都是有战略意义的项目，在社会上有一定影响力。为确保集群内资源共享且有效利用，需投入较高的费用。

2）技术要求及实施复杂。在超大规模集群工程项目中，技术要求会更加严格，施工技术较为复杂。为突出整个项目集群的亮点，往往会设计各种各样实用新

① 乐新军，余立中. 大型集群工程项目协同管理模式创新研究[J]. 工程管理学报，2011，25（1）：56-60.

颖的施工工艺，对施工队伍要求较高。

3）工程分布聚集且同时施工。由于工程项目的建设包括很多不同类型的建筑物，比如住宅、娱乐、教育、医疗、商务等，项目集群间有较强的关联性，因此，建筑分布比较聚集。建设单位往往在施工过程中，要求建设进度快，投产使用时间早，这就要求集群内项目同时施工，缩短工期。

4）项目参与者众多。由于工程项目种类多，所以参与单位较多，一般超大规模集群项目所涉及的参与单位有建设单位、施工单位、监理单位、设计单位、勘察单位、材料设备供应单位、专业施工单位、城市规划部门、地方质量监督部门、地方安全监督站等相关部门。此外，建设单位往往追求更高的效益，缩短建设工期，把工程项目分解得更详细，这就需要更多的工作人员参与进来，对项目的管理也是一个极大的挑战。

5）共同的战略目标。集群项目是集住宅、教育、商务、娱乐等于一体的，尽管项目种类繁多，但作为一个项目群体，为共同的战略目标服务。

1.1.1.3　项目集群相关概念辨析

项目组合、项目集群、多项目和单个项目之间既有区别又有联系。项目组合是便于有效管理以实现战略性商业目标的一组项目、项目集群、子项目组合及运营活动组成的集合。项目集群包含在项目组合中，其自身又包含需协调管理的子项目集、项目或其他工作，以支持项目组合。单个项目无论属于或不属于项目集群，都是项目组合的组成部分。虽然项目组合中的项目或项目集群不一定彼此依赖或直接相关，但是它们都通过项目组合与组织战略规划联系在一起。多项目是项目组织同时管理的多个项目，通过协调管理，使所有项目的综合效果达到最优。多项目管理是通过对项目集群、项目组合，以及项目的成功管理来实现的。

1. 多项目与项目集群的区别与联系

对单项目管理而言，项目组织一次只管理一个项目；对多项目管理而言，项目组织同时管理多个项目，但是多项目所包括的项目不一定有内在的联系。对项目集群管理而言，项目组织同时管理多个项目，项目集群所包括的项目具有内在的联系。

由此可见，多项目所包括的项目在目标上不一定是相互依赖的，进行组合的主要目的是提高经济性与效率，项目之间的关联性在于它们是由同一个项目经理进行管理的。项目集群中的不同项目是相互依赖的，具有共同的目标，实现一次性可交付的产品或服务。因此，与多项目管理不同，项目集群管理是对一组相互联系的项目进行统一的协调管理，以实现项目集群的战略目标和效益。

2. 项目组合与项目集群的区别与联系

项目组合管理源于投资组合理念，进行组合管理是为了分散风险、规避风险，更好地实现公司战略目标。

项目组合与项目集群的区别也在于组成项目之间的关联性。在项目组合中，不同的项目可以是独立的，而在项目集群中，所有项目具有共同的目标，且相互关联。也有学者认为，从公司战略到项目组合、从项目组合到项目集群、从项目集群到独立的项目，形成了管理的不同层次。Thiry认为，项目集群与项目组合在实现公司目标和管理方面都有重要的作用。项目集群是为了实现利益和效率目标，而项目组合主要是为了实现资源和风险的有效管理。Andersen进一步区分了项目管理、项目集群管理和项目组合管理，并认为项目管理是对单个项目的管理。项目集群管理是对一组具有共同目标的项目进行管理。项目组合管理是对一定数量的项目和项目集群进行管理，它们不一定有共同的目标，只是在相同的时间内实施。

3. 区分项目集群与多项目和项目组合三者间的标准

基于上述分析，可以建立以下三方面标准，区分项目集群与多项目和项目组合之间的差别：

1）项目的关联性。项目集群的不同项目之间存在大量的物质、信息和能量交换，这是由项目集群不同的项目具有技术、功能等方面的整体性决定的。

2）项目的功能性。项目集群的每个项目都有特定的功能，这些功能都成为项目集群整体功能的有机组成部分。

3）组织的统一性。项目集群具有统一的管理组织，特别是项目集群的所有项目应由相同的业主进行管理和协调。

如果同时符合上述三方面标准，可以称之为真正意义的项目集群，或称为紧密型项目集群。反之，其他类型的项目集群可以称之为松散型项目集群，这类项目集群也可以认为是多项目或项目组合。

在项目集群管理中，管理最为复杂、管理难度最大的是紧密型项目集群。所以，这类项目集群的管理必须建立整体性思维，不但需要关注每个项目的目标，还需要从总体上统筹规划与协调，以确保项目集群的成功。

我国大量实施的城市地铁工程既是典型的紧密型项目集群，也是难度最大的一种工程项目集群。地铁项目集群的不同线路是独立的项目，但是每个线路又是城市地铁系统不可缺少的部分，承担特定的功能。地铁项目集群所有线路共有的信号系统、控制系统等是相互联系的，必须确保统一性和整体性，由此不同线路之间存在紧密的联系，每个线路的实施将对地铁其他线路的实施产生重要的影响。地铁工程项目集群的所有项目都有相同的业主，即各个城市为了地铁建设成立的地铁工程指挥部，他们负责管理地铁建设的全过程。

综上所述，项目集群、多项目与项目组合既相互联系又相互区别，其联系在于，它们都是由不同项目组成的集合；其区别在于，项目之间的关联性、项目的功能性与组织的统一性。它们都从不同的侧面反映了现代工程项目的复杂形态。

1.1.2　工程项目集群管理

PMI认为，项目集群管理就是在项目中集中应用知识、技能、工具与技术来满足项目集群的要求，获得分别管理各项目所无法实现的收益和控制。它包括对多个组件项目进行组合调整，以便于以优化或整合的成本、进度和工作来实现项目集群目标。

项目集群内的组件项目通过共同成果或一系列集合收益的交付相关联。如果项目间的关系只是共享客户、供应商、技术或资源，则此类工作应视为项目组合而非项目集群来管理。在项目集群中，项目集群经理需要通过五个互相关联及互相依赖的项目集群管理绩效域的工作来整合与控制组件项目之间的相互依赖关系。这五个绩效域包括项目集群战略一致性、项目集群收益管理、项目集群相关方管理、项目集群治理和项目集群生命周期管理。通过这些项目集群管理绩效域，项目集群经理监控和分析组件项目之间的相互依赖关系，以协助确定将这些组件作为项目集群来管理的最佳方法。

1.1.2.1　项目集群管理产生的原因

1. 现代建设项目管理的需要

从我国建设项目管理的历史过程可以看出，我国建设项目管理仍处在业主自主管理模式与学习国际项目管理技术相混杂时期，存在的问题显而易见：

第一，缺乏具有一定水平的自始至终贯穿项目建设全过程的项目管理企业。"项目上马建班子，项目完工散摊子"的现象十分普遍，使建设项目管理一直在低水平重复。第二，建设项目管理体系不健全。缺乏全国性的专业组织，或工程项目管理的组织体系也不健全。第三，缺乏高素质的建设工程项目管理人才。由于工程项目管理还不够成熟，具有组织大型工程管理经验，能按照国际工程项目管理模式、程序、方法和标准进行管理，熟悉工程管理软件等技术的高级工程管理人员十分匮乏。

我国建设项目管理正面临着严峻的现实挑战：①每年开工大型项目数万个，建设资金数以千亿计，从事建设项目管理事业的人员数百万；②现代项目管理思想、方法和组织在许多企业不够健全，项目管理工具不够精通；③严重拖期、超支普遍，重大事故频繁发生。

随着社会生产力的快速发展，超大规模工程逐渐兴起，如"三峡工程""南水北调工程""上海世博工程""京沪高铁工程"等。项目规模大、集聚化，技术复杂，参建单位多，又受到时间和资金的双重限制，对所有参加建设的组织和管理者提出了更高的技术要求和管理要求。此外，超大规模集群工程项目具有更强的一次性和不可逆转性，传统的项目管理方法无法满足项目相关方的效益需求，项目集群管理应运而生。

2. 建设项目管理理论创新的需要

随着建筑行业的不断进步，传统建设项目管理模式的弊端也逐渐显露出来，项目管理活动在不同阶段非连续性和多个实施主体在项目管理系统上"组织分隔""流程分离""技术屏蔽"与"信息孤岛"等现象，增加了项目成本，造成了建设浪费，降低了管理效率。目前，新兴的项目管理模式不断涌现，如EPC模式重点解决了一个大型建设工程项目从设计到采购、施工、运行等各环节相互制约的问题，提高了项目管理效益；PMC模式重点解决了工程项目管理人员的专业化与组织的科学化问题，提高了项目管理水平。传统的工程项目管理方法往往针对的是单一项目，对于超大规模集群项目则显得力不从心，需要新的理论方法来指导。随着社会经济变化、管理观念转型，特别是信息技术的发展，产生了系统论、信息论、协同论、计算机科学、运筹学等科学方法，并日臻完善，为超大规模工程项目集群管理提供了理论基础。

对中国建设行业而言，建设项目集群管理将成为未来重点趋势。第一，集群管理适应了我国建设项目组织实施方式改革、与国际先进项目管理模式接轨的需要；第二，集群管理适应了项目建设客观规律与内在联系，满足管理组织科学化、管理队伍专业化、管理行为市场化的需要；第三，集群管理适应了现代项目大型化、高技术化、复杂化条件下利用现代信息技术实施系统管理需要。

1.1.2.2 项目集群管理发展历程[①]

项目集群管理的研究始于20世纪80年代中期，最早由Ferns[②]提出，他认为项目

---

① 张尚. 工程项目群理论研究综述 [J]. 项目管理技术，2011，9（3）：25-29.
② FernsDC. Development in programme management[J]. International Journal of Project Management，1991，9（3）：148-156.

集群是以协调的方式进行管理的一组项目。

现代大型、特大型工程项目以项目集群、多项目或项目组合的方式实施，已经成为一种趋势。Turner认为，目前大部分的项目管理活动在项目集群、多项目或项目组合中进行。Payne估计总价值大约90%的项目是在多项目的环境中实施的。英国公共部门大型多项目的投入从2004年到2006年持续增加，伦敦地铁项目合同就是一个多项目合同，合同额达到163亿英镑。英国政府签订了大约530亿英镑的PFI/PPP合同，其中有很多是以多项目的方式实施的。为了提高政府部门的项目建造和管理能力，英国政府建立了超级项目群办公室。2003年，英国政府编制的报告《有效地实施项目和项目群：提高居民服务能力和项目实施能力》，强调了项目和项目集群在提高公共服务水平、实现政府目标方面的重要性。

基于工程项目集群实践的发展现状和趋势，在国内外项目管理研究领域，项目集群管理已经成为研究的热点。

Maylor等研究了项目管理最近几十年的发展，认为项目集群与项目组合管理将成为项目管理重要的研究领域。根据国际项目管理协会（IPMA）1967年到2002年的会议主题，项目管理大致经历了四个阶段。第四阶段从20世纪90年代末至今，项目管理研究者更加关注项目组合管理和项目集群管理。欧洲管理研究院对项目集群管理的研究也很重视，在历年的学术年会中，项目与项目集群管理是研讨时间最长的一个主题。2007年欧洲管理委员会学术年会的主题是"项目和项目群：面临不确定性的价值创造战略"，2008年学术年会的主题是"项目与项目群：管理的多元化，目标和利益的多元化"。

在国内，项目集群管理的研究也受到越来越多的关注，这些研究成果主要涉及项目集群的组织管理、风险管理、信息管理等方面。项目集群具有复杂的组织结构，给项目集群管理带来了更高的管理难度。项目集群是一类复杂系统，不确定性变化是项目集群的一个必然特征，会带来各种风险，风险成为项目集群的一种固有特征。马国丰[①]根据研究提出了项目集群进度管理的定量化最优排序方法。项目集群管理要面对比项目管理更多、更复杂的信息，因此，有研究者认为，项目集群管理信息系统的核心理念是从企业战略的角度实现信息共享。

在工程建设领域，国内的很多学者研究了大型工程项目集群的管理问题，包括提出基于项目集群治理框架的大型建设项目集成管理模式；建立群组决策的综合模

① 马国丰，尤建新. 关键链项目群进度管理的定量分析［J］. 系统工程理论与实践，2007（9）：54-60.

糊层次分析模型，进行大型基础设施项目集群组决策的模糊评价。对于南水北调工程项目群，有研究者提出项目集群战略层的结构功能模型，也有研究者建立了南水北调工程建设的项目集群组合模型，提出了项目集群工程建设数字化管理方法。其他研究成果包括：北京奥运会项目集群整合计划管理方法、上海世博会的进度策划方法与组织策划方法等。

基于国内外项目集群与项目集群管理的理论研究现状可知：

（1）项目集群与项目集群管理的研究越来越成为前沿热点。不仅仅在工程建设领域，项目集群管理、多项目管理以及项目组合管理，已经成为很多企业或组织实现战略、持续改进和新产品研发的重要方式。国内外关于项目集群的研究逐渐成为热点，不论是项目集群，还是多项目或项目组合，都描述了一种更为复杂、高级的项目形态。

（2）工程项目集群与项目集群管理的研究还需要创新。国内对于越来越多的、具备项目集群基本特征的大型复杂工程的研究还比较少，项目集群的研究成果还主要集中于工业工程、装备工程等类型工程中。大型复杂工程项目集群研究的难点更多，实践中需要解决的问题也更多，需要在已有的工程项目管理理论、项目群管理理论的基础上进一步创新。

（3）项目集群需要采用新型管理方法。与很多理论的简化模型相比，实践中的项目集群更为复杂、动态和不确定，只有采用新型管理理念和方法，才能适应项目集群管理的需要，确保项目集群的成功。

1.1.2.3 项目集群管理和项目管理的区别

在项目集群管理过程中，项目启动后，项目集群经理对项目经理进行监督，同时提供方向和指导。项目集群经理通常并不直接管理单个项目，而是对项目之间的工作进行协调。极其重要的项目集群管理职责包括规划项目集群，识别与规划收益的实现和维持，以及识别与控制项目之间的相互依赖关系，处理组成项目集群的项目中升级的问题，以及跟踪每个项目和非项目工作对巩固项目集群收益的贡献。

项目集群管理过程整合的本质包括针对每个项目或项目集群的过程进行协调。这种协调贯穿所有项目集群管理活动，包括在高于单个项目层面上所进行的管理过程。

项目集群也影响项目集群中各项目的管理方法。这通过项目集群经理的决策能力、项目集群相关方管理及项目集群治理一起实现。项目集群后期，单个组件项目通过项目集群治理过程向项目集群报告项目状态、风险、变更、成本、问题及影响项目集群的其他信息[①]。项目集群管理与项目管理的比较如表1-1所示。

项目集群管理和项目管理的区别[②]   表1-1

序号	项目集群管理	项目管理
1	是一种组织框架	是一个交付特定产品的过程
2	基于组织的战略层次，与组织战略目标一致	更体现战术性，与项目目标一致
3	对复合的相互关联的特定产品（交付物）进行管理	对单一的具体的特定产品（移交物）进行管理
4	专注于实现战略或满足组织需求	专注于特定产品的控制和交付
5	风险分布于各个项目，不确定性更加明显	风险包含在单个项目内
6	从战略和技术层面管理变化	从技术层面管理变化
7	时间跨度可能不明确	有比较明确的时间跨度计划
8	需要更广泛的管理和商业技能及经验	需要项目管理和技术方面的技能
9	集中于资源利用	主要强调成本、时间、质量等成果
10	专家资源之间关系密切	熟练专家资源之间关系密切
11	需要资源利用率最大化	需要资源使用最小化
12	应用可视化沟通的集成数据库系统	信息处理主要应用计划安排软件系统

1.2 EPC模式下工程项目集群管理特点

1.2.1 EPC总承包模式

1. EPC的定义

EPC总承包是指工程总承包企业按照合同约定，承担工程项目的设计、采购、施工、试运行一体化服务，并对承包工程的建设质量、安全、工期、造价等全面负责。EPC总承包模式是国际通行的工程建设模式，这种模式能充分发挥设计在建设过程中的主导作用，有利于整体方案的不断优化，能有效地克服设计、采购、施工相互制约和脱节的矛盾，有利于设计、采购、施工各阶段工作的合理深度交叉，能有效地对质量、进度和费用进行综合控制。

EPC模式的出现是国际建筑市场经过长期探索与发展的结果。首先是经历了工业革命前的原始的设计与施工相结合的阶段，接着是工业革命后出现了设计和施

---

① 美国项目管理学会. 项目集管理标准 [S]. 北京：电子工业出版社，2013.
② 鹿吉祥，赵利，毕向林，等. 项目群管理研究 [J]. 工程管理学报，2010，24（4）：442–446.

工分离为两个独立的专业领域阶段。为了缓解设计和施工相分离带来的矛盾，20世纪70年代出现了施工管理（CM）承包模式。紧接着20世纪90年代，建筑业迎来了设计和施工一体化阶段，产生了将设计和施工相结合的单方负责方式，其中包括设计—建造总包模式，一揽子总承包模式和EPC模式。EPC模式是承包商所承担的工作内容最广、责任最大的一种工程建设组织实施方式。为此，1999年国际咨询工程师联合会（FIDIC）重新编写并首次推出《设计采购施工（EPC）/交钥匙工程合同条件》，它继承了FIDIC原有合同条件的优点，并根据多年来在实践中取得的经验以及专家、学者和相关各方面的意见和建议做出了重大调整。这种合同模式的突出特点是：项目的最终价格和要求的工期具有更大程度的确定性，由承包商承担项目设计和实施的全部责任，业主风险大部分转移给承包商。20世纪80年代以来，我国对基本建设管理体制进行了一系列探索性的改革，其中之一就是由专门的公司对建设项目试行总承包制，择优选定这种专门的公司，从项目立项开始，到设计、设备材料采购、施工、安装调试，直至交付使用的全过程实行固定价格总承包模式。

20多年来，我国在水电、建筑、冶金、化工、石化、石油、铁道、轻工等行业相继组建了一批工程总承包公司和项目管理公司，EPC模式也得到了大力推广，如天津建工完成的天津国际大厦，上海建工完成的上海金茂大厦、浦东国际机场，北京城建完成的城建大厦等，包括本书的项目对象——陕西建工完成的中国西部科技创新港，在管理上一直努力采用国际先进的管理模式和方法，争取与世界通行的管理模式接轨，取得了一些明显的成效。但与世界一流的工程公司或项目管理公司相比，在功能、人员素质、管理体制、管理方法和管理水平上都存在很大差距。我国的工程总承包公司，大多是在原先设计单位的基础上改建而成的，并不具备从项目的策划、定义、设计、采购、施工、安装调试到交付使用进行全过程管理的综合功能和人力资源。因此，亟待提高我国工程总承包和项目管理承包的水平，努力培养一批高素质、职业化的项目管理人员，加大力度，改造和培育一批有竞争力、高水平、国际型的工程公司和项目管理公司。

2．EPC总承包的实践方式

根据工程项目的不同环境、类型和业主要求，EPC总承包又可分为两种类型：EPC（Maxs/c）和EPC（Self-perform Construction）。

（1）EPC（Maxs/c）

EPC（Maxs/c）是EPC总承包商最大限度地选择分包商来协助完成工程项目，通常采用分包的形式将施工任务分包给分承包商。其合同结构形式如图1-2所示。

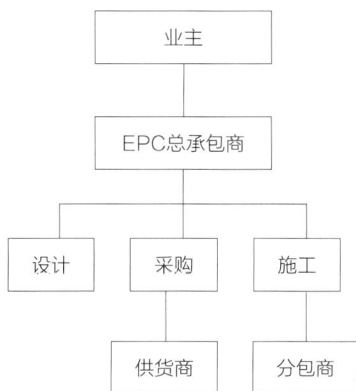

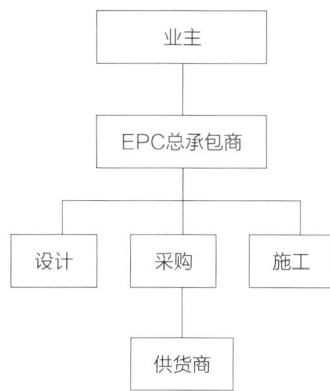

图1-2　EPC（Maxs/c）模式示意图　　图1-3　EPC（Self-perform Construction）模式示意图

（2）EPC（Self-perform Construction）

EPC（Self-perform Construction）是EPC总承包商除选择分包商完成少量工作外，自己还要承担工程的设计、采购和施工任务，其合同结构形式如图1-3所示。

3．EPC总承包模式的优越性

EPC总承包模式作为一个比较典型的总承包模式，已成为目前总承包方式的最典型代表。EPC总承包能将项目的各个有机联系的阶段作为一个系统进行管理，与传统的建设模式相比具有明显的优越性：

（1）能实现在一个主体下对设计、采购、施工进行系统的和整体的管理和控制。设计、采购、施工组合为一个合同进行承包，既可以在一个主体管理下实现系统的协调和控制，又可以在一个主体管理下实现整体优化。传统的承包模式只能获得局部优化的效果，局部优化不是最完善的优化，整体优化才是真正的优化，可以实现设计、采购、施工之间的深度融合和内部协调。

（2）能充分发挥设计的主导作用。设计的主导作用表现为：设计是影响工程造价的决定因素，设计文件和图纸是采购和施工的依据，设计质量是采购质量和施工质量的先决条件。EPC总承包要求承包商从设计、采购、施工全过程和整体上考虑和处理工程问题；设计能更充分地考虑设备、材料采购以及现场施工安装的要求，更能主动地进行设计方案的优化，能更好地配合设备、材料采购和施工。

（3）有利于实现设计、采购、施工、试运行进度的深度交叉，在确保各阶段合理周期的前提下缩短总工期。这种合理交叉是一种有效的进度管理方法，发达国家已普遍采用，在美国称为快速跟进法。设计、采购、施工深度交叉能给业主带来经济效益机会，但同时给承包商带来返工的风险。而交叉深度的确定和交叉点设计的合理性，反映一个承包商的水平。

（4）有利于保证工程质量。统计表明，工程建设的许多质量问题是设计、采购、施工脱节造成的。EPC总承包能够实现采购纳入设计程序，设计者负责供货厂商报价的技术评审，确保采购设备符合设计要求；采购者负责催交制造商的先期确认图纸和最终确认图纸，经设计者审查后制造厂才能进行制造；设计者则按经审查的图纸做施工图，保证设计图纸与运达现场的设备完全相符，避免建筑安装返工。同时，能在设计时考虑采购、施工的要求，提高设计质量，减少返工和浪费。

（5）能实现对工程造价的控制。传统的建设模式，设计者和施工单位对如何降低工程造价缺乏主动性，业主对工程造价的控制也显得无能为力。EPC总承包能调动承包商的积极性，在确保项目产品功能和质量的前提下，对整个工程的造价进行有效控制，虽然业主需要支付一笔承包商管理费，但各项费用都有显著降低，业主是最大的受益者。

（6）可以克服设计、施工单位功能单一，业务范围狭窄，发展空间受局限的缺点。发达国家的EPC承包业务已经很成熟，而且市场越来越大，推进EPC总承包可以拓宽设计、施工单位的业务范围。

（7）能解决非专业机构和非专业人士管理项目的问题。EPC总承包公司是专营工程项目的社会组织，有与工程总承包相适应的组织机构和项目管理专业人员，有丰富的项目管理经验，能为业主提供专业化的服务。

因此，在我国大力推行EPC总承包和工程项目管理的重要现实意义在于：一是深化工程建设项目组织实施方式改革，提高工程建设管理水平，实现资源优化配置，规范建筑市场秩序的重要措施；二是勘察、设计、施工、监理企业调整经营结构，增强综合实力，加快与国际工程承包和管理方式接轨，提高竞争力的有效途径；三是适应"一带一路"建设的要求，积极开拓国际承包市场，推动我国技术、机电设备及工程材料的出口，促进劳务输出，提高我国建筑企业的国际竞争力。

1.2.2 EPC与项目集群的结合应用

1. EPC模式下项目集群管理的可行性

从上述所讨论的关于项目集群与EPC总承包的基本特征和规律可知，在EPC模式下实施工程项目集群管理是可行的。

（1）协同管理

集群项目覆盖领域广，包含住宅、学习、医疗、商务、购物、餐饮、娱乐等多个项目，采用传统的多个项目单独管理模式，不利于项目间的协调控制，易产生冲突。而EPC总承包模式，集工程项目的设计、采购、施工、试运行于一体，可以在一个牵头主体单位管理下实现系统的管理和控制，实现整体优化。将EPC模式应用到集群项目的管理过程中来，极大地提升了项目管理效率，将多个专业领域的项目进行协同管理、统筹谋划、统一设计，充分发挥设计的主导作用。EPC总承包商从设计、采购、施工前期过程和整体上策划、处理工程问题，设计能更充分地考虑设备、材料采购以及现场施工安装的要求，更能主动地进行设计方案的优化，能更好地配合设备、材料采购和施工的衔接。集群项目体量大、涉及领域广、参加单位众多，对EPC总承包商提出了更高的要求，一般由大型工程总承包公司主导。在集群项目全生命周期管理过程中，更能体现总承包公司的项目管理能力，挖掘项目经理的潜力，对总承包公司的员工能力也是一大考验。

（2）资源整合

将EPC总承包模式应用到涉及多领域的集群项目中，是现代项目管理的一大突破。通常集群项目分布聚集且同时施工，项目集群间有较强的关联性。在EPC总承包商的协同管理下，可以实现资源共享，形成多个项目间的资源循环、工序衔接、材料周转利用。此外，项目集群投入资金庞大，采用EPC总承包模式，避免了多次招标所带来的资源浪费和管理成本。

传统的建设模式，设计者和施工单位对如何降低工程造价缺乏主动性，业主对工程造价的控制也显得无能为力。EPC总承包能调动承包商的积极性，在确保工程使用功能、结构和质量的前提下，对整个工程的造价进行有效的控制。虽然业主需要支付一笔承包商管理费，但各项费用都有显著降低，业主是最大的受益者。对于集群项目，一般由大型总承包公司组织实施，能力强且下设多个专业公司，在管理过程中，既可以市场化集采，也可以自产自用，材料、资源自给自足，一方面降低了工程造价，另一方面实现了资源的优化配置。

（3）战略目标的实现

集群项目是集住宅、教育、商务、娱乐等类型的建设项目于一体的，尽管项目种类繁多，但作为一个项目群体，为共同的战略目标服务。采用EPC总承包管理模式，在设计时考虑采购、施工的要求，可以提高设计质量，减少返工和浪费。有利于实现设计、采购、施工、试运行进度的深度交叉，在确保各阶段合理建设周期的前提下缩短总工期，实现项目目标，给业主带来经济效益。将采购纳入设计程序，设计者负责供货厂商报价的技术评审，确保采购设备符合设计要求；采购者负责催交制造商的先期确认图纸和最终确认图纸，经设计者审查后制造厂才能进行制造；设计者则按经审查的图纸做施工图，保证设计图纸与运达现场的设备完全相符，避免建筑安装返工。

此外，EPC总承包商能有效促进各集群项目间的交流，避免不同领域建筑物间的脱节。对项目集群进行整体控制管理，在实现单独项目目标的基础上，实现整体目标，获得1+1>2的效益。

2. EPC项目集群管理的难点[①]

通过前文对项目集群、EPC总承包模式的特点论述，与单一项目的对比分析来看，EPC总承包模式有其优越性，在项目整体协同管理、发挥设计的主导作用、确保工程质量、控制项目工期和造价、实现项目效益方面发挥着独特作用，恰好可以用来解决项目集群的管理问题。在超大规模集群项目管理中，EPC总承包模式也具有适用性。项目集群管理虽是项目管理的一种延伸，但其管理的对象更多，对项目负责人的要求更高，资源配置更复杂，风险更大，信息化要求更高，存在以下难点：

（1）管理幅度大

项目集群的管理要覆盖多个子项目的管理范围，在国外，有些EPC项目集群甚至在地理位置上跨国界、跨区域，因此管理的幅度非常大，对项目集群经理的能力和水平提出了更高的要求和挑战，同时也要求承包商需采取现代化的信息网络技术来支撑项目集群的管理需求。

（2）项目协同难度大

项目集群是两个及以上项目的集合群组，其管理必须协调项目集群内各个项目之间的关系和众多资源配置，尤其是在单个项目竣工时间相差不大的情况下，各项目之间均会争夺项目生产资料，有可能会导致项目集群经理与子项目经理以及各子项目经理之间的关系难以处理，协调不好的话，反而会损害整个项目集群的利益，因此，项目集群灵活机动的组织构架就显得尤其重要。

（3）项目隐性风险高

相比单一项目管理而言，项目集群虽然具有一定的容错性，可以通过子项目之间的资源调配来化解某个项目目标实现的障碍，但这样往往产生了许多隐性的风险，例如为了实现单个子项目机械完工目标的实现，往往调配其他子项目备件来优先满足其要求，导致最后一个子项目在调试阶段才会发现备品和配件的缺失，从而

① 杨超，于立鹏，余微. EPC项目群管理实践研究——以沙特阿美项目为例[J]. 建筑经济，2020，41（7）：28-31.

影响项目集群总体目标的完成，因此，必须提前建立项目风险集成平台，及时化解隐性风险的影响。

1.2.3　EPC模式下工程项目集群管理特点

1.2.3.1　管理特点

由于EPC总承包项目实施过程涉及总承包商、设计单位、供应商、施工单位等，这些组织为完成EPC项目的最终目标集合到一起，承担着不同的职能，而相互之间的信息沟通和协调难度明显增加。因此，EPC项目集群管理必须以并行工程管理为核心，统筹协调各阶段之间的利益。

1．设计、采购、施工各阶段的平衡

首先，平衡各阶段间的投资回报、风险及战略等因素，优化并保障EPC项目集群整体目标得以实现；其次，实时监督和优化各个阶段的进展状况，关注项目的总体绩效，并对其进行评审；最后，由于各个阶段的实施时间段不同、市场环境不同、实现目标不同和所获利益不同，使得各阶段间存在冲突。因此，必须平衡各阶段间的资源配置等问题，正确处理资源和利益的分配，实现整体利益最大化。

2．各部门职责划分

为防止各阶段多头领导问题，应明确各阶段各主管之间的权利与职责。虽然各阶段之间存在互相交叉、互相影响的关系，但其各自的组织应拥有独立决策的权限，以满足各阶段独特的差异性和针对性。

3．组织结构设置

从组织结构上讲，EPC项目集群管理要保持项目管理的优势，同时还要发挥协同效应和学习型组织的特征，建立一个层级较少的组织结构，使项目集群能够有效地运行并成为一个持续改善的整体。组织结构应采取扁平化，优化组织适应性，建设信息传递层次，加快信息传递速度。

EPC项目集群管理组织结构的核心就是项目集群管理办公室，它是一个组织实体，关注如何高效地管理三个阶段，负责将总体战略反映到项目集群中，并实时监督项目集群的进程，以确保可以不断地掌握战略上的主动地位，提升企业的核心竞争力，虽然项目集群管理办公室所拥有的规模不大，但它在战略层次上却有着高层级的位置，它将企业所进行的项目管理工作与企业的商业目标、思想文化紧密联系在一起。它不仅有传统项目管理的职能，也有战略性管理的职能，一般包括：为项目提供支持；融合企业文化内涵，创立项目集群文化；实行并维持项目集群管理过程、方法和标准；提供项目集群管理培训，强化项目集群管理人员的知识结构；提供项目集群管理指导和咨询服务；优选项目集群管理软件工具；实施项目集群协同管理；评估和提升项目集群管理成熟度水平；在企业内部整合过程和系统，并满足项目集群的独特需求。

EPC项目集群管理的组织结构如图1-4所示。

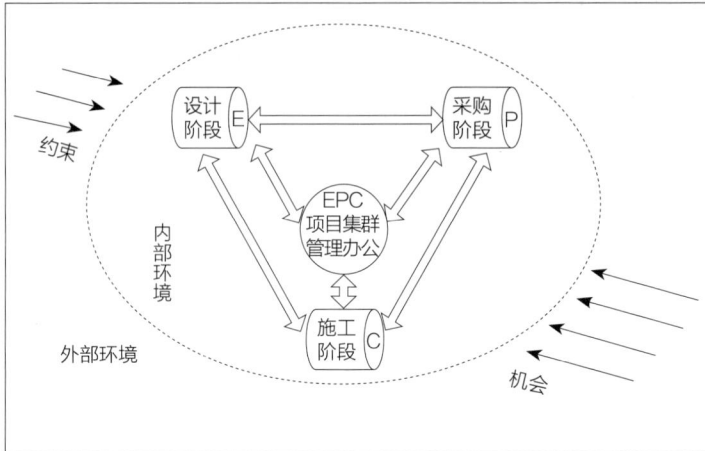

图1-4　EPC项目集群管理组织结构

1.2.3.2　管理要求

党的十八大以来，我国建筑业持续稳步发展，总量规模、增加值、企业数量、劳动生产率、利润、国际市场开拓、科技进步等保持良好的增长势头。随着国家发展改革委、住房和城乡建设部推行工程总承包政策力度的加大，EPC工程总承包项目集群管理的新模式和新方法被许多复杂的工程项目所使用，取得了显著的效果，为企业带来了良好的经济效益。为了促进EPC工程总承包项目集群管理的良性发展，在项目管理过程中应做到以下几点：

1. 注重设计管理，强化一体化整合

充分发挥设计工作的主导作用。对于工程项目而言，在初期阶段，EPC总承包企业应当安排专业人员审核设计方案的先进性、可行性、合理性以及项目的总工期、总成本、施工部署等，并对其加以论证。通过开展上述工作，有助于对EPC工程总承包项目的工期、成本、质量、安全生产、绿色施工等目标的总体控制。

实现设计、采购、施工等资源的一体化整合。EPC总承包模式主要是在总承包企业资源的基础上，将以往的外部各主体之间的被动控制形式变成总承包体系内部的自主沟通，实现设计、采购、施工等资源的一体化整合，并进行深度交叉，将三者的优势充分激发出来，形成一种互补的局面，实现设计管理的高效化，消除图纸及施工中的弊端，从而提高总承包模式的管理效率。实践表明，让总承包单位提前介入施工方案的设计工序中，在实际设计过程中可以听取施工专家的建议，充分利用新材料、新工艺以及新技术，便于后期施工工艺和工序的顺利开展，减少变更，避免索赔，有效控制施工进度，保证企业的经济效益。

2. 加强组织管理，提升内部协调

工程项目集群组织管理包括了企业、项目集群和项目部三个层次，企业层从整体战略出发，综合协调各个项目群之间的关系；项目集群层从项目群体目标出发，对各个组件项目进行协同管理；而项目部从单一项目出发，进行"三控制、三管理和一协调"管理活动。

（1）企业层不参与具体工程项目集群和工程项目的管理实施活动，而是从总体战略的高度综合制定项目实施规划，定义和构建工程项目集群，确定项目集群的实施计划，为项目集群层培训和配备管理人员，并作为最高信息集散中心，为各个项目集群管理组织提供适时信息支撑，包括资源信息、市场信息等，在项目管理活动结束后对其进行绩效考评，企业层的项目管理一般是通过网络系统控制技术实施。

（2）项目层作为基层管理组织，主要负责本项目的具体实施和控制管理。主要包括"三控制"，即进度控制、质量控制和成本控制；"三管理"，即合同管理、信息管理和安全管理；"一协调"即协调工程项目参与各方以及受到影响的各方主体间的关系，以保证项目的正常进行。

3. 构建合作关系，化解主要矛盾

在EPC工程总承包模式中，直接的利益主体有业主、政府部门、监理单位、设计单位、施工单位以及材料供应单位等。EPC总承包企业要与各个主体之间构建有效的合作关系，在整合设计、采购、施工各环节资源的同时，提高抗风险能力，从而实现项目效益的提升。通过对工程项目管理中合作管理模式进行分析的结果表明：对比传统承包项目管理模式，应用合作管理模式的工程项目，实际工期提前4.5%完成，变更、索赔、争议等现象也比传统模式发生的频率小，大约是传统模式的30%，而客户满意度却整整提高了26%，同时团队之间的成员关系也得到了改变。由此可见，EPC总承包模式中的合作管理模式对项目经济效益的提升具有重要作用。

1.2.4　EPC项目集群管理效果评价

项目集群的成功是通过其实现战略的能力来衡量的，战略必须不断调整以适应不断变化的环境。项目集群管理流程必须预留不断重新调整或在必要时终止的空间。因此，项目集群在本质上是敏捷的，项目集群周期性或阶段性地交付收益，在不同周期或阶段中，项目集群的价值也不断地被评估。

成熟的项目集群管理要求具备处理不确定性和模糊性的能力，同时具备业务和战略视角。因此，在对EPC工程总承包项目集群管理进行效果评价时，必须考虑以下八要素。

1. 结构与文化

结构与文化是项目集群管理成熟度的两个基本要素，也是经常被忽视的要素。如果一个组织结构孤立、系统官僚化，那么该组织就需要额外的时间和资源来处理决策。如果项目创新和创造力受阻，项目集群管理就无法实现其目标。奥利维尔·拉扎尔（Olivier Lazar）称这种情况为"组织惰性"。组织惰性越大，决策所需的时间和资源就越多，组织的响应性就越差。

项目集群管理需要一个简单的系统，在这个系统中，正确的人可以及时做出决策，以响应不断变化的环境，从而实现所谓的"短暂竞争优势"。组织结构应能够建立强大的横向网络，允许跨职能团队考虑不同的选择并从中寻求最佳方案，以此激发创新和创造力。

在组织文化方面，应避免指责他人，在合理范围内允许冒险，并鼓励学习型态度，提倡共享和团队合作。

总之，项目集群管理成熟度需要简化系统和横向集成。

2. 战略一致性

项目集群成功的关键之一是战略目标的实现和价值的交付。在一个成熟的组织中，项目集群交付的战略目标是基于关键成功因素（Critical Success Factor，CSF）来衡量的，关键成功因素是指项目集群团队需要交付的收益，在收益持续地集成到组织的主要业务中时，项目集群结束。

项目集群的计划应该以商业论证为基础，在生命周期中保持灵活性，以适应环境和目标的演变。项目集群发起人可以基于财务能力、参数和约束、资源可用性和专业知识及复杂性等问题来进行项目集群的可实现性分析，以评估项目集群能够提供的预期收益和价值。

3. 相关方管理

项目集群的关键相关方应持续参与到项目集群决策中。项目集群团队应通过积极的沟通来通知、监督、咨询相关方。项目集群经理和客户组织的代表都应加入项目集群治理委员会，并积极参与所有决策。应鼓励积极和消极的相关方都发表意见，并在需要时提出问题。

4. 收益管理

项目集群商业论证应包含一个清晰的价值主张，基于战略一致性和全面可实现性分析的投资理由。成熟的项目集群组织应制定一份收益地图，清晰地将项目产出、项目集群成果和收益与既定战略目标联系起来。这种结构图也称为"收益分解结构（BBS）"或"项目集群WBS"。在项目集群实施过程中，可使用关键成功因素和关键绩效指标（KPI）的收益登记表来评估收益实现情况。收益的实现和维持只是项目集群范围的一部分，项目集群最终的成功还将进行中期或长期衡量。

5. 项目集群治理

在成熟的组织中，项目集群治理包括三个要素：明确的项目集群愿景和任务；承诺为项目集群经理提供实现其目标所需的资源和结构；一个确保项目集群目标实现的决策管理流程。项目集群发起人负责推进项目集群治理委员会的工作，并允许其他关键成员参与整个项目决策管理过程。客户组织的代表要与项目集群经理密切合作，以获取相关方的需求并整合成新的能力。价值管理是项目集群治理过程的一个组成部分，能够为一系列业务相关方实现最佳价值（最终收益）。项目集群经理有权做出变更决策，并管理整个项目集群中与其汇报范围无关的资源。整个项目集群团队对项目集群收益的实现负有责任，但项目集群发起人负有最终责任。

6. 决策管理

由于项目集群是周期性的，因此在立项批准和每个周期的批准之前，它需要一个分层的商业论证流程。用商业论证的方法来制定价值主张、项目授权（章程或摘要）和项目管理计划，这三个层次是批准项目可以继续进行的依据。

大多数与决策相关的文献和实践都侧重于决策的制定，而忽略了决策的实施和结果的衡量。决策管理中的两个关键问题是：只做决策，不确保结果，不问责。

在每个周期结束时，项目集群评审应使用关键成功因素和关键绩效指标来衡量在既定的里程碑上实现的收益，以及在不断变化的环境中对变化的响应程度。中间结果决定着项目集群的进展方向。在不断发展的环境中，变更决策应该被看作调整项目集群进展方向的一种方式。

7. 变更管理

意义建构（Sense Making）这种活动能够帮助变更接收者理解变更并表达他们的关注点。在成熟的组织中，为了让相关方参与进来，从项目集群制定到结束期间，都要进行定期的意义建构活动。这些活动能够使项目集群经理和客户组织的代表了解组织对变更的准备情况，并将影响变更和项目集群周期的速度和范围。

项目集群移交（把项目集群生产能力转化为组织的日常业务）应该被视为项目集群范围的一部分，这要求项目集群内管理团队与组织的业务部门合作，与运营人员一起进行变更活动。

8. 生命周期管理

项目集群包括一系列的周期，每个周期的速度根据组织对变化的准备程度和周期结果的可预测性而定。由于项目集群在收益集成到日常业务中时结束，结束周期可能需要额外的资源，只有当组织认识到项目集群受不确定性和模糊性的影响时，才能保证提供这些资源。一个典型的项目集群周期分为三个阶段：①定义（制定和准备）；②部署（能力交付、过渡、集成收益、收益评估）；③结束（周期结束并过渡到下一个周期）。

尽管人们无法从一开始就准确预测项目集群的结尾，但每个周期都应有一定程度的可预测性。在一个项目集群启动时，发起人将制定一个预算，在每个周期开始时，他们分配资金和资源，在每个周期结束时，根据预测的结果来衡量绩效，并对下一个周期做出承诺。

1.3 中国西部科技创新港项目总承包单位概况

陕西建工控股集团有限公司始建于1950年3月，是陕西省政府直属的国有独资企业，注册资本金51亿元，旗下拥有国际工程承包、建筑产业投资、城市轨道交通、钢构制作安装、工程装饰装修、古建园林绿化、锅炉研发生产、地产开发建设、石化设计施工、电商物流供应、建材生产配送、教育科研培育等产业。

所属的核心企业陕西建工集团股份有限公司（600248）A股上市公司，是拥有建筑工程施工总承包特级资质9个、市政公用工程施工总承包特级资质4个、石油化工工程施工总承包特级资质1个、公路工程施工总承包特级资质1个、甲级设计资质17个及海外经营权的省属大型综合企业集团，具有工程投资、勘察、设计、施工、管理为一体的总承包能力。

凭借雄厚的实力，陕西建工荣列ENR全球承包商250强第15位、中国企业500强第163位、中国上市公司500强第86位和中国建筑业竞争力200强企业第5位。陕西建工现有各类中高级技术职称万余人，其中，教授级高级职称139人，高级职称2 583人；一、二级建造师7 662人，工程建设人才资源优势称雄西部地区，在全国省级建工集团处于领先地位。

1.3.1 发展历程

1950年3月10日，西北军政委员会工业部所属西北建筑公司在西安成立。它是新中国成立后，第一个西北地区的公有制建筑施工企业，标志着社会主义性质的国营建筑企业在大西北的诞生。同时，也拉开了陕西建工控股集团有限公司发展的历史帷幕。

1952年5月—1958年6月，西北建筑工程局与陕西省建筑工程局并存时期。

1958年6月—1962年7月，陕西省建筑工程局时期。

1962年7月—1964年6月，西北工程管理局与陕西省建筑工程局并存时期。

1964年6月—1968年8月，建工部五局与陕西省建筑工程局并存时期。

1968年8月—1970年6月，建工部五局时期。

1970年6月—1973年3月，建工部五局与陕西省革命委员会基本建设局并存时期。

1973年3月，省建一、二局合并为陕西省建筑工程局。

1983年10月，陕西省建筑工程局改制为陕西省建筑工程总公司与陕西建工集团总公司并存。

2008年10月，陕西省建筑工程总公司、陕西建工集团总公司改制为陕西建工集团有限公司。

2017年1月10日，陕西建工集团有限公司在其承建的陕西大会堂召开一届一次职工代表大会暨2017年工作会议。

2019年6月28日，陕西建工集团股份有限公司创立大会暨第一次股东大会在西安召开，标志着陕建集团完成整体改制，向整体上市目标迈进了坚实一步。

2020年1月，延长化建发布重大资产重组报告，拟发行股份购买资产并吸收合并陕建股份，同时募集配套资金。

2020年11月13日，证监会并购重组委审核通过。

2021年1月21日，陕西建工集团股份有限公司（陕西建工，600248）成功登陆A股上交所主板。

1.3.2 组织结构

陕西建工控股集团有限公司的组织机构如图1-5所示。

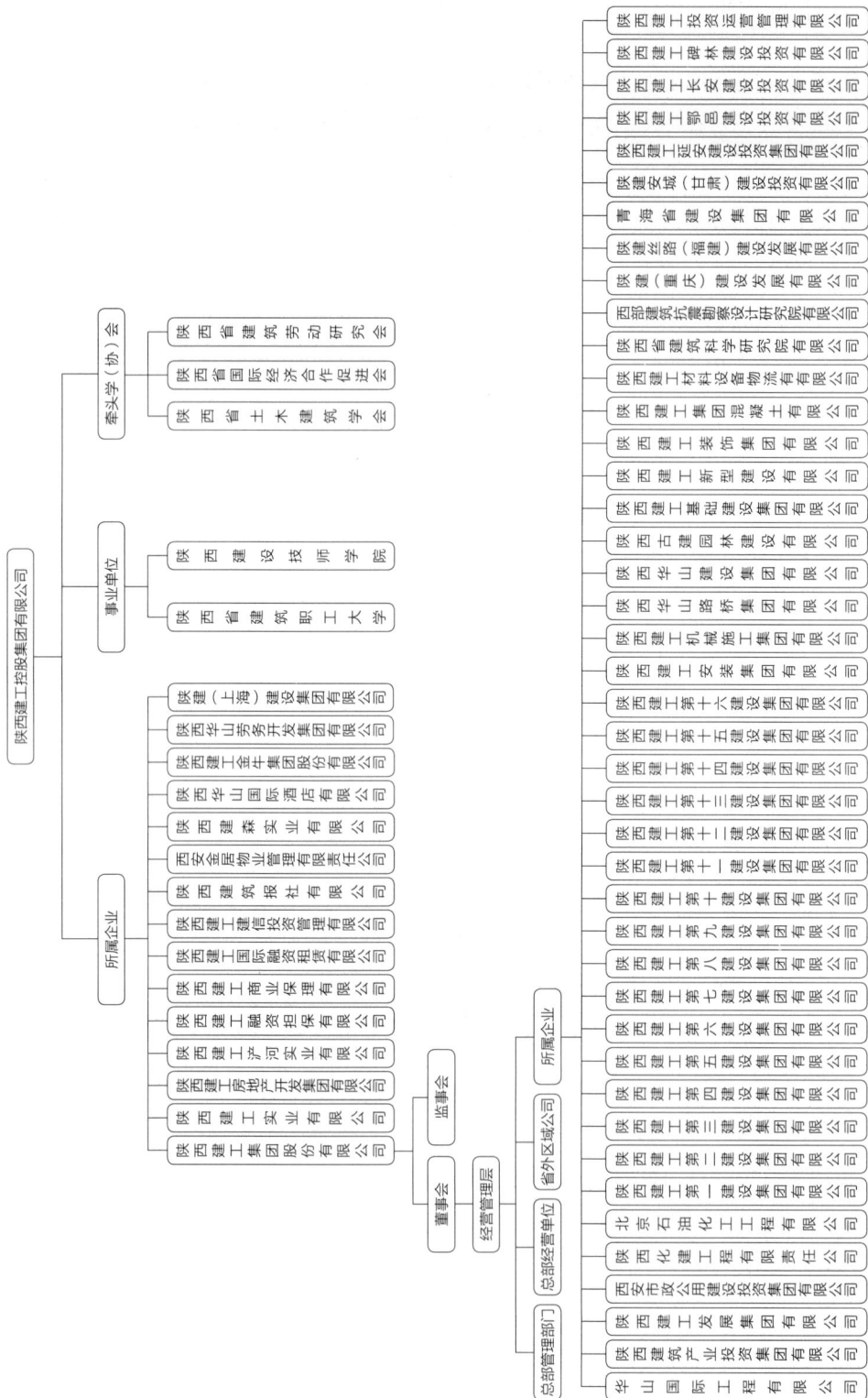

图1-5 陕建集团组织结构图

1.3.3　企业荣誉

近年来，陕西建工取得科研成果数百项，获全国和省级科学技术奖90项、住房和城乡建设部华夏建设科技奖23项、国家和省级工法691项、专利1 278项，主编、参编国家行业规范标准120余项。先后有77项工程荣获中国建设工程鲁班奖，104项工程荣获国家优质工程奖，4项工程荣获中国土木工程"詹天佑奖"，29项工程荣获中国建筑钢结构金奖。

陕西建工坚持省内省外并重、国内国外并举的经营方针，遵循"向善而建"的哲学和"为客户创造价值，让对方先赢、让对方多赢，最终实现共赢"的经营理念，完成了国内外一大批重点工程建设项目。国内市场覆盖31个省、直辖市、自治区，国际业务拓展到32个国家。正向着挺进世界500强和打造国际一流的现代化综合建筑服务商的目标努力迈进。

1.3.4　企业文化

1. 陕建集团理念的基本构架

（1）企业哲学：向善而建

"向善而建"将陕建人"善良诚信的品质""追求至善的工匠精神""善战善成的铁军作风""友善合作的共赢理念""善待自然的绿色发展"及"济善社会的责任担当"融合在一起，形成陕建核心价值定位。

（2）企业使命：弘扬建筑文明赋能美好生活。

（3）企业愿景：成为国际一流的现代化综合建筑服务商。

（4）核心价值观：人本创新担当协作共赢。

（5）企业精神：敬业守信、勇担责任、建造精品、追求卓越。

2. 陕建集团企业文化体系的整体逻辑。

陕建集团企业文化体系（图1-6）体现了陕建集团持续成功的文化逻辑：首先有一颗"向善而建"的初心，只有初心向善，才能行而久远；其次，要有一颗雄心，要有崇高的使命和远大愿景，才能充分激发动力，成就大的事业，而不是小富即安。为了实现这样宏伟的目标，陕建人要坚守核心价值原则，永葆激情和斗志，拥有积极向上的精神风貌，同时将文化信念和原则落实为具体的行动，依靠干部带领和员工践行，将梦想转化为现实，擦亮陕建品牌，走向基业长青。

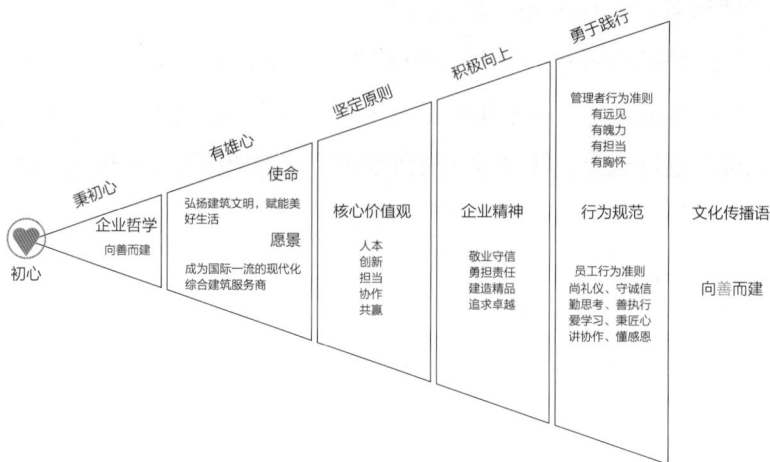

图1-6 陕建企业文化体系的整体逻辑图

1.3.5 党群工作

陕建集团秉持"不忘初心，牢记使命"，党组织深入贯彻落实"六大纪律""四个必须""八条规范"，积极开展党群工作①。

1）组织党员学习理论。习近平总书记多次强调，理论修养是党员综合素质的核心，理论上的成熟是政治上成熟的基础。学习和掌握理论的深度，直接影响甚至决定一个党员干部的政治敏锐程度、思维视野广度和思想境界高度。基础不牢，地动山摇。陕建集团体型大、子公司多，党组织的首要任务就是组织党员干部认真地、系统地学习，努力掌握马克思主义的立场、观点、方法，不断增强坚持中国特色社会主义道路、理论、制度的自觉性、坚定性。多次召开"五四"学习活动、红色主题观影活动、主题教育党日活动等一系列党建活动。为贯彻落实国家方针和会议精神，积极响应国家政策，各子公司针对习总书记在中央政治局第十四次集体学习时的讲话、《陕西基层团组织规范化建设实施方案（2019年度）》、十九届四中全会等展开学习交流，深入领会指导方针。

2）开展思想政治工作。陕建集团注重党员发展和思想教育，一方面加强学习教育，另一方面对党员进行经常性的思想政治工作。尤其处于思想活跃期、利益调整期、工作繁忙期的党员，思想工作更加深入。陕建集团注重对党员群众的人文关怀和心理疏导，定期开展促进身心健康、和谐向善的活动，鼓励关怀、帮扶工作，

---

① "秘书工作"微信公众号，编辑：石光辉。

努力营造团结和谐、干事创业的文化氛围。

3）加强党风廉政建设。贯彻全面从严治党要求，党组织把纪律和规矩挺在前面，维护和执行党的纪律，对不履行党员义务和违反党纪的党员进行教育、批评，直至按组织程序进行处分。按要求开展监督工作，定期召开纪检监察工作会议，监督党员参加组织生活，督促党员领导干部参加双重组织生活，做好向党员群众收集意见建议和反馈通报等工作。

4）完善党的组织生活。党内政治生活是党组织教育管理党员和党员进行党性锻炼的主要平台。陕建集团党组织积极营造良好的政治生态，坚持党的组织生活制度化、经常化、规范化，通过"三会一课"、民主生活会、组织生活会、民主评议党员、党员党性分析，开展批评和自我批评，统一思想、凝聚共识。工作中要坚持民主集中制，重视党内民主建设。坚持党内活动党员人人参与，维护党员的知情权、参与权、选举权、监督权。

5）贯彻落实"六个坚持"。陕建集团按照中央和省委要求，结合企业实际，细化工作举措，在党组织及集团内部贯彻落实"六个坚持"①：

（1）坚持读原著、学原文、悟原理。印发学习读本，要求广大党员，重点是副处级以上党员领导干部，通过自学和参加集中学习，集中学习采取专题学习、支部会议、读书班、讲党课和中心组学习（扩大）会议等形式，确保集中学习不少于一周时间。通过读原著、学原文、悟原理，认真领会精神内涵和精神实质，用理论联系实际，推动解决企业改革发展中遇到的实际问题。

（2）坚持用正反两方面典型教育党员干部。集团及基层单位党组织通过组织观看、学习张富清、刘宝斋、蔡兴海等老英雄、老红军的先进事迹和"西迁精神"，用赵正永、魏民洲、冯新柱、钱引安等严重违纪违法反面典型对党员干部进行警示教育，引导广大党员干部树立正确的人生观、世界观和价值观。

（3）坚持联系实际进行主题研讨。在进行主题研讨过程中，每位党员干部能结合自己的工作和企业稳增长目标深入交流，对企业的跨越发展提出很好的意见和建议，促进了企业整体上市和迈进世界500强企业的步伐。

（4）坚持以问题为导向进行调研。集团两级班子在对自己调研主题谋划的基础上，以问题为导向，深入基层单位认真调研，力求针对存在的问题进行整改落实。

---

① 陕建集团官网。

（5）坚持严格督导。集团党委派出了14位领导班子成员为组长的督导组，深入基层44个单位进行督导，及时掌握具体进展情况，对进度慢的单位，要求及时补课，确保跟上集团的整体进度。集团建立了督导工作交流群，每周进行重点工作安排和督导提醒，对主题教育开展情况进行交流和小结。

（6）坚持营造浓厚氛围。在《陕西建筑报》、集团及各基层单位内外网站和微信公众号开辟专栏，及时宣传报道集团开展的主题教育进展情况，营造浓厚的主题教育氛围。

1.4 中国西部科技创新港项目集群管理综述

1.4.1 工程概况

中国西部科技创新港工程（简称"创新港工程"），位于陕西省西咸新区沣西新城，是教育部与陕西省共建的国家级重点项目，以"国家使命担当、全球科教高地、服务陕西引擎、创新驱动平台、智慧学镇示范"为总体定位，是落实"一带一路"倡议及"创新驱动、西部大开发"国家战略的重要部署，是百年交大（西安交通大学）再次弘扬"西迁精神"，加快双一流高校建设，探索21世纪中国大学新形态、学科建设新结构、人才培养新模式的全新舞台。

1. 科创基地工程

工程占地1 750亩，主要包括四个巨构（教学楼）、文科楼、医学化工板块、学生宿舍、食堂等共计52个单体，总建筑面积159.44万m^2，是集教学科研、学术交流、图书阅览、文体锻炼、办公生活等为一体的大型智慧学镇，总造价75.3亿元。

2. 高端人才生活基地工程

工程总体规划建设用地约996.9亩，主要包括高品质住宅、幼儿园、小区商业及相应的室外环境和景观配套等，建筑面积约195万m^2，预计总投资95亿元左右，工程项目建成后，将集聚硕、博士研究生2万人以上，留学生2 000人以上，是海内外高端科研人才有力的生活保障，其中，南洋中院、西院项目建筑面积约53万m^2，占地面积约300亩，主要包括55栋住宅楼、10栋商业用房、4栋服务用房及地下车库等，合同额约13亿元。南洋东院项目：占地405亩，主要包括65栋单体住宅楼，建筑面积约95万m^2，合同额约36亿余元。上述工程均由陕建集团实施EPC工程总承包。

1.4.2 项目特点及难点

1.4.2.1 创新港项目特点

1. 创建精品，项目管理要求高

超大型群体项目全生命周期BIM技术应用，为国内首例。质量目标为获中国建设工程鲁班奖。项目施工在科技创新、绿色建造、安全生产、文明施工、后勤服务等各方面都提出了严、高、精、细的管理要求。

2. 工期紧迫，资源需求量巨大

该项目集群工程量大，工期紧迫，极短时间内需完成挖填土方322万m³，混凝土101万m³，钢筋13万t，砌块21万m³，施工高峰期需要劳动力约3万人，脚手架等钢化设施料8万余吨，塔吊、施工电梯等大型机械设备216台，施工车辆520余辆。

3. 功能复杂，组织协调难度大

项目设计标准高，建筑功能系统众多，专业碰撞、工序交叉等矛盾集中，项目单体建设同园区规划道路、总体及绿化平行交叉施工，总包施工组织繁杂，协调管理工作量巨大。

1.4.2.2 创新港工程建设十大亮点

1. 以简欧、多层、围合巨构为主的群体建筑群

创新港工程传承了"南洋公学"欧式建筑风格和西安古都地域文化特征，将角楼、坡屋顶、老虎窗、柱廊、拱圈等建筑元素，融入传统院落布局，形成交叉融合又相对独立的院系空间，先后有张锦秋、梅洪元、贾倍思等8位著名设计师、41家知名单位参与设计。特别是程泰宁院士主笔完成的8号工程博物馆、9号多功能阅览中心设计，意大利设计师设计的6号米兰理工联合创新中心，文科楼U形环抱设计，宿舍楼单元式五室一厅一卫布局设计等成为创新港的点睛之笔。

2. 永临结合的49条施工路与校内综合交通系统

创新港工程道路规划突出了学镇社区宁静、低碳、创新特色，对外交通"畅而不穿"，内部交通具有高度可达性，强调绿色交通出行，形成集城市道路系统、公共交通系统、慢行交通系统和停车系统为一体的高效、合理、无缝衔接的综合交通系统。在项目施工现场，永临结合的49条施工道路，按照"窄马路、密路网"的城市道路布局理念，其中主车道10条，次干路18条，支路19条，慢行专用道2条，为最终实现"没有围墙"的大学、有进有出的"港口"、示范样板的学镇奠定基础。

3. BIM技术与全国首个5G校园

项目全过程采用BIM技术进行辅助设计和管理，不仅有效化解了诸如超大规模工程建设中管线"错、漏、碰"等老大难问题，而且有效地优化了施工场地、模拟施工、方案交底、工程量统计、人和设备管理等工作，以智慧工地建设确保了各单体建筑的运行维护和统一管理。同时，结合BIM技术全生命周期运维管理，创新港实现有线、无线、物联网与5G通信网络"四网融合"，建成了全国首个集教学科研、能源管理、后勤物业、安全监控等管理服务于一体的智慧5G校园综合平台和全场景课堂直播智能运营中心，全天候全方位实时远程监测控制人、车、物，以及水、电、暖等。

4. 天然地基和土方内部倒运

根据创新港工程自然地质条件、建筑体量等基础数据，工程地基大多采用天然地基和级配砂石换填地基，基础采用独立基础、条形基础和筏板基础，经过60份地基检测报告和106份工程沉降观测报告，压实度和承载力均满足设计要求。因为不需做试桩、桩基、筏板，基坑施工工期缩短近4个月。同时根据创新港工程位于河滩地带、地面低于渭河水位的现状，项目利用开挖的土方回填并抬高地面，既解除了洪涝隐患，也实现了土方内部倒运，节约资金近4 000万元。

5. 陕西省首个装配整体式框架结构多层民用公共建筑

项目注重应用模块化设计理念，优化施工工艺，在主体结构、机电安装、装饰装修等施工过程中，大量采用工厂化定制加工产品，现场装配式安装，以此提升工程质量，缩短建设周期。特别是创新港科创基地15号楼学生食堂的装配式施工，构件总数达347件，共计110种型号，包括预制框架梁、柱、预制叠合板、预制楼梯、预制女儿墙等，最大构件重4.8t，套筒灌浆连接节点493处，其预制构件拆分合理，加工准确，高精度吊装、节点连接质量可靠，是陕西省首个装配整体式框架结构多层民用公共建筑。

6. 大体量裸装

创新港工程52个单体92%的室内空间均设计为简装，用料极其普通，特别是学生宿舍区、巨构科研楼、核心地下室等大体量区域空间，墙、顶面只在原结构基础上涂饰乳胶漆饰面；科研实验室、地下室车库大面积为混凝土地面；医学化工板块屋面均为混凝土面层；分布于18个核心区的760余间机电房间，57万余米的各种线缆桥架，3万余米的矿物绝缘电缆，127万余米的各类风管、水管等，这些管道、槽盒、风管的明装和机电安装综合布设及系统调试，体现了项目"粗粮细作"的质量特色，完美呈现了设备管线"裸装"，节省了空间，便于检修的效果。同时，部分建筑"素颜"。如8号楼总建筑面积16 886m²，框架结构，楼内可见的墙、柱、梁、板均设计为饰面清水混凝土。

7. 分布式能源供应与国内规模最大的无干扰地热供热项目

创新港工程采用分布式能源系统解决区域供热、供冷及生活热水。分布式能源系统充分利用"中深层地热能无干扰清洁供热技术"，通过金属导管和热交换介质，从地下2k～3km，温度在70～120℃的中深层地热能，"取热不取水"，提供清洁热源。项目共计建设6个能源站，与传统燃煤锅炉相比，使用该技术进行供暖，每个供暖季节约标准煤炭2.54万t，减少二氧化碳排放6.8万t，减少二氧化硫、氮氧化物排放850t，为北方城市清洁供热、消除雾霾，提供了"创新港样板"，成为国内规模最大的无干扰地热供热项目。

8. 海绵城市与绿色节能环保项目的典范

创新港工程屋顶绿化与地面下凹式绿地结合，融入海绵城市理念，通过自然积存、自然渗透、自然净化的循环系统，实现有收有放的治水新体系。采用地热能及太阳能供热、LED节能灯具、红外感应节水型卫生器具，节能效果显著。同时，严格设置能耗监控系统，建设多处下凹式绿地、雨水花园、生态草沟、豁口路沿、透水铺装等，把创新港工程打造成一个"没有内涝水患"的"港"，成为绿色节能环保项目的典范。

9. 空中花园与陕西省一次性栽种规模最大的屋顶绿化项目

创新港工程屋面形式多样，其中陶土瓦坡屋面5.26万m²，种植屋面7.27万m²，广场砖屋面3.68万m²、混凝土屋面5.74万m²、金属屋面1.25万m²。项目在做好19.78万m²屋面防渗防漏、排水通畅的同时，种植72 762m²的屋面，将花园放在楼顶，有灌溉系统，被誉为空中花园，成为陕西省一次性栽种规模最大的屋顶绿化项目。

10. 8万m²人防工程

创新港工程地上建筑面积141.11万m²，地下建筑面积18.33万m²，其中人防工程建筑面积约8万m²。工程建设过程中，创新港人防工程采用化零为整、集中建设的理念，有效地利用地下空间，实现了"人车分流"。如核心地下室，位于创新港中轴空间630m长、53.8m宽的下方，连通1～5号科研楼，是创新港的地下交通停车系统和管线共享系统，它加快了施工进度，系统解决了机动车地下通行、停车问题。现在地下人防工程空间已实现了最大化利用，成为商业店铺、学生社团等众多机构的主要选址空间。

1.4.3 项目集群管理的特点

1. 强化管理团队

提高政治站位，根据项目重大意义，组建了陕建集团历史上最高层级的管理组织，将项目列为"五个一"工程，由集团董事长张义光亲自担任项目总指挥，选调精兵强将，组建优秀管理团队，围绕项目既定目标积极开展策划，组织资源提供坚实保障。

2. 重视技术创新

作为超大型群体工程，BIM技术应用于项目全生命周期。项目BIM团队已实现了设计—施工模型传递，进行了深化设计、虚拟施工、工程量计算等，起到了优化施工方案、提高施工效率的作用。

学生宿舍A区15号楼作为预制装配整体式框架结构建筑，柱、梁、楼梯等部品经拆分和标准化设计，由集团建筑产业基地进行预制生产、现场吊装。展现了装配式结构施工高效、质量优异、安全可靠等优势，为此项技术的推广应用积累了宝贵经验。

同时，自主开发了基于BIM技术的智慧工地管理协同云平台，实现安全、质量、进度、劳务、安防、交通车辆、环境监测及协同办公信息化管理。

3. 勤于策划学习

结合工程特点与难点，编制了《质量创优计划》《样板施工计划》《质量通病防治措施》等多项管理方案，开展月度质量联测联评活动，在生产过程中吸取经验，取长补短，不断优化做法。

邀请多位国内知名专家进行现场指导，组织多次质量策划研讨会，形成质量专项方案，为项目创优夺杯奠定坚实基础。现场设置多个质量样板与实体样板展示区，直观展示各工序细部做法及质量标准要求。

4. 严控安全生产

全面实施实名制管理，将门禁系统与入场安全教育相关联，确保人员持证上岗。运用车辆自动识别系统，实现场内交通管控和人车分流。

全面应用标准化、定型化、工具化的安全防护设施和隔离围挡。悬挑架立面防护采用钢网框防护。高大支模全部采用插接自锁式新型架体。

将群塔作业作为安全监管重点，应用智慧平台管理和人脸识别系统，开展月度"红旗塔吊""红旗电梯"评比，规范作业行为；借助移动信息化平台和无人机定时巡航，实现动态管控。

5. 坚守治污减霾

严格遵守"六个百分百"要求，对施工现场出入的车辆进行清洗，杜绝带泥、带土上路；现配置有洒水车24辆、雾炮16台、塔式起重机喷淋37处、洗车台9处，喷淋长度达6 740m，并配有包括PM2.5检测系统在内的数个环境动态监控系统设备设施，形成全方位、立体式、定点防治、全时段监测的降尘体系，确保将"治污减霾·保卫蓝天"行动落到实处。

6. 打造绿色文明

按照因地制宜、永临结合的理念，项目以永久道路垫层作为施工道路形成"三纵三横"交通路网。坚持"四节一环保"的可持续发展。

践行海绵工地理念，形成多处下凹式绿地，以慢排缓释的方式做到雨水的自然积存、自然渗透。现场坚持绿化为主、硬化为辅，全场绿化面积达60%，形成1 000余亩绿地，建成生态和谐的花园式工地。

7. 践行人本管理

认真践行"快乐工作，健康生活"的人文关怀理念。现场建有17座劳动者服务站，内设饮水机、电子阅读器、手机充电站等；集中规划5.5万㎡施工生活设施，含便民超市、理发室、活动室、夫妻房等，实行城市社区化管理。

项目部成立党总支、联合工会和多个青年突击队，组织开展送清凉、亲子活动、职工运动会等活动，用真心、爱心、诚心凝聚人心。

1.4.4 项目集群管理总体原则

1. 发挥组织优势，合理调配施工资源

作为陕建集团历史上首次开工面积最大、总造价最高、工程总承包难度最大、社会影响力最强的项目，在"五个一"工程的高点定位和集团领导亲自挂帅的有力组织下，充分发挥企业资源优势。

项目建设进程中，陕建集团依靠自身资质全、种类多、实力强、范围广的结构优势，发挥好大兵团、多兵种的作战优势，总包项目经理部通过对资源的统筹调配、科学安排，让各参建单位发挥好自己的比较优势。

2. 勇于管理创新，提升综合管理水平

根据项目特点，项目部开创了以"追赶超越、争创一流"为主题的"六比六赛"劳动竞赛，包括安全、质量、进度、文明、绿色和后勤管理六大板块，成立了相应的竞赛委员会，制定了《"六比六赛"劳动竞赛考核办法》《创新奖励办法》《岗位能手评比办法》和《施工电梯、塔吊专项管理办法》等配套制度，竞赛范围为所有参建单位的管理和劳务人员。按照周评月奖的机制，树立标杆、表彰先进，将好的做法与经验推广到整个项目，形成比、学、赶、帮、超的良好竞赛氛围。

每个竞赛板块都要建立起自己的竞赛制度和管理方法，目的在于借此达成"快（工程进度）、新（施工技术）、精（工程质量）、防（安全生产）、绿（绿色施工）、实（后勤管理）、亮（文明施工）"的项目管理目标。

竞赛过程中通过表彰奖励等激励措施，有效地调动了参建人员的积极性，提升了人员素质技能，为企业培养一批技术和岗位能手，最终实现提升项目综合管理水平与创新能力的目的。

3. 坚持党建引领，凝聚广大职工力量

项目党总支按照支部双管制、党员团体制、活动集中制的原则，加强两级领导班子的思想、作风建设，通过项目各种会议，在项目各级管理人员中树立了同一目标、同一标准、同一管理、同一梦想的"四同"意识和用心建精品、用力攀高峰、用情聚人心、用信亮陕建的"四用"管理理念；将"把党徽戴起来、把身份亮出来、把形象树起来"为主题的创先争优活动与"六比六赛"劳动竞赛相结合，使一个支部成为一个堡垒，一名党员成为一面旗帜，将项目党建和一线生产工作紧密地结合了起来。并通过各类活动的开展，把无论是管理人员还是劳务人员在内的全体建设者的思想和理念凝聚起来。

第2章

项目集群工程总承包组织管理

2.1 项目集群组织管理体系

2.1.1 项目集群组织管理体系概述

随着社会进步和经济发展，一些涉及领域众多、规模巨大、信息分散、专业交叉的复杂集群型项目越来越多地涌现，成为工程建设领域的一种发展趋势。随着国家大力推进工程总承包组织实施模式，工程总承包也正在引入项目集群的建设和管理中。

项目集群管理理论以项目管理为核心和基础，包括集成管理、协同管理等应用领域和通用领域的管理理论。由于项目集群具有多重性、复杂性和不确定性的特点，项目集群的组织体系在管理项目群时占据相当重要的地位，是实现项目集群管理目标的关键。由于项目集群管理的复杂性和多样性，项目管理流程中的经验、直觉、洞察力等潜在性知识相比项目管理知识体系（PMBOK）等显在性知识对项目集群的成功更为重要。构建适合项目集群管理的组织体系对于潜在性知识的传播和应用具有重要的现实意义。

项目集群组织管理体系的基本功能是实现全生命周期、管理要素、管理组织这三个维度的整体集成。

（1）项目集群环境下全生命周期集成

全生命周期集成即工程项目生命周期各阶段的集成，是指工程项目群集成化管理将项目实施的整个周期，从决策、设计施工、运营到后评价，各阶段各环节之间通过充分的交流集成为一个整体。

（2）项目集群环境下管理要素集成

工程项目同时具有范围、工期、费用、质量、人力资源、采购、风险、沟通等多个相互影响和制约的管理目标。工程项目群集成化管理在项目实施过程中对这些目标和要素进行通盘的规划和考虑，以达到对项目的全局优化。

（3）项目集群环境下管理组织集成

现有的项目管理各参与方包括业主、监理咨询、设计师、承包商、分包商、供应商等，他们之间是由独立合同构成的交易关系。由于参与方之间缺乏相互交流和了解，容易造成各方追求局部优化的现象，影响各方的合作。而管理组织集成能充分发掘原有的工程项目管理组织体系的潜力，提高工程项目管理水平。

2.1.2 中国西部科技创新港工程项目集群组织管理体系

中国西部科技创新港工程在组织实施模式上采用的是工程总承包模式，该模式的管理范围面向的是由52个单体项目组成的项目集群。因此，中国西部科技创新港工程项目在组织结构上是EPC总承包与项目集群管理组织的融合体。在组织管理体系上，项目集群管理相对于单一项目管理更加强调发挥项目管理办公室（PMO）的作用。PMO在项目集群管理中发挥着重大作用，其可以保证企业项目与企业战略的一致性，使得企业资源得以优化配置和有效利用，妥善解决项目与项目之间存在的问题，从而保证了企业项目管理目标与目的的实现。

中国西部科技创新港工程项目在实施过程中，采用项目指挥部的组织形式行使PMO的职能。

中国西部科技创新港工程项目集群组织管理体系构架如图2-1所示。

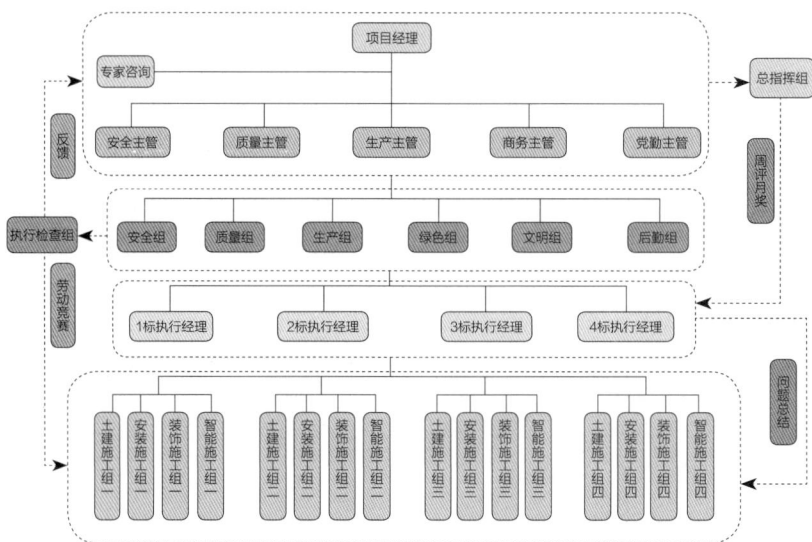

图2-1 中国西部科技创新港工程项目集群组织管理体系构架

2.2 项目集群管理组织结构形式及优化

项目集群管理组织结构的选择可以有多种形式。

1）从权限划分上，采取直线职权与参谋职权相结合。直线职权是指管理者直接指挥下属工作的权力，由上至下形成指挥链。直线职权和参谋职权主要是用来区分直接管理者与辅助管理者的，前者是对组织有直接贡献并拥有实权的管理者，后者是对组织的贡献是间接且主要享有建议参谋权限的人员。前者必须是组织内部正式人员且有授权的管理者，后者是组织外部的相关专家。

鉴于中国西部科技创新港工程项目体量大、专业碰撞多，以及担负创优夺杯的目标任务，所以这种权力结构既能保证权力命令上传下达，又能弥补项目管理者在面临复杂局面中时间、技能等方面的不足。

2）从部门界定上，采取职能部门化的方式。主要是对需要履行主要职能和其他相关职能的部门进行明确和分组。职能部门化是组织活动广泛开展的基础，主要优点是：有助于维护主要职能部门的权力和威信；遵循专业化原则，促进本职能部门工作内容的深度；工作简化，利于沟通交流；为上级提供严格的控制手段。

考虑到中国西部科技创新港工程项目管理目标层次较多，且管理团队规模庞大，加之项目建设普遍存在的安全、进度、质量等核心问题，职能部门化非常有助于项目管理效率的提升。

3）从结构形式上，采取直线制与职能制相统一。单独的直线制结构有分工粗糙、管理者负担较重、一旦决策失误损失较大的缺点；单独的职能制则容易造成多头领导、效率较低的风险。而直线职能制的优点在于：既能保证政令统一，又能发挥职能专家作用，有利于优化管理者决策。

直线职能也并不是完全没有缺点，也会出现职能部门间发生冲突，加大管理者协调负担的缺陷。但是考虑到中国西部科技创新港工程项目是由陕建集团组织实施工程总承包，集团内部政令畅通，有总承包项目指挥部与集团总部的统一指挥、统一管理，所以直线职能制的缺点在一定程度上被规避掉了。

2.3 项目集群管理组织的岗位设置与职能分配

2.3.1 项目集群组织的岗位设置原则

1. 目的性的原则

项目集群组织机构设置的根本目的，是为了产生组织功能，实现项目集群管理的总目标。为实现这个总目标就要因目标设事，因事设机构定编制，按编制设岗位定人员，以职责定制度授权力。

2. 精干高效原则

项目集群组织机构的人员设置，以能实现项目集群所要求的工作任务（事）为原则，尽量简化机构，做到精干高效。人员配置要从严控制二三线人员，力求一专多能、一人多职。同时，还要不断提升项目管理班子人员的知识储备，着眼于使用和学习锻炼相结合，以提高人员素质。

3. 管理跨度和分层统一的原则

管理跨度亦称管理幅度，是指一个主管人员直接管理的下属人员数量。管理跨度大，管理人员的接触关系增多，处理人与人之间关系的数量就随之增大。跨度（N）与工作接触关系数（C）的关系公式是有名的邱格纳斯公式，是个几何级数，当N=10时，C=5 210。故跨度太大时，领导者及下属常会出现应接不暇的问题。组织机构设计时，必须考虑如何做到管理跨度适宜。然而跨度大小又与分层多少有关，层次多，跨度会小；层次少，跨度会大。这就要根据领导者的能力和项目集群的大小进行权衡。美国管理学家戴尔曾调查41家大企业，管理跨度的中位数是6～7人。对项目集群管理层来说，管理跨度更应尽量减少，以集中精力于施工管理。以鲁布格工程为例，项目经理下属33人，分成了所长、课长、系长、工长四个层次，项目经理的跨度是5。项目经理在组建组织机构时，必须认真设计切实可行的跨度和层次，画出机构系统图，以便讨论、修正，按设计组建。

4. 业务系统化管理原则

由于项目集群是一个开放的、由众多子系统组成的大系统，各子系统之间、子系统内部各单位之间，不同组织、工种、工序之间，存在着大量结合部，这就要求项目组织必须是一个完整的组织结构系统。只有恰当分层和设置部门，以便在结合部上能形成一个相互制约、相互联系的有机整体，防止产生职能分工、权限划分和信息沟通上相互矛盾或重叠的问题。在设计组织机构时要以业务工作系统化原则为指导，周密考虑层间关系、分层与跨度关系、部门划分、授权范围、人员配备及信息沟通等；使组织机构自身成为一个严密的、封闭的组织系统，能够为完成项目管理总目标而实行合理分工及协作。

5. 弹性和流动性原则

工程建设项目的单件性、阶段性、露天性和流动性是项目集群生产活动的主要特点，必然带来生产对象数量、质量和地点的变化，带来资源配置的品种和数量变化。于是要求管理工作和组织机构随之进行调整，以使组织机构适应施工任务的变化。这就是说，要按照弹性和流动性的原则建立组织机构，不能一成不变。组织机构建立后要根据项目建设情况的变化及时调整人员及部门设置，以适应工程任务变动对管理机构流动性的要求。

6. 项目集群组织与企业组织一体化原则

项目集群组织是由企业组建的，是企业组织的有机组成部分，企业是它的母体。从管理方面来看，企业是项目管理的外部环境，项目管理的人员全部来自企业，项目管理组织解体后，其人员仍回企业。即使进行组织机构调整，人员也是进出于企业人才市场的。项目集群的组织形式与企业的组织形式有关，不能离开企业的组织形式去谈项目的组织形式。

2.3.2　项目集群组织的职能分配

1. 项目经理

作为项目的负责人，经授权代表工程总承包企业负责执行项目合同；负责项目实施的计划、组织、领导和控制；对项目的质量、安全、费用和进度全面负责。

2. 安全主管

贯彻落实国家安全生产法律法规和公司的安全生产规章制度；建立健全本项目的安全生产保证体系、监督体系、管理制度；监督安全生产责任制及安全生产管理制度的落实和执行。

3. 质量主管

主持项目的技术管理和安全质量监督工作，对施工技术、工艺负直接责任；在施工中严格执行现行国家法律、法规、强制规范和标准；严格按图施工，及时解决施工中出现的各种技术问题。

4. 生产主管

负责施工现场全面生产管理工作，编制项目施工生产计划；并对工程工期、质量、安全生产和环境保护负有直接的领导责任。

5. 商务主管

领导项目合同管理工作，确保合同条款得到充分理解和领会；协助签订内外分包施工合同；协助、指导、督促现场施工人员办理预算签证；配合办理预算外工程签证。

6. 党群主管

负责党支部的日常工作；结合本项目的具体情况，认真贯彻执行党的路线、方针、政策和上级党组织的决议、指示；了解掌握党员、群众在工作、生活中的思想情况；负责相关物资及生活区、办公区设施秩序维护和日常管理。

7. 标段执行经理

按照总包指挥部的各项工作要求，全面负责本施工区域的质量、安全、进度、商务、后勤等工作。

2.4 项目经理责任制与多层级责任体系

2.4.1 项目经理责任制

项目经理责任制是指项目经理是企业法人代表的代理人，是工程质量的第一责任人，对工程项目全面负责，这是项目经理岗位责任制的核心内涵。项目经理责任制管理是以项目集群为对象，以项目经理全面负责为前提，充分考虑成本、收益指标，从施工开始至结束的全过程管理，也是包括组织项目团队、履行合同、使用资源、进行各类决策的全方位管理。项目经理责任制很大程度是随着工程规模、复杂程度、涉及经济利益方面较广等客观现实，而要求能集中权力、提高效率、做好把控的一种管理制度。

项目经理责任制的内容和特点要求权力的范围要大，其权力主要来自正式组织赋予的职务，主要采取集权方式，将重大决策权集中于项目的最高层级，即项目经理。其优势在于政令统一、标准一致、能够统筹全局、方便指挥、责任明晰。所以，项目经理责任制，是权力与责任的统一。目前，许多工程建设企业采用项目管理目标责任书的方式规范项目经理与公司法定代表人之间的责权利关系。

项目管理目标责任书应包括的主要内容：

1）规定应达到的项目安全目标、质量目标、费用目标和进度目标等。

2）明确工程总承包企业各职能部门与项目部之间的关系。

3）明确项目经理的责任、权限和利益。

4）明确项目所需资源及计算方法，企业为项目提供的资源和条件。

5）企业对项目部人员进行奖惩的依据、标准和办法。

6）项目经理解职和项目部解体的条件及方式。

7）在企业制度规定以外的、由企业法定代表人向项目经理委托的事项。

创新港项目体量大、工序交叉复杂，需要通过项目经理责任制带来统一管理的规范与效率，也需要有明确的指挥者履行责任义务、接受监督。

2.4.2 多层级责任体系

项目管理中的多层级责任体系，关键要把握两点：一个是"多"，一个是"层级"。前者说明数量多，这和项目经理集权领导是相对立的；后者说明是纵向联系，这与项目经理直接管理并负责是统一的。

项目经理制中给项目经理的授权表面上看是授予项目经理个人的，实质是授予项目经理部的，项目目标的良好实现，是项目经理带领所有团队成员通力合作的结果。项目经理虽然有最高的决策权，但考虑到每一个人的精力、经验、技术、能力都是有限的，所以还需要其他人员的辅助，这种辅助可以是不享有实权的专家、学者，也可以是组织中直线权力上的中层、基层管理者。这种责任体系其实就是通过适度分权来进行职权的平衡。

创新港项目中，项目经理的直接下属是负责进度、质量、安全、商务、党建等各项工作的分管领导。各分管领导可以对管理职权范围内的具体情况作出相应决策或为项目经理提供方案，从而增强决策的灵活性与及时性，有助于管理的精细化，使项目经理从日常性的琐碎问题中抽身出来，集中精力处理核心问题。

总包经理部的每个分管领导都有相对应的部门进行具体工作的开展与落实，每个部门又直接对应众多参建队伍的相关业务人员进行专业化分工、对口管理。各参建队伍也遵循此原则进行管理，由此在总包单位和参建项目队伍中均形成了一个权力更大的科层制和权限较小的科层制组织。科层制组织架构图类似于金字塔结构，其特点是由上至下，管理的幅度越来越大，优点是专业化、有明确的监督体系、责任清晰，缺点是会造成官僚主义、成本上升、适应性差等隐患。

在这里面，总包经理部和参建队伍项目经理部均严格遵循科层制组织形式，而两个科层制组织之间并不完全遵守科层制的形式。后者的顶层是各标段的执行经理，前者的底层是各部门的基层管理人员。尽管从组织架构上，各标段执行经理也有接受总包基层人员管理的义务，但从业务知识、事情处理效率等方面考虑，他们可以和总包分管领导或项目经理进行直接的越级沟通。

由于项目工作很多层面是有交集的，所以，在日常性事务上遵循上行和下行沟通的原则，在例外事件和容易发生工作内容重合的时候采取包括横向与斜向在内的交叉沟通办法。

2.5 利益相关方沟通与协同机制

2.5.1 利益相关方的诉求

1. 战略管理的要求

弗里曼在《战略管理：利益相关者管理的分析方法》中提出："利益相关者是能够影响一个组织目标的实现，或者受到一个组织实现其目标过程影响的人。"而战略管理兴起的背景就是为了应对组织规模日益庞大、管理层次日益增多、管理幅度日益增大，组织面临的社会外部环境日益复杂多变的情况，它要求组织要将关注焦点从内部转到外部，从局部扩展至全局，从微观转向宏观。安索夫还指出，环境对企业的干扰力在不断增强，环境是战略管理的一个重要问题，由此我们可以看出，利益相关方其实强调的是组织层面的整体性、开放性以及系统性，这一点非常契合创新港项目的特点。

传统大型项目往往容易遭遇申报周期、资金投入与建设速度等方面的巨大挑战。创新港作为超大型项目，在这方面的压力会更为紧迫，没有政府、学校、企业等相关方的通力合作，这些问题将严重制约工程建设的进度、质量等核心内容。创新港项目是在西部大开发、创新驱动发展战略和"一带一路"平台的极高定位下，按照"省部共建、校区联建"的建设思路，搭建起了"政校企"联合建设的平台，通过财政返投、公司代建、组建银团等一系列措施，确保了项目建设的平稳运行。

政府、学校、企业虽然最终目标都是希望建成、建好中国西部科技创新港，但又有清晰的组织界限，每一方均有其独立的组织文化与规则。特别是，政府与企业间的"管"与"放"，业主与施工单位的经济账，很多时候都是以矛盾对立的形态展现的。加之创新港规模体量大、社会影响广，如何做好内、外两个层面的利益相关方的协同合作，是创新港建设的必修课。

2. 社会学视野的角度

社会系统学派是从社会学视角对企业组织管理研究的理论系统，他认为各级组织都是一个协作系统，强调个体或组织成员间的相互联系、相互影响中构成了协作系统。巴纳德作为代表人物，指出组织作为协作系统，必须具备三个要素，即组织的共同目标、协作的意愿、信息沟通。在协作意愿中，他指出协作意愿并非自发产生，而是取决于个人目标的完成程度，只有个人从组织中所得大于等于个人在组织中付出时，这种意愿才会产生。简言之，就是诱因≥贡献。同时，他还在组织平衡中强调要维持诱因与贡献的平衡，这种平衡既要存在于组织内部，又要考虑到组织外部。其中，外部平衡又包括两个方面：一是组织分系统与其他子系统的平衡；二是协作系统与外部环境的平衡。他更把组织权威的来源进行了"从下到上"的解读，同样还是强调管理要提供充足的诱因。

创新港除了面对着复杂的外部环境，陕建集团作为施工总承包单位，为做好创新港建设，发挥种类全、队伍多的优势，如何做好20余家集团内部施工队伍间的协调配合也是一项繁重事务。

因此，我们通过分析战略管理和社会系统学派的相关管理理论，可以得出创新港项目的利益相关方应从内、外两个维度进行判读。

2.5.2　利益相关方的判定

随着现代项目管理理论的发展，以及项目复杂化程度的攀升，项目的成败不能仅仅依靠项目经理的决策判断，越来越需要利益相关方的支持。

从项目角度而言，凡是和项目存在一定联系的，大多存有利益关系，这种利益关系主要包括两个层面：一是能够影响项目活动的组织或个人；二是受项目活动影响的组织或个人。一般而言，主要包括投资方、建设单位、使用方、设计单位、施工单位、供应商、政府主管部门、质量监督单位和社会综合机构等。

每一个利益相关方的诉求是不一样的，业主方主要考虑的是效益问题，即如何让一定的投入能带来对项目建成后尽可能多且积极的影响；材料供应商主要考虑的是利润问题，即通过销售量或销售价格的调整组合，获得最大程度的收入；政府部门主要考虑的是社会福利，如项目建设对区域经济、文化、就业、稳定等方面的影响；施工单位主要考虑的是效率问题，即如何用最小的成本实现既定目标。

利益相关方追求的目标有些是相互促进的，有些是互为矛盾的，这就需要项目参与各方在博弈中合作，最大限度地满足各方利益诉求，达到某种程度上的"帕累托最优"状态。而且，同一个项目对不同的团体和个人而言，利益可能是积极的正相关的，也可能是消极的负相关的。因而，取得利益相关方的理解与支持对项目成败有至关重要的影响，但与此同时，利益相关方的诉求既有合理的，也可能存在不合理、不合规的情况，因而要想取得他们的理解与支持，甚至对利益诉求进行相应地引导，就需要做好和利益相关方的沟通、协调。

2.5.3 利益相关方的沟通协作机制

2.5.3.1 外部层面的沟通与合作

1. 与政府及相关行业主管部门的沟通

与政府部门的沟通，主要是要了解熟悉最新的国家政策、相关法律法规，施工前办理好相应手续，施工过程中和施工结束后都要配合好相应工作，履行好相应义务，落实好相关责任。除了遵守如安全生产、治污减霾等强制规范、条例外，项目在建设过程中，尤其作为企业代表进行活动时，还需要积极承担相应的社会责任，包括提供就业岗位、拉动当地经济发展等方面，既需要履行社会责任与义务，也需要全面展示企业社会责任感与担当精神，这有助于减少企业在经营活动中受到的外部阻力。

陕建集团在创新港的建设过程中体现出的实力和责任感受到了当地陕西省、西安市及西咸、沣西管委会等各级政府的高度认可。在此基础上，陕西建工沣西建设有限公司正式挂牌成立，这是陕建集团与沣西新城全面深化战略合作的重要标志，也是陕建集团实施西咸市场再优化的新举措，陕建集团也表态全面融入当地基础设施建设，主动担当重点项目、民生工程建设重任。这也意味着陕建集团属地化项目反哺了属地化战略，通过以现场换市场的战略，进一步融入了当地的发展，有利于加强企业和政府的沟通，拓宽了合作前景。

2. 与校方及代建方的沟通

施工单位外部沟通频率最高的单位应是业主单位，有助于准确了解业主对建筑施工的要求，不断完善过程控制，尤其是事前、事中控制，正确理解业主要达到的预期目标，更有利于施工开展和施工成果被认可。

施工方和业主关系的确立，往往产生于合同签订的那一刻，里面约定了工程项目各方的权利与义务，施工单位必须严格按照合同约定，完成如质量、安全、工期等在内的所有要求。双方最基本的关系应该是合同、契约中约定的关系，但这并不意味着主要接受制约、监督的施工方履约行为就是完全被动的。从外部来看，民主法治的社会环境要求一切团体与个人，必须遵守公法私法下的契约内容；但从内部来讲，企业越是诚信履约越能得到业主的信任，越能赢得良好的声誉和广阔的市场。

合同的设立虽然从形式上把定约双方从某种程度上"对立"了起来，但其实质是以合同作为约束手段，规避一定的潜在风险，最终目标是推进项目平稳建设，达成既定的建设和管理目标。在此意义上，双方的关系不完全是对立的，而是追求合作的，施工方也并不是被动的，相反是需要积极主动地融入业主的管理，急业主之所急，想业主之所想。陕建集团非常重视对客户的服务质量及客户的市场评价，提出了"为客户创造价值，让对方先赢、让对方多赢，最终实现共赢"的合作共赢理念，其本质上是一种服务意识。这种理念与意识，有助于加强业主顾客对施工单位的认可度，有益于巩固双方的合作基础，有利于推进二者间关系的长远发展。

3. 与设计单位、监理单位的沟通

按图施工，理解、掌握设计意图和设计要求，是施工单位的施工基础，因此要在设计交底、图纸会审等方面做好与设计单位的配合。同时，设计本身是否合理完善对工程质量、创优等方面也起着十分重要的影响，所以，施工方要根据实际情况，与设计单位沟通，进行深化设计、设计变更等，除了能保证施工的科学性、可操作性外，优化设计还能保证工程质量和施工进度，降低成本。

监理单位在建设单位的授权下承担着对施工承包合同进行全面管理，主要任务是确保业主要求及合同承诺内容兑现。因此，施工单位要与监理单位紧密合作，接受其监督和监管，做好签证、变更等工作，以达到工程所要求的各项技术、质量、安全指标。

4. 与供应商、劳务公司等外部单位的沟通

通过招标、竞争确立供货商，订立采购合同，建立对采购质量、安全、费用等的管理程序，实施全方位的严格控制和管理。对劳务方，确定需要人员的技术要求、健康情况、工种工时、计划安排等，保证施工质量、进度、安全等方面。

企业与其利益相关者发展长期合作关系，能够减少合作方的短期不利行为，有效降低彼此之间的交易成本，一定程度上避免"道德风险"。对总包企业来说，可以降低采购成本，保证施工质量；对于供应商来说，获得稳定的订单来源，降低投资风险，也约束了短期的投机行为。陕建集团对包括创新港项目在内的所有项目，都建立了自己的供应商、劳务队的评级制度，对歪曲市场价格、供应材料不过关的供应商，对施工质量粗糙的劳务队，将拉入"黑名单"，取消合作资格，最大程度上避免了在选材、选队伍时的成本浪费，并且这种成本是对企业声誉和工程质量是有着严重恶劣影响的。

2.5.3.2 内部层面的协调与协作

1. 对上级集团的建议和请求

项目对企业而言，主要是隶属关系，项目部虽然有一定的独立权限，但其权力

源于上级企业的授权或分权。所以,从行政层级上,严格遵守科层制结构组织,工作中必须有上报相关事项的责任。在一些拿不准的问题上,主要是建议角色,而不是决策角色。

此外,考虑到作为企业的外派机构,直属项目部的人、财、物等资源,极大程度要依靠或来源于企业,所以,在遇到棘手问题时,有必要通过报告、请示等获得集团企业的帮助。

2. 对下级单位的约束与平衡

在施工过程中,项目部代表集团企业履行职责,有着上级组织正式授予的权力和威信。前面出现的由上至下的命令链条进一步传递了下来。总包项目部也从命令接收者变为了命令发布者,下级项目队伍要统一接受总包项目部的指挥。

创新港项目参建队伍众多,包括土建、安装、电梯、消防、园林等众多专业队伍。要解决好这种管理上的难度,一是要靠上级支持与授权,得到参建队伍的认可;二是要尽量保证公平,政令统一不仅是为了让项目的施工做法、管理风格一致有序,更要让政令本身是明确的、具体的、公平的,这样才能减少命令的阻力,最大程度上减少扯皮、推诿、抵触等情绪造成的内耗。

3. 对自属职工的培养与发展

组织与职工的关系看似是强弱分明的,组织有个人能力所达不到的力量,所以每一个人都要加入组织。但组织并不是绝对稳定的,组织的基本单位仍是"人",尽管我们可以通过对诱因与贡献的权衡,决定是否加入一个组织,但即使加入组织,加入前的"个人人格"也不会被加入后的"组织人格"完全吞噬。

管理哲学的基本矛盾是"人"和"事"的矛盾,调和甚至把这种矛盾统一起来就是让人愿意做事。这里就是前面提到的组织的存续要有人协作的意愿,这种协作的意愿核心不是人与人之间,而是人与事之间、人与组织之间。

一般来讲,要想达到这种效果,就必须考虑"经济人"与"社会人"的概念。不论是亚当·斯密还是泰勒,都认为人是理性的,是受利益驱使的,人的行为动机就是利益最大化,就是物质的、经济的诉求。这一点,陕建集团不管是从人力资源部门的薪酬制度还是集团出台的一些政策导向上,都可以看出对创新港项目的重视,能够让职工感受到亚当·斯密提到的"公平",在纵向考量自己以前和现在以及横向比较自己与他人(其他单位或项目)产出的获得感时,大多都持肯定态度,这对职工完成工作任务起到了直接的推动作用。

另一方面,现代社会的高速运转与年轻职工观念的变动,仅仅是物质激励对人的满足感越来越"微不足道"。梅奥作为行为科学的代表人物，提出的"社会人"理论证明：人在最基本的物质需求得到满足后，看重的是组织对人的关心、关注、培养等。创新港项目作为陕建集团的"一号工程"，除了定下工程质量、速度、安全的军令状外，成立之初，集团就要求项目要成为陕建的人才培养基地，既要有相当数量的青年职工能得到历练和快速成长，又有项目特殊性为职工带来的参与感和成就感。事实上，在项目建设过程中也确确实实涌现了大量的优秀职工，很多人都得到了不同程度的成长，受到了集团甚至社会的关注，这种平台的优势、项目的意义，很大程度上对参与者起到极大的激励作用。

第3章

项目集群设计优化管理

3.1 项目集群设计优化管理体系

3.1.1 组织架构

项目集群设计优化管理原则上遵循EPC管理模式理念，由建设单位主导，总承包单位统筹安排，以设计院为源头，各参与单位配合，形成自上而下、横向协调的组织架构。各参建方全面深度参与，高效合作，协同管理，最大程度优化提升项目使用品质，降低项目建造成本，加快项目建设进度。

建设单位成立专家顾问团队，引入咨询公司。总承包单位全面负责设计、采购和施工，组建多方参与的总承包项目部，主要分为总包和专业分包两个层面。总包部设置设计部、商务部、工程部、采购部等部门，设计优化以设计部为主，其他部门为辅，围绕工程全专业、全过程、各环节开展设计优化，与设计院协商，接受审图机构技术审查。设计优化包含土建、钢结构、机电安装、装饰装修、幕墙工程、智能建筑、园林、市政道路等专业内容，由各分包单位在总包设计部的统一指导和规定下开展设计优化工作，有效沟通，避免冲突（图3-1）。

建设单位设置专门单独的设计管理部，下辖多家参与设计院，设置专家委员会、设计标准组、方案设计组、施工图设计组（BIM正向设计），专家委员会可聘请国内外各专业领域专家，设计标准组分专业设置，设计专业包括建筑、结构、给水排水、暖通、电气；方案设计组设置方案协调组、方案创意组、方案深化组，施工图设计组设置项目总负责、专业负责、校审人员、内审专家，把控出图质量和设计合规性。总包设计部应设置深化设计组、方案优化组、BIM中心，其他部门分别设置设计协调组，与设计部配合完成设计优化工作。各区域及专业分包项目部分别

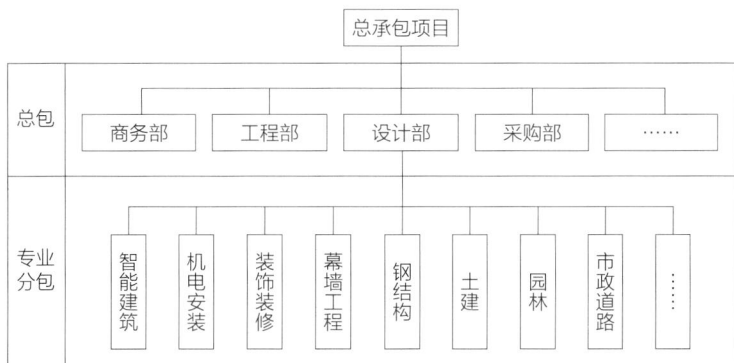

图3-1　总承包项目设计优化组织架构图

设置深化优化小组，配备BIM人员。

创新港项目涉及20多家专业分包单位，其中装饰装修、机电安装、幕墙工程、钢结构、强弱电、园林道路等专业都进行了设计优化，各专业分包单位配备专兼职深化设计人员，与总包设计部一起，搭建了上百人的深化设计团队，其中BIM技术人员占三分之一，统一设计优化标准和要求，深化图纸。

3.1.2　职责分工

总承包项目设计部应与建设单位设计管理部、设计院保持密切沟通，各专业分包设计优化团队应与设计部统一办公、统一标准，协同工作。

建设单位在项目前期要完成项目建设规划、建审报批等手续，明确建设目标和各项建设管理标准，组织设计方案竞赛、专家评审，确定设计方案，开展后续工作。设计前期，建设单位依托专家顾问团队和咨询公司明确设计理念、建筑设计目标、设计概算控制和技术经济指标，对于前期竞选设计方案细化要求，结合设计施工一体化，提出设计优化工作方向、要求及标准。设计阶段，建设单位要按时向总承包单位提供项目建议书、可行性研究等规划建设基础资料。

总承包单位设计部要根据建设单位提供的项目设计基础资料和已制定的设计标准，拟定设计任务书，现场踏勘后对设计方案进行优化，其他部门配合设计部。实施阶段，总承包单位要与建设单位就承包项目的基础资料、建设理念以及技术进行沟通交流，通过优化设计方案对工程的进度、成本进行控制。总承包单位的工作中心围绕设计进行。前期勘测确定项目的总体平面图及施工图纸，保证总图、建筑、结构和设备完美配合，保障项目的进度要求，把握项目的成本计划。设计部要及时发出设计文件，尤其是在对设计图纸进行优化后，要使后续阶段的工作人员准时收到正确的方案，保证采购和施工阶段的正常运行，从而保障工程进度。设计部在做好设计工作的同时，还要积极配合采购部完成采购工作。采购部对设备进行采购时，要将设计方案作为采购设备性能指标和技术参考的依据，严格按照设计方案进行购买。若遇到相互矛盾、不可调和的问题，要及时通过设计管理部与设计部沟通，设计部在收到反馈问题时，要及时根据现存情况对设计方案进行优化，使方案在符合合同约定的条件下与采购阶段实现无缝衔接，保证项目的质量及进度。施工过程中，设计部及各区域、专业分包的设计优化、方案优化团队，要综合施工技术、施工工艺和现场实际优化设计图纸，要依据施工方案提出的合理建议，对设计方案进行进一步优化，同时针对施工过程中出现的问题，向施工人员提出意见与建议，使工程建设项目在满足设计方案与施工方案要求的同时，按时顺利完成。设计部要和其他部门管理人员及时就设计方案进行沟通交流，对于修改的设计方案要及时交底，从而保证现场问题解决的及时性与准确性。对于引进的先进软件技术，设计部要对其进行跟踪，看其是否能和施工软件相互兼容与配合。若出现问题，要及时进行改进，使设计与施工有机结合，将设计文件转化为生产力，保证工程质量和工作效率。

为做好超大规模EPC项目集群设计管理工作，总承包单位要充分发挥总体控制、工作协调和集成管理作用。设计部要针对主要技术手段和关键问题对多家参与设计院统一认识，提出要求，对主要材料设备进行界定。为提高设计管理效率，设计部应与施工标段相对应，每一标段均安排标段负责人，负责该标段设计资料管理，与其他部门及建设单位联系，并组织技术研讨、参加施工管理例会等，制定设计管理有关制度和办法，负责设计和技术服务合同主要条款，变更单、工作联系单、技术核定单等的处理流程界定。

3.1.3　管理制度

为有效开展设计优化管理，总承包项目部应按照建设单位有关要求，制定相应的设计管理制度和标准要求，主要分为管理类和专项类两部分。

管理类包括《设计管理办法》《设计管理工作流程》《深化设计管理办法》《深化设计管理工作流程》等，规范约束设计优化管理行为和创效。

专项类包括《BIM技术应用管理办法》《绿色建筑设计管理办法》《智能建筑设计管理办法》等，提出建筑全生命期BIM技术应用的管理机制、应用要求和技术标准，包括：BIM正向设计、智能建造、数字交付等；提出绿色建筑设计目标、设计要求，以及关键技术研究与应用；提出建筑智能运维平台架构设计思路、研发技术路线及应用目标；落实践行绿色化、信息化的建设要求。

创新港项目作为超大规模项目集群，设计部要求统一项目名称和图纸深化标准，规范深化设计部管理制度，通过一系列的制度办法确保设计风格一致、施工工艺一致、建筑材料一致、质量标准一致。创新港项目累计完成设计图纸优化500多张，涵盖建筑十大分部，多个专业，深化施工图纸1 000张，为确保项目质量、进度和成本管控等发挥重要作用。

3.2　项目集群绿色设计

绿色设计是指全寿命周期工程设计，核心是在设计阶段将产品对环境的影响降至最低水平，即面向环境，采用新技术，实践绿色理念。绿色设计应统筹建筑、结构、机电设备、装饰装修、景观园林等各专业设计，统筹策划、设计、施工、交付等建造全过程，实现工程全寿命期系统化集成设计。

3.2.1　设计理念

建设单位在设计初期应根据绿色建造目标，结合项目定位，在综合技术经济可行性分析基础上，确定绿色设计目标与实施路径，明确主要绿色设计指标和技术措施。创新港建设初期就明确了项目的使命和价值：国家使命担当、服务陕西引擎、创新驱动平台、科研教学高地、智慧学镇示范。创新港将绿色共享、科技创新作为根本，并在一系列工作和举措中认真践行和贯彻，积极践行"创新、绿色、协调、开放、共享"五大发展理念，采用BIM技术进行管理，积极引入海绵城市概念，提倡和使用分布式能源等节能新技术，考虑光伏、地热、峰谷电力等洁净能源的使用，通过编制《绿建技术导则》将绿建概念落到实处。

创新港总体规划上充分体现校区、园区、社区的概念，和谐、相容、协调，融为一体。校区位于创新港核心区域，布置教学科研建筑；打造集聚交大科研优势的新园区，创新港西侧规划若干孵化器，为创新港科技成果转化提供便利，形成新的科研高地和新型科技园区；为了吸引各路精英到创新港创业，还配套建设了若干居民区，以及一定规模的中小幼、三甲医院和大型商业建筑综合体，形成宜居的生活社区。通过交通引导、公共资源共享来加强校园与社区的相互联系，通过提高用地功能兼容性来提高土地使用的自由度，满足园区的功能需求，通过上述策略实现"校区、园区、社区"多元一体化。

广泛开展国际合作，与米兰理工大学合作建设联合设计学院，与利物浦大学合作开设研究生院，与俄罗斯多莫大学探讨合作办学，积极引入LG、3M等大型企业研发中心。在建设设计与实施中大胆探索，米兰理工大学负责其科研楼单体建筑方案设计；学校人居学院结合具体科研、教学实践，师生全体设计人居科研楼。在校区规划中，创新港考虑校舍、实验设备等资源的综合利用，分别在不同区域，结合学科特点，规划校级分析测试中心、高性能计算机中心、生物医学共享中心院级平台、精密加工中心、校级动物实验中心、公共物资仓库等共享平台，实现大型科研设备的综合利用，减少投入，提高设备利用效率。

1. 考虑技术先进，高性价比

在具体规划与单体建筑设计上，建筑外立面简洁明快，简欧风格，营造浓郁的科研氛围与文化，吸引各类人才集聚，整合各种创新因素积聚，建设中国的"硅谷"，打造中国的剑桥与斯坦福。通过核心广场、中国红色彩、红色瓦屋顶等概念和元素传承交大，在单体建筑环境设计中考虑通过相同或类似的绿植、小径、小品来增加归属感。

在具体规划中，充分考虑了时代性、先进性和统筹性，考虑现有的需求，兼顾未来的发展预留，预留部分发展用地，空间建设上考虑各学科未来拓展的需要，便于合理分配使用；在水电暖配套上，考虑大型设备用电预留，负载可调，供暖上考虑温度衰减、资源减少因素，用水方面考虑近期与长远（长远使用洁净的石头河水库饮用水）；道路系统、停车位、配套生活设施考虑50年不落后，并具备低成本更新换代的可能。规划方案经多次论证，具备了前瞻性、科学性、操作性，在建筑设计及景观设计方案中可增加交大元素，体现历史文化。规划与设计相结合，确保将创新港建设为百年大计的工程。

2. 注重公共、共享的概念

规划设计中，注重公共、共享的概念，不但规划设计了分析测试中心、高性能计算机中心、生物医学共享中心、公共物资仓库等资源共享平台，追求校舍资源、科研设备的共享和高效利用；在不同学科巨构建筑中规划了一定数量的会议室兼教室用房（50人左右），同一空间，既能用作会议室，也能用作研讨室，也能用作专业教室；在教学主楼集中规划建设200人、500人、1 000人大教室，可用作教室，也可用于大型会议。

3. 与社会共融，打造新的大学形态和城市单元

创新港在建设前期充分调研了国内外大学城、新校区、学镇的规划布局，总结

学习以往项目在前期建设上的经验和教训，学习天津大学、南开大学在土地征用和资金筹措方面的先进方式；借鉴剑桥大学、牛津大学，城市里有大学，大学存在于城市的布局理念；考虑米兰理工大学在校区建设上如何处理城市交通与校区的关系，充分吸纳窄路密网的城市道路交通体系，引入城市慢行系统，倡导绿色出行。

为了体现与社会共融的理念，在单体设计时，考虑了社会功能，每个巨构建筑均设有环绕建筑一周的外廊，便于大家遮风避雨；在每个巨构外围设置了1~2个卫生间，校外人员不用进单体楼即可解决如厕问题；鉴于巨构体量很大，在一层均布置了小型超市、快餐店、咖啡店，为师生等提供便利。在规划设计中，科创基地的水电暖供应均通过社会解决和服务，道路交通、卫生保洁等均由政府管理和运维。

4. 建设绿色星级建筑，致力于低影响开发

创新港建设初期即编制了《创新港绿建设计导则》，明确了设备、材料和施工过程的节能环保指标，建立健全绿色建筑标准体系，完善绿色建筑评价标识制度。创新港科创基地设计充分利用太阳能、地热等可再生能源，减少传统能源的使用。施工均采用环保、高效、节能甚至天然的材料和设备。严格设置能耗监控系统。积极实施海绵城市理念。创新港绿色建筑比例最终达到100%。结合投资性价比和各个建筑体实际，所有建筑实施绿建二星标准，其中米兰理工联合创新中心实施最高标准绿建三星。

3.2.2 技术创新与应用

绿色设计宜应用BIM等数字化设计方式，实现设计协同、设计优化，优先就地取材，采用高强、高性能材料、绿色建材，有效利用地域自然条件，尊重城市肌理和地域风貌，实现建筑布局、交通组织、场地环境、场地设施和管网的合理设计，体现海绵城市建设理念。积极采用管线分离、一体化、模块化集成装修技术，根据建筑规模、用途、能源条件以及国家和地区节能环保政策对冷热源方案综合论证，合理利用浅层地能、太阳能、风能等可再生能源以及余热资源。

创新港项目通过四个楔形绿地将自然分成相对独立又相互关联的五大部分，城市道路遵循窄路密网的原则和理念；充分利用建设区域遍地是砂的地质条件大胆采用天然地基，既节约项目经费，又大大缩短了工期，减少环境影响；编制BIM技术标准，项目全程采用BIM技术进行辅助管理；编制《绿建设计导则》，按照星级标准进行低影响开发建设，打造绿建三星建筑；响应政府号召，建设陕西省首个整体装配式建筑；积极实施海绵城市工程；积极利用深层地热解决用能和生活热水问题。项目规划建设之初，即把BIM技术作为全生命期技术加以应用，2015年面临的情况是，国内缺乏统一

的标准，对于BIM模型的内容和精度、应用范围、取费标准、从业人员要求等等方面都未成体系，国家虽大力倡导，大家也认识到该技术是项目管理实施的利器，但只是在重庆、上海、北京等部分城市的部分项目得到成功应用。为此，在一系列调研的基础上，创新港公司委托专业团队编制创新港项目BIM标准，包括设计、施工、交付、验收等各个阶段，此后创新港公司在项目实施中坚持应用，作为辅助管理的重要手段。

1. 设计阶段

按照《创新港BIM技术标准》（下简称《标准》），创新港科创基地全过程采用BIM技术进行辅助设计和管理。《标准》随同设计招标文件一同发给了投标设计院，要求设计院投标报价需要考虑BIM因素，在完成施工图设计基础上，按照《标准》建立BIM模型，提交创新港公司，创新港公司委托第三方按照《标准》进行审核验收直至合格，如最终仍不合格，按合同相关条款进行处罚。

设计阶段，各设计院充分利用BIM模型优化设计，消化设计中的错、漏、碰等技术问题，并且模拟比对各种实施方案，达到性价比最优。

2. 施工阶段

施工阶段，施工招标文件要求应标单位应该无条件接受BIM技术进行辅助管理，并随时更新BIM模型，有效优化施工场地、模拟施工、方案交底、工程量统计、人和设备管理等工作。同时，创新港公司与陕建集团深度合作，及时将建设成果采用BIM轻量化模型在西安交通大学官网主页链接，供广大师生及海内外校友，以及关心创新港建设的人士浏览，立体展示建设成果。

3. 运维阶段

项目借助BIM技术，实现对投入使用的单体建筑的运行维护和统一管理。学校网信中心在陕建集团递交的BIM交付模型基础上，开发完成学校IOC系统，借助该系统，运维人员可以实时了解各个点位的运行状态，动态模拟演练，远端遥控某个设备；物业管理部门用来统计算量，估算物业运行费用成本；管理人员，或领导可随机查看、了解某个建筑的内部空间，甚至测量尺寸。工程投入使用以来，运维平台运行状态良好，效果显著。

3.3 项目集群施工图深化设计

创新港项目在总包设计部成立深化设计组，抽调各单位精兵强将30余人组成核心深化设计团队，其中包含BIM人员，包括土建、钢结构、机电安装、装饰装修、园林市政等多个专业。各专业分包配备深化设计人员，纳入总包设计部的深化设计组，由设计部统一管理，总人数达到上百人，专业齐全，设备充足。

3.3.1 深化设计原则

深化设计是指按照设计师的设计图纸提出的做法要求，总包设计部深化设计组进行具体的细部设计，将施工各阶段的各节点细部做法进行认真研究，选择最佳设计方案，并以设计图纸形式，经设计部门、建设单位审核批准后，作为正式施工用图纸。

深化设计应本着降低造价、缩短工期、利于施工，并充分考虑设计与采购、设计与施工的深度融合为基本原则，但是深化设计还必须考虑以下几点：

1. 满足设计师的要求，充分体现设计意图

深化设计是按照设计师的要求去分析、提炼设计意图，细化到各不同专业间，进行各专业单独与联合设计，保持设计风格一致。

2. 满足建筑功能要求及专业性的要求

各专业根据专业性质不同进行深化设计，最终的目标就是实现建筑使用功能，使其达到最完美表现。

3. 满足规范及节能环保要求

深化设计必须满足国家、政府及行业相关规范的要求，深化设计所用材料必须满足环保节能的要求。

3.3.2 深化设计管理组织机构和职责

深化设计管理由总包部项目总工负责，成立深化设计部，分别设总包深化设计协调组、钢结构深化设计组、机电深化设计组、装饰和幕墙深化设计组四大专业组，在总包设计部统一管理下，各专业分包配备足够的深化设计人员，深化设计管理组织机构如图3-2所示。总包项目部在与建设单位、设计院、咨询单位等保持密切沟通和协同工作的前提下，应明确总包部深化设计管理职责和专业分包深化设计职责，以及与建设单位、

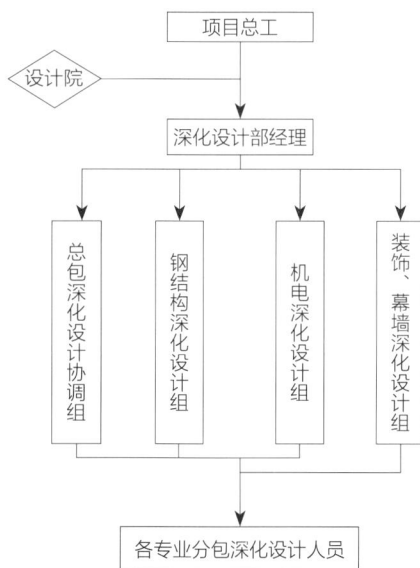

图3-2 深化设计组织机构

设计院的沟通任务，具体内容见表3-1。深化设计管理是在设计优化管理的统一安排下，主要由总包项目部和专业分包完成。

深化设计管理职责 表3-1

序号	深化设计管理职责
1	总承包项目部积极协助建设单位进行设计交底和图纸会审，组织总承包、专业分包项目技术人员认真学习、研读图纸，了解图纸设计意图和设计要求，熟悉施工过程控制重点和实施难点，并将各方技术人员提出的疑问和合理化建议及时汇总并反馈给建设单位和设计单位
2	总承包项目部在建设单位的组织下进行图纸会审和技术交底的准备工作，做好会审记录、技术交底记录以及确认工作，并将设计单位确认的图纸会审记录及时报送建设单位、监理单位，同时发放到各分包单位
3	总承包项目部组织相关人员有计划、有步骤地进行深化设计工作，对深化设计工作提供技术支持，对深化设计图纸进行审核后报请建设单位、设计单位及监理单位批准
4	精装修阶段，总承包项目部组织机电（含弱电）会同精装修分包单位在设计单位机电设备管道及线槽综合布置图的基础上进一步完善补充，以指导该阶段的施工
5	总承包项目部组织各专业人员进行综合会审，重点对各专业之间的平面和空间关系、施工顺序、使用功能等方面进行审核，对存在的问题及时与建设单位、设计单位和监理单位进行联系，协商解决
6	总承包项目部与建设单位进行沟通，了解建设单位在使用功能、美观等方面的需求变化，根据建设单位需要在该工序施工之前，进行深化设计
7	总承包项目部及时向设计单位书面提出施工图设计可能出现的疏忽缺陷或尺寸差异或资料不足，并按设计单位修正或补充的施工图指导施工
8	对工程施工中，涉及结构受力较大的施工方案、方法，及时与设计单位进行沟通解决

3.3.3 深化设计管理工作重点

1）深化设计重点内容，参见表3-2。

深化设计重点内容 表3-2

序号	专业	深化设计重点内容
1	土建工程	（1）土建工程属于总承包项目经理部自行施工的内容，土建施工前应认真核对专业工程图纸，做好与机电、钢结构、幕墙施工等分包单位的预留预埋配合。 （2）土建深化设计过程中应及时了解建设单位意图，对施工期间可能产生设备增容和设备位置变化等情况进行归纳整理，积极与建设单位进行沟通，土建施工期间应预留好设备吊装孔和进出通道，对于因房间功能或相关设备调整导致房间荷载增加的部位，深化设计部应及时详细了解建设单位意图，积极整理更新房间或设备的相关参数，并马上反馈给设计单位，以确保后期变更的顺利实现
2	钢结构工程	（1）根据招标合同文件要求，钢结构安装工程属于总承包自行施工的内容，钢结构的制作及供应包含在专业分包工程内。总承包将在项目深化设计部成立钢结构深化设计组，全面负责钢结构的深化设计协调管理工作。 （2）项目技术负责人负责组织审核钢结构深化设计图纸，发现问题及时责令设计部门修改。经审核的深化设计图纸提交建设、设计、监理单位和政府有关部门审批，并由钢结构深化设计组按照审批意见进行修改完善

续表

序号	专业	深化设计重点内容
3	机电工程	（1）根据招标合同文件要求，机电工程设计、供应及安装都包含在专业分包范围内。工程实施过程中，优选机电安装工程施工单位，保证机电工程施工顺利进行。 （2）机电工程深化设计完成后，总承包项目经理部将对其进行审核，重点考虑机电工程深化设计是否准确实现了原设计的意图，与土建及其他专业分包之间是否存在矛盾，组织协调解决方案。对可能存在的工序交叉现象，总承包项目经理部负责及时疏通，调整施工顺序，减少因工序交叉而引发的误工现象
4	精装饰工程	（1）精装饰工程属建设单位专业分包工程。在分包单位进行图纸深化设计之前，总承包项目经理部将提供有关的基础条件，使其在进行设计时能够提前考虑，避免后期不必要的修改。 （2）精装饰深化设计完成后，总承包项目经理部将对其进行审核，重点考虑精装饰深化设计是否准确实现了原设计的意图，与土建及其他专业分包单位之间在实施过程中是否存在矛盾，协调各专业提出解决方案。审核合格的图纸交建设单位、设计单位、监理单位审批，并按照反馈回来的审批意见责成精装饰分包单位进行设计修改，直至审批合格

2）深化设计图纸会审与设计的协调管理，参见图3-3及表3-3。

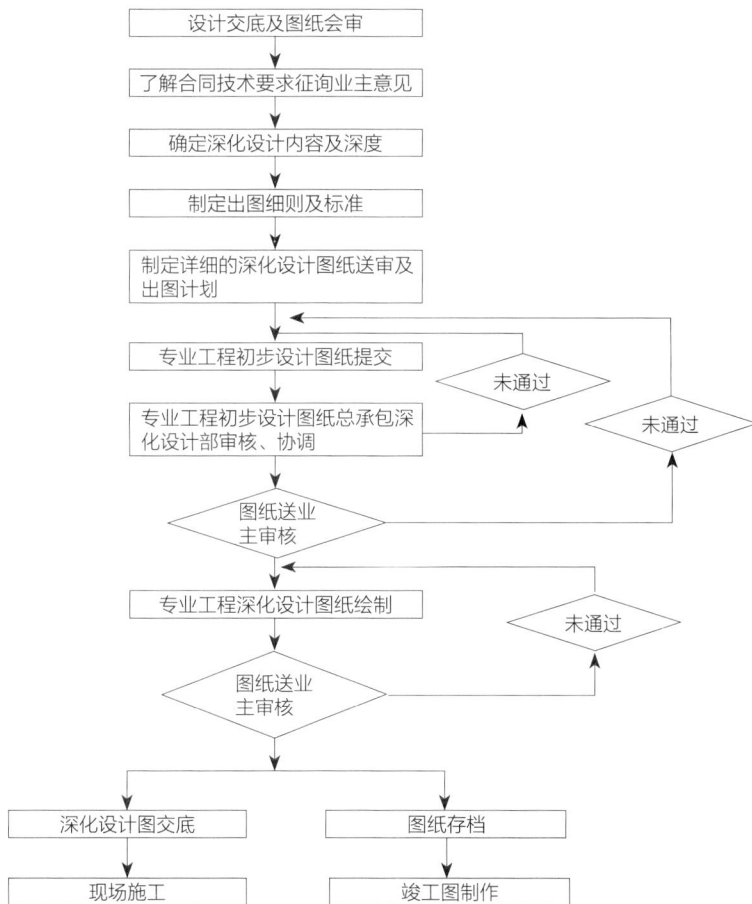

图3-3 深化设计图纸会审与设计的协调管理流程

图纸会审重点注意内容 表3-3

工程内容	图纸会审重点注意内容
土建工程	对照建筑与结构图纸，校准轴线、标高及结构尺寸；对照结构设计总说明与图纸大样注释，校准各标高段与结构部位混凝土等级；对照结构设计总说明与标准图集，校定钢筋搭接、锚固、节点大样做法；对照建筑设计总说明、建筑做法明细表与建筑各楼层平面图，校准各功能房间建筑做法；对照建筑、结构与安装工程图纸，校准管道与设备预留预埋洞口、构件
钢结构工程	对照施工图与深化设计图纸，校核钢梁与柱相连节点做法，钢梁相连节点连接做法；对照水、电、暖通、空调等专业图纸，校定与其连接关联关系
机电工程	对照机电图纸与土建结构图纸，校准机电预留预埋孔洞、铁件位置，设备基础位置；对照水、电、暖通、空调等专业图纸，校定与其连接关联关系
弱电工程	对照设计图纸，校核各类管线、设备选型；对照各子系统图纸，校对理清各系统关系；对照土建、钢结构图纸，校准管线预留槽、留洞部位、标高
精装修工程	对照设计图纸，校准各部位材料、设备选定；对照土建、幕墙图纸，校准各部位交接成果；对照设计图纸，提出合理化建议；对照装修图纸，提出初步深化设计方案

3.3.4 土建工程的深化设计

土建工程的深化设计主要是在建筑和结构施工中，分阶段对设计不明确的细部节点、细部做法进行进一步的明确和细化，以便更好地指导现场施工（表3-4）。

土建工程的深化设计内容 表3-4

序号	深化设计内容	内容描述
1	地下结构	重点针对地下室底板进行防水细部节点图绘制、高大脚手架、模板及支撑细部节点图、施工缝位置及细部节点图等深化设计工作。在结构施工阶段对需要结构自防水和刚性防水的部位进行深化设计，对混凝土的配合比、抗渗剂的品牌、级别、数量进行计算和选择，对混凝土搅拌站的工作给予指导和配合
2	地上结构	做好现浇梁、柱、楼板之间的节点深化设计；高支模深化设计及编制专项施工方案；井字梁模板、脚手架支设及深化设计；超大截面梁模板支设深化设计；对混凝土强度、钢筋型号尺寸的选择、钢筋的绑扎连接、混凝土的浇筑养护进行深化设计，编制专项施工方案
3	二次结构	在砌体插入前完成，确定砌体施工工艺、流程、标高、墨线、门窗洞口定位、与结构的连接等。结构施工时按照机电安装预留预埋深化图进行预留、预埋

3.3.5 机电工程的深化设计

机电系统包括建筑给水排水及供暖工程、建筑电气工程、通风与空调工程、智能建筑工程、建筑节能工程及电梯工程等。由于机电系统多，各系统管线交叉频繁，管线综合平衡工作量大，可采用BIM技术，对原图纸进行二次深化设计。

各个系统施工、调试工作均由建设单位选定的直接承包商完成。各直接承包商完成施工图的深化设计后，提交总承包商进行施工图纸的协调以及机电综合施工图协调和制作。机电专业协调工作量大，因此，为保证工程满足使用功能需要、达到设计意图，并使整体质量、进度达到项目的整体目标，在总承包项目经理部下设深化设计部，进行施工图纸的深化设计及管理。深化设计部负责获得并审核建设单位提供的全部设计图，确保全部工程的可兼容性整合，消除各系统工程之间的定位矛盾，并提出解决方案，使建筑服务设施按照特定的位置和次序进行安装，保证所有服务设施的安装整洁有序，为各项工作的路线、各种设施的检修、维护预留充足的空间，既方便操作又兼顾相邻设施的技术检测。

总承包商负责组织对设计单位设计的施工图纸进行深化，同时负责安排所有的直接承包商绘制和报批必要的施工图及大样图，并负责总体配合协调工作。总承包商还将根据直接承包商提供的资料组织绘制综合机电协调施工图及土建配合图纸。在机电工程施工前，完成机电综合管线布置图和预留预埋图，以及必要的剖面图或详图，经各方审核后才能正式施工（表3-5）。

机电工程的深化设计内容 表3-5

序号	深化设计内容	内容描述
1	绘制各专业初步深化施工图	在设计单位施工图的基础上，复核各项设计参数，并结合现场实际情况及工艺要求，绘制初步深化施工图
2	绘制综合机电协调施工图	1）综合机电平面布置图 以图层处理后的初步深化施工图为基础，绘制综合机电平面布置图，将各专业分不同图层、不同颜色绘制在同一图纸中，用于查找设计冲突。 2）综合机电剖面图 在综合机电平面图中管路密集的地方，当平面图无法准确表现设计意图的时候，绘制综合机电剖面图
3	绘制综合土建配合图	1）预留预埋图 确定机电各专业管道在每个楼层预埋套管和预留洞口的位置、尺寸及标高。用以指导配合结构施工的预留预埋工作。 2）设备基础 根据设备对基础的要求，确定设备混凝土基础的外形尺寸、承载能力、预埋件位置等参数
4	机电末端综合协调图	综合协调各专业机电末端器具在墙面、吊顶上的位置，达到美观协调的效果

3.3.6 钢结构的深化设计

钢结构深化设计要根据工程设计要求及图纸内容，结合工厂制作条件、运输条件，考虑现场拼装、安装方案及土建条件。深化设计中对构件进行分段需要综合考虑加工制作、运输分段、安装方案、节点划分、制作工艺、焊接收缩及变形、结构预起拱等因素（表3-6）。加工制作分段（运输分段）详图设计应该是在充分考虑并结合了原材料规格、运输、现场塔吊吊装能力要求的各种限制等基础上进行的。

钢结构的深化设计内容 表3-6

序号	深化设计内容	内容描述
1	连接部分的设计	工程连接形式采用盖板节点，螺栓连接节点，螺栓的数量、排布、节点板、盖板的几何尺寸都需要深化设计时计算确定，深化设计难度大。连接部分的设计计算思路如下： 1）基本假定 假定在翼缘和腹板拼接范围内，所采用的高强度螺栓的性能等级和直径均相同。按照等强度的原则计算。 2）翼缘拼接螺栓计算 翼缘拼接板及其每侧的高强度螺栓，由等强度条件确定，即翼缘拼接板的净截面面积不小于梁翼缘的净截面面积。高强度螺栓应能承受按梁翼缘净截面面积和毛截面面积计算的轴向力中的较小值。 3）腹板拼接螺栓计算 腹板拼接板及每侧的高强度螺栓所承受的弯矩和剪力，按拼接范围两螺栓群中心间的最大值考虑（即在螺栓群中心截面上的弯矩，应取拼接缝处的弯矩与拼接缝处的剪力乘以到螺栓群中心距离的乘积之和）。 腹板拼接板及每侧的高强度螺栓按承受梁在拼接处的全部剪力及按梁的净截面惯性矩分配到腹板上的弯矩计算，但其拼接强度在拼接缝不应低于梁的毛截面抗弯承载能力的50%。 腹板拼接螺栓的受力应符合梁截面中应力分布，即腹板拼接角点上的螺栓在弯矩作用下所产生的水平剪力值应与翼缘拼接螺栓水平剪力值呈线性关系，因此，其腹板拼接的顶排螺栓应尽量紧靠翼缘
2	截面代换	工程主要依据美国标准（AISC）选用构件截面，考虑国内的基本情况，需要将美标截面以等强代换的方式替换成国内能够采购的产品或能够加工制作的产品。替换原则如下： 1）主轴方向截面惯性矩相等； 2）次轴方向截面惯性矩相近； 3）截面面积相等（高度、宽度、厚度相近）； 4）板厚进行英制转换时的原则： 凡厚度（mm）带小数点部分均按向上增加至毫米级整数； 按上述取毫米级整数后，恰逢奇数（5除外）则增加1mm变为偶数
3	钢结构安装临时支撑设计与布置	1）安全、可靠，方便施工（包括胎架本身的施工和钢结构的施工）； 2）符合设计意图，施工时的结构受力状况与最终结构本身的受力状况基本一致； 3）尽量减少安装时结构的变形，便于安装精度的控制； 4）尽量简化结构的受力和支撑胎架的受力情况； 5）尽量减少对其他结构的影响； 6）卸载要安全、可行，方便施工

3.3.7 装饰工程的深化设计

装饰深化设计专业性要求高，精装修施工为建设单位暂估价项目，装饰深化设计是指按照建筑师的设计方案，由专业分包单位进行的具体细部设计，将施工各阶段的各节点细部做法进行认真研究，选择最佳施工做法，并以施工图纸形式，报设计单位审核批准，作为正式施工用图纸。根据以往工程经验，装饰深化设计的主要内容如表3-7所示。

装饰工程的深化设计内容　　　　　　　　　　　　　表3-7

序号	深化设计内容	内容描述
1	地面排版图深化设计	主要包括卫生间等地面砖排版图、公共区域地面石材排版图、架空地板排版图等
2	吊顶排版图深化设计	主要包括矿棉板吊顶排版、装饰石膏板吊顶排版、公共区域铝板吊顶排版设计等
3	墙面立面图深化设计	主要包括墙面保温一体板、幕墙的排版、连接节点、龙骨布置等设计
4	施工节点图深化设计	主要包括吊顶板块安装节点、各种界面收口处理节点
5	综合协调图深化设计	主要包括吊顶机电综合协调图，其中主要为机电末端如风口、烟感、灯具等与装饰面板的定位，墙面开关面板、墙面插座与墙面装饰面的定位协调等
6	材料加工图深化设计	主要包括吊顶装饰石膏板加工图、石材加工图及设计图等

3.3.8 各专业深化设计的协调管理

1）深化设计应由总承包项目深化设计部牵头，各分包单位配合。

2）深化设计图纸应绘制综合布置图，对管路密集处绘制剖面图，标明各专业管路的具体标高、平面位置、线路走向等。

3）前期在进行深化设计时发现的问题，各分包单位应提出合理化建议，在深化设计时提前与设计联系、解决，便于加快工程施工进度。

4）形成设计联络会制度，不定期、不定地点地按工程的需要适时举行，以解决在一般沟通渠道下，难以解决的如设计交底、工程进展过程中的工期、设计变更、重大技术问题的处理方案。

5）施工过程中出现设计变更或不符现象，总包单位与分包单位及时沟通，提出合理化建议，并与设计单位联系解决。

6）技术交底应结合深化设计的平面图、剖面图进行现场交底，便于工人在深化图的指导下进行施工，使工人施工始终处于受控的状态下。

3.4　项目集群设计与施工融合

项目设计与施工一体化集成要建立设计与施工一体化管理体系，可以采用信息化协同工作平台实现。设计方与施工方在项目经理统一协调组织下开展工作，重点强调施工管理提前介入，设计问题前置，从设计角度综合考虑施工影响因素，精细化完成设计任务，提高工程质量，降低施工成本。与此同时，施工准备与设计任务并行开展，交叉工作，进一步节省工期，提高效率。设计与施工一体化集成要有保障措施，包括组织、管理、经济、合同等方面。

3.4.1　统一标准，材料封样

设计阶段，即通过专项研讨，优选、统一技术措施，如分布式能源技术、屋面防水技术、斜屋面及屋面瓦、建筑外立面等；施工前，与施工单位研讨，各设计单位对消防设计采用的布线方式、控制方式、设备选型均有差别，规划设计部对上述细节进行统一，不仅能在施工中提高效率，也便于系统联调以及后续的管理运维；由于按照通用模式设计大型试验空间，故对面层做法进行统一，避免不同做法产生的价格不一，避免与走廊高差不一致的问题。

3.4.2　设计优化，样板引路

为了准确把握施工后的实际效果，真实体现设计意图，在具体施工中，设计管理检查先做大样，效果满意再大面积施工，如石材、陶板外立面，内走廊刷彩色乳胶漆。结合BIM技术，针对内走廊不吊顶产生的管道乱象，借助BIM技术进行优化，提高空间净高度，并在此基础上先做大样。

3.4.3　精简流程，高效管理

创新港159.44万 m^2 ，52栋单体同时开工建设，技术协调量大，难度也大，如处理不及时，会造成停工等图的局面。具体实践中，多途径解决及时性问题，比如不影响造价的监理例会讨论形成意见报创新港公司备案即可；更加紧急的问题，由施工、监理、设计（驻场代表）、建设单位各方代表共同在施工现场签署"技术核定单"予以解决；造价影响大，难以处理的问题，采取专题会研讨解决。仅靠设计管理人员，难以全面掌握施工现场情况，施工经验不够丰富，对变更等对施工产生的影响无法准确把握，要完全用好监理人员，监理专业齐全，全日驻守工地，与施工单位来往密集，所以设计管理实践中，通过监理了解施工现场情况，判断指令产生的后果极为准确，以达到对项目质量、造价、工期控制。

3.4.4　BIM应用，数字协同

现阶段设计院BIM设计时，更多的是解决设计阶段存在的问题，设计院的BIM模型在应用到施工阶段时，还是存在很多问题，比如设计深度与施工阶段不符、未考虑现场的安装条件、管线综合与现场不符等、设计的设备与采购设备尺寸不符等，施工单位不得不在施工阶段做进一步的深化设计，花费大量的成本和时间。此外，目前国家缺乏相应的法律法规，施工单位BIM深化设计图纸需要设计院审核校对，过程繁琐，反馈慢，审核周期长，在一定程度上造成工程进度的滞后。由于利益分配和时间成本的投入，设计院往往不会过多地考虑施工阶段的问题，而更多的是把施工阶段存在的问题交给施工单位自己处理，有问题通过设计变更的形式解决。传统的工作方式不但使施工成果与设计图纸之间存在一定的偏差，而且会造成大量时间成本的浪费。基于BIM技术实现设计与施工一体化集成，可以将施工阶段存在的问题提前到设计阶段，使设计单位的施工图可以直接应用到现场，减少或避免施工阶段的变更以及大量的人力和物力成本。

3.4.5　集成融合，优势突出

工程实践经验体会到设计与施工一体化集成存在以下优势：

1）解决了利益分配的问题：设计和施工是同一家单位，利益分配的变化只与公司内部不同部门员工工作量有关，更多地取决于公司内部的管理方式。

2）设计与施工无缝衔接，问题反馈迅速：基于施工部门丰富的施工经验，提前将施工中可能存在的问题与设计部门进行有效沟通，并在设计阶段进行解决。而且，部门之间的沟通更加顺畅，不存在反馈慢、审核繁琐的问题。基于BIM的协同工作平台，进行设计部门与施工现场工作人员的协同工作，提高工作的效率和实效性。

3）设计与施工相互促进：设计部门的专业知识指导施工部门，施工部门将施工问题反馈设计部门，形成专业上相互促进，整体提升公司员工的专业素养。

4）从业主的角度，设计与施工一体化的工作模式，减少了业主作为中间方存在的很多沟通的问题，同时有助于加快项目建造的时间进度，节省设计变更等造成的成本。

5）有助于产业升级：通过设计施工一体化的工作模式，推进构件预制化加工、综合支吊架应用等，同时将设计BIM、施工BIM、运维BIM进行有效衔接，真正实现为建设单位省心、省钱、省时间，为建筑行业工作模式的升级提供有益的实践。

第4章

项目集群采购与合同履约管理

项目集群采购与项目合同经营关系十分密切。项目集群采购不仅需要符合工程合同的需求，而且必须满足项目合同履约与二次经营的管理需要。同时，项目合同经营需要基于项目集群采购特点，合理实施系统化的分类分层次合同履约管理。

4.1 项目集群采购管理体系

项目集群采购是创新港项目管理创新的重要组成部分。根据项目集群采购的特点，陕西建工集团建立了创新港项目集群采购管理体系。基于创新港项目管理的集群模式，项目集群采购管理体系主要具有以下特征。

4.1.1 确立项目集群采购实施定位

陕西建工集团决定从集群项目管理组织体系入手，围绕创新港项目集群的特点，确立项目集群采购管理定位，创造性地提出了"总包管总、项目主控、分包支撑"的工程项目集群采购管理理念，建立项目集群采购管理体系。

4.1.2 建立创新港项目集群采购管理体系

总包项目（指挥部）采购工作由建设项目的陕西建工集团管理团队牵头，联手集团各公司组成联合总包部采购团队。一是总包（指挥部）采购部领导班子联合组建，总包部下设多个项目采购部；二是各公司组建自己的项目部采购机构；三是专业公司或者分包实施团队确定自己的采购工作机构。不同层次的采购组织机构、工作流程、方法、程序、资源在项目总包管理制度中予以规定。

1）成立总包项目采购部。总包部（指挥部）采购部负责与各项目采购部门的沟通协调，包括各种采购资源引进、集中采购总进度管控和各种采购标准制定下达。总包项目采购部从"决策团队因素"角度化解项目进度风险，目的在于"工期固定条件下，提升采购管理效率"。总包项目采购部为重大事项议事及决策机构，成员由各参建单位高级管理人员担任。职责如下：

（1）对各参建方之间的重大采购争议事项进行协调，协调各参建方采购关系，保证项目采购整体推进；

（2）负责对接内外部资源，包括但不限于各项目部、专业承包单位，推进项目市场采购工作；

（3）项目各参建方及项目成员均有权将认为重大的事项提交总包项目采购部协调，并贯彻落实项目采购部形成的决策意见。

2）成立项目采购部。项目采购部根据项目总包制度，实施项目集中采购的具体工作及项目授权的采购方式。

3）项目分包及专业团队负责项目分包合同规定的零星采购及配套工作。

4.1.3　"总包管总"

1. "总包管总"理念

总包管总，铸强战略中枢。"总包管总"就是强化总包项目部采购管理的集中统一领导、集中采购和管理功能，实现总包在战略层次上全盘统筹采购、项目指挥和实施管理。项目履约的关键取决于职能互动与协同的能力，这就要求：实现项目高效履约必须由具有高超战略规划、管理、决策、实施和协调能力的指挥中枢来统领项目，对人力、物力、财力以及信息等必要的资源统筹调动和运用，确保能看得远、指得准、联得快、控得实。因此，项目总包（指挥部）采购部负责项目大宗资源的集中采购与管理，项目部采购部门负责项目总包授权的集中采购实施及其他资源的采购实施与管理工作，专业分包负责项目合同授权的资源采购实施与控制工作。

2. "总包管总"实施

因项目参建单位多，对各单位之间的采购信息沟通效率的要求亦将提升，项目总包通过采购计划贯穿项目集群管理的全过程。采购计划主要从总包项目采购部门、各项目采购团队内部、各项目分包单位（内部专业公司和外部分包）之间三方面展开，有机衔接项目集群管理的每一个环节。

在总包项目部内部，各单位项目部共同派驻管理人员，管理人员在总包项目部的职责，类似于"联络官"，通过联络官个人的专业能力及背后各参加公司的各项采购资源，总包项目部能调动各单位管理团队支援项目。

在总包项目部内部，为确保各部门全力支援项目建设，通过嵌入采购计划，工程部、合约造价部、财务部均派驻专业管理人员进入项目，作为集团公司本部与项目之间沟通的纽带，必要时调动公司本部资源服务项目管理。同时应用信息化手段打破项目内部之间的边界限制。

在总包项目部与各项目之间，开展创新管理模式，在原有办公条件下，开放更多区域使得各单位能够共同办公，提升信息沟通速度及风险问题解决效率。

创新港项目通过落实"总包管总"，从顶层上强化总包对项目的集中统一指挥，发挥好采购统领功能，为掌控项目全局、顺利履约服务。

4.1.4 项目主控

1. "项目主控"理念

"项目主控"勾勒的是总包之下的采购实施控制线，在总包项目部战略全局统领下，将具体系统的项目建设指挥权向下集于项目部（各参建单位派出机构），重在发挥项目主导项目集群采购的功能。落实"项目主控"，就是要突出"控"对项目采购计划的核心牵引作用，要一切以控为本，围绕能管能控做好采购工作，积极筹划计划、善谋深谋、管控结合，切实提高项目质量，提升集群采购能力。

2. "项目主控"实施

总包项目部下设多个项目部，分别由各参建公司负责管理。在各单位进场前即进行界面划分，明确施工主体，为创新港项目的高效建造提供保障。各公司分别负责项目总承包部授权的单体建造的采购实施及管理工作。总包项目部通过项目采购管理体系负责具体实操，对采购资源进行分层分类实施：大宗重要资源由项目总包部负责制定采购制度及实施计划，项目部负责具体实施；一般资源根据项目授权由项目部负责实施采购；分包项目负责根据合同规定实施相应的采购工作。其中项目部承担承上启下的中间人角色，即负责执行总包项目部的制度规定与采购计划，负责具体实施推进授权的一般项目采购，负责协调专业公司或者分包的采购过程，同时配合质量部门对原材料进行采购质量管控，进场验收及取样送检，严格执行举牌登记制度，从源头管控质量；举行质量会议，定期组织采购质量周例会、实测实量专题会，对阶段性采购的各项资源质量管理综合分析与运用；项目部通过对总包项目部引进至其辖区内各类资源进行采购管控。保证项目在最短时间内高效组织采购资源、高效管控资源、高效信息沟通，最终高质量快速完成项目建设任务。

4.1.5 分包支撑

1. "分包支撑"理念

"分包支撑"是"总包管总"总纲下的建设目标，它勾勒了总包之下的采购管理线。即在总包战略的指挥下，基于各单位项目部组织协调，项目建设实施任务集中于专业公司（集团内部）或者分包（外部分包），使得专业公司或者分包真正实现专思主营建设。专业公司或者分包的核心职能在于"建"，发挥专业公司或者分包对项目的输入功能，特别是采购输入功能。专于"分包支撑"，使专业公司或者分包所具有的技术性、系统性的特点，在项目采购管理的优势上愈发明显。尤其是在项目采购趋于信息化转型的过程中，项目采购技术含量越来越高，内部分工越来越细，组织结构日趋复杂，就更需专业公司或者分包参与项目建设过程的采购活动，包括提供专业技术支撑与采购信息需求。需要明确的是，"分包支撑"不是"分包独管"，而是在"总包管总"，在总包统领、战略统筹、规划、指导下，在项目主控基础上，充分发挥分包专业采购管理上的优越性、主动性、能动性来支撑项目采购工作。

2. "分包支撑"实施

"分包"包括陕西建工集团内部的专业公司或者外部分包。依托陕西建工集团全产业链建造优势，选定陕西建工系统专业公司或者分包主建，专注于解决各专业领域内施工过程的采购难题，推进满足施工要求的项目采购进度，全面支撑项目采购实施工作。在装饰工程方面，由具有建筑装修设计、建筑幕墙设计两项专项甲级资质的装饰专业公司实施；在钢构工程方面，由具有建筑工程施工总承包特级、钢结构工程专业承包壹级、中国钢结构制造企业特级资质的钢结构专业公司负责承建；在安装工程方面，由具备机电安装工程施工总承包国家特级施工资质及化工石油设备管道安装工程、机电设备安装工程等多项专业承包一级资质的安装专业公司实施，参建企业均处于其行业内部的高端水平，包括陕建集团公司内各单位，项目参建方的综合实力及大力支持是本项目能够高效履约的有力保障。

专业公司或分包在项目总包团队的集中统领、战略统筹下，依据各项目的采购要求，坚持从联合着眼，从大局出发，加强与建设指挥链需求对接，科学制定并实施项目采购方案，强化项目采购管理能力，支撑并保障项目高效履约。

4.2 项目集中采购

4.2.1 项目集中采购的特点

1. 集中采购和分散采购的集成

集中采购和分散采购的集成多用于大型建设项目的采购行为，大型项目集群采购更是如此。集中采购管理在集群项目中的应用十分重要。创新港项目集群采购管理突出体现了项目集中采购并兼顾分散采购的管理模式，并且具有下列特征：

1）项目采购实行集中采购和分散采购（各实施单位自行运用陕建云采平台及华山云商进行集中采购）相结合。

2）所有纳入集中采购目录的采购资源，必须采用集中采购的方式进行采购。

3）集中采购的范围由集群项目总包部公布的集中采购目录确定。采购未纳入集中采购清单的采购资源，可以根据制度规定自行采购。

2. 集中采购和分散采购

1）集中采购

将项目总包的采购集中到项目总包层面实施，确保项目采购成果的质量水平与经济效益。

（1）集中采购的适用条件：大宗或批量物品，价值高或总价多的物品；关键零部件、原材料或其他战略资源，保密程度高、产权约束多的物品，或有明确品牌要求的材料。其适用范围是：集团范围实施的采购活动；专业分包的选择（不包括专业分包暂估价）。

（2）集中采购的优势：

①批量折扣、价格统一、采购专业化水平高，便于指挥，调度，防止多头采购。

②获得采购规模效益，降低进货和物流成本，争取采购主动权。

③易于稳定本企业与供应商之间的关系，更好地得到供应商的服务支持 。

④采取公开招标或直接应用集团大集采成果，可以有效制止腐败。

⑤利于采购工作中的专业化分工，提高工作效率。

⑥集中采购控制，从而更容易实现物料标准化。

⑦减少采购管理中的重复工作。

2）分散（集中）采购

将项目总包的采购权限分散到下属各参建单位项目或者分包，根据自身生产经营需要通过华山云商采购或陕建云采平台组织招标实施集中采购。

分散采购的适用条件：办公日常用品、小批量、单件、价值低，总支出在产品经营费用中所占比重小的物品；市场资源有保证，易于送达，较少的物流费用。

分散后，各项目及授权分包有这方面的采购与检测能力。其适用范围是体量小，未有约定的品牌，无特殊工艺要求，地材、辅材等辅助性材料及设备，或其供应成本低于集中采购时的成本，或少量变型产品所需的物品。

4.2.2　项目集中采购制度建设

项目积极应用陕建集团在集采工作中取得的成果，赋能供应链管理，优化集采工作。陕建集团集采工作以新业态、新模式为主要抓手，以大数据进行资源整合，打通产业链、供应链各个环节，不断培育新增长点，形成新动能。陕建集团建立陕建云采平台、大宗物资履约平台、华山云商电商平台，形成全产业链"三位一体"的大集采、大物流管理体系，树立起建筑业数字集采新标杆。云彩平台对所有采购资源进行阳光、公开、透明的电子采购，获取全集团需求数据，奠定大集采基础；履约信息平台对大宗物资延伸管理，实现了采购业务流程标准化、过程可视化、结果信息化的完整数据流；"华山云商"平台整合已开展的大宗集采材料、设施料、办公用品、工业品MRO、机械设备及剩余物资，实现方便、快捷的"外卖式点餐"服务，形成集团采购资源配置中心。陕建集团将提高采购质量、降低采购成本、提升采购效率、降低采购风险贯穿工作始终。对大宗物资通过整合资源、以量换价，优选国内前十、省内前三的优质企业进入陕建大集采供应商库。陕建集团已将钢材、木方、镜面板、加气混凝土砌块、球墨铸铁管、焊接类钢管、铝合金模板、电线电缆、油漆涂料、塑料管材、电缆桥架、预拌混凝土、打包箱房及全钢爬架等资源纳入大集采，分别出台了集团大集采管理办法，保障了采购质量、提高了采购效率、降低了采购成本，同时提高了项目安全管理水平和文明形象（图4-1）。

在严格运用集团"三位一体"的大集采、大物流的管理体系建立起的云彩平台进行日常物品及大宗材料采购的同时，根据大型项目集群的特点，项目总包部确定并建立了项目集群采购管理体系，项目部严格执行集团集中采购的规定，针对大型项目合同金额巨大、材料使用量远高于日常工地的特点，项目总包部在保证各项目施工需求的前提下对主要材料进行统一管理、统一招标、大集采物资直接应用集团集采成果等方式，通过体量优势促使供应商降低价格。同时策划制定了项目集中采购管理制度，专门发布了《科技创新港科创基地集中采购管理办法》。其管理特点如下：

图4-1 陕建云采电子商务平台

1. 明确了集中采购的目的与原则

实行集中采购是为了充分发挥陕建品牌优势和规模优势，以量换价降低采购成本，保证采购质量，达到提质增效的目的。

一是集中采购要贯彻集团大集采"四个集中"原则，即集中数量、降低成本；集中配送、提升服务；集中结算、强化供应；集中资金、保障运行。

二是集中采购应当遵循公平、公正、公开和诚实信用原则。

三是需要集中采购的材料在招标投标工作中，应当坚持平等互利、讲求信用的价值观，鼓励投标人在保证技术水平、管理水平、社会信誉和合理报价等情况开展竞争。

2. 规定了集中采购管理信息平台

集中采购管理信息平台是集中采购管理的重要手段和工具。通过采购过程电子化、网络化，实现集中采购管理职能、信息资源共享职能及过程监督职能。

3. 规定了管理办法的适用范围

1）适用于总包项目部下属的各参建项目部。

2）凡由总包项目部组织的大宗工程材料、合同或设计图纸有要求的品牌、特定的专业分包（不包括暂估价专业分包）、大型机械设备采购均适应本办法。

3）集中采购招标投标是双方当事人依法进行的经济活动，受国家法律保护和约束。凡具备条件的单位和相应资质的企业均可参加招标投标。

4. 明确了组织结构与工作职责

1）项目部成立集中采购招标投标领导小组。

2）集中采购管理领导小组负责集中采购管理的重大事项决策，同时进行协调和指导，以及招标的组织。

3）集中采购招标投标工作具体由项目部合同造价部牵头组织，领导小组组长由总包项目部领导担任，成员包括指挥部合同造价部、各标段各地块参建单位项目经理、商务经理。

4）集中采购招标投标领导小组主要职责是：

（1）负责监督并落实各地块施工单位依托华山云商平台在采购工作中主动贯彻集团大集采战略，直接应用大集采成果，进行采购工作。

（2）对大集采以外的物资的采购工作进行组织并按照大型项目经理部集中采购招标投标管理办法执行。

（3）负责组织相关单位编制招标计划、招标公告、招标方案、招标文件并对招标计划、招标公告、招标文件、招标方案进行审查。

（4）对投标单位针对招标公告、招标文件提出的疑问进行解答。

（5）参与集中采购所有招标投标项目的评标工作。

（6）负责集中采购招标完成后，签订合同阶段的合同审查工作，以确保合同签订符合招标结果。

5. 规定了各项目集中采购管理部门的工作职责

1）按集团规定的要求及政策落实采购工作。

2）负责完成指挥部安排的涉及全场区相关集中采购招标工作。

3）负责对各单位推荐的供应商进行审查管理，审查其资质以及是否为合格供方。

4）对指挥部安排的涉及全场区的相关集中采购招标工作负责招标文件的起草、组织开标，并组织全场区其他参建单位共同参与评标工作。

5）按照集中采购制度和流程实施采购。

6）配合指挥部集中采购监督考核工作。

7）负责招标的项目部应将编制的招标文件，及推荐的供应商名单报各参建单位项目部确定后，再报集中采购领导小组相关领导审批。

4.2.3 集中采购范围及流程管理

1. 集中采购范围

集中采购的范围包括有具体品牌要求的材料及大宗物资材料、专业分包工程（不包括暂估价专业分包）等。根据项目特点，集中采购的关键是贯彻集团大集采战略，直接应用大集采成果，对大集采以外的物资均采用招标方式，由各标段地块及各单位主动推荐合格供应商参与投标。

2. 集中采购招标投标流程

项目所有集中采购物资应在"陕建云采"上进行，并结合线下谈判完成招标投标全过程工作。招标投标流程如下：

1）项目部根据采购计划，由总包项目部合同造价部统筹安排各标段参建项目部轮流主持招标，每次招标安排一个项目部主持招标，一个项目部协助招标。主持招标的项目部负责集中采购招标计划、招标方案及招标文件编制，编制完成后报集中采购领导小组审核批准后发布。

2）每次招标会议提前一周由组织本次招标的项目部通知各参建项目部，并将招标文件发送给各参建项目部，各项目部提前仔细阅读招标文件，及时对招标文件提出意见及建议。负责招标的项目部综合各参建项目部的意见及建议对招标文件进行修改或答疑。未提出意见及建议者视为同意招标文件的内容。

3）严格执行招标流程，选择符合要求的供应商，具体要求如下：

（1）参与采购招标的投标单位必须为"陕建云采"注册供应商；并且要符合招标公告、招标文件中的相关要求。

（2）招标答疑：对投标单位提出的问题统一记录，在"陕建云采"上统一发布招标答疑。

（3）各参建项目部及相关人员要树立保密意识，所有接触过标底的人员,均负有保密责任。

（4）招标管理具体流程及招标要求

①所有统招材料、设备、供应商必须参与统一招标投标，并取得供应资格。没有参与投标的供应商无论何种情况，均不得参与供应。

②各单位必须积极推荐投标供应商，不设置数量限制。杜绝推荐流程阶段不积极推荐供应商，投标结束后又选择非投标单位的供应商进行供应的行为。

③首轮投标报价高于投标最低价30%以上的供应商不能参与二次报价。二次报

价高于最高限价20%以上的供应商不得选用，供应商报价要合情合理，杜绝胡乱报价、扰乱行情的行为。

④各参建项目部项目经理、商务经理须按时参加开标会，因故不能参加开标会议者提前一天向集中采购招标投标领导小组组长请假，并委托本项目部相关商务人员代为参加会议。如未参加会议者将给予罚款处分。

⑤招标单位做好会议记录及会议影像资料，会后向总包商务部报纸质版及电子版资料留档。

4.2.4 集中采购过程管理

1）负责组织招标的采购项目部（部门）应将集中采购工作的相关文件及时收集整理。采购文件包括采购记录、采购清单、招标文件、投标文件、评标标准、评估报告、定标文件、合同文本、验收证明、质疑答复、投诉处理决定及其他有关文件资料。文件整理后报总包项目部（指挥部）合同造价部备案。

2）集中采购管理部门应严格控制各项目采购成本。各参建项目部通过指挥部集中采购招标所签订的相关的合同应及时报送到指挥部合同造价部备案。

3）采用集中招标的，组织招标项目部应提前组织其他标段相关参建项目部对投标人进行资信审查，审查内容主要有资信状况、生产能力、产品质量（分包质量）、供应价格、资金状况及售后服务等，如有需要可在开标前对其进行实地审核考察。

4）采购中任何人不得以不合理的条件限制、排斥潜在投标人。

5）开标、评标环节应有各项目的监察部门人员参与，如招标内容涉及相应技术参数或与安全设备有关的采购，可根据招标的具体技术要求安排质量部门、安全部门等相关部门参加开标评标。

4.2.5 项目集中采购措施

总包项目部（指挥部）严格贯彻并组织各参建项目部运用集团云采平台进行日常物品及大宗材料采购，如木方、镜面板、加气混凝土砌块、球墨铸铁管、焊接类钢管、铝合金模板、油漆涂料、预拌混凝土、打包箱房及日常项目办公用品等等，各标段参建项目部物资及材料采购严格执行并直接应用陕建华山云商平台进行采购，享受集团大宗材料采购成果。同时项目指挥部从集中采购上着手，对华山云商以外或有特殊要求的材料进行统一管理，通过陕建云采平台对大额材料集中采购招标，达到以量换价的效果，从而达到项目的成本控制，取得进一步的节约。具体措施如下：

1）建立集中采购专门机构、明确职责并建立基本制度。采用项目指挥部与各参建项目部"两级模式"运行。项目指挥部成立集中采购管理领导小组，负责对有品牌要求的材料及其余大宗材料的采购进行集中招标，各标段各地块的施工项目部负责具体招标业务的落实工作。项目指挥部严格执行陕建集团集中采购管理办法。在《项目管理手册》《集中采购管理办法》《成本管理手册》等文件的基础上配套制订了项目层面的制度及实施细则。

2）完善集中采购的具体规章制度。为了保证集团公司科创基地项目集中采购活动的公平、公正性，确保工程质量和降低采购成本，规范统一项目招标投标行为，根据集团公司集中采购管理办法，特制定了项目部相应的规章制度。具体规定如下：

（1）项目部对有品牌要求的工程材料及有特殊要求的材料运用集团集采价格优势进行统一采购，招标管理，以确保价格、质量、规格、品质上的保障及统一。大宗工程材料、特定专业分包（不包括暂估价专业分包）、大型机械设备采购均适用本办法。

（2）项目总包（指挥部）成立集中采购招标投标领导小组。集中采购招标投标由指挥部合同造价部组织，领导小组组长由项目总包指挥部领导担任，成员包括指挥部合同造价部及各标段参建单位项目经理及商务经理。

（3）集中采购招标投标领导小组主要职责是：制定、修改项目经理部集中采购招标投标管理办法。负责编制项目经理部大宗材料的采购计划、招标公告、招标方案、招标文件，对投标单位针对招标公告、招标文件提出的疑问进行解答，负责组织集中采购项目招标评标工作、负责集中采购相关合同审批以及集中采购招标的日常工作及文件资料的收集归档。

3）规范集中采购的方式方法。根据项目特点，集中采购均采用邀请招标方式，项目各施工单位推荐合格供应商参与投标。项目所有集中采购招标工作均应在"陕建云采平台"上发布并结合线下谈判完成招标投标全过程。招标投标程序如下：

（1）招标文件与招标方案的编制与审核

①项目总包（指挥部）根据招标需求计划，由指挥部合同造价部统筹安排各标段各地块参建单位轮流主持招标，每次招标安排一个主持单位。负责集中采购招标计划、招标方案及招标文件编制，编制完成后报集中采购领导小组审核批准后发布。

②每次招标提前一周由招标主持单位通知各参建项目部，并将招标文件向各参建项目部公布，各参建项目部仔细阅读招标文件，及时对招标文件提出意见及建议。招标单位综合各参建项目部的意见及建议对招标文件进行修改或答疑。未提出意见及建议者视为同意招标文件的内容。

（2）参与采购招标的投标单位必须为"陕建云采平台"注册供应商；并且要符合招标公告、招标文件中的相关要求。

（3）招标答疑：对投标单位提出的问题统一记录、在"陕建云采平台"上统一发布招标答疑。

（4）开标采取现场平台开标，集中采购招标投标领导小组成员全部参加，现场确定人员到齐后进行线上开标，不现场确定中标人，并不承诺最低价中标。根据开标结果确定最低价，投标人报价在投标报价最低价30%以内的，可由招标单位负责邀请参与二次竞争性谈判。投标报价高于最低价30%的供应商不得参与二次竞争性谈判。二次竞争性谈判由组织招标的项目部组织，其余各参建项目部的项目经理或项目经理委托代理人参加二次竞争性谈判。供应商进行二次报价，二次报价高于最终确定的最高限价20%以上的供应商不得确定为中标候选单位。通过二次谈判报价确定招标限价同时确定中标候选单位，并将限价及中标候选单位进行公布。

（5）各参建项目部根据公布的限价和候选单位自主选择供应商，参与供货的供应商应为参与二次谈判并最终确定为候选单位的供应商，且最终签订合同的价格不得超过公布的招标限价。

4）创新网上采购的运行模式。虽然建筑业在持续不断地快速发展，但是建筑企业采购一直存在着信息化水平较低、创新能力不足、互联网应用不足等多方面的问题。项目总包（指挥部）应用陕建集团公司"互联网+"进行数字集采的转型成果，将互联网与建筑产业深度融合，抓住数字化发展的契机，围绕产业链部署创新链，围绕创新链布局产业链，以互联网赋能全产业链的发展，助推建筑项目管理升级，实现战略转型，动能无限。特别是项目采购的数字集采以新业态、新模式为主要抓手，利用"互联网+"进行资源整合，打通产业链、供应链各个环节。通过招标采购平台、大宗物资履约信息平台、华山云商电商平台，形成"三位一体"的大集采、大物流管理体系。通过打造供应链、创新产业链、创造价值链，打造了全项目、全品类、全产业链的陕建数字集采新生态。陕建华山云商平台上线一年以来，吸引了全国各家建筑协会、近百家建筑企业前来调研学习，人气高涨。

4.3　项目供应链管理

4.3.1　供应链管理的特点

实践证明，项目取得的引人注目的采购成果得益于陕西建工集团及总包项目部（指挥部）的科学、适宜、高效地实施项目供应链管理。在市场经济推动下，建筑企业之间的竞争日益激烈，能否选择合适的供应链在材料交付、产品质量、提前期、库存水平等方面都影响着企业采购的成功与否。供应链管理有助于规范项目总包对采购过程的管理，既满足采购项目预定的技术、质保和商务要求，又能够实现成本最小化，建立并保持顺畅的采购供应渠道，从而为项目总包创造更多的经济效益。

1. 明确供应链的管理内容与评价方法

1）项目供应链管理的主要内容包括供应商的初审、供应商档案信息管理、供应商评价和对相关信息的查询分析。供应商初审和供应商评价是供应商管理工作的重点，因为供应商的初审对企业采购和成本控制有直接的影响，而供应商评价则是对采购业务最有效的支持和监督。供应商的初审工作通常由供应商管理部门对供应商的资质、涉诉风险及供应商诚信档案信息等资料进行审核。系统对初审流程的支持还可与工作系统衔接，按供应商的种类区分参加审核的部门和流程，以适应不同企业的多种管理要求。

2）供应链评价是对供应商管理的有效支撑和支持，评价方法的科学合理尤为关键。项目在处理供应商评价时以优先考虑企业资源计划系统内的量化数据为原则，尽量减少人为因素的干扰，努力做到科学、合理和公正。在评价时，主要考虑供应商的产品质量、交付时间、供货价格和售后服务几个方面，可以取得的数据包括采购到货的质检合格率、采购合同时间、到货时间、采购价格，对服务指标的评价则需要物料接收部门的配合，填写服务评价表格，这部分的权重也会按照物料种类的不同有所区分。需要注意的是，在计算质检合格率和价格指标的分数时，需要考虑数量的因素，避免供应商因供货次数少而影响评价结果的合理性。

2. 明确供应链管理的实施要求

1）项目总包宜在自己的能力范围内开发有潜质的供应商，对供应商的队伍进行培育和壮大，以避免出现独家供应商的现象，也有助于及时淘汰不合格的供应商，最终不断实现推陈出新，以最低的成本获得最优产品和服务的目标。这样可以有效保证项目总包的产品质量，帮助企业降低成本，提高盈利能力，并将优化采购流程，提高采购运作效率和项目总包的快速响应能力。

2）项目总包应及时更新维护供应商数据。对供应商信息变更随时进行维护，对不符合要求、售后服务不到位的供应商根据《陕西建工控股集团有限公司供应商"黑名单"管理办法》，将供应商加入"黑名单"。

3）各采购项目部（部门）应加强对相关评审管理人员专业技能的培训。评审组人员的水平在一定程度上决定着所选择供应商的水平和质量。因此，应大力提高管理人员的业务能力水平，提高评审管理人员的专业知识和技能。

4）项目总包应发挥项目参与方在供应链管理中的积极性、主动性和创造性。现如今，采购在企业发展中的地位逐渐突出，只有在各方共同努力下，从供应源头打好基础、做足工作，才能保证项目供应链管理的有效性和可靠性。

4.3.2 供应链管理的制度建设

1）项目总包坚持对供应链的规范化管理，建章立制，夯实管理基础。具体切入点包括供应商信息及供应商"黑名单"的制度建设。

2）项目总包结合《陕西建工集团供应商信息管理规定》以及《陕西建工控股集团有限公司供应商"黑名单"管理办法》制定了具体项目供应链管理规定办法，管理办法如下：

（1）供应链管理规定办法适用于项目经理部下属的参建项目部开展的所有物资采购活动。

（2）项目供应商的信息与资质管理由总包统一实施。

（3）对于被纳入"黑名单"的供应商在集团集中采购信息平台、集团OA平台及内部相关媒体上予以公布。自"黑名单"名录发布之日起至移除前，该供应商不得参加创新港项目范围内的所有采购活动。

4.3.3 项目供应商信息管理

1. 供应商的资质管理

所选择的供应商应在陕建云采平台登记注册过并为合格供方，同时在平台中注册的信息应该是真实、准确、无虚假的内容。在选择供应商前，应让供应商提供其主要信息及资料，以备核对审查。供应商信息主要包括工商、银行、财务、税务、资质等相关信息。供应商应提供以下资料证件：

1）企业或个体工商户必须具备工商部门颁布的有统一社会信用代码的营业执

照，事业单位必须具有国家机构颁发的统一社会信用代码的事业单位法人资格证书。其他单位也必须加载统一社会信用代码的具有法人资格的证件。

2）法人代表身份证。

3）委托电商平台管理人的身份证及授权委托书。

4）商业银行或农村信用合作社颁发的开户许可证。

5）若为一般纳税人的，应具备增值税一般纳税人申请认定表。

6）经过审计并加盖公章的上年度年报或近期月度报表（资产表、负债表、损益表、现金流量表）。

7）行业必备资质证件，主要有建筑企业资质证书、安全生产许可证、工程勘察资质证书、工程设计资质证书、工程咨询资质证书、工程监理资质证书、工程检测资质证书、计量认定证书等。

8）其他证件。

9）以往施工的业绩。

2. 供应商信息管理

供应商在投标时上报的信息应与平台注册的信息相一致，信息的一致性主要包括下列内容：

1）营业执照的证件图像中统一社会信用代码和单位名称必须与电商平台注册信息一致。

2）营业执照的其他相关信息，如法定代表人、注册资本金、单位性质也应一致。

3）开户许可证的证件图像中开户行和银行账号与电商平台注册信息一致。

4）营业执照、开户许可证的证件图像等其他证件单位名称应当一致，特殊情况应提交确凿说明材料。

5）严禁不符合一致性的供应商通过评审或对其进行选择。

6）供应商的信息应在初审、评价、使用与合作等过程中进行检查核准，不满足供应商信息标准条件的供应商不得参与初审、评价、使用与合作。

7）被纳入黑名单的不良合作供应商在被解除黑名单之前不得参与项目部组织的所有投标工作。

创新港项目经理部在对供应商进行管理时参照并结合《陕西建工控股集团有限公司供应商"黑名单"管理办法》，制定本项目部的供应商"黑名单"管理办法，从而对不合格的供应商进行管理，从而加强供应链的良性发展。通过设置供应商黑名单，限制其在陕建系统投标及供应，大大震慑了一些供应商的不良行为，同时通过设置黑名单管理约束了其他供应商，保证了其规范供应，净化了整个创新港的供应链。

4.3.4　项目供应商"黑名单"管理

1."黑名单"供应商的界定

1）"黑名单"供应商是指在采购和履约过程中，发生不遵守合同和承诺、利用商业贿赂及其他不正当手段谋取利益等违法、违纪、违反集团公司相关管理规定的行为，经评审后给予惩戒的供应商。

2）供应商行为符合下列条件之一，启动"黑名单"供应商的评估：

（1）严重违反合作协议或合同约定，擅自拖延供货、抬高价格、降低质量，对项目造成经济损失，且拒绝整改和赔偿的；

（2）采取贿赂等不正当竞争手段，谋取不正当利益的；

（3）拒绝使用集团标准合同文本或履行协议或合同中单方面毁约或严重违约的；

（4）采取非法或不正当手段干扰、影响项目经营活动的；

（5）违反诚信交易原则，造成项目或公司有关人员被司法机关认定为职务犯罪，或被行政执法机关处罚的；

（6）在洽商、签约、履约及解约过程中寻衅滋事，产生不良影响的；

（7）不经充分协商而恶意诉讼，或被最高人民法院纳入失信被执行人"黑名单"的；

（8）有其他违反法律法规行为，对项目或公司造成恶劣影响或重大经济损失的；

（9）参与投标报名后，在投标文件递交截止日前无故不参与投标，且事先未提前告知的；

（10）进行围标、串标或恶意抬高投标价，或采用不正当手段投标，做出有违投标公正性的行为的。

2. 供应商"黑名单"的建立

1）集团公司集中采购中心（以下简称：集中采购中心）负责集团公司层面物资供应商"黑名单"的建立和日常管理工作。

2）各单位发现供应商存在上述第（5）条所列情形之一的，应首先组织本单位采购、法务等相关部门进行评审，形成事实清楚、责任明确的评审资料。

3）各单位发现供应商违规性质严重，需书面向集中采购中心申报"黑名单"供应商评估申请。评估申请包含《"黑名单"供应商审批表》，并附本单位的评审资料。

4）集中采购中心接到申请后十五天内组织相关方及集团法务部门成立评审组进行核实评审，并明确供应商申诉期。经最终评审情况属实的，评审组签署评审意见后报集团集中采购主管领导审批，列入供应商"黑名单"名录。

3．供应商"黑名单"的管理

1）集中采购中心负责动态更新"黑名单"名录。

2）集团公司范围内所有采购活动不得与"黑名单"名录上的供应商进行合作。出现违规采购行为，将报请集团纪检监察部门对采购单位主要负责人及相关人员进行问责处理。

3）"黑名单"发布后一年内，供应商不得申请移除。

4）原申报单位在"黑名单"发布一年后根据供应商的移除申请进行复评，复评符合移除条件后填写《移除"黑名单"审批表》并附本单位复评资料报集中采购中心。

5）集中采购中心每年根据具体情况定期组织移除"黑名单"的评审工作并形成评审报告，经集团集中采购主管领导审批后决定是否移除"黑名单"名录。

4.4 项目分包招标管理

4.4.1 项目分包招标的特点

项目集群采购管理的重要内容之一是分包招标。创新港项目始终把工程分包招标作为采购工作的重心，注意政策性与适用性的合理衔接，防范各种可能的采购风险。分包活动中，作为发包一方的是建筑企业，作为承包一方的是承包人。根据交易对象的不同，建筑工程分包主要包括专业工程分包和劳务作业分包两类。一方面，专业工程分包是总承包企业将其所承包工程中的专业工程发包给具有相应资质的其他建筑业企业完成的活动，包括暂估价专业工程分包；另一方面，劳务作业分包是总承包企业或者专业承包企业将其承包工程中的劳务作业发包给劳务分包企业完成的活动。

1）分包招标应该满足总包合同履行要求；

2）分包招标必须与总包合同要求保持一致；

3）分包合同必须与总包合同内容保持一致；

4）分包招标成果应该符合业主的相关要求。

4.4.2　工程分包管理

在大型项目分包管理过程，为了规范内部管理和规避利益风险，分包管理应坚守采购底线，为总包项目采购及各参建单位项目采购界定政策边界，梳理控制重点，提出以下管理要求：

1）工程分包包括需要具有相应资质且必须在资质等级许可范围内从事活动。一般工程分包由总包负责。分包管理归总包负责，并对其进行全方位监督管理。分包与总包有直接的合同约束，具有相应的责任连带关系，而业主则不牵扯其中。分包对一些专门的施工任务更为专业，总包主要的任务是针对项目对各方进行协调管理。

2）各项专业分包必须经建设单位认可。项目总承包模式下，建筑工程主体结构的施工必须由总承包单位自行完成。建筑工程总承包单位按照总承包合同的约定对建设单位负责；分包单位按照分包合同的约定对总承包单位负责。总承包单位和分包单位就分包工程对建设单位承担连带责任。

3）合法的分包必须满足以下条件：

（1）分包必须取得发包人的同意；

（2）分包只能是一次分包，即分包单位不得再将其承包的工程分包出去；

（3）分包必须是分包给具备相应资质条件的单位；

（4）总承包人可以将承包工程中的部分工程发包给具有相应资质条件的分包单位，但不得将主体工程分包出去。

4）工程分包实施过程中，项目部应编制专业分包管理计划，制定专业分包管理标准、规范，指导项目分包管理工作。

4.4.3　暂估价项目及招标规定

暂估价项目是分包采购的具有独特风险意义的关键内容。大型项目部的暂估价项目更是分包招标的一大特色，是项目集群管理的重要成果。由于因暂估价使用的主动权和决定权在发包人，发包人可以利用有关暂估价的规定，在合同中将必然发生但暂时不能确定价格的材料、工程设备和专业工程以暂估价的形式确定下来，并在实际履行合同过程中及时根据合同中所约定的程序和方式来最终确定暂估价的实际价格，以避免出现一些不必要的争议和纠纷。根据以上原因，"暂估价"具有以下特点：

1）是否适用暂估价及适用暂估价的材料、工程设备或专业工程的范围以及所给定的暂估价的金额，决定权完全在发包人；

2）发包人在工程量清单中对材料、工程设备或专业工程给定暂定价的，该暂定价构成签约合同价的组成部分，发包人和承包人应根据发包人所给定的暂估价签订合同；

3）在签订合同之后的合同履行过程中，发包人与承包人还需按照合同中所约定的条款来落实专业分包暂估价，对发包人合同约定的专业工程暂估价，需要招标的，由承包人按合同相关约定向业主报送专业分包招标方案，并取得业主同意后进行专业分包招标工作，通过招标最终确定合同价。

4.4.4 分包招标管理实施

大型群体项目中，分包的招标与管理是项目组织管理的重要一环。大型项目在合同内对专业分包工程进行了约定，需要由总承包单位组织招标，其分包招标的全过程充分体现了集群分包招标采购的特点。

1. 项目分包的范围管理

项目招标严格按照合同约定的分包范围进行管理。根据施工合同的约定，其中由承包人进行总承包、经发包人批准后通过招标确定分包单位的暂估价专业分包工程有：

1）室外工程，包括室外管网、庭院绿化、屋面绿化及铺装工程（4.5亿元）；

2）电梯采购及安装（1.3亿元）；

3）实验室行车采购及安装（360万元）；

4）配电室10kV高压设备（1.5亿元）；

5）消防工程（2.03亿元）；

6）网络及弱电工程（2.2亿元）；

7）室内装修（不含学生宿舍），包括：地面铺装、墙面粉饰，吊顶安装，室内装饰门，吊顶内灯具安装，卫生间墙面、地面、吊顶及所有洁具（6亿元）；

8）学生宿舍室内地敷热采暖工程（2400万元）；

9）外幕墙及外墙石材装饰板铺装（1.47亿元）。

2. 项目暂估价管理

大型项目专业分包暂估价内容繁多，许多专业需要进行二次深化设计且涉及金额大。因此，在项目成立初期，项目总包就制定了详细周密的招标策划工作，安排了招标工作时间节点，并在施工的各个阶段，根据实际情况适时调整，通过项目集群采购管理体系予以落实。

1）与建设单位协调，合理确定暂估价招标采购范围。经过双方确定，招标项目共计七项，分别为：创新港电梯采购及安装工程（一、二标段）、创新港科创基地单体及室外机电安装工程、创新港科创基地单体室外庭院绿化、屋面绿化工程、创新港科创基地室内装修工程、创新港科创基地单体外幕墙及外墙石材装饰板铺装工程、创新港科创基地单体室外工程、创新港科创基地单体弱电设计及施工项目。

2）由于专业分包暂估价需要在建设单位监督下由总承包单位进行招标实施，因此，项目总包积极地与业主沟通，主动与业主确定相应的问题，并对相应的工程主动进行了深化设计，报业主审核。在编制深化设计图及编制招标文件的过程中，项目总包坚持将"让业主先赢，要业主多赢"作为项目总包完成专业分包招标工作的理念。

3）在编制招标清单与招标限价时主动与业主沟通，所编制的清单、招标文件、招标限价先报送业主审核，经过业主同意后再最终发布。

4.5 项目投标策划与合同经营

项目投标策划与合同经营是项目管理的重要起点，其工作必须满足工程项目合同的所有相关要求，符合企业投标所做出的所有承诺。策划与经营既是企业履行合同的重要手段，也是投标经营的关键支撑。因此，项目投标策划与合同经营是项目采购工作的重要依据，具有不可替代的管理价值。由于市场与政策因素，大型项目的投标具有特殊性、复杂性等特点，项目总包的信誉与能力构成项目部与业主合作的基础条件。所以项目总包根据集团公司的要求，一方面，坚持以现场换市场，认真抓好项目全过程的合同经营，实施可靠有效的项目营销管理工作，保证项目不同阶段质量、安全、环保、进度的目标要求；另一方面，树好陕建窗口，讲好陕建故事，将大型项目作为整个集团的名片与宣传窗口进行打造，持续强化项目建设过程与业主及项目相关方的关系纽带。

4.5.1 项目对外宣传与公共关系

项目部先后接待了中央、省、市有关领导部委及中国建筑业协会、中国工程质量提升万里行代表团、全国绿色建造创新技术经验交流会代表、尼日利亚警察署、斯洛文尼亚马尔博里市长、华为、三星、万科、四医大、西工大、西部机场、杨凌城投、杨凌农大、宝能集团、山水文元等50余家单位和国际友人的观摩考察，并主动邀请中、省、市媒体、参加西洽会外国媒体、陕西日报全媒体等新闻媒体走进项目，认真做好与全国教育宣传部长会议代表、中建协文化分会成员、国资委系统统战成员、陕西民革成员、人社厅、陕煤集团、山西建工等10余家单位的党建工作对标交流。据统计，建设期间，项目微信公众号、中省市纸质媒体、网络媒体、电视媒体共报道650篇，其中纸媒专版13次，电视专题10次。特别是《探秘陕西建工集团品牌密码》《陕建用创新打造智慧学镇》《创新港，打造陕建加速度与高品质》《陕建创新港引领陕西省文明施工新风尚》《创新港上党旗红》《陕建创新港项目致力打造七大品牌》等报道，通过这一系列的宣传与报道，有效地提升了项目及集团的影响力，为集团的经营工作打下了良好的口碑与效应。

4.5.2 项目相关方营销管理

在对内方面，项目部在项目施工的同时为项目注入"营销"理念，主动为业主着想，为客户创造价值，让对方先赢、让对方多赢，最终实现共赢，这不仅是陕建集团合作共赢的理念，也是陕建集团与客户合作宣言，代表着企业价值取向和广大职工的价值认同。体现着企业谦和、厚道、舍得共赢的企业文化。在建设过程中，项目积极践行合作共赢理念，在与业主的合作中，采用天然地基、大体量裸装等方面，项目虽加大了施工难度及施工成本，但加快了施工进度、提高了施工美感，并替业主降低了成本。

4.5.3 总承包项目招标文件评审

工程项目的投标工作是大型项目管理的起点，项目的管理也是从项目招标投标开始。由于项目本身的独特性，大型项目部投标团队针对性地制定了项目招标文件评审管理制度，规范项目管理的各项基本程序和方法。

1. 建立投标评审管理体系

在组织标前评审时严格参照《陕西建工集团股份有限公司经营管理工作流程（试行）》文件第七条投标前评审和投标决策的相关规定，并进行深化，制定了本项目部的招标文件评审体系，具体内容如下：

1）投标前评审方式。根据工程项目情况，可以采取传阅评审、分管领导专题会议评审、总经理专题办公会议评审。集团公司办公室和主控部门分别负责总经理专题办公会议评审和分管领导专题会议评审的会议通知，会场安排，会议记录，会议纪要整理，会议决定执行的监督、检查和结果反馈等会务组织工作。

2）工程联系单位将工程招标文件和对招标主体、招标条件、投标风险分析等资料一并送主控部门。

3）主控部门审核，会同工程联系单位准备评审汇报资料，按以下原则进行投标前评审和决策：

（1）不需垫资、月工程进度款支付70%以上、投标保证金和履约担保金符合国家法定限额的项目，由主控部门组织财务部、法务审计部进行传阅评审，填写"投标前评审会签单"，报分管领导审批。

（2）垫资1亿元以下、月工程进度款支付70%及以下、投标保证金和履约担保金额超过国家法定限额的项目，由分管领导主持召开投标单位和相关部门参加的专题会议进行评审，作出是否投标的决策，填写"投标前评审会签单"。

（3）垫资1亿元以上的项目，由总经理主持召开专题评审会，集团公司有关领导、有关部门负责人和投标单位负责人参加，作出是否投标的决策，通过评审的项目由主控部门组织填写"投标前评审会签单"。

4）上述（1）、（2）类评审应在三个工作日内完成，（3）类评审一般在一周内完成。

2. 实施招标评审过程管理

1）组织召开项目标前论证会，每一个工程项目在进行资格预审前必须召开不少于一次的论证会。论证会应就下列内容进行论证：

（1）国家政策性文件及相应的法律法规是否有变化。

（2）项目的各类手续是否齐全，标前资审进度是否满足要求。

（3）设计进展现状及工程特点的情况。

（4）项目下一阶段的运作计划等。

2）投标前要对招标文件进行研读，并质疑，主要关注如下几点：

（1）投标团队在收到发出的招标文件后必须仔细认真阅读文件。技术人员和商务人员分工，认真阅读招标文件2～3遍，对招标文件个别条款不明确的，应及时与招标机构沟通，标示出重点部分及必须提供的材料，同时建立备忘表，列出必须提供的资料防止废标。

（2）对招标公告或投标邀请书、投标人须知、评标办法、投标文件格式等，主要阐述招标项目需求概况和招标投标活动规则，进行仔细阅读理解，分析评标办法及投标格式。

（3）技术部门和商务部门联合对工程量清单、设计图纸、技术标准和要求、合同条款等进行分析和研究，全面理解招标项目需求。

（4）对招标文件内提出的参考资料，供投标人了解分析与招标项目相关的参考信息，如项目地址、水文、地质、气象、交通等参考资料要仔细查阅。

（5）需要明确项目名称、采购项目编号、采购人名称、采购内容、项目投资资金、开标时间、开标地点等信息。

（6）要仔细研读招标文件内对投标人的资格要求，如营业执照、行业资质、质检报告、资信证明、税务证明、审计报告、财务报表等等要求具有原件，以及需要公安局、检察院、银行等开具的证明，并将以上要求的内容列出清单及时准备。

（7）仔细阅读"评分标准"，按照评分标准的要求研判投标策略，制定投标文件，要注意评分标准内的评分要求，特别是对废标条款要逐条阅读，注意任何细节，规避掉扣分项，确保投标的有效性。

（8）阅读"技术部分"，这部分就是招标文件要求的技术要求，属于必须满足的条件，必须在投标文件中响应。技术部分包括企业概况、施工组织设计等招标文件要求的内容要严格按照标书内容要求及顺序编写。

（9）重点阅读"商务部分"，这部分就是招标文件的重中之重，商务部分一般包括投标函、投标报价、投标人说明、单位介绍、业绩、合同、法人授权书、三证、资格证书、工期、付款方式、保修期、承诺书、商务偏离表、商务应答、清单等，要仔细阅读标书内容要求及顺序编写。

（10）投标函是对招标文件提出的质量、工期和报价要求做出的总承诺，并对投标文件中关键或实质性内容进行细化、说明和确认。因此，要注意招标文件中对投标总价的币种、价格条件、大小写金额的要求。同时要注意，如果招标书中带有投标函格式的，需按照格式填写内容，投标单位需加盖公章，对投标函特别是报价的要求等细节方面要仔细阅读并吃透，掌握报价要求、报价规则及方式，从而做出合理的报价。

（11）需要注意招标文件内对投标保证金金额、币种、付款方式、付款说明（如有）、收款单位名称（如有招标代理机构，一般为招标代理机构代为收款）、账号、开户银行名称、到账时间，以及是否要求从投标人的开户银行（基本账户）汇出等信息。有些招标书会要求将汇款凭证加盖投标人公章后，附在投标文件中作为凭证。同时还需关注中/落标后退还保证金的时间和退还条件。

（12）技术部门和商务部门要共同研读招标文件内的合同条款，对合同条款内约定的主要内容，特别是专用条款内有关预付款比例、预付款的支付及起扣、进度款的支付、合同价格的调整、合同工期要求、工程量的审核、结算的方式、相关调减条款的要求以及罚款的情况、合同内品牌、违约及索赔等要求的内容要特别关注，对不合理的条款要及时提出答疑，或在编制投标文件时主动规避，避免给自身造成重大损失。

4.5.4　项目投标文件策划

在编制投标文件前对投标文件的策划是能否中标的基本保障，有体系的策划更是投标工作不可缺少的重要环节，特别是大型工程或者复杂项目的投标工作，其在投标前具有时间要求紧、保密性高的特点。

1．建立投标组织实施团队

项目在投标前，根据项目的特点结合招标文件的内容，组成项目投标策划小组，项目投标策划小组由项目部领导牵头组织，项目合同造价部、技术部、生产部及各基层单位等部门共同参与。项目投标策划小组在投标前对招标文件要求的相关基础资料做汇总整理，同时项目部每日根据工作需要召开一次例会，通报各组工作进展情况，提出问题研究解决，并制定下一日的具体工作计划。每日例会形成的小结和计划，会后传递至集团相关部门，在将基础资料整理完成后联系集团市场部及报价中心，将所统计及汇总的基础资料交由集团市场部及报价中心并配合市场部及报价中心完成项目投标。

2．实施技术标策划与编制

技术标编制策划工作对招标文件的编制过程的指导和控制起着决定性作用，策划一般包括以下内容：

1）投标依据主要包括业主发布的招标文件及业主澄清信函等。

2）业主的招标文件，招标文件中指定的标准、品牌，以及同等的国家颁布的有关技术标准及行业技术标准、法规及规范及其标准版本、招标人相应的技术质量管理文件、工程基本范围及投标要求。

3）解读业主发布的招标文件，对照招标文件的要求，重点对以下内容进行审核：工作范围、招标答疑及补充文件、技术标的要求、合同条款及格式（特别是专用条款）、投标文件格式要求、技术打分表评分表。

4）在标书编写前统一标书编写的思路，结合图纸及招标文件以及以往工程的经验进行编写。同时，要重视宏观管理思想与具体技术要点的结合，做到针对具体技术或业务流程提出具体的管理要求。标书编写要围绕招标文件中的技术评分表进行编制，切勿偏离评分标准。

5）严格实行文件校核制度，明确编、校、审的责任人，确保投标文件的质量。避免出现低级错误，如：错别字、前后表述矛盾、编码及格式错误等。

6）做好技术和商务标编制组的沟通衔接，对于业主发的澄清及答疑要及时反馈，相互引用的内容要统一。

7）要利用集团的平台优势整合资源，利用自身优势，将未来合作的采购、施工分包商等纳入进来，让他们参与编写其中的部分内容。

3. 实施商务标策划与编制

商务标的投标文件策划直接关系到项目能否中标及最终中标价的确定，投标前的商务策划是策划工作的重中之重。因此，在商务标策划时要按照以下内容进行策划。

1）总承包项目投标报价编制时，按照招标文件的要求及现场踏勘情况，首先弄清投标范围，复核招标文件要求的投标费用项目及其包括的工作内容，认真核对工程量，分析招标文件遗漏项目（或需要承包商考虑的项目）和风险项目，并将其分摊到招标文件规定的费用项目中，确定编制标书使用的预算定额计价依据及费用标准，按招标文件格式要求编制投标报价。

2）在投标报价前参考招标文件的要求对项目成本进行测算，特别是对材料费及措施费进行测算。对清单内所包含的清单项要逐一进行测算，对材料价的测算要进行市场询价，同时查询信息价，并结合以往同类工程的经验及报价，考虑项目风险、施工方法、工期、利润及各种可预见、不可预见的因素，最终做出合理分析，测算出项目的实际成本，作为投标报价的有力依据。

3）报价的合理性：在投标报价时，应明确招标文件中的商务评分标准。如果采用的是最低评标价法，投标时选择的方案只要能够满足招标文件即可，价格越低，中标的可能性就越大。如果采用的是综合评分法或性价比法，则选择的方案是在满足招标文件要求的基础上，性能价格比最好的。可以事先对照评分标准给自己打分；并对潜在竞争对手报价进行评估、预测；再对比得出一个较合理的报价；要既能保证一定利润，又能保证中标的概率；这就需要对潜在竞争对手的公司实力、报价风格有一定了解；尽可能做到知己知彼，才能百战不殆；另外投标单位应仔细研究评标因素，有针对性地进行产品选择，对节能、环保、材料品牌、自主创新等因素都要综合考虑。

在具体的投标策划工作中集团针对大型项目的投标策划要求如下：

专门成立项目投标小组，同时从各基层单位抽调技术、商务、报价等各专业人员。各单位基层抽调人员统一由项目投标小组领导、分配工作。同时根据递交投标文件截止时间，倒排详细的投标工作进度计划表，具体工作要求及时间安排要明确，并落实到个人；每天根据工作需要召开一次例会，通报各组工作进展情况，提出问题并研究解决，并制定第二天的具体工作计划，每天例会形成小结；投标小组将遇到的问题及时报告集团市场部。

大型项目招标是施工总承包招标，竞争对手都是国内施工实力极强的企业；建设单位也会严格筛选，优中择优，任何错误或瑕疵都可能导致竞标失败；因此，投标文件要实行三级检查制度，编制人自检、部门负责人检查及本次投标专业负责人检查。

（1）资格预审申请文件策划

对资格预审申请文件逐条研读，特别是资格评审办法，完全按资格预审文件要求编制，并突出集团特色及本地企业的组织优势；资格预审申请文件的编制、打印、装订、签章、封装及递交都要专人负责。

（2）技术标策划

大型项目体量巨大，因此在编制技术标时投标小组按地块分配任务，不同地块由不同的相关人员负责，分别认真阅读招标文件中有关技术要求同时查阅图纸，完全按照招标文件要求编制。编制、打印、装订、签章、封装及递交都要专人负责。

（3）商务标策划

拿到招标文件后，从投标截止之日往前倒排时间；大型项目金额大、单项单位工程多，编制商务标的计价软件对电脑配置要求也高，因此，编制商务标的电脑必须满足编标要求；且大型项目投标竞争激烈，必须组织专人进行市场询价及投标前成本核算工作，为投标策略的制定提供详实的依据。做好商务标的保密工作也是重中之重，因此，商务标编制人、审核人、编标及网投上传、打印、装订、签章、封装各个环节都要有专人负责，并注意保密工作。

4.5.5 项目投标策略选择

大型项目总承包投标报价，在实质性响应招标文件的前提下，应合理采用投标经营方法，以使企业在中标后，能够提高项目利润水平，减少项目经营风险。在具体投标报价编制中，采用如下策略及技巧：

1）不平衡报价。在总报价水平确定的基础上，采用不平衡报价。根据招标文件进行判断分析，利用投标期和施工期工程量的变化趋势等因素，适当调整某些项目的单价来获取较多的利润。在充分核对工程量的基础上，可按工程量变化趋势调整单价，即对那些在工程施工过程中，预计工程量要增加的项目调高单价，相反应降低单价。对计日工单价和仅有项目而没有工程数量的，可调高其单价。对于在投标过程中，业主有意向变更的项目，可根据变更的增减来调整单价。

2）早收款报价。根据招标文件付款条件和工程进度计划安排，对前期付款项目和能够先施工项目，在不影响报价结构合理性的情况下，可调高此部分项目单价，如工程临时设施费、先开工的基础项目、三通一平项目等。工程项目能够尽早收款，可以减少项目经营风险和资金风险，保障项目的顺利实施。

3）满足基本功能设计报价。工程项目总承包投标，是在工程项目功能性要求下的投标报价，投标过程中，在满足项目基本功能的情况下，按价值工程优化设计方案，在材料设备选型上，应坚持功能性、国产化原则，尽量减少多余功能和设备材料引进，从设计角度控制投标报价，增强投标报价的竞争力。

大型项目具体投标报价时的报价方法及思路如下：

（1）技术标投标策略

技术标总分值20分，10个评审项；编制前收集和本工程相关的国家标准、行业标准、企业标准，在编制时突出企业标准，突出公司企业标准中特别优于国标的施工技术及施工工艺；大型工程工期短、体量大，怎么做好群体工程施工进度安排、质量控制、人材机的组织调配也要重点描述，尤其要突出公司本地企业在人材机调配上的组织优势。

（2）商务标投标策略

商务标满分80分，其中投标总报价30分、分部分项综合单价报价45分、措施项目费5分。

（3）投标总报价策略

投标总报价的评标基准价为有效投标报价完全平均后下浮3%，投标报价低于最高投标限价8%时，将不参与评标基准价计算，投标报价等于评标基准价时得满分，每高1%扣2分，每低1%扣1分，扣完为止。因此，投标报价要合理低价，要做到合理低报，就要有详实的成本测算作为参考。

（4）分部分项综合单价报价策略

评标基准价为投标人综合单价在公布的最高投标限价综合单价70%～110%范

围内报价的平均值下浮3%；随机抽取450项（具体以省招标办意见为主）作为评分项，每一评分项为0.1分。每高于评标基准价1%扣0.005分，每低于评标基准价1%扣0.0025分，增减不足1%时，按插值法计算，扣完为止。根据以上评分办法，综合单价的确定应低于最高限价综合单价（最高限价综合单价网上公布），土方、钢筋混凝土等可在前期收到工程款的项目适当提高报价，后期施工的项目适当降低报价来平衡总价；大型工程情况特殊，人工、材料、机械短期内投入量巨大，需在保证人员、物资、机械、设备供应的基础上，核实成本单价，来提高报价竞争力；尽量减少补充子目组价，因为大型工程施工周期长，依据合同执行政府调价，综合工日的确定双方依据的是定额数量，因此，能依据定额组价的项目一定要依据定额组价，没有明确定额子目的也要依据相近定额子目组价。

（5）措施项目费报价策略

投标人措施项目费总价在公布的最高投标限价措施项目费总价50%～120%范围内报价的平均值下浮R%作为评标基准价，R值（3～10）由投标人代表随机抽取。措施项目费报价等于评标基准价得满分5分，与评标基准价相比，其报价每增减1%扣0.1分，增减不足1%时，按插值法计算，扣完为止。根据以上评分办法，措施费报价要低于限价措施项目费，模板、脚手架、垂直运输、大型机械进出场等费用需要调研可靠的市场价后进行报价，且应与投标施工组织设计一致。

4.6 项目集群合同履约管理

大型项目的建设工程是一个复杂的系统工程，工程合同价款是建设工程实施动态的结果。如何确定一个最终的、对项目有利的合同价款，以及工期控制、质量控制、安全控制，总包单位与分包单位之间的相互配合，包括合同的二次经营，都需要按照合同的约定进行管理。所有这些都构成了项目合同的履约管理。项目合同履约管理是大型项目管理创新的重要组成部分。根据项目合同履约管理的特点，陕西建工集团建立了项目集群合同履约管理体系。

4.6.1 建立创新港项目集群合同履约管理体系

根据集团公司的统一安排，项目合同履约工作由建设项目的陕西建工集团项目公司管理团队牵头，联手集团各参建公司组成总包部（指挥部）合同履约管理体系。具体包括：一是总包（指挥部）合同造价部组建，项目总包下设合同部；二是参建各项目部组建自己的项目部合同造价部；三是专业公司或者分包实施团队负责自己的合同工作机构。不同层次的合同管理组织机构、工作流程、方法、程序、资源在项目总包合同管理制度中予以规定。

（1）成立总包项目合同造价部。总包部合同造价部负责与各项目合同部门的沟通协调、各种合同资源集中引进、履约总进度管控和各种合约标准制定下达。总包项目合同造价部从"决策团队因素"角度化解项目进度风险，目的在于"总包合同条件下，提升合约管理效率"。总包项目合同部为重大事项议事及决策机构，成员由各参建项目部高级管理人员担任。职责如下：

1）对各参建方之间的重大合约争议事项进行协调，协调各参建方合约关系，保证项目履约整体推进。

2）负责对接内外部资源，包括但不限于各项目部、专业承包单位，推进项目合约履行工作。

3）项目各参建方及项目成员均有权将认为重大的事项提交项目合同造价部协调，并贯彻落实项目合同造价部形成的决策意见。

（2）成立项目合同造价部。根据项目总包制度，实施项目集群合约的具体工作及项目授权的履约方式。

（3）项目分包及专业团队负责项目分包合同规定的履约及配套工作。

4.6.2 项目集群合同履约模式

1. 合同履约的集群管理方式

项目合同履行过程，总包项目（指挥部）强化合同造价部管理的集中统一领导、集中协调和管理功能，实现总包在战略层次上全盘统筹履约过程的指挥和实施管理。项目履约的关键取决于职能互动与协同的能力，这就要求：实现项目高效履约必须由具有高超战略规划、管理、决策、实施和协调能力的指挥中枢来统领项目，对人力、物力、财力以及信息等必要的资源统筹调动和运用，确保能看得远、指得准、联得快、控得实。合约系统不同层次的职责划分包括：总包项目合同部负责项目重大合同事项决策及监督管理，项目合同部负责项目总包授权的履约及合同事项实施及管理工作，专业分包负责项目合同授权的合同履约及控制工作。

2. 合同履约的集群协调机制

因项目合同复杂、分包合同众多，对各项目部之间的履约信息沟通效率的要求亦将提升，履约计划主要从总包项目合同部门、各项目合约团队内部、各项目分包单位之间三方面展开。

在总包项目内部，各参建项目部共同派驻合同履约管理人员，管理人员在总包项目部的职责，类似于"联络官"，通过联络官个人的专业能力及各参建方的各项履约资源，总包项目部能调动各参建项目部管理团队支援项目。

在总包项目部内部，为确保各部门顺利履行合同，通过嵌入合同履约计划，市场部、报价中心、合约法务部、财务部均有专门的人员与总包项目部对接，作为集团公司本部与项目指挥部之间沟通的纽带，必要时调动公司本部资源服务项目管理。打破合同履约管理的行政边界限制。

在总包项目部与各项目之间，开展业务配合互动，提升各项合同履行质量，强化信息技术应用力度，使得各项目能够共同办公，提高信息沟通速度及风险问题解决效率。

项目履约过程，通过落实"总包管总"，从顶层上强化总包对项目的集中统一指挥，发挥履约统领功能，为掌控项目全局、顺利履约服务。

4.6.3 项目集群的合同履约实施

1. 建立项目履约管理制度

项目部结合自身项目特点制定了《项目合同履约管理办法》，对项目各参建及分包单位进行统一管理，该办法管理规则包括：

1）合同履约管理目的与范围。

2）合同履约管理原则：

（1）签订合同实行洽谈权、审查权、批准权相互独立、互相制约的原则。任何合同均须按照合同评审程序评审批准后，方可订立。

（2）所有合同一律采用书面形式签订，严禁口头协议和非正式书面协议。杜绝合同履行在先、签订在后的现象发生。

（3）专业分包合同签订由法定代表人或凭法定代表人的委托授权书方可签订，委托代理人必须在授权范围内和权限内签订合同，不得超过代理权限签订合同。无法人授权委托，任何人无权签订合同。

（4）责任部门在合同签订前应验证合同对方当事人有效的营业执照、资质证书、资信情况，验明合同当事人是否有签订合同的主体资格；审查合同对方的主办人是否有代理权、是否超越代理权限范围内和有效期及其真实性，审查方使用的印签是否合法与真实有效。在合同签订时，应保存有关资料。

3）项目履约职责规定

项目合同造价部负责项目的合同编制、审查、签订，其主要职责是：

（1）负责组织宣传、学习、贯彻《民法典》《建筑法》《招标投标法》及其他有关法律、法规和规章。

（2）负责制定全项目的合同管理工作规划，并组织实施。

（3）负责各专业分包合同的编制与签署。

（4）负责总承包合同的履行，并对各参建项目进行合同交底。

（5）负责对各参建项目的材料物资等采购合同进行监督、检查，核对其签约内容是否符合集中采购条例的规定。

（6）负责合同台账和归档工作。

2．工程合同的签订管理

1）施工总承包合同洽谈前，合同造价部必须对业主的综合情况进行考察了解。同时要协助集团合同签订主控部门部分审查业主招标文件、施工单位投标书、中标书、纪要、往来函件等文书，配合集团相关部门进行合同的签订，合同签订后及时将总承包合同报集团市场部备案留存。

2）专业分包合同的签订专业分包单位中标后，由项目经理部合同造价部依据招标投标文件起草合同，并与其签订专业分包合同。

3）在专业分包单位签订合同前，必须提供以下证件原件：有效的企业法人营业执照，建筑业企业资质证书、关于签订合同的法人授权委托书；中标通知书。

4）物资采购合同的签订，建筑材料、设备购销工作按采购程序进行。对物资采购工作的权限、招标方式、采购范围、采购频次按照集团的规定执行。

3．工程合同的履行管理

1）合同依法签订后，即具有法律效力。各单位、各有关部门必须认真履行合同，严格执行，确保信誉。

2）有关合同履行中的书面签证、来往信函、文书、电报等均为合同的组成部分，项目经理部在收到对方的信函、文书或电报后，应及时审阅并制定对策，各分包项目合同造价部经办人员应及时、积极地收集、整理、保存资料并上报总包合同造价部门做好备案工作，为索赔做好基础工作。

3）总包合同造价部门要定期得进行合同履行情况的检查，对合同履行中出现的问题给予解释、解决，对经常出现的问题加以研究、剖析，以期在以后签订的合同中改进。

4）对合同履行过程中的违约情况或违反合同的干扰事件，合同履行单位、项目经理部应及时查明原因，通过取证按照合同规定及时、合理、准确地向对方提出索赔（含违约）报告；由于对方责任，项目总包权益受损时，合同经办人及合同管理部门均有责任认真收集证据并及时追究对方的责任。当项目总包接到对方的索赔（含违约）报告后应认真研究并及时处理、答疑、举证或反诉，及时与对方协商解决。

5）合同履行过程中，合同履行单位、项目经理部应教育、督促全体人员严格按合同进行工作，应及时检查、记录合同的实际履行情况，发生的问题定期上报总包合同造价部门，并根据实际情况制定切实有效的措施和对策，保证合同的顺利履行。

6）对施工总承包合同本身条款在执行过程中如发生纠纷，项目经理部应及时分析查明原因，提出解决办法并报请集团合约部门及法律事务部，及时与对方协商解决。若协商解决不成可请上级主管部门调解。协商、调解均不成时，根据合同约定，可在规定的时效内向仲裁机关申请仲裁或向人民法院提起诉讼。

4．合同的变更与解除管理

（1）合同依法订立后受法律约束，任何一方不得擅自变更或解除。若确需变更或解除时，由合同签订人或经办人查明原因、提出意见，经批准签订的部门或单位领导核准后，再同对方协商，达成一致意见，并依法签署变更或解除合同的书面协议。合同变更必须由原合同起草部门负责更改，按《合同评审程序》办理合同变更评审，并办理书面的合同变更手续。做好变更文件的整理、保存和归档工作。变更后的合同与原合同发放的范围相同。

（2）对于特殊情况下合同履行过程中的合同中止（包括停缓建），必须及时办理中止手续，收集因中止合同给项目总包带来的经济损失证据和资料，及时追究对方的责任。中止的合同与恢复必须通知上级合同造价部门。

（3）对于合同的终止（合同未履行完，但确定不再继续履行），合同造价部应做好终止记录。收集履行过程中所有与合同有关的文件，做好经济往来和工程结算工作，办理解除合同的手续，资料由合同造价部门保存。

（4）合同变更及签证管理案例分析

创新港项目开工不久，2017年6月，陕西省住房和城乡建设厅发布了《房屋建筑和市场基础设施工程安全文明施工措施费及综合人工单价调整》（陕建发〔2017〕270号文），文件规定建筑工程、安装工程、市政工程、园林绿化工程由原82元/工日调整为90.0元/工日；装饰工程由原90.00元/工日调整为100.00元/工日，针对该文件的下发，项目总包（指挥部）迅速做出反应，向甲方发出了人工费调整申请，同时由总包项目（指挥部）领导与甲方高层进行沟通谈判，经过努力争取，甲方最终同意对后续工程的人工费按陕建发〔2017〕270号文件调整，双方就人工费的调整签署了《关于西安交通大学科技创新港科创基地单体施工人工费调整及预付款起扣点备忘录》。

2018年，鉴于《关于开展全省工程质量保证金调整比例落实情况和质量安全三年提升行动督查的通知》（陕建发〔2018〕262号文）的出台，陕西省西咸新区规划建设局下发了《关于西咸新区工程质量保证金有关事项的通知》（以下简称"通知"），收到通知后，项目总包（指挥部）立刻组织与甲方接触谈判，对质量保证金预留比例按政策性文件执行进行调整。经过谈判落实，甲方同意修改合同内关于质保金的条款，甲乙双方签署补充协议，将质保金按照《关于开展全省工程质量保证金调整比例落实情况和质量安全三年提升行动督查的通知》的内容执行，质量保证金预留比例由原来的5%调整为3%，相对应的合同专用条款中工程竣工验收合格、出具验收证书、结算审核、审计完成后28个工作日内，发包人支付至合同结算款扣除相关费用后金额的95%调整为97%。

4.6.4 合同履约的基础管理

为了有效发挥项目集群的管理优势，强化合同履约的基础管理工作，项目总包（指挥部）制定并实施下列规定：

1）各类合同统一归由合同造价部门进行管理。合同造价部门应收集、整理各类合同进行归档管理。

2）建设工程施工合同与合同有关的补充协议、会议纪要、信函、担保、传真、电话记录、签证、索赔报告、合同台账等资料均是企业经济活动的原始资料，应定期按项目、合同分类建立详细的台账，及时归档保存。

3）施工总承包合同签订的合同正本、副本份数按需要确定，正副本应区分清楚。合同签订后交集团市场部门留存，其余合同由项目部合同造价部门进行管理。其他部门复印合同必须事先征得总包项目部合同造价部门同意，所有合同发放均应做好发放记录。

4）专业分包合同由总包项目部合同造价部门统一管理存放。

5）各标段项目部自行签订的物资采购合同统一报总包项目部合同造价部门备案存档。

6）对于履行合同的竣工结算均已完成的工程，合同执行单位应向总包合同造价部门提交合同履行情况的工作报告。合同造价部门审查后，连同合同、结算书以及一切往来文书、经济资料进行归档。

7）总包合同造价部门要组织对各参建项目部的合同造价人员及项目经理进行合同交底工作。

项目总包合同造价部门对创新港项目范围内签署的合同按类别分别归档成册，并建立了合同台账。分别按照施工总承包合同、施工总承包合同补充协议、专业分包合同、材料采购合同（指挥部统一组织招标的项目）四类进行归档，并妥善保管以备查阅。签证变更部分，创新港项目部按照总包管总、分包自管的原则，即在过程中办理下来的变更签证资料，涉及全场区或多个标段的变更签证由创新港总包指挥部负责资料的归档整理造册、牵扯单独楼号项目的由本楼号的施工项目部负责保管，同时将签证复印件报指挥部留底备案。资料及合同均在项目总包（指挥部）归档保存。签证、变更记录、竣工验收证书等所有资料装订成册，送交档案室保存。

上述合同履约基础管理工作有力支持了工程项目的索赔、签证、变更管理过程，不仅证据确凿、以理服人，而且大大提升了工程洽商、沟通、交流的工作质量，明显提高了工程项目集成化商务管理的实施效率，收到了事半功倍的效果。

第5章

项目集群进度管理

　　项目进度管理是指采用科学的方法，确定进度目标，编制进度计划和资源供应计划，进行进度控制，在与质量、费用目标协调的基础上，实现工期目标。项目进度管理的主要目的是要在规定的时间内，制定出合理、经济的进度计划，然后在该计划执行过程中，检查实际进度是否与计划进度相一致，保证项目按时完成。

　　中国西部科技创新港科创基地项目位于陕西省西咸新区沣西新城曹家滩村西北部，渭河以南，西宝高速新线以北。项目占地1750亩。主要包括四栋科研巨构（每栋16万～18万m²），文科楼及会议中心（12万m²），医学化工板块（五栋合计约32万m²），六、八、九号楼约5万m²，学生宿舍34栋、学生食堂3个，以及核心地下室和10号仓库等52个单体，总建筑面积159.44万m²。本工程体量大，占地面积大，单体工程数量多，属于特大型群体工程施工项目，项目在施工过程中实行项目经理部统筹规划、统一标准、统一管理，在此基础上项目划分为八大区段进行过程管理，施工中积极应用"四新"技术和BIM技术，明确管理目标，制定规章制度和办法，策划先行，过程控制，确保施工安全、质量创优、绿色施工。

　　中国西部科技创新港科创基地单体施工项目，采用EPC工程总承包组织实施方式，其合同范围为地基基础施工及装饰装修、室外铺装、庭院绿化等，总造价约为75亿元。其中暂估价的工程有：室外工程，包括室外管网、庭院绿化、屋面绿化及铺装工程（7.5亿元）；电梯采购及安装（1.3亿元）；实验室行车采购及安装（360万元）；配电室10kV高压设备（1.5亿元）；消防工程（2.03亿元）；网络及弱电工程（2.2亿元）；室内装修（不含学生宿舍），包括：地面铺装、墙面粉饰、吊顶安装、室内装饰门、吊顶内灯具安装、卫生间墙面、地面、吊顶及所有洁具（6亿元）；学生宿舍室内地敷热采暖工程（2400万元）；外幕墙及外墙石材装饰板铺装（6.5亿元）。

本工程总工期为600日历天。计划开工日期为2017年3月5日，计划竣工日期为2018年10月25日。2017年11月30日之前所有建筑主体结构完成进度不低于7层。实际开工日期2017年3月25日，2017年11月20日所有单体工程主体全面封顶，实际完工时间（建设单位正式签署的竣工报告）2019年1月30日，历时677天，并于2019年4月通过竣工验收。项目节点工期（里程碑）计划如表5-1所示。

该项目在施工过程中实施里程碑集群进度管理，对各阶段的进展程度和项目最终完成的期限进行了周密的策划。在规定的时间内，拟定出合理且经济的进度计划（包括多级管理的子计划），在执行该计划的过程中，经常检查实际进度是否按计划要求进行，如果出现偏差，及时找出原因，采取必要的补救措施或调整、修改原计划，直至项目完工，保证项目能在满足其时间约束条件的前提下实现总体目标。

节点工期（里程碑）计划 　　　　　　　　　　　　　表5-1

工程节点里程碑计划	实际完成时间
开工时间2017年3月5日	2017年3月25日
±0.00完成时间2017年6月15日	2017年6月20日
1～7层主体结构2017年10月30日	2017年10月10日
主体结构封顶2017年12月25日	2017年11月20日
外墙面装饰装修2018年8月15日	2018年12月15日
室内装修、安装工程2018年9月5日	2018年12月30日
工程完工2018年10月25日	2019年1月30日

5.1　项目集群进度管理与监控体系

5.1.1　项目集群分解结构

通常对于单一项目管理而言，项目分解结构是编制项目进度计划的前提条件。对于中国西部科技创新港工程项目集群而言，项目集群分解结构是编制项目集群进度计划的前提条件。

在编制进度计划前，项目经理部进行了详细的项目集群结构分析，系统地剖析了整个项目结构构成，包括实施过程和细节，系统的规则和分解项目。项目集群结构分解的工具是工作分解结构WBS原理，它是一个分级的树形结构，是将项目按照其内在结构和实施过程的顺序进行逐层分解而形成的结构示意图。通过项目WBS分解，将项目分解到相对独立的、内容单一的、易于成本核算与检查的项目分区，做到明确分区之间的逻辑关系与工作关系，有助于每个分区具体地落实到责任者，并能进行各部门、各专业的协调。

根据中国西部科技创新港工程的具体情况，对该工程的四个标段设置8个施工区段，由总承包项目经理部直接领导和指挥，在同一时间内，全面组织各标段的施工。各个施工区段划分情况如图5-1所示。

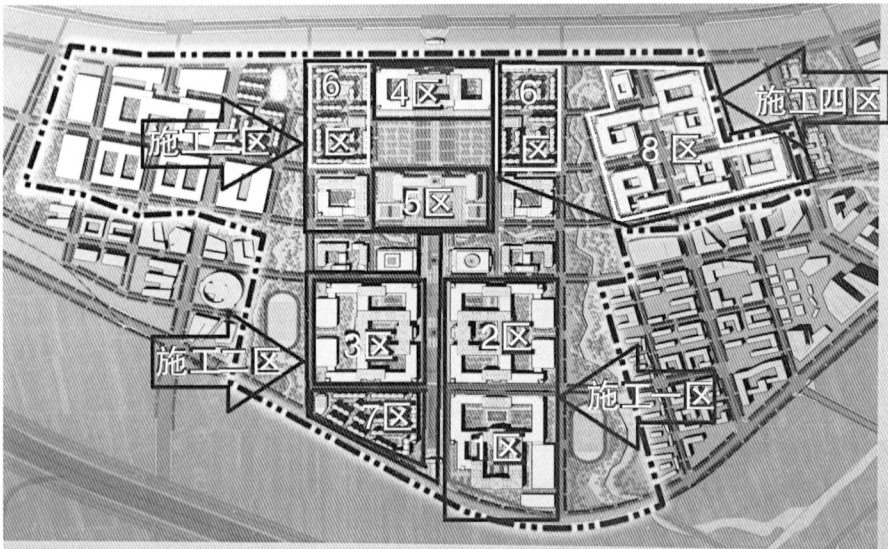

图5-1 施工区段划分情况

本工程进度计划编制的主要依据是：项目目标范围，工期的要求，项目特点，项目的内外部条件，项目结构分解单元，项目对各项工作的时间估计，项目的资源供应状况等。进度计划编制要与费用、质量、安全等目标相协调，充分考虑客观条件和风险预计，确保项目目标的实现。进度计划编制的主要工具是网络计划图和横道图，通过绘制网络计划图，确定关键路线和关键工作。根据总进度计划，制定出项目资源总计划、费用总计划，把这些总计划分解到每年、每季度、每月、每旬等各阶段，从而进行项目实施过程的管理与控制。

5.1.2　项目集群进度管理组织

为了适应项目集群进度管理的需要，项目部成立以项目经理为组长，以项目副经理为常务副组长，以各职能部门负责人为副组长，以各施工区段第一责任人以及各施工区段各项工作负责人等为组员的进度管理小组。借助于责任矩阵原理，小组成员分工明确，任务清晰，关联准确；进度管理小组定期或不定期召开进度协调会议，严格按照讨论、分析、制定对策、执行、反馈的工作制度，统筹协同各施工区段、52个单体项目的均衡进度。

5.1.3　项目集群进度总体控制流程

进度总体控制流程运用了系统原理、动态控制原理、封闭循环原理、信息原理、弹性原理等。编制进度计划的对象由大到小，计划的内容从粗到细，形成了项目进度计划系统。控制是随着项目的进行而不断进行的，是个动态过程；由计划编制到计划实施、计划调整再到计划编制，形成一个不断循环的过程，直到目标的实现。计划实施与控制过程需要不断地进行信息的传递与反馈，也是信息的传递与反馈过程；同时，计划编制时也考虑到各种风险的存在，使进度留有余地，具有一定的弹性；实施进度控制时，可利用这些弹性，缩短工作持续时间，或改变工作之间的搭接关系，确保项目工期目标的实现。

5.2　项目进度计划编制及优化方法

本工程施工进度计划按照陕建集团与建设单位之间形成的合同文件、施工图纸，本项目建设用地的周围环境及现场情况，现行的国家各种施工、验收规范、规程和质量评定标准，现行的国家关于建设工程施工安全技术法规和安全技术标准，陕建集团公司颁发的文件、工艺标准及建筑工程创优细部做法以及整体施工部署中选定的施工方法，在确保施工质量和安全的前提下，尽量为建设单位着想，加快施工速度，以利于提前竣工的原则进行编制。节点工期（里程碑）计划如表5-2所示。

节点工期（里程碑）计划　　　　　　　　　　表5-2

工程内容	完成节点
开工时间	2017年3月5日
±0.00	2017年6月15日
1～7层主体结构	2017年10月30日

工程内容	完成节点
主体结构封顶	2017年12月25日
外墙面装饰装修	2018年8月15日
室内装修、安装工程	2018年9月5日
工程竣工	2018年10月25日

施工总进度计划指根据施工部署，通过对各单项工程的分部、分项工程的计算，明确工程量，进而计算出劳动力、主要材料、施工技术装备的需要量，定出各建筑物、设备、技术装备的开工顺序和施工期，建筑与安装衔接时间，用进度表反映出来，作为控制施工进度的指导性文件之一。总之，施工总进度计划是施工部署在时间上的体现。其主要内容包括：单项工程（尚可细分为分部分项工程），建筑安装工程，总劳动量（即工日），年、季、月度计划。

5.2.1　施工总进度计划的编制原则

正确编制施工总进度计划，不仅是为了保证工程准时交付，而且在很大程度上直接影响投资的综合经济效益。在编制总进度计划时应当遵循以下原则：

1）严格遵守合同工期，把以进度为主线的总体安排作为编制总进度的指导思想。

2）区分各区段项目的轻重缓急，把占用工期长、工程难度大的项目排在前面，把占用工期短、工程难度一般的项目排在后面。

3）所有的单体工程都要考虑土建、安装、装饰的交叉作业，组织流水施工，力争加快进度，合理压缩工期。

4）从加快工程款回收的角度出发，尽量把资金占用量大的项目安排在最初年度施工，资金占用量小的项目安排在最后年度内施工。

5）充分估计设计出图时间进度以及材料、设备的订货周期，确保每个单体施工项目的施工准备+土建施工、机电设备安装施工、装饰施工在时间上的合理衔接。

6）预留一些配套的、小型的附属设施项目穿插于主体工程项目的施工过程中，以达到既保证重点又实现均衡施工的目的。

7）将各单体工程项目的土建工程中的分部分项工程（土方、基础、混凝土浇筑、构件预制、结构吊装、砌筑、装饰等）与机电设备安装工程分别组织流水作业、连续均衡施工，既可以加快进度，又可以使人、财、物等资源实现综合平衡。

8）在施工顺序安排上，应遵循先地下后地上，先深后浅，先干线后支线，先地下管线后道路的原则，准备工程先于主要工程，充分利用永久性工程，尽可能减少冬雨期施工。

9）充分考虑劳动力供给的季节性规律，在物资和资金消耗量最少的情况下，按规定工期完成拟建工程施工任务。

10）充分利用新技术、新工艺、新材料、新设备，采用先进适用的施工方法，创新施工组织形式，节约施工费用，使工程项目的施工连续、均衡、高效地进行。

5.2.2　施工总进度计划的编制依据

1）工程项目承包合同及招标投标书。

2）工程的设计图纸及优化设计方案。

3）工程项目有关的设计概（预）算指标、劳动定额、机械定额和工期定额。

4）工程承包合同规定的进度要求和施工组织设计、施工部署和施工方案。

5）工程项目所需要的主要资源，包括劳动力状况、周转材料、机具设备、物资供应来源条件。

6）建设工程所在地区的自然资源条件和技术经济条件。

7）陕建集团对本工程项目的目标要求。

8）现行有效的建设工程标准、规范、规程和技术经济指标的规定。

5.2.3　施工总进度计划的编制步骤和方法

施工总进度计划的编制内容一般包括：划分工程项目并确定其施工顺序，估算各项目的工程量并确定其施工期限，搭接各施工项目并编制初步进度计划，调整初步进度计划并最终确定施工总进度计划。

1. 划分工程项目并确定其施工顺序

首先，根据建设项目的特点划分项目，然后确定其施工顺序。由于施工总进度计划主要起控制性作用，因此项目划分不宜过细，一般以主要单位工程及其分部工程为主进行划分，一些附属项目、辅助工程及临时设施可以合并列出。确定整个工程的施工顺序是编制施工总进度计划的主要工作之一。它对于工程是否能按期优质和成套地投入生产和交付使用，充分利用人力、物力，减少不必要的消耗，降低工程成本都有极其重要的作用。排定施工顺序时，一般是先进行准备工程，再进行全场性工程，最后安排单项工程的施工，并注意妥善安排分期分批工程的施工顺序。在具体安排各项目的施工顺序时，按上述施工部署中确定的施工程序的要求进行。

2. 估算各项目的工程量并确定其施工工期

各项目的工程量可按初步设计或扩大初步设计图样，依据各种定额手册确定。各项工程（包括准备工程）的施工期限可根据工程规模、结构类型、建筑面积、层数等，并依据里程碑工作计划确定。

3. 搭接各施工项目并编制初步进度计划

为了把各项工程合理地连接起来，组织全场性的流水作业，以保持均衡施工，一般从工程量较大的工种工程或大型机械施工的工种工程着手，组成全场性的流水作业。本工程按照所划分的八个区段，分别组织流水施工，如挖土、桩基、构配件预制或现浇框架结构、吊装、砌砖、管线安装等。本工程地下工程可组织平整场地、管道敷设、通路等工程的流水线，依次流水作业。各区块单体建筑的后期工程是砌筑、抹灰、安装、室内外装饰装修等，以装饰装修工程为主导工程组织流水施工。它们的工程量可根据扩大指标计算出来，然后根据工期确定每季（或月、旬）应完成的工程量，并使依次施工的各项目的主要工程量的总和大致与每季（或月、旬）应完成的工程量相符，这样，工程的流水施工就可以组织起来了，各项目之间的搭接关系也可以相应地确定下来。据此得以初步确定施工总进度计划。总进度计划分别用横道图或网络图表示。

4. 调整初步进度计划并最终确定总进度计划

初步施工总进度计划排定后，还得经过检查、调整，最后确定较合理且紧凑的施工总进度计划。一般的检查方法是观察劳动力和物资需要量的变动曲线。这些动态曲线如果有较大的高峰出现时，则可用适当的移动穿插项目的时间或调整某些项目的工期等方法逐步加以改进，最终使施工趋于均衡。

5. 编制施工总进度计划是一项要求严格、量大面广、步骤繁琐的工作，其基本要求是：保证拟建工程项目在规定的期限内按时或提前完成；基本做到施工的连续性和均衡性；努力节省施工费用，降低工程造价。为编制出科学合理的施工总进度计划，本工程掌握了以下几个要点：

1）准确计算所有项目的工程量，并填入工程量汇总表。项目划分不宜过细过多，应突出主要项目，一些附属、辅助工程及民用建筑可予以合并。

2）根据施工经验、企业机械化程度、建设规模、建筑物类型等，参考有关资料，确定建设总工期和单位工程工期。

3）根据使用要求和施工条件，结合物资技术供应情况，以及施工准备工作的实际，分期分批地组织施工，并明确每个施工阶段的主要施工项目和开、竣工时间。

4）本工程因为工期紧，同一时间开工项目的所有单体工程，相互间施工干扰较大，人力、材料和机械过于集中。但对于在生产（或使用）上有重大意义的主体工程，工程规模与施工难度较大、施工周期较长的项目，需要先期配套使用或可供施工使用的项目，以及需要加快施工速度、减少暂设工程的项目，应尽量优先安排。

5）尽量做到连续、均衡、有节奏地施工。

6）在施工的安排上，一般要做到先地下后地上，先深后浅，先干线后支线，先地下管线后筑路。在场地平整的挖方区，应先平整场地后挖管线土方；在场地平整的填方区，应由远及近先做管线后平整场地。

7）按照上述各项进行综合平衡，对不适当部分进行调整，编制施工总进度计划和主要分部（项）工程流水进度计划。

6. 总进度计划特点

本工程施工总进度计划具有以下几个特点：

1）综合性。

施工总进度计划是施工项目最高层次的进度计划，反映施工项目的总体施工安排和部署，满足施工项目的总进度目标要求，是各个区块分进度目标的有机结合，具有一定的内在规律。

2）整体性与协调性。

施工总进度计划既要反映各区块计划的彼此联系，还要解决各单项工程、单位工程、各个分包合同之间的界面关系。在本项目的施工总进度计划中，学生公寓与食堂、各科研巨构本身每个专业以及整个室外总体、室外安装各专业、园林绿化、市政道路、市政供热等服务设施及基础设施先后顺序、搭接关系必须在保证交付进度的前提下，进行合理安排。如第1～3号科研巨构的五座高大实验室，必须按照钢结构生产工艺要求同时进行施工，保证每个主要实验室及附属设施与科研巨构单项工程中的各个技术系统（如土建、生产设备安装、生产配套设施）的协调，能使高大实验室工程提前完成，基本不占用后期各类施工资源。

3）复杂性。

本工程施工总进度计划不仅涉及施工项目内部的队伍组织、资源调配和专业配合，还涉及项目所在地的市场条件、周边环境、政府支持等的协调问题，并且满足自然条件的限制，因而牵涉面广、关系错综复杂。

7. 施工总进度计划作用

施工总进度计划是施工组织总设计中的主要内容，也是现场施工管理的中心工作，是施工现场各项施工活动在时间上的具体安排和具体体现。因此，正确地编制施工总进度计划，是保证各项单体工程至整个建设项目按期交付使用，充分发挥投资效果、降低工程成本的重要条件。具体地讲，施工总进度计划的作用主要包括以下几点：

1）确定各个施工项目及其主要工种工程、施工准备工作和全工地性工程的施工期限、开工和竣工的日期。

2）确定建筑施工现场各种劳动力、材料、成品、半成品、施工机械的需要数量和调配情况。

3）确定施工现场临时设施的数量，水、电供应数量，能源、交通的需要数量。

4）确定相关材料生产企业的生产能力大小以及供货时间。

5.3 项目进度计划与偏差控制

在项目进度管理中，制定出一个科学、合理的项目进度计划，只是为项目进度的科学管理提供了可靠的前提和依据，但并不等于项目进度的管理就不再存在问题。在项目实施过程中，由于外部环境和条件的变化，往往会造成实际进度与计划进度发生偏差，如不能及时发现这些偏差并加以纠正，项目进度管理目标的实现就一定会受到影响。所以，必须实行项目进度计划控制。

5.3.1 项目进度计划控制原则

本工程项目在进度控制时遵循以下原则：

1）分级控制：进度计划管理体系分为四级，不同级次进度计划由相应责任主体负责控制。

2）总体统筹：合理安排每个时间节点，从工艺和管理角度科学编排每道工序的逻辑关系，使整个进度计划体系具有较强的执行性。

3）及时跟踪：每周定期更新项目进度计划，反馈项目计划执行情况，动态反映当前执行情况对整个项目的影响。

4）偏差分析：当目标进度计划被业主批准后，当前计划的内容不能随意更改，保证与目标计划的可对比性。综合分析计划的编排以及执行情况，结合整个项目的要求以及工作本身的内在特征等，准确地进行偏差分析，找出偏差产生的原因。

5）合理调整：对于项目进度计划偏差，进行合理的计划调整，确保项目进度的顺利实施。

5.3.2　项目进度计划控制方法

项目进度计划控制的方法是以项目进度计划为依据，在实施过程中对实施情况不断进行跟踪检查，收集有关实际进度的信息，比较和分析实际进度与计划进度的偏差，找出偏差产生的原因和解决办法，确定调整措施，对原进度计划进行修改后再予以实施。随后继续检查、分析、修正；再检查、分析、修正……直至项目最终完成。

本工程项目主要采取以下方法进行进度计划控制：

1）行政命令方式。通过上下级单位之间的行政势差，对进度计划的落地进行行政指令、监督、检查，促使各区段近期完成任务。

2）经济责任方式。采用责任制+经济奖惩手段对进度进行控制：一是通过资金的支持力度控制项目进度；二是通过工期提前奖励和工期延期罚款控制项目进度。

3）管理技术方法。一是通过进度计划管理体系层层保证进度计划的落实；二是通过中间过程的阶段性检查评比，评估计划进度与实际进度的偏差，并进行有效纠偏。

5.3.3　项目进度跟踪

在项目执行和控制过程中，要对项目进度进行跟踪，对项目进度其实有两种不同的表示方法：一种是纯粹的时间表示，对照计划中的时间进度来检查是否在规定的时间内完成了计划的任务；另一种是以工作量来表示的，在计划中对整个项目的工作内容预先做出估算，在跟踪实际进度时看实际的工作量完成情况，而不是单纯看时间，即使某些项目活动有拖延，但如果实际完成的工作量不少于计划的工作量，那么也认为是正常的。在项目进度管理中，往往这两种方法是配合使用的，同时跟踪时间进度和工作量进度这两项指标，所以必须把时间与完成的工作量有机结合，加强过程检查与控制，过程中时间与完成工作量相匹配。在掌握了实际进度及其与计划进度的偏差情况后，就可以对项目将来的实际完成时间做出预测。

5.3.4　进度计划纠偏

根据工程项目的进度目标，编制经济合理的进度计划，并据以检查工程项目进度计划的执行情况，若发现实际执行情况与计划进度不一致，及时分析原因，并采取必要的措施对原工程进度计划进行调整或修正。

工程项目进度管理的目的就是为了实现最优工期，多快好省地完成任务。本工程项目采取以下措施进行进度纠偏：

1）项目部及时根据现场实际情况编制施工进度调整计划。

2）根据各区段施工进度情况，合理增加主体结构阶段、装饰阶段的劳动力数量，合理调整施工工序。

3）提前原材料的订货采购，落实货源保障，保证现场材料的及时供应。

4）每天进行施工进度协调会，解决影响施工进度的困难，保证每个施工计划的如期完成。

5）制订冬雨期施工预案，增加防雨设施。

6）对影响后续施工进度的工期延误工程，组织施工人力进行加班赶工。

5.4　项目进度管理难点及应对措施

中国西部科技创新港科创基地项目位于西咸新区沣西新城，横跨咸阳秦都区、西安市户县、长安县的曹家滩村、曹家庄村、西江度村，周边环境复杂，群众干扰大。道路为当地乡村土路，现场北面现有一条水泥路，可通往河堤路，由于河堤路限高，本条道路只能作为人员及小型车辆进出道路。施工区域地表有大量附着物，如牌楼、青苗、电线杆、民房、大棚、废井等。

5.4.1　工程体量大及应对措施

1. 工程体量巨大

本工程建筑面积约160万m^2，共有52个单体，结构及造型无一相同。

工程材料、设备、周转材料及辅材等一次投入量极大。

2. 应对措施

1）选择具有良好的质量安全意识、较高的技术等级水平、优质充足的劳动力资源且具有省内大型建筑群施工经验的多家劳务公司参与施工，确保劳动力充足。

2）与劳务公司签订春节、麦收期间的合同协议，确保劳动力的数量，保持连续正常的施工生产，确保工程总进度计划的有效落实。

3）与劳务公司签订日、周、月进度军令状，确保总工期顺利完成。

4）集团公司有自己的周转材料供应商服务网络，拥有自己的材料公司及大批重合同、守信用、有实力的物资供应商，能保证工程所需主材及时到场。

5.4.2 工程地基标高差异及应对措施

1. 工程基坑底标高差异大

本工程的地基结构特点对施工循序要求高，平面性大，平面作业高度集中，平行施工影响因素较多。

2. 应对措施

1）详细绘制基础平面图，标明标高、轴线位置。编制土方工程专项施工方案，辨识危险性较大的分项工程。

2）合理充分安排施工机械和劳动力，确定邻近土方堆积场地，减少运输距离。

3）依据设计蓝图，合理分段，确保流水施工。

5.4.3 工期紧张及应对措施

1. 工程工期要求紧，质量要求高

预计2017年3月5日开工，2018年10月25日交付使用，所有单体达到陕西省优质结构工程；确保单体建筑至少一个"鲁班奖"、两个"长安杯"。最终质量目标调整为创建52个单体整体鲁班奖。

2. 应对措施

1）针对本项目进行充分的施工前期策划，贯穿土建、外墙、精装修、机电安装、室外总体等全过程，依托陕建集团完善的企业工艺标准和细部做法，以及丰富的类似工程施工经验，能够确保各项方案科学合理。

2）全面深入地研究各个专业施工图纸，利用BIM技术解决图纸问题，全体管理人员必须熟悉图纸和相关规范、技术标准。

3）全面执行样板引路制度，严把工作质量和工序质量，确保实现过程精品、一次成优。

4）要求所有劳务一线操作人员必须执政上岗，技术熟练。

5.4.4 施工现场运输量大及应对措施

1. 施工现场材料物资运输量大

施工现场材料物资运输量大，交通管理复杂。高峰期每天进出现场车辆高达2200车次。场内交通组织管理是施工过程中的重点。

2. 应对措施

1）在施工现场设立交通管理组，专门负责进出场地所有车辆的交通疏导及管制。

2）场外设置临时停车区域，以备排队待卸货车辆临时停车，避免造成周边交通拥堵。

3）总包项目经理部提前安排、沟通生产任务，确保各部位有序、顺利展开施工。

4）总包项目经理部统一布置环形施工场内道路，且在各区域内形成小型环形通道。

5）各区域项目经理安排专人负责在各自范围交叉路口执勤，疏导运输车辆。

5.4.5 施工现场塔吊数量多及应对措施

1. 施工现场塔吊数量多

本工程主体施工阶段要安装102台塔吊，群塔作业存在一定安全隐患，高峰期劳务人员多达30 000人，安全管理难度大。

2. 应对措施

1）对施工现场的所有塔吊进行身份登记。总包项目经理部统一组织进行进场检查。塔吊司机、指挥统一培训、考核。

2）集中各区域经理，对群塔选址、选塔、立塔、运行、拆塔等全过程进行控制，制定了严格、规范的"运行六项原则"。

3）所有塔吊安装塔吊群智能防碰撞系统。

4）完善群塔管理体系，司机专人管理，维修也设专人。

5）坚持动态全程安全巡查，对发现的安全隐患及时消除，做到常抓不懈、警钟长鸣。

5.4.6 工程组织协调难度大及应对措施

1. 工程组织协调难度大

本工程设计单位达5家，专业分包众多，解决各专业间碰撞及工序交叉问题，深化与优化设计任务量大。

2．应对措施

1）项目部成立本项目BIM小组，应用BIM虚拟建造技术，通过BIM模型的创建，加上时间参数，可以在电脑中先对整个建筑物的建造过程模拟一遍，提前展现施工工艺流程，找出图纸设计及施工过程中可能发生的各类问题，以帮助项目部优化图纸设计，直观地进行深化设计及技术交底，保证结构施工阶段各系统预留预埋精确、充分。

2）项目部成立以总包技术力量为主、各分包单位技术负责人参与的深化设计部，驻现场，全面负责深化设计工作。

3）制定本项目全过程深化设计工作计划，明确深化设计范围、进度和责任人，提前完成综合管线图、综合预留预埋图，优化图纸细部设计形成深化图纸，并编制必要的埋件加工订单。

5.4.7 装饰阶段协调复杂及应对措施

1．装饰阶段多维度协调复杂

施工进入装饰装修阶段，各专业平面立体全方位交叉施工，成为制约工程进度的最大难点，这也是主体施工提前而专业施工略微滞后的主要原因。本项目发挥总承包优势，强力协调土建工程、室内装饰装修、外立面装饰装修、屋面园林绿化、屋面景观工程、室内水电暖安装、室内消防安装、室内弱电智能安装、电梯安装、室外园林绿化、室外总体工程、室外市政道路工程、室外采暖管线施工、室外强弱电综合施工等专业的工序搭接、工序穿插等矛盾，保障项目有序进行。

2．应对措施

1）针对单体施工，以专题例会为主要形式，解决室内装修与安装各专业施工、室内装修与土建施工、室内装修与室外装修的施工矛盾，以总包经理部决策各工序交接和穿插节点，各专业配备相应资源确保节点任务完成。

2）针对屋面施工，考虑到种植屋面的特点，采取化整为零、见缝插针的策略，解决屋面园林绿化与外装饰工程、土建屋面工程、屋面景观工程的交叉施工。并由总包经理部确定种植土拌和点，采用吊车给具备条件的屋面覆盖种植土。

3）后期外立面装饰装修工程与土建工程、室外总体工程、市政道路工程、室外园林绿化工程之间的施工矛盾，采取现场会的解决方法，保证关键工序以及关键线路顺畅进行。

4）市政道路以及室外强弱电施工中，以交通基本通畅为原则，各种过街地沟、管道施工，由总包经理部统筹兼顾，要求断路夜间施工且不能过夜，确保现场六字形路线基本畅通，保障场内各种材料运输和各类施工机械正常，满足施工需要。

5.5 项目赶工措施与效益

5.5.1 施工进度计划保证措施

5.5.1.1 组织保证措施

在项目管理的基础上实行"目标管理"，根据质量目标、安全目标、工期目标对施工班组实行行之有效的管理。在工程施工中采取"工序管理"模式，随时随地按国家质量标准跟踪检查，力争一次成功，确保各区域的施工任务按期完成。根据施工进度计划，确保主要工序、关键线路按期或提前完成。

工程的如期完工，除了科学、完善的管理方式外，很大一部分取决于工人的劳动工效。而劳动工效的提高关键在于施工管理人员、现场操作人员的责任心和劳动积极性。为提高劳动工效，总承包项目经理部将利用责、权、利、互相结合的班组承包制的管理方式，将承包范围内直接施工的分部工程的施工任务、责任落实到每一施工班组，将施工质量、施工产值直接与工人的利益分配相挂钩，提高工人的劳动积极性，并明确每个现场操作人员的责任，提高劳动工效。

为确保工程在计划工期内按时完成，本工程在进度计划下达给班组时，所有施工任务计划时间均严格控制，任何班组在接到施工任务书后，均要做到无条件完成，施工任务的完成有拖延情况的，项目部将给予严厉的处罚。

针对工程的实际情况，为确保施工工期，结构施工时，砌体工程、室外管网工程及时穿插进行；室内外装饰阶段要保证庭院绿化、室外铺装工程分区域插入，要尽可能地组织交叉施工。

配备足够的劳动力，劳动力的需要量计划要与相应的专业、相应的工作内容、相应的时间要求、相应的工序穿插相匹配，且有一定的富裕度。

精心编制分部分项工程计划，加强生产调度，结合工程的实际进展及时调整。强化施工过程的质量管理与监控，充分发挥集团的优势，整个施工过程严格按照施工图纸、作业指导书及集团相关标准文件的要求进行施工，建立质量管理监控点，实行重点管理，一次成优，避免返工。

5.5.1.2 管理保证措施

1. 推行目标管理

根据建筑施工合同中进度控制目标，总承包项目经理部编制总进度计划，在此基础上进一步细化，将总计划目标分解成分阶段目标，依据分阶段目标编制年度、季度、月度、周、日计划。与劳务公司签订责任目标，要求劳务公司依据总承包项目经理部编制进度计划，进一步落实到劳务队、班、组和个人，形成以日保周、以周保月、以月保季、以季保年的计划目标管理体系，保证工程施工进度满足总进度要求。

2. 制订统一的工程进度编制方法

总承包项目经理部根据合同要求制订统一的工程进度计划编制办法，对工程进度计划编制的原则、内容、编写格式、表达方式、进度计划提交、更新的时间及工程进度计划编制使用的软件等作出规定。

3. 建立严格的进度审核制度

总承包项目经理部对于现场各个施工区域递交的月度、季度、年度施工进度计划，不仅要审查和确定施工进度计划，还要分析指定各个施工区域随施工进度计划一起提交的施工方法说明，掌握主要关键路线施工项目的资源配置，对于非关键线路施工上的项目也要分析进度的合理性，避免非关键线路以后变成关键线路，给工程总进度控制造成不利影响。

4. 建立例会制度

总承包项目经理部每周二、五下午召开工程例会，在例会上检查各个施工区域的工程实际进度，并与计划进度进行比较，找出进度偏差并分析偏差产生的原因，研究解决措施。每日召开各个施工区域项目经理、生产经理碰头会，及时解决生产协调中的问题，不定期召开专题会，及时解决影响进度的重大问题。

5. 建立现场协调会制度

每周召开一次现场协调会，通过现场协调会的形式，和建设单位、监理公司、专业分包单位一起到现场解决施工中存在的各种问题，加强相互间的沟通，提高工作效率，确保进度计划的有效实施。

6. 明确节假日工作制度

由于本工程施工周期长，工程量大，工程从开工就明确总工期目标，与劳务公司签订节假日劳动力保证措施。

5.5.1.3 资源保证措施

加大资源配备与资金支持，确保劳动力、施工机械、材料、运输车辆的充足配备和及时进场，保证各种生产资源及时、足量地供给。

1．劳动力保证

集团选用长期合作、信誉良好、履约能力强并具备相应资质的成建制的劳务公司进行现场施工。

2．机械保证

已经落实的大型机械设备：塔吊、施工电梯已与租赁厂家签订了租赁协议，确保开工后所有大型设备都能按时进场。

制定大型机械设备的进出场计划，物资及设备部门按计划组织机械设备进场。

3．物资保证

集团拥有自己下属的材料公司及完善的物资分包供应商网络，拥有大批重合同、守信用、有实力的物资分供商，能保证工程所需物资及时进场。同时，总承包项目部安排专人与周边地材供应商协调本工程所需地材供应情况。

4．资金保证

集团具备良好的资信、资金状况和履约能力，被授予"重合同、守信用"单位，企业具有"AAA级信用等级"。本工程制定资金使用制度，每月月底总承包项目经理部都要制定下月资金需用计划，并报项目经理审批，集团财务部门严格按资金需用计划监督资金的使用情况。

5.5.1.4　技术措施

1．编制针对性强的施工组织总设计和专项施工方案

"方案先行，样板引路，过程控制"是施工管理的特色，本工程将按照施工进度计划，制定详细的、针对性和可操作性强的施工组织总设计和专项施工方案，采用技术先进合理可行的施工方法，实行三级技术交底，对重要部位制作施工样板，从而实现项目管理层和操作层对施工工艺、质量标准的熟悉和掌握，使工程有条不紊地按期完成。

2．积极推广和采用新技术、新材料、新工艺

在施工期间，对工程技术难点组织攻关。同时，广泛采用新技术、新材料、新工艺，包括建筑业10项新技术以及远程视频监控技术等，为加快施工进度提供技术保证。

3．采用项目管理信息系统，实现资源共享

集团在此项目上采用"建筑工程施工项目管理信息系统"，以项目局域计算机网络为基础，建立项目管理信息网络。通过此系统，实现高效、迅速并且条理清晰

的信息沟通和传递，为项目管理提供丰富的决策依据。系统中《计划管理》《过程管理》《技术资料管理》等一系列功能模块，可实现过程的可控制性、质量的可追溯性，从而进一步理顺管理思路、协调专业职责关系，能及时向建设单位报告工程的进度、质量动态，提高工作效率，加快工作进程。

5.5.1.5　其他保证措施

1. 施工各个阶段现场平面管理

总承包项目经理部将根据结构、装修等施工不同阶段的特点和需求绘制现场平面布置图，平面图涉及办公区、加工区、堆场、大型机械、临时水电等方面的布置，各阶段的现场平面布置图和物资设备订货进场、资源配备等辅助计划相配合，对施工场地实行统一安排、统一调度，保证平面管理秩序。

2. 加强与政府和社会各方面的协调

在施工过程中，外界影响产生的因素很多，将造成很大的压力。集团将设置专门的负责人，在建设单位的协助下加强对各级政府部门和单位的协调，取得各级政府及相关部门机构的支持，为保证施工生产的正常进行创造良好的外部环境。

3. 医疗卫生保证措施

制定严格的卫生管理制度和卫生防疫应急预案，严格遵守相关法律法规和政府规章，避免出现突发性事件。

进场后与当地的卫生防疫、急救中心等相关部门建立联系，取得卫生防疫部门的支持。

现场设医疗和观察隔离室，设有医护人员，配备常规药品和急救药品进行治疗，并进行日常卫生防疫消毒，宣传卫生防疫知识，尤其注重宣传在传染病多发季节的防护措施。

4. 加强成品保护

建立完善的成品保护制度，各个施工区域各自成立成品保护小组，并安排专人分管此项工作。同时进行统一协调，配合其他专业分包的成品保护工作，不致因成品保护不当而造成返工，影响工期。

5. 特殊时段的保证措施

本工程拟定施工时间内将经历一个元旦、一个春节、两个国庆等特殊时段，这些特殊时段内集团采取了以下措施：

施工现场保持连续的施工生产，确保工程总控制进度计划的有效实施。

施工现场管理人员坚守工作岗位，根据实际情况轮流安排管理人员调休，并在此之前做好工作交接，确保工作的连续性。

加强现场检查与巡视，落实预防措施，杜绝事故隐患。

提前制定材料进场计划，做好钢筋、砌筑材料和钢构件的储备。根据特殊时段的道路交通状况，提前落实材料运输车辆的行驶路线，确保材料运输的及时与通畅；对委托加工的成品、半成品、构件提前与加工厂联系，以确保成品、半成品、构件能按照原定计划组织进场。

节假日提前与监理工程师预约，使得现场有监理工程师值班，以确保隐蔽工程或中间验收工作的连续性。

特殊时段施工时特别加强现场安全、文明施工、消防管理、完善防噪声、防尘措施，保持现场及周围的环境卫生。

5.5.2 BIM应用对项目计划的积极作用

5.5.2.1 项目BIM工作基本原则

本工程所有BIM技术实施完全按照建设单位发的《创新港BIM技术标准V1.0（施工阶段–建筑工程）》《创新港BIM交付标准》两个文件要求执行。

总承包项目经理部应按创新港制定的BIM协同平台的权限及建模软件的类型及版本进行BIM实施。项目实施过程中的不同专业软件之间的传递数据接口应符合标准规定，以保证最终BIM模型数据的正确性及完整性。

5.5.2.2 质量控制保障措施

模型质量是BIM运用展开的基础平台。没有质量的保障，所有应用将失去意义。依据我们多年的BIM应用经验，编制成熟的质量控制机制、保障机制，确保基础数据的正确。

1. 质量目标

严格按照规范、图纸、招标要求实施建模。

2. 质量控制保障措施

在收到设计模型后，由BIM工程师按技术标准对模型精细度进行检查，依据现场实际情况和交付标准对模型进行修改、调整，形成竣工模型和竣工图。

3. 验收标准

1）设计模型验收标准

设计模型验收标准把握一个原则：忠于原设计。按设计专业划分设计模型验收标准。能百分百反映设计意图，发现设计问题。

（1）结构专业：梁柱板的外形尺寸、空间定位百分百准确。（钢筋忽略）

（2）机电专业：

①DN50以上管道外形尺寸、空间定位百分百准确。

②所有桥架外形尺寸、空间定位准确。

③风管外形尺寸、空间定位准确。风机尺寸、定位准确。

④设备外形、空间定位、系统接口定位准确。

（3）建筑、装饰、幕墙专业：

①按专业图纸，标明构件尺寸、定位，体现设计意图。

②节点详图不做建模。重点在安装面、完成面的尺寸定位。

（4）市政、园林专业：

①按专业图纸，标明构件尺寸、定位，体现设计意图。

②园林建模不做细节处理，以免影响软件运行。

2）施工模型验收标准

（1）结构专业：梁柱的外形尺寸、空间定位百分百准确。（钢筋忽略）

（2）机电专业：

①DN40以上管道外形尺寸、空间定位百分百准确。

②所有桥架外形尺寸、空间定位准确。

③风管外形尺寸、空间定位准确。风机尺寸、定位准确。

④设备外形、空间定位、系统接口定位准确。

3）竣工模型验收标准

竣工模型验收原则：符合现场实际情况。将施工单位提供的CAD竣工图作为BIM竣工模型指导文件。

5.5.2.3 项目各阶段BIM的应用

1. 施工准备阶段BIM应用

1）BIM模型细化

（1）主要内容：将设计模型结合现场实际情况进行细化。

（2）准备工作：应明确项目增加文件的命名等规则和标准；模型色彩规则与设计模型一致，尤其是水暖电模型。

（3）参与人员：中国西部科技创新港BIM团队。

（4）实施流程：

①收到施工图纸与模型后，召开模型细化分工会议，明确各专业模型细化分

工，明确各专业规范、标准，明确各专业协调合作方式。

②制定模型细化工作进度计划。

③根据建模标准、协调标准、审核标准、图纸问题记录等要求完成模型修改、调整。

④模型检查，不符合《创新港BIM交付标准V1.0》则进行修改，直至所有模型符合标准。

⑤编辑相应成果报告，包括记录建模中出现的问题和解决方式、协调合作建模工作的经验记录等。

2）图纸会审

（1）主要内容：在模型细化工作时，BIM工程师应结合规范、标准和设计图纸等与项目部管理人员交流发现图纸设计中的问题。

（2）参与人员：BIM工程师与项目部管理人员。

（3）实施流程：

①建模人员模型细化时，发现的图纸问题或与现场实际不符时，及时与项目部技术人员沟通，确定解决方案。

②如有必要向设计院反馈图纸问题，并针对设计院的反馈解决问题。

③完成模型修改后，形成图纸会审记录以及设计变更记录。

3）场地布置

（1）主要内容：根据施工平面布置图，建立Revit场布模型。

（2）参与人员：中国西部科技创新港BIM团队、项目技术负责人。

（3）实施流程：

①根据施工平面布置图，建立Revit场布模型。

②针对完成的三维场布模型与项目技术负责人交流，优化设计场地布置。

③根据最终完成的模型导出临建工程量清单。

④将建立的场布模型导入Lumin中方便展示。

4）4D进度模拟

（1）主要内容：通过Navisworks、Fuzor软件和已经建立的BIM模型，模拟施工进度。

（2）参与人员：中国西部科技创新港BIM团队、项目管理人员。

（3）实施流程：

①将建筑结构模型导入广联达BIM 5D、Navisworks、Fuzor软件，给3D模型附加以时间维度，构成4D模拟动画。

②通过虚拟建造，检查进度计划的时间参数是否合理，即各工作的持续时间是否合理，工作之间的逻辑关系是否准确等，从而对项目的进度计划进行检查和优化。

③在虚拟的环境下发现施工过程中可能出现的问题和风险。

④针对问题对模型和计划进行调整和修改，进而优化施工计划。

⑤如发生了设计变更、图纸更改等情况，对进度计划进行同步修改。

2. 施工实施阶段BIM应用

基于BIM技术的施工现场管理，一般是基于施工准备阶段完成的施工作业模型，配合选用合适的施工管理软件进行，这不仅是一种可视化的媒介，而且能对整个施工过程进行优化和控制。这样有利于提前发现并解决工程项目中的潜在问题，减少施工过程中的不确定性和风险。同时，按照施工顺序和流程模拟施工过程，可以对工期进行精确的计算、规划和控制，也可以对人、机、料、法等施工资源统筹调度、优化配置，实现对工程施工过程交互式的可视化和信息化管理。

5.5.3 项目赶工产生的效益

1）根据本项目实际情况优化施工方案产生的效益。本项目地质条件处于渭河南岸河滩地带，地表耕植土下属于良好天然地基。结合创新港选址的自然地质条件、建筑体量等基础数据，经过地勘和实验，压实度和承载力均满足天然地基的要求，随即决定采用天然地基作为地基形式。因为不需做试桩、桩基、筏板，基坑施工工期缩短近4个月。同时，针对创新港科创基地位于河滩地带、地面低于渭河水位的现状，利用开挖的土方回填并抬高地面，既解除了洪涝隐患，又实现了土方内部倒运，节约资金近4000万元。另外，减少了原设计方案中人工地基砂夹石回填中石子的消耗，为西安地区"铁腕治霾，打赢蓝天保卫战"做出了积极贡献。通过科创基地的基坑施工实践，积累了大量的地质基础性资料，为创新港后续建设项目加快进度提供有力支撑。

2）本工程原设计巨构走廊均有吊顶。在工程施工过程中总包经理部践行集团"策划先行，样板引路，一次成优"的质量方针，在吊顶施工前根据BIM策划，预先完成了安装工程中的水、暖、电、消防、弱电等专业的综合样板施工，受到了建设单位的高度赞誉，认为这种施工效果完全达到了设计要求，吊顶设计取消。仅此一项节约建设成本约4000万元。然而取消吊顶对原计划工序影响很大，原砌体仅需抹灰便可进行管线安装，现在则必须等到涂料施工完成方可进行，且管线"裸装"的质量要求更加严格，成本投入更大，工期延误约90天。总包经理部及时调整方案及施工顺序，在不影响室内装饰装修的前提下，把走廊安装"裸装"施工一次成优，成为中国西部科技创新港一道亮丽的风景。

3）本工程采用分布式能源系统解决区域供热、供冷及生活热水。分布式能源系统充分利用"中深层地热能无干扰清洁供热技术"，共计建设6个能源站。按照科创基地建设规模测算，一个采暖季预计二氧化碳排放量减少6万t、氮氧化物减少约200t、减少标准煤消耗超过2万t。目前，中国西部科技创新港已成为陕西省内清洁能源供应规模最大的试点项目。本工程"中深层地热能无干扰清洁供热技术"获陕西省科技进步特等奖。

4）主体提前封顶，调差材料及人工费节省。中国西部科技创新港的建设过程中，"抢"字当头的工作作风不光让创新港科创基地建得快、建得好，同时也因工程避过2018年原材料、人工等涨价潮而建得省。创新港科创基地开工建设时期，整个建筑市场处于相对低谷期，但随着市场发生变化，尤其是从2018年开始，钢筋、混凝土、砂石等原材料及人工费用都出现了全面大幅度的涨价，但创新港科创基地建设发扬"起跑就是冲刺"的精神，一切抢字当头，由于建设进度的推进迅速，这波涨价风潮，对创新港科创基地的建设资金投入影响甚微，工程造价控制在预算范围内，保守估计节省约7亿元。

5）项目提前投运的隐形社会效益和经济效益。中国西部科技创新港由教育部和陕西省人民政府共同建设，是落实"一带一路"倡议、创新驱动发展战略、西部大开发战略的重要平台和载体。科技创新港科创基地板块占地1750亩，从破土动工到搬迁入驻投入使用了不到1000天时间，完成了52栋单体、159.44万m^2建筑的建设。目前，已有西安交通大学的理、工、医、文四大板块29个研究院、8个大型仪器设备共享平台和300多个科研机构和智库入驻，汇聚了包括数十名院士在内的三万余名科研人才。当今世界正处在百年未遇之大变局，全球在第四次工业革命浪潮的时代背景下，世界各国面临后疫情时期发展的多变性和不确定性。当前国际竞争的重要领域是科技创新，科技创新实力是一个国家经济社会发展的重要支撑。科技创新港科创基地的提前投运，标志着西安交通大学坚持"三个面向"，打造中国西部科技创新港，将大学深度融入社会，在基础研究、应用研究、科研实践、人才培养方面推动产学研融合发展，推动中国科技进步，用实际行动践行"双循环"发展决策，为构建人类命运共同体贡献交大力量和交大智慧。

6）创新港项目由陕建集团施工总承包，为争创前所未有的整体项目"整体鲁班奖"和整体项目全国文明观摩工地，形成了以统一为亮点，以决策快、执行快、进度快为特色的项目管理。首先，成立了以集团五位领导为核心的项目指挥部，选派了集团王牌项目经理和集团各类优秀一线施工人才组建了项目经理部；在项目上创新开展了以安全、质量、进度、文明、绿色及后勤管理六大板块为抓手的"六比六赛"劳动竞赛，形成了各板块施工项目组之间比、学、赶、帮、超的良好生产局面；集团内部强有力的组织架构、集团间各类资源的统一调配、各工序穿插的协调指挥，成为攻坚克难的利器；弘扬工匠精神，坚持策划先行、样板引路、过程控制、一次成优，工程质量始终放在施工过程中的第一位。最终实现了整体鲁班奖的宏伟目标。

第6章

项目集群造价管理

6.1 项目造价管理体系

6.1.1 目的

贯彻陕西建工集团科技创新港科创基地项目经理部管理标准化要求，建立健全项目造价管理体系，规范项目经济活动，提高项目整体成本管理水平，降低工程成本消耗、提高企业经济效益。

6.1.2 范围

本管理体系适用于科技创新港科创基地项目经理部所属职能部门和各基层单位。

6.1.3 管理原则

履约为先，集团总控，目标管理，过程控制，阶段考核，目标兑现。

6.1.4 体系

项目合同额高、工程体量巨大、参建项目部多、涉及的分包单位多，同时涉及多个勘察、设计、监理单位。因此，传统的线性管理体系会造成指令路径过长，不同指令源发出矛盾指令，势必会产生工作执行缓慢等缺点。项目指挥部结合项目特点采用了大型项目常用的矩阵式管理体系模式，在总包项目指挥部的领导下，执行项目部负责各自施工范围内的商务工作，由总包项目指挥部汇总商务工作中存在的问题，统一协调沟通，总承包商务管理组织机构构成如图6-1所示。

附录1

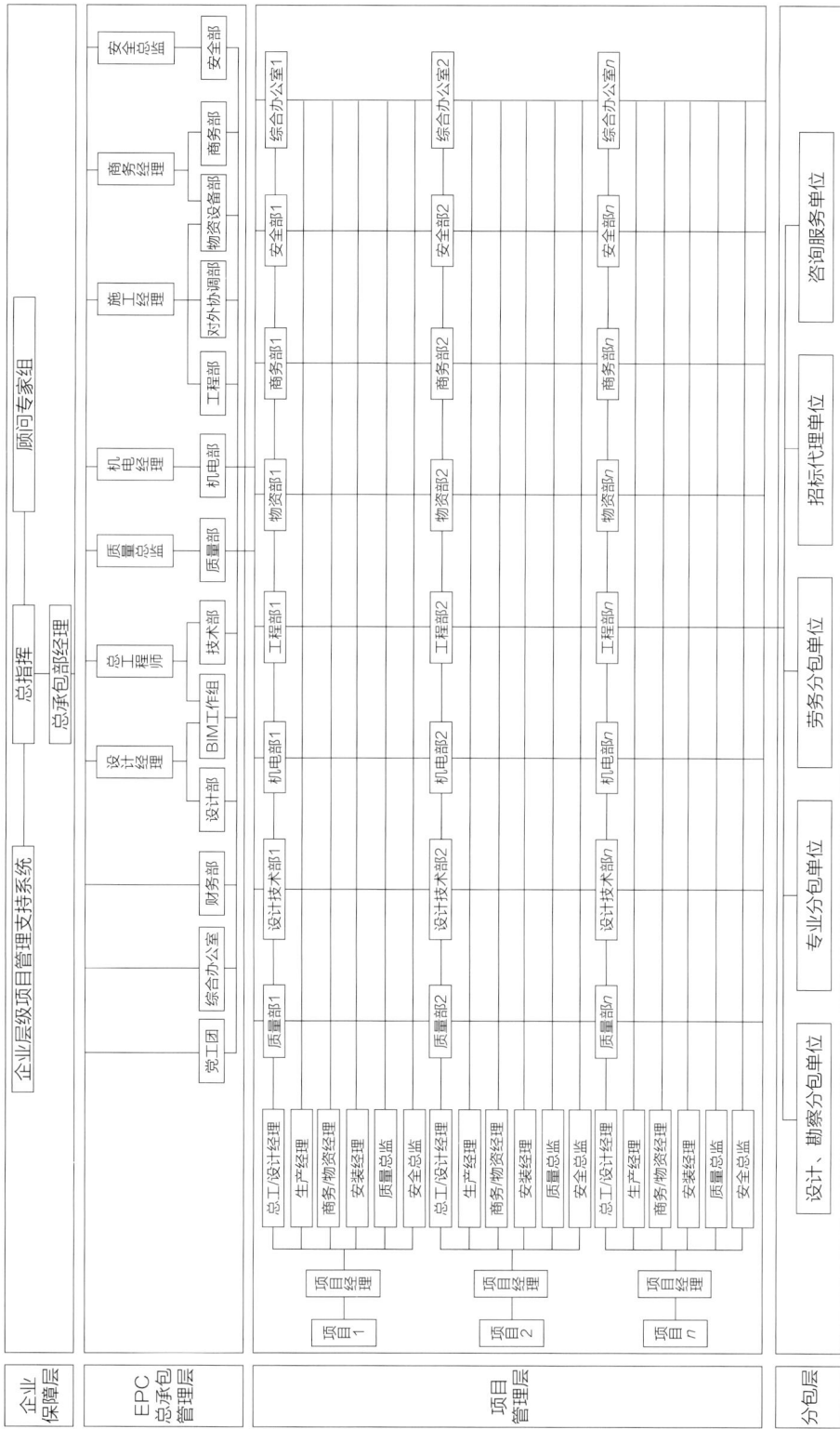

图6-1 大型（群体）EPC项目组织机构图

6.1.5 职责

6.1.5.1 项目指挥部职责

合同造价部：建立商务管理体系，制定商务管理制度，中长期工作规划和年度工作目标、计划；形成商务知识集成与共享；指导、监督、检查商务人员配备取证与培训交流、项目管理目标、商务策划、项目商务运营活动分析、成本控制、预结算工作实施、签证索赔工作实施、商务资料的统计收集工作、分供方价格管控与结算工作。

财务部：负责对合同价款的收支、工程预付款、进度款的支付额度与时限、担保条款进行评审，负责项目成本核算、经济活动分析、资金及纳税管理、款项支付等工作。

生产管理部：对合同承包内容和范围、工期、质量、文明施工进行评审，负责结算资料的过程管理、签证、索赔办理及计算，以及商务谈判、工程竣工结算。对劳务、商品混凝土、租赁、专业分包结算等进行审核。

科技质量部：对合同承包内容和范围的质量条款、保修期限等进行评审。参与编制施工组织设计及专项方案，负责深化施工图纸二次设计，优化施工方案，指导项目正确执行规范标准，应用成熟工法进行施工过程中的质量管理，降低人、材、机消耗，节约成本。负责与设计院的沟通协调工作。

安全生产监督管理部：对合同承包内容和范围的安全防护、文明施工等条款进行评审，认真贯彻执行建筑工程安全生产法律法规，参与制定项目安全管理目标，进行日常安全管理，及时消除安全隐患，防止安全事故发生造成成本增加。对施工过程中的安全生产进行指导、监督、检查。

6.1.5.2 各项目部职责

项目经理部：深化二次设计，优化施工方案，编制专项施工方案，施工前对分部分项工程盈亏进行预测及制定措施。负责控制材料的损耗，劳务结算，零星人工的使用，机械设备及材料的及时停租、退租；分析劳务、材料、机械、专业分包与预算收入的量价偏差原因及制定整改措施。

项目经理：代表集团对所承担的工程项目全面负责，履行工程合同中各项条款的承诺。全面负责工程进度、质量、安全、成本管理。负责组织编写各自施工范围内的《施工组织设计》和《质量计划》，按照企业下达的直接成本计划，严格进行成本控制。负责建立工程项目人工费、材料费、机械费、间接费、专业分包成本等费用台账，组织召开成本分析会，对当期成本控制进行总结并查找影响成本的因素及幅度，确定改进措施和方案，将成本情况及时反馈。按合同约定向发包人递交已完工程量进度申请书，负责收取工程进度款，建立项目工程收款台账。当发包人指定使用的材料、设备的实际单价高出定额（或信息）价时，办理差价有效签证手续。负责组织编制工程结算书，并与发包人共同对工程结算进行审核。

项目副经理：协助编制施工范围内的《施工组织设计》和《专项施工方案》，参与合同评审，协助项目经理考察、评价、选定分包商，协助项目经理进行施工组织、工期、安全、文明工地、物资、机械设备管理，避免因工期拖延、质量缺陷而使成本增加。

项目商务经理：协助项目经理进行过程报量管理、商务策划、合同谈判、二次经营、成本管理、工程结算及项目招标投标管理等事宜。

技术负责人：负责本地块项目的《施工组织设计》和《专项施工方案》的编制及专业技术方案的审定，优化各类方案，以降低成本。协调各专业技术问题，参与图纸会审，处理设计变更。协助项目经理考察、评价、选定分包商，推广新材料、新技术和新工艺的应用，负责工程质量，解决技术质量问题。

施工员：熟悉和审查施工图纸、技术质量要求，参与月度施工计划和分部分项工程进度计划编制，参与施工前分部分项成本策划，完成任务书开具，及时处理设计变更洽商记录，协助办理签证索赔，参与月度成本分析。

质量员：参加图纸会审及技术交底，参与制定技术组织措施，负责施工质量检验工作，加强基本项目的施工偏差控制，建立超偏差施工的分项工程台账，协助核算超偏差施工损失。严把质量关，杜绝或减少因质量不合格而造成返工项目的费用支出，参与月度成本分析。

造价员：完成计划成本测算，进行商务策划。依照核算对象完成分部实物工程量统计成本分析与控制，进行工程变更的成本控制，负责劳务、商品混凝土、临时机械使用费、专业分包过程工程量的审核及结算工作，完成科目挂接并对劳务成本账进行封账。负责编制工程进度报量及收款申请、签证、索赔费用等工作，及时向业主申报认价，负责竣工结算。

物资员：根据项目施工进度计划及时组织物资供应，保证项目施工顺利进行，防止因停工待料造成损失，负责物资进场验收，开具入库验收单，严格执行限额领料制度，控制物资消耗，做好余料的回收和利用工作。做好租赁物资的进场、停租、退租的及时性，完成物资进场对账、物资消耗、租赁结算、科目挂接，建立物资台账，完成物资收发及报表编制，控制物资采购成本。根据项目施工进度、采购计划及时组织物资的供应，做好技术质量资料（产品检测报告、合格证、材质证明等）的台账记录以及相关业务账表。

安全员：贯彻执行安全技术交底、安全宣传教育、安全设施验收和事故管理制度，监督特种作业人员持证上岗，负责现场安全生产日常检查，及时处理现场安全隐患。负责临时设施增补项目（场地硬化、临边防护、临时用电）等签证资料收集、整理工作。根据施工需求，合理安排机械进场，充分发挥机械效能，减少使用成本，加强日常维修保养，保证机械在施工中正常运转。完成租赁机械费用结算、科目挂接，并对机械费用成本账进行封账。

成本会计：负责项目工程款回收及分包分供商应付账款支付，项目现金流分析及动态管理，正确、及时核算项目实际成本，及时提供成本资料，编制成本报表。进行分部、分阶段的"三算"分析。

劳务员：负责验证劳务分包队伍资质，办理登记备案，参与劳务分包合同签订、考核、评价，负责劳务人员实名制管理、劳务结算资料的收集整理，参与编制、实施劳务纠纷应急预案，调解处理劳务纠纷和工伤事故的善后工作。

6.2 EPC项目造价管理的总体思路

EPC项目造价是由勘察设计费、设备采购费、建安工程费、总包配合费及预备费构成。在整个造价管理过程中要充分利用工程总承包资源整合特点，发挥各专业技术优势，在各实施阶段充分融合、协同配合、主动管控。从提高技术和管理水平入手，加强设计管理，提高设计质量，在设计内部审图、施工图纸会审阶段要予以严格把关，尤其是把好设计审图关和施工阶段图纸会审关，尽量在施工前发现和找出设计中存在的问题，提前减少设计错、漏、碰、缺问题。从造价（成本）管控角度考虑制定和落实项目造价管理策划，控制从投标阶段（设计概算）开始的造价预测，施工图限额设计、优化设计，施工图预算准确把握；制定成本计划，施工过程精细化控制，如在过程中发现设计中存在的问题，要采取措施调整施工部署或者采取其他补救措施，尽量减少损失，严格控制成本增加。

6.3 EPC项目标前成本测算

6.3.1 管理流程

参见图6-2。

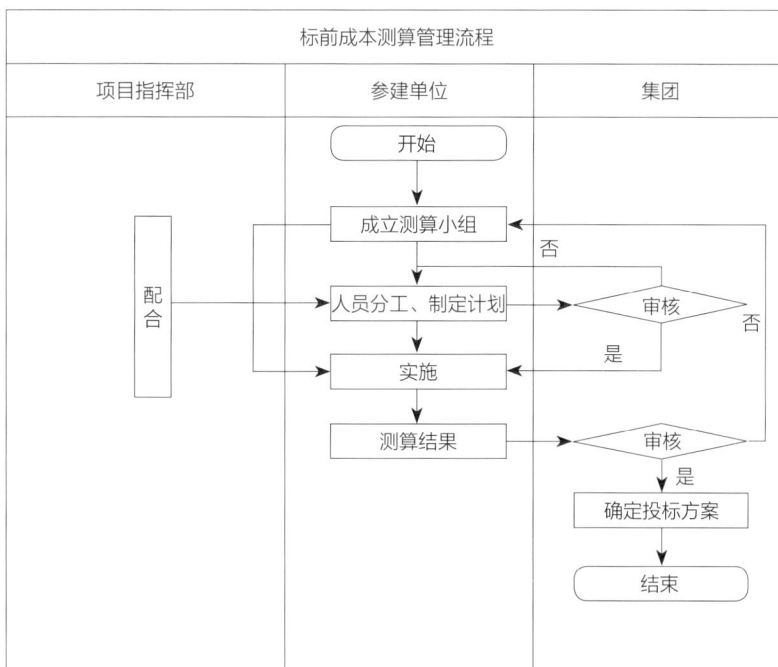

图6-2 标前成本测算管理流程图

6.3.2 管理要求

领取标书后48h内，由单位组织拟派项目经理、技术负责人、造价负责人成立以拟派人员为主的测算小组，进行人员分工并编制成本测算的进度计划及实施方案，并报集团审核，审核通过后由测算小组实施，根据既定的进度计划按时完成测算初稿，报集团主控部门审核通过后，报主管领导审批，制定最终投标方案。

中标后测算小组相关人员在合同签订后15日内，对项目部进行投标报价和技术方案交底，内容涉及报价范围、主要材料价格、报价策略以及施工过程中应注意的问题等，为项目限额设计及优化施工方案提供依据。

6.3.3 注意事项

成本测算前，相关人员必须勘查现场，对拟建项目原始地貌、场地大小、周边环境、材料供应情况及周边社会因素等进行了解，根据项目的现场实际情况进行技术方案的制定及部分材料单价的确定等。

1）勘察费。

设计成本需根据项目规模和特点，设计进度计划，各专业人员数量综合考虑管理费（设计人员的工资、奖金、津贴、福利、办公费和差旅费、水电费等）、与设计相关的图纸、资料等费用支出，设计工作所需要的软件、工具成本，研究开发费。

2）专家顾问费。

土方、防水、铝合金门窗、人防门、卷帘门、乳胶漆、外墙涂料、外墙内保温、不锈钢栏杆等专业分包项目应按市场询价计入。

3）安全文明施工费应考虑施工现场安全施工和文明施工所需的各项费用，不限于宣传、八牌二图、安全警示牌、安全防护、安全网、现场围挡等费用。

4）环境保护费应按环保部门要求花费的各项费用（含排污费、噪声污染、垃圾处理及运费等）进行测算。

5）临时设施费按照文明工地的要求，集团对项目的定位标准、技术标准、提供的施工平面布置图及做法进行测算，应考虑生产、生活、办公用房，测算时应考虑房屋的购买或租赁费，及搭设、维修、拆除或摊销费用（场地狭小时在外面租房按实际租房考虑费用）。

6）冬雨季、夜间施工费，二次搬运费应按照现场平面布置、施工场地的特点、工期及方案进行测算，也可以按类似工程的经验数据计入。

7）模板及支撑费、脚手架费用按照既定的施工组织设计和专项施工方案进行编制，简要描述支撑体系，说明模板的种类、来源（委托加工或租赁）。设施料若为租赁，租赁费及退场费用应按市场询价计入，设施料若为周转材料，可按摊销比例计入并考虑运费。

8）大型机械费用按照既定的施工组织设计中的工期来计算大型机械租赁时间，价格按照市场调研价或按照租赁合同单价计入，并考虑大型机械基础费用、进出场及安拆费用、月租费用、日常保养费、操作人员工资、指挥人员工资、防碰撞系统等。

9）水电费应按照项目的规模、工期、人员、机械配备、水源等进行测算，单价按照市场价计入，或按照以前类似项目的经验数据进行测算。

10）项目管理费应包含现场管理人员职工薪酬、办公费、差旅费、补助、奖金、餐费、通信费、业务招待费、固定资产使用费、工具用具使用费、劳动保险费、工会经费、职工教育经费、财产保险费、社会保障费、住房公积金以及其他费用。少数工种及门卫、保洁、厨师等工资费用。

11）企业管理费、税金及其他费用应包含上缴管理费、税金、各种保险、预算编制费、招标投标手续费、中标交易费、资金成本及履约保证金（保函）手续费及其他财务费用，还应预提创优夺杯和后期维修的费用。

6.3.4 编制依据

1）工程项目招标文件、招标答疑。

2）业主功能需求、初步设计、品牌技术标准等。

3）投标拟定施工方案。

4）市场调研价格。

6.3.5 标前成本包含内容

1）标前成本测算封皮。

2）成本测算汇总表。

3）环境保护费测算表。

4）安全文明施工费测算表。

5）临时设施测算表。

6）外脚手架费用测算表。

7）模板及支撑费用测算表。

8）管理人员及少数工种工资测算表。

9）资金成本表。

10）标前成本测算表。

11）人工费测算表。

12）分部分项人工费测算表。

13）包工包料费用测算表。

14）主要材料费用测算表。

15）其他材料费用测算表。

16）机械费用测算表。

17）勘察设计费。

18）项目其他费用。

19）可抵扣增值税额统计表。

6.4 收入管理

6.4.1 商务策划编制

1. 商务策划编制

项目工程总承包合同签订（项目开工）后30～90天内，项目指挥部的造价管理部门牵头组织项目部相关人员，完成施工阶段商务策划书的编制。

策划主要内容有：成本对比分析、合同风险识别、施工管理模式选择、施工方案选择、分包分供管理策划、资金管理策划、法律风险与防范、签证索赔策划、关系协调策划等。

2. 编制准备

项目指挥部的造价管理部门收到市场部移交的投标资料后，牵头组建商务策划编制小组。各项目部参与，相关部门配合。

项目商务策划涉及企业商业机密，各参建项目部应严格做好保密工作；在编制和实施过程中，参建项目部应结合实际情况限定参与人员范围。

3. 计划成本测算

项目经理完成计划成本测算，详见计划成本管理。

4. 成本对比分析

完成计划成本测算后，项目指挥部的造价管理部门组织各项目部编制成本分析对比表，重点分析各专业投标成本测算与计划成本的偏差。

5. 合同风险的识别

项目经理牵头，针对合同主要条款包括工程量、工期、安全、付款、结算、保修等进行识别，列出项目风险因素清单，分析风险发生频率和风险后果，根据风险因素影响度的大小顺序逐一确定风险对策、责任人及配合人。

6. 签证索赔策划

结合风险识别和盈利点、亏损点、索赔点分析，充分体现经济与技术紧密结合，通过合同价款的调整与确定、认质认价材料的报批、签证方式等开展策划。

7. 施工方案选择

项目部的造价负责人牵头完成投标施工组织设计和标后施工组织设计的对比，进行经济技术分析，重点强调人、材、机、管理费等综合成本最优，选择科学合理的施工方案。

8. 分包方管理策划

项目部负责包括建设方指定分包、专业分包、劳务分包、建设方指定分供商和自行分供商的资格预审、招议标、沟通和对接等策划。

9．资金管理策划

项目指挥部的财务部门牵头，相关部门配合，结合施工组织设计及资源配置方案，测算分析各阶段对应收入和支出计划、资金流量，并制定应对措施，完成项目资金管理策划。

10．法律风险与防范

综合办公室（法务）牵头，相关部门配合，对项目本身及相关方过程文件的合同有效性、合同风险的前期控制、施工合同履约规范性、分包分供及物资采购规范性进行策划。

11．关系协调策划

项目部的造价负责人根据各岗位工作性质和需要，进行分工合作，建立全方位、多层次的关系协调网络，落实配合人员及对接负责人。

12．汇总调整

项目造价人员负责汇总调整，形成项目商务策划书。

13．商务策划审批

项目商务策划报集团总公司审批后实施。

14．商务策划实施与动态调整

项目部负责对商务策划实施，并进行全程动态管理，当外部条件（环境）发生变化需要调整时，项目经理及项目造价负责人应及时对原策划进行调整，并做好调整记录。项目指挥部对项目商务策划的实施与调整进行指导和监控，重大策划调整由集团总公司参与指导。

项目经理牵头，项目造价人员组织相关管理人员在每月经济活动分析中对当期商务策划完成情况进行总结，制定下月商务策划实施重点及相应调整措施。

15．商务策划考核兑现

各项目部对拟实施的专项商务策划报项目指挥部立项备案，项目指挥部根据项目情况确定策划目标，并指导实施，策划完成后根据考核结果进行兑现。

（1）原则

①确保工程履约不受影响。

②一事一议，专项考核兑现。

③提前申报立项。

④内容及数量真实。

（2）兑现核定

项目指挥部造价部门负责核定项目策划收益（表6-1），收到项目部报送的"项目商务策划考核兑现申请表"后（表6-2），根据核定的策划效益计算奖励额。

项目策划收益 表6-1

序号	策划效益	奖罚比例	难易系数
1	100万元以下	10%	
2	100万元以上，300万元以下（含以下）	8%	
3	300万元以上，500万元以下（含以下）	6%	
4	500万元以上，1000万元以下（含以下）	5%	0.2~1.2
5	1000万元以上，3000万元以下（含以下）	4%	
6	3000万元以上	3%	

①商务策划奖励采用超额累进计算方式（如策划效益为700万元，奖金=$100 \times 10\%+200 \times 8\%+200 \times 6\%+200 \times 5\%=48$万元）；难易系数由项目申报，考核兑现小组核定。

②策划效益是指策划增加的净效益，因专项商务策划实施造成的直接或间接成本增加，应在核定策划效益时扣除。

（3）兑现调整

①若专项策划未达到策划目标，但也取得一定成果，则根据完成情况确定完成系数，完成系数=实际完成效益/策划目标，完成系数最大值为1。

②经上级单位参与、协助实现的商务策划，按项目实际发挥作用，对奖励进行合理调整。

③项目可以从审批策划奖金中提取10%，作为对限额以下商务策划成果的奖励基金，由项目考核发放。

④商务策划奖励与成本管理挂钩，若因项目管理原因造成实际成本超计划成本，项目指挥部有权停发或扣发项目商务策划奖励。

项目商务策划考核兑现申请表　　　　　　　表6-2

项目名称：		申报时间：		编号：	
项目申报					
策划单项			效益目标		万元
难度系数			实际效益		万元
效益目标 完成系数					
策划内容及 化解情况简介					
奖金申请计算					
填报人			项目经理		

参建单位造价部门审核：

项目指挥部造价部门审核：

项目指挥部主管领导审核：

项目指挥部总经理审批：

注：附效益证明及商务策划总结。

16．商务策划审批及发放

1）专项商务策划兑现金额在10万以内的，参建单位的造价部门审核，分管领导审批，考核兑现结果报项目指挥部造价部门备案；兑现金额在10万元以上，参建单位审核后，报参项目指挥部造价部门审核、分管领导审批。商务策划考核兑现应在收到项目申请28天内完成。

2）经审批的奖励由项目部制定分配方案，报项目指挥部的造价部门审核，分管领导审批，财务部门根据审批结果发放奖励。

17．保密性

商务策划属企业商业秘密，项目部应严格做好保密工作，不得泄露任何策划信息。在策划制定过程中，企业及项目部应结合实际情况限定参加人员范围。

6.4.2　合同交底

1. 交底责任人

项目经理和项目造价负责人接受市场开发和报价中心交底后，再深入理解合同文件，结合施工组织设计和现场具体情况，向项目全体管理人员进行合同交底。

2. 交底依据

主要包括：合同文件、经发包人和监理批准的施工组织设计、监理合同、市场开发和报价中心交底记录、现场具体条件和环境、《项目目标责任书》《项目商务策划书》《合同责任分解及交底表》等。

3. 交底要点

1）总承包合同关于承包范围、质量、工期、工程款支付、分包分供许可、人员到位、内业资料管理、往来函件处理、违约等方面的约定，重点说明履约过程中的主要风险点，《项目商务策划书》《合同责任分解及交底表》确定的各风险点应对时间、措施以及落实的责任人。

2）结合《项目目标责任书》，向项目部全体管理人员说明除了应当满足总承包合同约定外，项目部应实现包括满足质量、环境、职业健康安全管理体系运行要求在内的及总包合同未涉及的各项管理目标。

3）可主张工期、费用索赔的事项和时限，确定合适的索赔时机。交底说明发包人、监理方代表的权限，重点交底说明各类签证办理的时间要求、审批权限规定、格式及签章要求，以确保在履约过程中形成的签证单的有效性。

4）特别说明在合同谈判和评审时主张进行调整或修改，但经洽商仍未能调整或修改的条款，及在履约管理过程中针对这类条款的适时主张调整或变更的时机、方法。

4. 保密性

二级交底书经参加交底人员签字后由项目合同造价管理部保管，并报项目指挥部合同预算部备案。合同交底涉及企业商业秘密的，应当注意做好保密工作，参与人员不得泄露合同交底的内容。因管理需要调阅交底书的，按有关的文件借阅规定执行。

6.4.3　签证索赔

1）签证索赔流程，见图6-3。

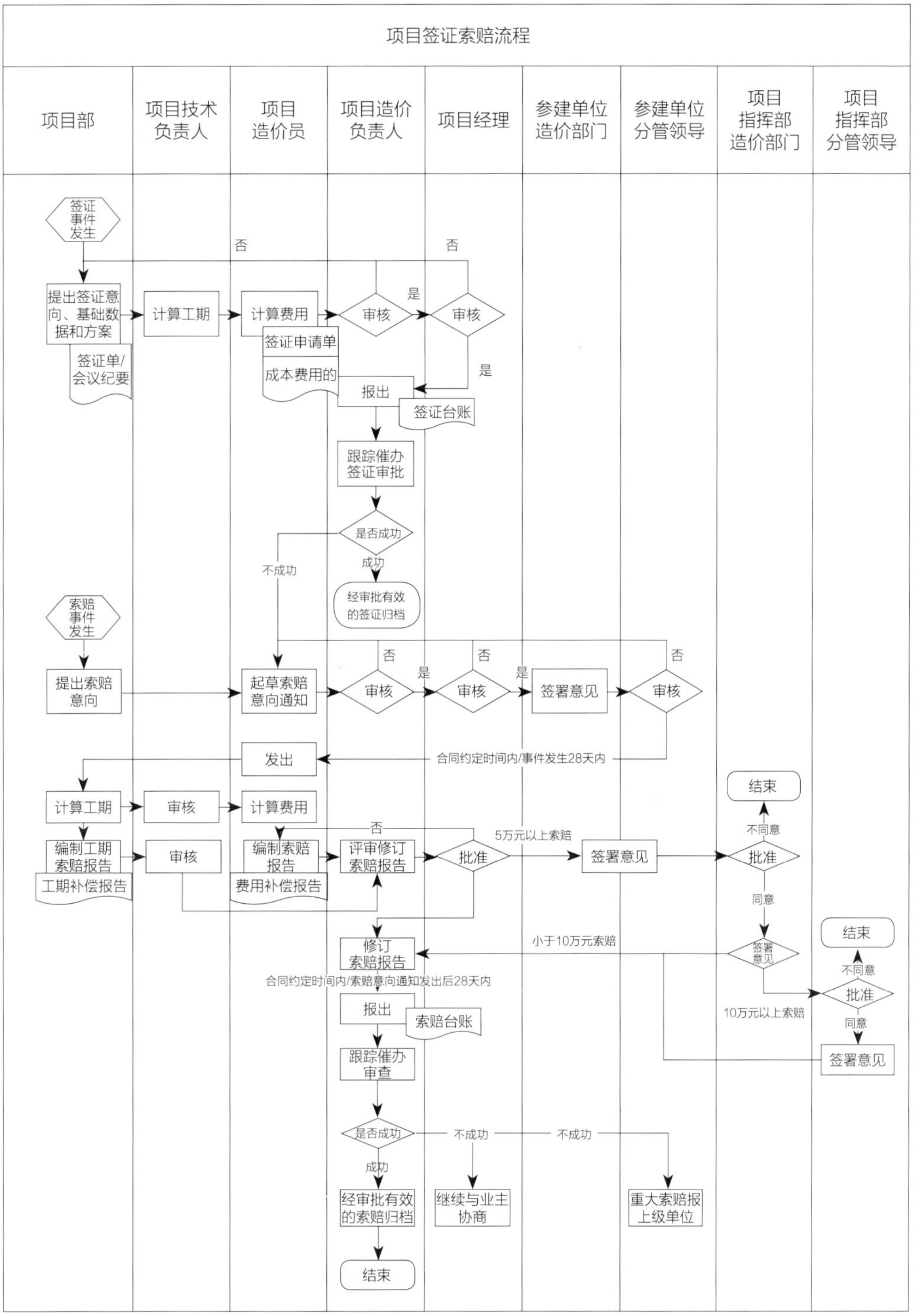

项目签证索赔流程
项目部
项目技术负责人
项目造价员
项目造价负责人
项目经理
参建单位造价部门
参建单位分管领导
项目指挥部造价部门
项目指挥部分管领导
签证事件发生
提出签证意向、基础数据和方案
签证单/会议纪要
计算工期
计算费用
签证申请单
成本费用的
审核
审核
是
否
否
是
报出
签证台账
跟踪催办签证审批
是否成功
不成功
成功
经审批有效的签证归档
索赔事件发生
提出索赔意向
起草索赔意向通知
审核
审核
签署意见
审核
是
是
否
否
否
发出
合同约定时间内/事件发生28天内
计算工期
审核
计算费用
编制工期索赔报告
工期补偿报告
审核
编制索赔报告
费用补偿报告
评审修订索赔报告
否
批准
5万元以上索赔
签署意见
批准
不同意
结束
同意
签署意见
小于10万元索赔
10万元以上索赔
批准
不同意
结束
同意
签署意见
修订索赔报告
合同约定时间内/索赔意向通知发出后28天内
报出
索赔台账
跟踪催办审查
是否成功
不成功
不成功
成功
经审批有效的索赔归档
继续与业主协商
重大索赔报上级单位
结束

图6-3 签证索赔流程图

2）工作要求：

（1）当业主要求完成合同外工作或非承包人责任事件发生时，项目部的合同造价负责人需要按照要求时间提出现场签证。

（2）签证发起：签证事件发生后28天或合同约定时间内，由项目部总工长牵头，相关施工人员提出签证单，事实叙述清晰。

（3）由项目部技术人员提出：非我方原因，发包人指令调整原约定的施工方案、施工工艺、附加工程项目、增减工程量、变更分部分项工程内容、提高工程质量标准等。

（4）由施工人员提出：发包人未严格按约定交付施工现场、提供现场与市政交通的通道、接通水电、批复请求等；工程地质情况与发包方提供的地质勘探报告资料不符，需要特殊处理的；非承包人原因，发包方指令调整原约定的施工进度、顺序、暂停施工、提供额外的配合服务等；由于发包方错误指令对工程造成影响等；发包方在验收前使用已完或未完工程，保修期间非承包方造成的质量问题。

（5）由质量人员提出：发包方未严格按约定的标准和方式检验验收；合同约定或法律法规规定之外的额外检查。

（6）由物资管理员、设备管理员提出：发包方违反约定，指令调换原约定的材料设备的品种、规格、质量等级、改变供应时间等。

（7）由项目财务人员提出：发包方未严格按约定支付工程价款的；非承包方过错而发包方拒绝或迟延返还保函、保修金等。

3）签证单评审：项目技术负责人进行评审，提出补充意见；合同造价人员识别签证单的有效性，复核修订签证单用语，计算需发生的成本工程量，经相关部门进行询价后编制成本费用表，按照合同约定进行签证申报费用计算；造价负责人进行复核评审，提出意见；项目经理根据造价负责人意见作出批示。

4）报出和催办：项目造价人员根据意见修订后报出，造价负责人牵头跟踪催办签证审批情况，并将信息及时反馈给项目经理。相关施工人员协助造价负责人完成签证工作，项目造价负责人负责建立签证台账。

5）归档：签证办理成功，项目造价负责人将有效签证归档；不成功，识别是否需要进入索赔流程，出现非我方原因发生的事件引起我方经济损失时，应进入索赔流程。

6）索赔通知发出：相关施工人员提出索赔意向并及时反馈项目造价人员，造价人员起草索赔意向通知书报造价负责人、项目经理审核，项目指挥部造价部门审核审批后发出。

7）索赔报告编制：项目技术负责人判断工期是否延误、方案是否变化等，提出意见；项目造价人员牵头收集索赔证据，计算索赔事件引起的成本增加费用，按照合同约定计算索赔申请费用。

8）费用报告审批：项目部权限内（索赔额5万元以内）索赔报告经造价负责人、项目经理审核审批后报送；项目部权限外（索赔额5万元以上）索赔报项目指挥部审核后报送。项目部和项目指挥部造价负责人负责建立索赔台账。

9）索赔催办：项目造价负责人牵头跟踪催办索赔进展，及时将信息反馈给项目指挥部。

10）索赔资料归档：索赔成功后，项目造价负责人将有效的索赔文件留存归档；索赔不成功，需继续与业主协商，重大索赔（索赔额5万元以上）报项目指挥部造价部门评判。

6.4.4 合同履约子集

1. 履约资料

1）项目经理在项目开工之初建立合同履约资料管理计划，明确合同履约资料的范围、详细种类、管理要求、责任人员和总负责人，将管理职责落实到相关岗位人员，对涉及企业上下或项目内外多个环节的履约资料，应明确处理流程、权限和期限。

2）履约资料要注意保密性和完整性。集团总公司对项目指挥部履约资料的日常管理按照季度进行检查。

2. 履约监控

1）监控内容：全面、动态记录合同履行情况；监控周期内监控要素与合同条款相比是否都符合制定标准或及时预警；合同主要风险点的规避、变更情况；合同其他异常情况；防控措施的有效落实情况和效果。

2）监控要素及预警指标：合同履行风险要素实行分级监控管理机制，分为正常波动（蓝色）、黄色预警、红色预警三级（表6-3）。

合同履行监控风险分级要素表　　　　　　　　　　表6-3

序号	监控要素	蓝色正常波动	黄色区域	红色区域
1	工程量确认时间	7天	8~20天	21天以上
2	进度款时间	10天	11~20天	21天以上

续表

序号	监控要素	蓝色正常波动	黄色区域	红色区域
3	月/节点应收工程款拖欠比例	0	拖欠工程款≤10%	拖欠工程款>10%
4	中期结算时间	30天	31~60天	61天以上
5	签证确认时间	15天	16~30天	≥31天
6	经济类签证未确认金额	≤10万元	10~30万元	≥30万元
7	工程类签证未确认天数	≤10天	10~20天	≥20天
8	超过合同约定结算期限	0天	≤30天	>30天
9	超过合同约定结算付款时间	0天	≤30天	>60天
10	重要节点计划	1天	2~4天	5天或10万元
11	月进度计划	3天	4~6天且≤5万元	7天或15万元
12	季度/阶段进度计划	7天	8~14天且≤10万元	15天或30万元
13	总进度计划	10天	11~29天且≤20万元	30天或50万元
14	收到发包人书面反索赔函件	≤1次	—	≥1次
15	项目实际成本与计划成本	小于	—	大于

备注：1~9项要素是与合同条款比较；10~13项进度计划延误估算损失；14~15项为项目控制目标。

3）监控指标的应用：监控要素异常波动处于黄色预警区域时，项目部相关部门、责任人提出警示，及时制定防范措施方案。防范措施方案报项目指挥部的合同造价部门评审，经项目指挥部领导审批后执行，项目指挥部的合同造价部门指导方案落实；监控要素异常波动处于红色预警区域时，项目经理牵头、项目造价负责人组织相关部门制定防范措施方案，经项目指挥部的合同造价部门提出审核意见，经负责合同的主管领导核定后实施，项目指挥部的合同造价部指导方案落实。

6.4.5 过程报量及进度款回收

1）原则：工程施工过程中的工程计量与价款回收主要参照合同约定执行，项目指挥部实施过程中应注重策划，加强收款。

2）编制：项目经理确定工程形象进度，项目合同造价人员根据现场形象进度、合同约定计算本期合同收入，编制工程款支付申请。计算内容包括合同内外价款计算、变更及签证索赔、价款计算。

3）审核：工程款支付申请需经项目指挥部造价负责人审核、项目经理审批，确保在合同约定申报时间报出。

4）催办：项目指挥部造价负责人牵头跟踪催办、核对本期审核数据，督促发包方按合同约定及时审批；并将业主超时审核信息及时反馈给项目经理。

5）进度款回收：发包方审核完毕，项目指挥部造价负责人将工程款支付核准表交财务部门及时回收工程款，并建立过程计量台账。

6）项目生产经理组织各专业施工人员、造价人员等，对已完实物工程量及进度进行统计，编制生产统计报表，经项目生产经理、造价负责人审核会签，项目经理审查后，报项目指挥部。

6.4.6 分包结算

1）出具工程任务单：现场施工人员确认完成的工程任务单，项目质量管理员、安全管理员、项目技术负责人、物资管理员签署意见（劳务分包工程任务单须总工长审核签字），项目部造价员综合评价。

2）分包结算编制和审核：项目造价人员根据工程任务确认单、分包合同、图纸、变更签证单等编制月度分包结算书，项目的造价负责人、项目经理审核签字，分包商负责人签字确认。分包结算书应附相应的计算公式、结算依据。项目造价人员建立分包结算台账。

3）审批：子集团（公司）/集团工程部的造价部门审核月度分包结算书，分管领导审批。分包结算额以子集团（公司）/集团工程部的造价部门最终审核为准。

6.4.7 工程结算

1）原则：合同工期超过1年的工程，施工过程中应争取进行中间结算；停缓建工程没有明确重新开工时间的，要及时办理中间结算。

2）锁定成本、核定收入：工程完工后1个月内，项目经理牵头对项目成本进行清理，核实项目发生的实际成本，填写"工程完工实际成本核定表"（表6-4），并由相关施工管理人员、项目经理签字确认后，上报项目指挥部的造价部门，锁定工程最终成本，锁定后的工程成本不得以任何理由增加。项目指挥部造价负责人牵头计算合同收入并核定，填写"完工后合同收入确认表"（表6-5），上报集团总公司造价管理部门，确定项目结算金额。

3）结算策划：结算书编制前应先编写《结算策划书》。《结算策划书》内容如下：

（1）针对承包人在工程工期、质量方面的履约情况分析利弊，制定结算对策。

（2）分析施工合同中的条款及用词对施工方结算的利弊，制定对策。

（3）从工程量计算的角度出发，制定合理的计算方向。

（4）分析现行的政策法规，结合建设方审批的施工组织设计、设计变更、签证等，确定可行的套价方法与计价程序。

（5）检查索赔资料的完整性与说服力，确定索赔的谈判方式。

（6）针对结算中可能存在的争议问题制定对策。

（7）研究与结算初审、复审、审计等审核经办人的沟通方式，保持与相关方沟通顺畅。

（8）安排项目部与建设方的对接时机与对接人。

（9）明确工程结算策划书的落实部门与责任人。

（10）确定结算目标。

工程完工实际成本核定表

表6-4

项目名称			项目编码			
完成时间				预计竣工时间		
合同额						
评审部门	费用名称	成本金额（万元）				评审意见
		已结算	待结算	小计		
合同造价部	劳务费					
	专业分包费					
	……					
	后期结算					
生产管理部	材料费					
	机械费					
	……					
	后期维修					
财务部	管理费					
	……					
合计成本						
项目指挥部商务经理						
项目指挥部财务负责人						
项目指挥部总经理						

注：1. 合同造价部：负责项目劳务费、专业分包费、预计后期对外结算等需要开支费用是否已经完全计入成本。

2. 生产管理部：项目材料费、机械费、后期维修费用等是否已经完全计入成本。

3. 财务部：项目的管理费用及其他成本是否已经计算完整。

4. 在项目结算完毕后，发现还有部分成本没有进账，将由项目经理和相关责任人承担相关责任。

5. 完工28天内由各参建项目填报完成成本预估表，60天内由项目指挥部各相关部门完成成本核定。

完工后合同收入确认表 表6-5

填报单位： 时间： 年 月 日

项目名称		项目编码	
一、完工后合同收入确认情况			
累计向业主报送 已完工程价款	其中：1. 已报送合同范围内已完工程价款： 万元 　　　2. 已报送变更、签证工程价款： 万元		
业主累计确认 已完工程价款	其中：1. 已确认合同范围内收入： 万元 　　　2. 已报送变更、签证工程价款： 万元		
业主暂未确认但能够确保 获得收入的价款	万元		
二、按业主已确认的工程价款+预计能够确认的工程价款之和计算，依据合同付款条件的约定			
应收工程款	万元	实际回收工程款	万元
业主尚欠工程款 （不含保修金）	万元	预留保修金	万元

项目指挥部造价负责人： 项目指挥部财务人员： 项目指挥部经理：

6.4.8 编制工程结算书

1）编制依据：项目招标投标资料、施工合同及补充协议、设计变更、签证索赔资料、往来函件、技术核定单及所有与经济有关的资料等。

2）编制内容：按合同约定竣工图纸范围内工程造价；设计变更及签证索赔造价；争议及其他未解决事项。

3）编制时间：工程结构封顶后，大型及以上项目45天内、中型及以下项目30天内，编制完成工程主体结构结算书初稿。工程完工后，在合同约定提交竣工结算书日期前30天，编制完成整体竣工结算书。

4）编制人员：项目经理牵头协调各专业结算书编制工作，造价负责人和造价人员具体负责结算书的编制和汇总工作，相关部门配合。

5）评审及审批：项目指挥部的合同造价部门组织结算策划书、结算书的评审和修订后，按照分级授权原则上报上级单位进行审批。各参建项目部的造价管理部门在结算书编制完成后7天内组织相关部门评审，并报领导审批。指挥部进行整体评审后报集团总公司造价管理部门评审后，经分管领导审批。

6）结算责任状签订：结算策划和工程结算书编制完成后、结算书报出前7日内。指挥部结算责任人与集团总公司签订结算目标责任状。结算责任人定期向上级结算管理部门汇报结算进展情况，制定下一步措施并实施。

7）结算报出及办理：项目指挥部在合同规定的时间内向业主递交经批准的竣工结算报告及完整结算资料，督促建设方及时办理竣工结算。

（1）结算书报送之前，必须满足以下条件：按照授权范围经集团总公司完成评审，下达了结算目标值，签订了结算目标责任状。

（2）竣工结算书送交发包人时，要有签收记录。并定期催促发包人按合同约定时间办理结算。

（3）指挥部组织造价人员与业主或结算审查机构进行结算核对工作，及时向集团总公司汇报结算过程审核情况，最终结算额的确认必须经分级授权领导审批同意。

（4）以集团名义承接的工程，竣工结算书需盖集团公章时，须填写工程结算印章使用申请表，办理相关登记。

8）过程结算：合同中约定进行过程结算的项目，应按以上要求进行过程结算资料的编制、报审和核对。合同中未约定但有条件进行过程结算的项目，项目指挥部应与发包方协商，争取分段办理结算。

项目经理部在项目开展过程中，向设计要效益，严格做好变更前移、设计图策划、深化设计、图纸会审等工作；遵循"勤签证、精索赔"原则，积少成多。索赔是合同管理的精髓之所在：特别是人工、材料涨价补偿；工程延期开工、停工、工期顺延的费用索赔和人、材、机的单价调整；严格把控政策性文件，主动与业主沟通，做到对政策性文件及时执行。积极报量，向报量要效益。做到月报量按时完成，以争取按时回收工程款，报量时注意人工费、材料费、机械费价格调整的影响，这种调整会影响到工程总价款，因此在报量时要综合考虑这些因素，把握好报量节点的控制。坚持过程结算管理、"把过程报量当结算办，把控节点结算"，树立早结算早回款，节省利息支出的商务管理理念。项目指挥部于一期主体封顶后主动与业主方沟通，达成一致意见，对项目已完主体部分进行结算。项目指挥部积极主动组织主体施工项目部与业主方进行主体结构结算核对工作，并完成结算审计，审计单位出具了审计报告，审定金额15.21亿元，随之相关工程款项付至97%。主体结算后收回的资金大大缓解了项目部的流动资金压力，节省了资金利息，项目成本得到了有效控制。

9）争议处理：结算核对过程中，双方存在争议的部分应协商解决。必要时，可对双方没有争议部分先进行审核确认，对有争议部分按合同约定的解决程序办理。

10）商务小结：工程竣工交付或结算完成后2个月内，项目指挥部完成商务工作总结。通过对项目整体成本核定、分包结算汇总核定、项目预算收入核定、项目部管理费用核定、项目部材料损耗控制核定、项目部改进成本控制措施核定，最终确定项目部实际成本及利润，考核项目指挥部成本管理绩效。必要时集团总公司审计部门参与核定项目实际利润。

11）结算考核兑现：集团总公司负责对项目指挥部进行定期检查。工程结算办理完毕30日内，项目指挥部申报责任书兑现申请，集团总公司负责对其考核并兑现。

集团总公司定期检查结算进展情况，并召开结算专题会，按各级结算目标责任状要求进行考核。集团总公司每季度对各项目部结算完成情况进行通报，并对结算指标完成情况进行考核。

6.5　计划成本管理

6.5.1　管理流程

具体参见图6-4。

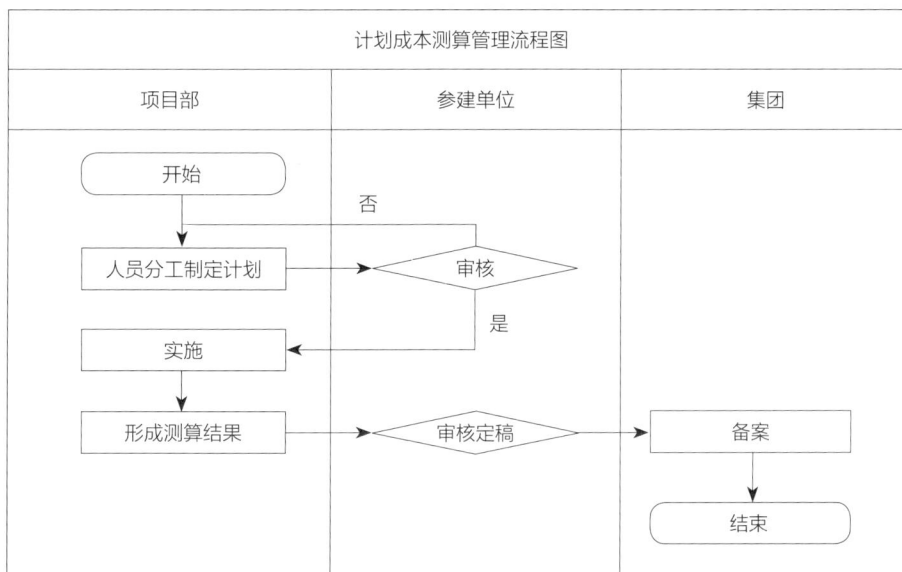

图6-4　计划成本测算管理流程图

6.5.2 管理要求

项目指挥部组建到位后，由指挥部督促各项目经理组织项目管理人员进行分工，依据设计图纸，计算工程量，编制计划成本，单项工程30天内、群体工程90天内编制完成并上报项目指挥部主控部门审核，审核通过后由项目指挥部与项目部签订目标责任书，并进行考核。

6.5.3 工作注意事项

1）人工费应按专业作业劳务合同或已与专业作业劳务队谈好的单价计入，并按照专业作业企业的报价单进行分解汇总；分项人工费及其他人工费应按市场调研价计入。

2）说明材料来源是利用项目的自有资源调拨的还是采购的，若为调拨，按调拨单价计入，若为新购，则全部按市场询价计入。

3）包工包料项目应按市场询价计入。

4）安全文明施工费应按照集团对项目的定位标准来测算。考虑施工现场安全施工和文明施工所需的各项费用外，还应考虑施工影响场地周边地上、地下设施及建筑物安全临时保护设施。

5）环境保护费应按环保部门要求花费的各项费用（含治污减霾、排污费、噪声污染、垃圾处理及运费等）来进行测算。

6）临时设施费按照创建省级观摩现场会的要求，集团对项目的定位标准及现场平面布置图来完成，应含生产、生活、办公用房，测算时应考虑房屋的购买或租赁费、搭设、维修、拆除及摊销费用。

7）冬雨季、夜间施工费应按照施工部署及当地的气候条件充分考虑。

8）二次搬运费应按照现场平面布置、施工场地的特点及方案来进行测算。

9）测量放线、定位复测、检验试验费应依据施工合同的要求及常规需要完成的工作内容进行测算。

10）施工排水、降水费应严格按照现场的地质报告及专项施工方案进行测算，报集团主控部门备案时须附专项方案。

11）已完工程及设备保护费，依据施工组织设计中对特殊部位（楼梯踏步、台阶、柱脚等）或部分已完工程采取的保护措施进行测算。

12）模板及支撑费按照给监理及发包人报送的或已经过监理及发包人审定的施

工组织设计及专项施工方案进行编制，简要描述支撑体系，需要说明模板的种类、来源（委托加工或租赁），设施料若为租赁，租赁费及退场费应按市场询价计入，设施料若为周转材料，可按摊销比例计入，还应考虑运费。编制完成报主控部门时须附模架方案。

13）脚手架费用包含除模板支撑架以外的架子，应按照给监理及发包人报送的或已经过监理及发包人审定的施工组织设计及专项施工方案、文明工地等要求进行编制，单价按照市场调研价或按照设施料租赁商签订的合同单价计入。

14）大型机械费按照给监理及发包人报送的或已经过监理及发包人审定的施工组织设计工期来计算大型机械租赁时间，价格按照市场调研价或按照与机械租赁商签订的租赁合同单价计入，并考虑大型机械基础费用、进出场及安拆费用、月租费用、日常保养费、操作人员工资、指挥人员工资等。

15）水电费应按照项目的规模、工期、人员、机械配备、水源进行测算，单价按照市场价计入，或按照以前类似项目的经验数据进行测算。

16）项目管理费应包含项目管理人员工资、奖金、过节费、意外伤害险，企业应承担的养老保险、失业保险、医疗保险及住房公积金，招待费、固定资产摊销、差旅费、网络费用、电话费用、办公用品等。

17）企业管理费、税金及其他费用应包含上缴管理费、税金、经营部收取费用、预算编制费、招标投标手续费、中标交易费、资金成本及其他。

18）勘察设计费。

19）其他费用。

20）可抵扣增值税额统计表。

6.5.4 编制依据

1）工程项目招、投标文件。

2）施工合同。

3）施工图纸。

4）项目拟定实施的施工方案。

5）市场调研价。

6.5.5 计划成本包含内容

1）计划成本封皮。

2）计划成本测算人员分工表。

3）计划成本测算汇总表。

4）专业作业劳务分包测算汇总表。

5）人工费测算表。

6）材料费测算表。

7）包工包料项目测算表。

8）施工机具使用费测算表。

9）安全文明施工费、环境保护费、临时设施费测算表。

10）冬雨季、夜间施工费测算表。

11）已完工程及设备保护测算表。

12）施工排水、降水费测算表。

13）模板及支撑费用测算表。

14）脚手架费用测算表。

15）其他措施费测算表。

16）管理费用测算表。

17）企业管理费、税金及其他费用测算表。

18）勘察设计费统计表。

19）项目可抵扣增值税额统计表。

6.6 成本管理

6.6.1 项目成本管理计划

1）项目经理牵头，相关施工员配合，根据《项目策划书》《项目目标责任书》《项目商务策划书》有关成本控制要求，结合目标成本测算，通过施工方案优化、分包方案优化、材料采购及控制方案优化、管理费用优化、签证索赔方案优化措施，测算项目计划成本，编制《项目成本控制及措施计划表》。

2）项目成本管理计划是《项目部实施计划》的组成部分及工程管理依据。项目部的合同造价管理人员组织相关人员在开工之初进行首次成本测算，每季度进行项目实施过程中的成本测算，根据现场实施情况不断完善，保持成本计划的时效性、指导性。

3）目标成本动态管理

项目在施工过程中，发生非项目可控制费用增减变化时，成本管理人员应及时向项目指挥部报送成本调整申请，项目指挥部按规定审核并给予调整，项目目标责任书的上缴指标不变。经审批调整的目标成本作为项目成本分析和考核的依据。

4）成本核算与分析

项目成本台账主要包括但不限于：

①人工费用台账、专业分包费用台账，反映劳务分包、专业分包进度结算情况，由项目部造价人员登记。

②根据入库单、限额领料单及进入现场的材料，材料管理员登记主要材料费用台账。

③根据机械（设备）使用情况，设备管理员登记机械费用台账。

④根据现场其他直接费成本支出，由财务人员登记现场其他直接费用台账。

⑤根据项目间接费成本支出，由财务人员登记间接费用台账。

⑥根据设计变更编制设计变更签证台账，反映因设计变更而发生的工程造价增减变化情况，以及按实结算、按实调整的事项和金额，由项目部造价人员登记。

⑦建设单位供料台账，反映供料的品种、数量、金额和结算情况，材料管理员登记。

⑧分包合同台账，反映各项目部与有关分包商签订的主要经济合同的签约、履行、结算等情况，由项目造价人员登记。

5）项目成本及经济活动分析

项目指挥部每月进行成本核算并编制项目成本分析报告，填写《项目成本分析表》，召开项目经济活动分析会，通过计划成本、实际成本和造价收入进行项目经济活动对比分析，总结当期成本控制、策划实施、目标管理及合同监控要素的实施经验，查找项目管理不足，确定改进措施或方案。

项目经济活动分析会召开：由项目指挥部造价部门牵头组织召开，指挥部其他部门、各项目经理及相关人员参与。

项目经济活动分析主要内容：总结、检查上次会议安排工作完成情况；成本分析及盈亏原因分析；项目成本控制考核、检查；商务策划执行情况分析；项目目标责任书中各项指标完成情况分析；合同履行监控要素分析；分析和研究工作中存在的问题，提出应对和整改措施，明确目标和责任人；协调相关人员管理工作，部署下阶段工作内容；宣贯、学习国家、当地政府及上级单位最近出台的各项管理制度。

6.6.2 项目目标责任书

1）责任书签订：项目指挥部全程参与目标责任书的编制、评审工作。在项目指挥部相关部门的组织下与项目经理完成项目管理经济责任书签订。

（1）项目指挥部合同造价部门组织相关部门根据职责拟定项目管理指标，主要包括成本目标、效益目标、质量目标、工期目标、资金管理目标、资源消耗管理目标、环保及安全文明施工目标、科技工作及竣工资料归档目标等，责任书按流程审批通过后，由项目部负责目标分解实施。

（2）管理目标的确定原则：全面满足工程施工合同约定的基本目标，在项目部的责任范围内并可控，与项目组织管理模式相匹配，符合集团总公司内部各项管理要求和项目实际情况，以成本最优原则选择供方，可进行量化和评价。

（3）质量目标:所有类型工程整体质量必须保证合格，有创优要求的项目必须在项目管理目标责任书中明确。

工期目标：满足合同约定的工期目标，满足节点考核的节点工期。

资金管理目标：按合同约定回收工程款、安排项目资金支付、资金集中管理等。

资源消耗管理目标：主要包括物资消耗控制目标、大型机械设备、周转材料进退场批次及时间等。

职业健康安全目标：杜绝重伤和死亡事故，严控工伤频率。

环境管理目标：主要包括环境管理节能减排、绿色施工目标等。

科技工作目标，技术资料归档、竣工资料归档目标：工程竣工资料须在竣工验收后三个月内移交归档。

（4）项目管理目标任书包括内容：组织管理模式、目标责任范围、管理目标、企业与项目部的责任与权利、项目考核节点的确定、项目部利益分配、考核兑现原则和计算方法、风险抵押金规定、目标成本测算及其他事项。

项目指挥部的主控部门在核定各项管理目标后起草目标责任书。

（5）项目管理目标责任书经项目指挥部相关部门评审、领导审核后，报集团总公司相关部门审核、领导审批。

（6）项目管理目标责任书签订：项目管理目标责任书经审批后3天内，项目指挥部的主控部门组织与项目经理完成项目目标责任书签订。

（7）项目管理目标责任书签订完成时间控制：项目施工合同签订后60天内，遇特殊情况可适当延长，原则上不超过90天。

2）项目管理目标责任分解：各项目部签订项目管理目标责任书后，项目经理在30天内将管理目标进行分解，与项目管理人员签订岗位目标责任书，项目指挥部监督实施。

3）风险抵押金按集团总公司指导意见执行。

6.6.3 目标成本动态管理

项目在施工过程中，发生非项目可控费用增减变化时，项目部成本控制负责人应及时向项目指挥部报送目标成本调整申请，项目指挥部按规定审核并给予调整，项目管理目标责任书的上缴指标不变。经审批调整的目标成本作为项目成本分析和考核的依据。

1．目标成本可调范围

1）由项目指挥部组织招标确定的人、材、机、分包单价，根据合同单价据实调整。

2）业主、设计院、监理等相关单位签字确认的设计变更、现场签证、技术核定单等，按照目标成本测算原则和水平予以调整。

3）管理费和措施费用遵循谨慎调整原则，发生变化时，合同收入已得到业主的相应调整且经项目指挥部核定后，方可予以调整目标成本。

4）其他非项目原因导致成本发生变化，经项目指挥部核定，按照目标成本测算方法予以调整。

2．目标成本调整及审批

项目部提出《项目目标成本动态调整表》，由项目指挥部主管部门核定，经主管领导审批后执行。目标成本调整要形成台账记录。

3．项目考核兑现

项目考核兑现包括季度考核兑现、节点考核兑现和最终考核兑现。

4．成本核算与分析

1）项目成本账主要包括但不限于：劳务成本账、消耗性材料成本账、自有周转材料成本账、租赁周转材料成本账、机械成本账、专业分包成本账、临时设施成本账、安全文明成本账、费用成本账。

2）项目部每月进行成本核算并编制项目成本分析报告，填写《项目成本汇总分析表》，召开项目经济活动分析会，通过收入造价、计划成本和实际成本的对比分析和项目经济活动分析，总结当期成本控制、策划实施、目标管理及合同监控要素的实施经验，查找项目管理的不足，确定改进措施或方案。

3）项目成本分析遵循以下原则：确保成本分析对象、分析方法与项目目标成本范围相一致；坚持施工形象进度、施工产值统计、实际成本归集三同步原则。

4）项目成本分析的内容包括不限于以下内容：承担的成本指标是否完成或超额完成；是否按规定对成本指标进行了有效地监控；是否按规定详细记录了各种原始记录；是否按规定及时提交了成本核算、分析资料；成本计划规定的目标是否实现。

5）项目成本主要控制指标：

（1）人工费控制：建立内部劳务价格信息平台，采用招标方式确定劳务分包单位，完善劳务价格对应的合同工作内容，严格合同外用工。采用闭口劳务合同。

（2）材料费控制：大宗材料实行集中招标采购、三人以上同时验收、限额领料和节超奖罚制度。零星材料可包干使用，不超过目标成本中材料费的2.5%。钢筋损耗率控制在翻样量的1.5%以内，混凝土控制在图示净用量的1%以内（主体结构商品混凝土抽磅频次不低于10%）。其他主要材料的损耗率不得超过定额损耗率的70%。

（3）周转材料费控制：钢管年损耗率控制在1%以内，扣件年损耗率控制在2%以内。

（4）临建费用控制：大型及以上规模项目控制在自行施工合同额的1%以内，其他规模项目控制在1.5%以内。

（5）招待费控制：按施工产值确定项目部招待费控制目标，由项目指挥部财务部门负责考核。

（6）专业分包费用控制：实行三家以上分包单位招标对比，合理低价中标，原则上采取闭口合同，并根据分包合同办理分包结算。

6.6.4　成本考核与预警

1）项目指挥部的成本控制部门根据项目管理责任书进行成本责任考核，检查总结完成后，项目指挥部的成本管理领导小组进行考核认定，做出奖惩决定。

2）项目指挥部建立成本预警机制，各项目部成本控制负责人根据月度成本分析结果，及时对潜亏或已亏项目进行预警，联合相关施工员制定措施，经项目经理批准后实施。

具体相关表格见表6-6～表6-8。

项目成本控制及措施计划表 表6-6

项目名称				项目编码			
序号	费用名称	针对责任成本拟采取的主要措施及成本降低点分析	目标成本（元）	计划成本（元）	降低额（元）	降低率（%）	责任部门（责任人）
1	人工费						
2	材料费						
（1）	工程材料费						
（2）	周转材料费						
3	机械费						
（1）	大型机械进出场及安拆费						
4	其他直接费						
（1）	临时设施费						
（2）	安全措施费						
（3）	其他费用						
5	间接费						
6	分包工程费						
7	税金						
	合计						
编制			审核		批准		
时间			时间		时间		

注：成本控制对象可以采用工程量清单中的分类单项，或根据工程实际成本构成内容进行分类分析。

表6-7

项目目标成本动态调整表

项目名称：

时间：

序号	工作内容	原合同收入			调整后合同收入			合同增减额	原目标成本			调整后目标成本			目标成本增减额	备注
		工作量	单价	合价	工作量	单价	合价		工作量	单价	合价	工作量	单价	合价		
1																
2																
3																
4																
5																
6	合计															

说明

编制人：

造价负责人：

项目经理：

子集团（公司）/集团工程部主管部门：

子集团（公司）/集团工程部主管领导：

子集团主管部门：

子集团主管领导：

表6-8

_____ 项目成本汇总分析表

单位：元

项目名称：　　　　　　　　日期：

序号	科目内容	三算总额			计划成本	实际成本	对比结果			
		收入预算		合计			收入预算与实际成本		计划成本与实际成本	
		原合同	变更洽商				差额	比率	差额	比率
1	人工费									
2	材料费									
2.1	消耗性材料									
2.2	周转性材料									
3	机械费									
4	其他直接费									
4.1	环境保护费									
4.2	安全文明施工费									
4.3	临时设施费									
4.4	夜间施工费									
4.5	二次搬运费									
4.6	已完工程设备费									
4.7	施工降水排水									
4.8	垂直运输及大型机械及出场安拆费									
4.9	冬雨期施工费									
4.10	其他费用									
5	间接费									
6	分包工程费									
7	税金									
8	合计									

项目经理：　　　　　　　　　　　　　　　　编制人：

6.7.2 管理要求

1）项目指挥部考核小组应组织有关部门，依据《项目管理目标责任书》或对项目进行阶段性考核。

2）项目考核评价可按下列程序进行：

（1）听取项目部汇报，查看项目部的有关资料；

（2）项目指挥部考核小组进行考核并出具评价报告。

3）各项目部向考核小组提供下列资料：

各项经济、技术指标的完成情况及相关资料。包括《项目成本汇总分析表》《劳务分包成本对比分析表》《主要材料对比分析表》《机械费成本对比分析表》《专业分包成本对比分析表》《间接费成本分析对比表》、变更签证及材料认价、成本分析报告等与其相关的资料。

4）考核

（1）考核依据为《建设工程施工合同》《项目管理实施办法》或《项目管理目标责任书》及有关项目管理规定进行考核。

（2）成本考核应分层进行，即项目指挥部考核项目，项目考核岗位。

（3）建议考核时间：

①±0.00以下施工阶段；

②主体施工阶段（可分段进行）；

③已竣未决之前；

④工程结算定案。

达到以上阶段考核条件按约定办法完成考核，切勿滞后。

（4）考核内容：

工期、质量、安全、成本、文明施工、创优夺杯、管理费、资金管理、科技工作、技术资料、竣工资料归档等情况。

（5）兑现奖励：

根据《项目管理目标责任书》考核结果进行兑现。

6.8 成本资料

6.8.1 管理流程

参见图6-6。

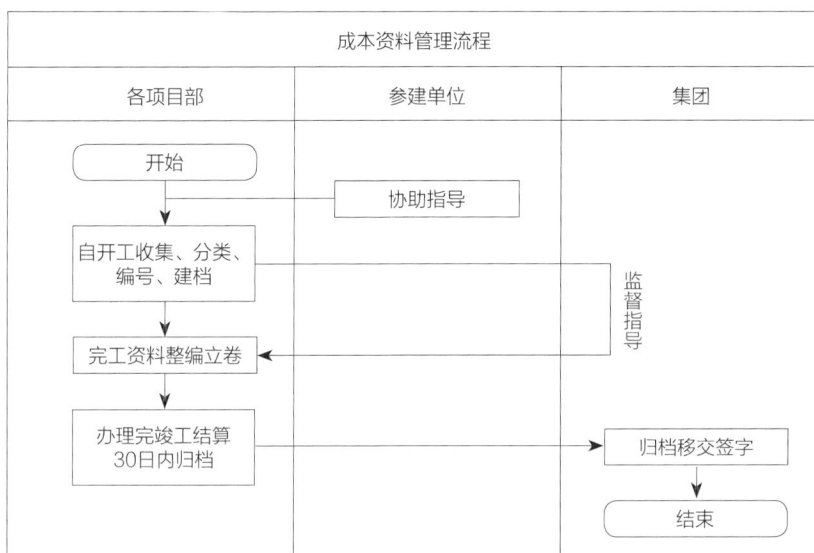

图6-6 成本资料管理流程图

6.8.2 管理要求

1）工程竣工结算完成后，负责工程结算的造价人员对具有保存价值的各种载体的计价文件，均应收集齐全结算资料，按照《建设工程文件归档规范》GB/T 50328—2014整理立卷后归档，项目经理督办完成。

2）工程计价文件，保存期不少于5年。

3）归档的工程计价成果文件应包括纸质原件和电子文件。

4）移交集团档案室时，应编制移交清单，双方应签字后方可移交。

6.8.3 工作事项和要点

严格执行档案登记、发放、借阅等管理制度，保证资料及时归档及其完整性。

6.8.4 资料清单

1）招（议）投标文件及评审资料、投标书、相关承诺，包括报价书及其组成内容。

2）施工合同及补充合同。

3）专业分包合同。

4）有关材料、设备采购合同。

5）工程竣工图或施工图。

6）各方会签的施工图纸会审记录。

7）经发包人批准的施工组织设计（含进度计划）。

8）设计单位修改或变更设计的文件及供应记录。

9）发包方有关工程的变更通知单及变更工程价款报告。

10）工程现场签证单及签证工程价款报告。

11）工程联系单。

12）设计变更与洽商单。

13）技术核定单。

14）经批准的开、竣工报告或停复工报告。

15）来往信件。

16）工程款支付及支付证书。

17）工程款支付证书。

18）工程变更费用报审表。

19）费用索赔申请表及审批表。

20）工程财务记录。

21）现场天气记录。

22）市场信息资料。

23）工程备案表。

24）工程结算审定表。

25）竣工移交证书。

26）影响工程造价的其他相关资料。

第7章
项目集群质量管理

7.1 工程质量管理体系

大型项目集群是由多个功能不一、结构各异的工程建设业态组成，一般具有工程体量大、科技含量高、技术复杂、质量要求高、工期短等特点，因此，对工程质量管理体系提出了更高的要求。

7.1.1 工程质量组织机构与管理职责

中国西部科技创新港项目按照施工总承包组织模式，建立了强矩阵式总承包项目管理体系，本着精干高效、科学管理的原则，从集团18家公司参建单位内抽调精兵强将组建总承包项目管理班子，确保优质高效地完成施工任务。

总承包经理部服从项目指挥部的领导和集团质量管理部门的业务管理，各区域项目部除统一服从总承包项目部管理外，还需服从专业分包单位质量管理部门的监督管理。总承包项目部质量管理体系如图7-1所示。

总承包项目经理全面负责整个施工组织与现场管理，并对接建设单位，项目经理部设3名副总经理（分别分管商务合同预算、安全生产及文明施工、绿色施工及对外联络工作），设项目总工1名，分别设1名土建质量总监和安装质量总监，负责管理整个创新港全部、全过程、全方位的质量管控和落实，统一编制质量策划和部署质量管控要点及关键过程和特殊过程的质量控制，利用BIM技术进行正向出图施工和图纸优化与质量技术交底，严格控制每道工序施工质量检查验收，从源头控制质量。

创新港科创基地项目共分为4个土建项目部（施工区域）和机电安装、装饰、

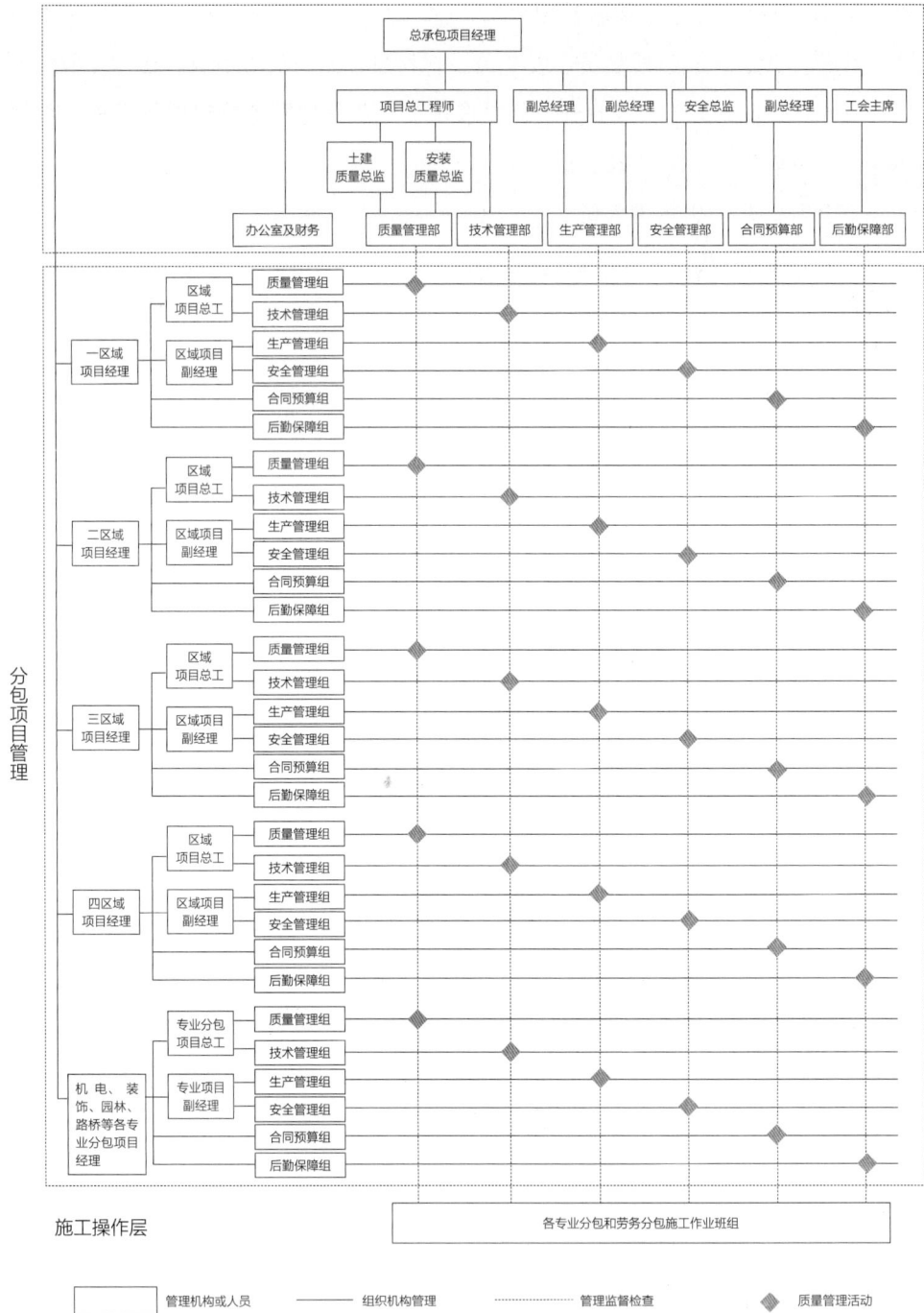

图7-1 大型集群项目矩阵式质量管理组织机构图

路桥、园林、外装等5个专业分包项目部，每个施工区域由区域项目经理、技术负责人、生产经理、工长、质量员、安全员、材料员、资料员等组成。在专业分包方面，选用5家专业施工队伍专业分包，要求每个专业分包配备分包项目经理、项目技术负责人、生产经理、工长、质量员、安全员、材料员、资料员等岗位。每个区域根据工程量及规模，管理人员日常在60人左右，项目部管理人员在高峰期达百人以上，整个创新港项目管理人员500人，确保了质量管理横到边、纵到底的组织保障体系。

7.1.2 工程质量责任制

工程质量是生产技术活动的综合反映，建立质量责任制，是组织生产、确保工程质量的首要条件。

创新港科创基地项目集群质量要求高、工期紧，做好项目集群施工质量控制与管理，是质量管理的重要保证。项目部制定了一系列的质量监控体系与管理措施：

1）质量管理体系分为总包管理体系与区段管理体系，并分区段成立PDCA质量小组，针对现场质量问题，进行现场控制与管理。

2）对质量各要素进行管控，从管理人员到操作工人，从进场材料到机械设备，从方案的制定、审批到施工环境、施工工序的控制，严控每一个工作环节，强化责任意识，保证工程施工质量。

3）组织每周一次的质量检查评比，不仅把各分包的名次和存在的问题予以会议通报，而且向各分包方的上级主管抄送一份综合检查的名次和检查存在问题的书面材料，以引起各协作单位的重视和支持。

4）建立质量挂牌印章制度。每一处成品标明施工人员姓名、所属单位，实现个人、企业名誉与产品的挂钩，以加强质量管理力度。

5）明确项目质量责任制与职责

（1）项目总经理质量责任制

总承包项目经理是工程项目质量管理工作的组织者和领导者，同时是执行者和监督考核者，对保证工程质量起决定性作用。

①负责国家现行规范、标准、强制性条文在本项目中的贯彻执行，负责质量体系文件在本项目有计划、有系统地实施运行，确保质量目标的实现。

②审批本项目的工程质量计划，合理配置资源，科学组织施工，对工程质量负全面责任。

③制定本项目的各类人员责任要求，建立质量约束机制与奖励制度。

④组织职工业务素质的培训，确保关键工序、特殊工序操作人员培训合格并持证上岗。

⑤组织工程项目开展自检、互检、交接检活动。推行工程样板制。主持工程项目质量分析会，不断提高工程质量。

⑥处理施工质量与施工进度的关系，合理安排施工，确保工程质量。对不合格工程交付使用负直接责任。

⑦掌握工程项目的质量情况，负责工程项目质量缺陷及质量事故的处理。

⑧组织工程项目的质量检查，针对主要问题组织攻关。对重大质量问题负责。

⑨负责工程项目的质量回访与保修。

（2）区域项目经理质量责任制

①服从项目总经理的统一领导，对本区域内工程施工质量、进度、安全、成本等方面全面负责。

②根据上级下达的质量指标确定工程的质量方针目标，定期组织项目质量大检查，掌握工程质量动态，经常性地对工程施工质量状况做细致研究，并提出改进措施。

③负责健全项目质量保证体系，配备称职的人员，有计划地对质量检查人员进行培训，支持上级质量管理部门的工作，授予项目质量管理部质量否决权。

④有针对性地制定项目质量奖惩办法，定期召开质量工作会议，兑现奖惩，对质量事故按"四不放过"原则进行处理，组织创建优质工程，制订创优工程质量保证措施并组织落实。

⑤负责推行项目全面质量管理，组建全面质量管理机构，支持QC小组活动，逐步实现科学、全面、规范化管理。

（3）项目总工程师质量责任制

在项目总经理的领导下，主持工程项目的质量工作。

①贯彻执行国家和企业颁发的各项技术规范、规程、质量管理措施和质量奖罚条例，并在施工中严格检查督促落实情况。

②负责贯彻执行集团公司质量方针，及项目质量创优计划的编制与落实。

③组织图纸会审与技术交底，审批特殊工序、关键工序等单项施工方案。负责组织重点部位和关键工序的技术交底工作。

④负责组织分部、分项工程的质量检查和施工过程的检验、试验，确定不合格

品的处置方法。

⑤工程项目每周至少一次的质量检查。协助项目经理召开工程项目质量事故分析会，提出质量事故的技术处理方案，对质量事故负责并有权追究技术责任，及时上报质量事故情况及质量事故报告。

⑥负责新技术、新工艺在本项目的推广应用。主持项目新技术、新工艺的技术质量交底，以及工程控制重点难点的复查和核准工作。

⑦对技术问题、质量问题提出改进措施并指导开展创优工程活动。

⑧积极推广应用统计技术方法，负责对质量事故与质量缺陷进行鉴定，对由施工方原因引起的事故与质量缺陷，提出具体处理方案。

⑨负责单位工程技术资料的审核工作。

（4）项目质量总监责任制

①负责向承包队、工段、班组作技术要求和质量标准交底，并在实施过程中认真检查落实情况，对违反操作规程的班组和个人有权纠正和制止，必要时责令其返工和停工，严防工程质量事故的发生。

②对本项目单位工程施工测量轴线定位、水准基点及高程控制及时进行复核，并负直接技术责任。

③负责本项目的隐蔽工程的检查验收，经有关人员认定全部符合技术质量要求后方可办理签证。

④检查督促自检、互检、交接检、样板制落实情况，对没有样板的工序或未按样板操作的工序必须及时制止施工。

⑤及时检查验收进场原材料、成品、半成品、零配件的质量情况，对不合格品应提出验收意见及处理意见，坚决制止使用不合格材料。

⑥及时搜集工程项目的有关技术、质量资料，建立工程技术质量档案。

（5）项目质量员的质量责任制

在总工程师领导下，认真贯彻执行国家和企业颁发的各项技术规程、施工规范、质量督控制度。检查监控工程项目的施工质量情况。对本工程项目质量工作进行具体组织管理和指导。

①负责履行各项质量监督职能，负责对允许偏差项目不合格的鉴定、标识、记录，并提出处理办法通知操作人员进行处理。

②负责检查工程材料质量，制止使用不合格材料。负责对现场制作的半成品、分部分项工程检验和试验状态进行标识、判定。

③对班组自检、互检、交接检进行监督，对施工过程质量负有直接技术责任。

④负责质量检验记录的填写、收集与整理。

⑤负责技术复核、隐蔽工程项目的检验工作，处理质量事故。

⑥组织本项目范围内分项、分部工程质量的检查验收。主持开展质量自检、互检、交接检、隐预检及结构验收工作。检查督促工程样板制落实情况。

⑦及时掌握工程质量情况，对质量好的先进典型要及时推广。对违反施工程序和操作规程的现象有权随时制止，严重时责令其停工。

⑧填写不合格品的通知单、返工、返修单等有关检查表，做好各种原始记录和数据处理工作。

（6）栋号长（工长）质量责任制

①按设计图纸、施工规范、验收标准、施工组织设计（方案）组织施工，对分部分项工程质量负直接管理责任。

②严格贯彻执行工艺标准，编写分项工程的技术交底。负责项目分项工程的技术交底工作，给施工作业队（包括外联队伍）下达任务时，进行书面的技术、工艺、质量标准交底，负责落实交底资料签字，在施工中负有检查、督促执行的责任。

③组织班组自检、互检，交接检并签证。参加工程隐预检，严把质量关，制止使用不合格的工程材料。对不合格的工程转交给下道工序负直接责任。

④对本栋号、本工段发生的工程质量事故负直接责任，并及时上报。

⑤负责实施样板，样板确定后按样板组织施工及验收。

⑥按时准确填写质量检查原始记录、统计报表。月底向项目经理部报"三检"资料，作为评定分项工程质量的依据。

（7）试验员

①制定实验室的年度、季度工作计划，负责完成上级下达的检测任务，按时提出检测报告，并对其公正性、准确性负责。

②负责项目计量设备的验收、检定、发放和维护管理，对设备、器具的质量可靠性、精度负责。

③严格按规定做好现场取样、送检等试验工作，确保现场养护室环境条件达到规定的要求，对试验和检测数据的真实性负责。

④对提供的混凝土、砂浆、防水等材料的配合比的可靠性负责。

⑤对复检材料、试块强度达不到规定指标和设计要求的，试验员必须立即向项

目总工、副经理如实报告，不得拖延，对因拖延引发的质量后果负责。

⑥对上级主管负责，完成并定期汇报试验室的工作，对试验室的检测、测试、研究开发及行政工作负全面的领导责任。

（8）测量员质量责任制

①熟悉施工图纸及有关技术资料，协助项目总工制定放线、定位、沉降施测方案，对方案的精确性、适用性负责。

②熟悉测量规范，规划和仪器性能及使用仪器设备工具，严格遵守操作规程及各项管理制度，维护仪器的安全和整洁，保护设备工具，做好仪器的自校和计量。

③经常检查、保养测量工具、测量仪器，使设备处于精良工作状态，对工程测量成果负责。

④负责测量成果资料签证、整理、保管、归档，认真执行测量复核制，发现问题及时报告，不得擅自处理；与有关施工单位密切配合，向土建工程管理部、机电安装管理部进行交线、交底。

（9）材料员质量责任制

①采购订货前认真做好材料、产品、器材、构件的质量调研工作，防止盲目采购；对本项目所采购使用的材料的质量负责。

②订货合同上明确材料、产品、器材、构件的质量标准，坚持实行"封样"制度，对入库保管的材料质量负责。

③遵守材料采购各项质量管理规章制度，明确材料订货、采购、运输以及保管人员的质量责任。

④对进场材料、成品、半成品、构件、器材的质量负责，对其材质证明、产品合格证、试验报告的真实、齐全及时负责，及时提供可靠、齐全的材质证明和产品合格证，做到材质证明随料进场。

⑤对质量有疑义的材料和需要复试的材料取样负责，对不合格的材料、构件、成品、半成品、器材及变质材料负责申报处理，未经批准不得处理。

（10）作业班组长质量责任制

①对本班组人员经常进行"质量第一"的思想教育，树立"以客户为中心用心服务"和"下道工序就是用户"的思想。认真贯彻质量管理制度和各项技术规定、质量标准。全面负责本班组的质量自检、互检和工序之间的交接检查，杜绝工程质量事故的发生。

②主持班组人员严格按图纸、技术交底和操作规程进行施工，并对本班组的工程质量负操作责任和经济责任。

③严把材料使用关，混凝土、砂浆配合比关。拒绝和制止使用不合格的材料，对不合格的分项工程做到上道工序不交，下道工序不接。接受质检人员、技术人员的检查指导，随时纠正违章操作现象。

④组织班组成员按时填写各种原始记录，统计报表，保证数据真实可靠。分析工程质量存在问题，实行对策管理。

⑤对本班组人员操作的不合格工序，应主动组织返修重做，直到合格为止。

⑥参加工程项目负责人组织的质量检查及本班组施工的分项工程质量评定。

（11）操作工人质量责任制

①班组操作人员应严格按图施工，做好质量自检、互检，确保本人、本班组承担的分项工程质量达到质量计划所要求的目标。

②掌握使用的设备、工具的操作规程，做好日常维护，保养工作，遵守劳动纪律，做到安全文明施工，填写好有关质量记录。

③做到"三懂四会"，即懂设备性能、懂质量标准、懂操作规程、会看图、会操作、会维修、会检测。坚持按要求施工，做好自检自评记录。

④爱护工程材料。正确合理使用各种工具售量具和仪表设备。做到精心维护，使其经常保持良好状态。

⑤严把质量关，做到不合格的材料设备不使用，不合格的工序不交接。凡属不按操作规程、不按施工图纸和技术交底要求施工，造成返工或质量事故者，要负直接责任和经济责任。

⑥自觉接受质检人员和技术人员的检查指导，及时纠正违章施工，确保施工质量。

⑦爱护和保护工程施工成品。

7.1.3 对专业分包组织机构设置要求

创新港用工135家劳务企业，3万余名进城务工人员，专业分包为集团内部单位，总包项目部与专业分包主要采取专业分包模式，即包工包料的分包模式，各分包单位配备齐全的项目组织机构，分区分专业进行施工。分包单位与劳务企业主要采取扩大清包模式，及部分辅材和小型施工机械的分包模式。为了确保工程质量均衡，工程主要材料全部采用集团大集采模式、统一采购、统一质量、统一定价。

集群项目要对各专业分包单位进行资质资信考察后，与总包签订专业分包合同并明确质量要求和交付标准，并要求专业分包项目部必须按要求设置专业专职质量员，负责分包合同质量内容的履约实施。

1）分包单位资质审查：所选择的分包方应具备相应的企业资质等级，并在工程质量管理方面符合《施工企业质量管理规范》中有关质量管理体系、岗位职责、人力资源管理、技术等级培训和考核等要求。分包单位应选择综合实力强、信誉良好的单位。

2）分包合同管理：项目经理部与分包方在签订分包合同时，单独签订工程质量保证的专项协议，确保分包质量目标满足工程总体质量目标的要求，确定总、分包在开展质量技术培训、工程质量管理、竣工后的保修与服务及工程质量事故处理等各方面的双方权利、责任与义务。

3）项目部人员配置：要求分包根据施工项目的规模和不同的施工阶段配置一定数量及相应专业的专职质量检查员，并实行动态管理：5万～10万m²的设置4人；10万m²以上的项目，每增加5万m²，增加1名质量检查员（上述人员不含总承包方质量检查员）。

7.2　工程质量策划

7.2.1　质量目标

工程质量目标为：中国建设工程鲁班奖。

总承包项目部对创新港项目集群所辖区所有进场专业分包和劳务分包进行统一的工程质量培训与技术质量交底，对鲁班奖总体质量目标进行分解，在明确总体质量目标的同时，要求各专业分包和劳务分包按分部分项、按阶段、按工序类别对技术质量、安全文明施工、绿色施工、创新技术等细化分目标，确保总体目标实现所必须具有的、循序的、多方面的细化目标和指标。科技创新港科创基地项目总体最高质量目标为中国建设工程鲁班奖（国家优质工程），要求过程质量子目标如下：

1）质量子目标：陕西省优质结构工程、陕建集团优质工程华山杯奖、陕西省建设工程长安杯奖。

2）文明施工及安全目标：陕西省文明工地；国家AAA级安全文明标准化工地；

确保职工职业健康安全，杜绝重伤及以上的人身伤亡事故。

3）新技术应用目标：陕西省创新技术应用示范工程。

4）绿色施工目标：陕西省绿色施工示范工程。

5）环境管理目标：噪声排放达标；扬尘排放达标；固体废弃物实现分类管理，提高回收利用量，有毒有害分类率100%；污水、废水达标排放；最大限度节约资源、能源。

6）绿色建筑目标：绿色建筑二星级，竣工验收后一年内完成。

7）BIM技术应用目标：中国工程建设BIM应用大赛卓越工程项目奖。

8）QC目标：省级QC成果20项、国家级5项。

9）工法目标：省级8项。

10）其他科技成果奖、专项质量奖等。

7.2.2 质量计划

1. 质量目标计划

项目集群在制订质量目标计划时，要切合实际、科学合理，否则就会失去它的实际意义，起不到应有的作用。质量目标计划要确定整个工程具体目标实施的时间、条件、负责人、主管领导等，以阶段目标保证总体目标的实现（表7-1）。

工程质量目标计划表 表7-1

分类	名称（内容）	计划验收时间年度	验收时间要求	负责人	备注
质量目标	国家级优质工程鲁班奖	2020	竣工验收后一年且已备案	××	已获省级最高质量奖及优秀设计奖
	省级优秀设计奖	2020	竣工验收后一年	××	
	绿色建筑标识	2019	竣工验收后	××	
	省级优质工程"长安杯"	2020	竣工验收后一年且已备案	××	已通过省级文明工地、绿色施工、创新技术应用
	企业优质工程"华山杯"	2020	竣工验收后一年	××	
	省优质结构工程	2017	主体封顶后	××	
安全文明施工	市、省级文明工地备案	2017	地下室施工阶段	××	
	市级文明工地验收	2017	主体封顶前后	××	
	省级文明工地验收	2017	主体封顶后	××	

续表

分类	名称（内容）		计划验收时间年度	验收时间要求	负责人	备注
绿色施工	省级绿色示范工程备案		2017	地下室施工阶段	××	
	省级绿色示范工程验收		2017 2018	主体阶段及工程竣工验收前	××	
	国家级绿色示范工程验收		2017 2019		××	
创新技术应用	省级创新技术应用示范工程		2018	工程竣工验收前	××	
QC小组成果				施工期间		
				施工期间		
				施工期间		
技术管理目标	科技成果					
	论文					
	专利					
	工法					

2．施工方案编制计划

参见表7-2。

施工组织设计及专项方案编制计划表

表7-2

序号	名称		计划编制时间	编制人	审核人	是否需要专家论证
1	施工组织设计					
2	安全专项方案	土石方开挖工程施工方案				
3		深基坑支护施工方案				
4		施工临时用电方案				
5		施工塔式起重机安拆方案				
6		施工电梯安拆方案				
7		模板工程施工方案				
8		脚手架工程施工方案				

序号	名称		计划编制时间	编制人	审核人	是否需要专家论证
9	超过一定规模的危险性较大分部分项工程专项方案	深基坑开挖、支护施工方案				需专家论证
10		架体高度20m及以上悬挑式脚手架工程				
11		大跨度模板施工方案				
12		高架支模施工方案				
13		施工高度50m及以上的建筑幕墙安装工程				
14	技术性或质量创优专项方案	室内外回填土施工方案				
15		大体积混凝土施工方案				
16		测量放线施工方案				
17		冬期施工方案				
18		混凝土工程施工方案				
19		钢筋工程施工方案				
20		填充墙施工方案				
21		屋面工程施工方案				
22		外墙外保温施工方案				
23		石材及玻璃幕墙施工方案				
24		钢结构二次深化施工方案				
25		吸声板墙面施工方案				
26		细石混凝土地面施工方案				
27		磨光大理石地面施工方案				
28		装饰吊顶施工方案				
29		管线综合排布施工方案				
30		给水排水工程施工方案				
31		电气照明工程施工方案				
32		电气动力配电工程施工方案				
33	创优策划及效果图	卫生间地砖、墙砖排砖图				
34		公共走廊、电梯厅、房间排砖图				
35		吊顶排布图				
36		外墙面砖、外墙石材排版图				
37		外墙分格图、门窗周边节点图				
38		屋面排砖图、屋面细部做法图				

3．分部分项检验批验收计划

1）所有检验批主控项目全部合格，一般项目满足规范规定要求。

2）除地基与基础分部工程外，其余分部工程要达到观感质量"好"。

3）检查项目各测点，实测值均达到0.5倍的规范规定值。

4）主要功能项目的抽查结果应符合相关专业质量验收规范的规定。

5）单位工程所含分部（子分部）工程的质量均验收合格。

6）工程结构、单位工程施工质量优良工程的评价总得分均应≥93分。

4. 工程细部亮点样板实施计划

工程建设过程应用智慧建造理念，借助物联网和BIM技术，实现建设中管理对象的互联互通与共享，通过资源共享、智能测绘、数字化质量管控、智能化监测等手段实现信息化管理。

运用PDCA原理，以实测实量为基础、智慧建造为平台，应用过程统计控制学原理进行施工管理的动态管控；通过"累积和"控制图对过程中积累的实测实量数据进行统计和分析，并采取针对性解决方案促进和保证质量水平持续提升。

1）基础工程、结构工程、重点推广的新工艺、装饰分项工程、安装工程等，均应在施工前先组织样板间（件）施工。

2）样板间（件）施工所用的材料应与设计确定的材料、施工方法、工艺一致。

3）隐蔽工程样板间（件），可在工程现场提前做出样板。

4）装饰装修工程或不及时隐蔽工程的样板间（件），尽量在实体上施工，但应避开验收经常检查的位置，相应的分部分项样板间（件）在大面积施工前一周内完成。

5）样板间（件）施工完后应邀请甲方、监理进行验收合格后方可。

5. 新技术应用项目计划

如表7-3所示。

工程新技术应用项目计划表 表7-3

大项	项目名称	子项		项目内容	使用部位	实施目标
1	地基基础和地下空间工程技术	1	1.1	非开挖埋管施工技术	市政	环保、高效、节约工期
2	钢筋与混凝土技术	2	2.1	高耐久性混凝土技术	基础、主体	改善并提高混凝土耐久性能，满足施工需要，有效控制混凝土裂缝
		3	2.4	再生骨料混凝土技术	屋面	
		4	2.5	混凝土裂缝控制技术	基础、主体	
		5	2.7	高强钢筋应用技术	基础、主体	
		6	2.8	高强钢筋直螺纹连接技术	基础、主体	
3	模板脚手架技术	7	3.1	销键型脚手架及支撑架	主体	提高施工质量，保证施工安全
		8	3.6	组合铝合金模板施工技术	二次结构	
		9	3.8	清水混凝土模板技术	主体	

大项	项目名称	子项	项目内容	使用部位	实施目标
4	装配式混凝土结构技术	10	4.2 装配式混凝土框架结构技术	主体	提高效率、绿色环保、降低能耗
		11	4.3 混凝土叠合楼板技术	主体	
		12	4.8 钢筋套筒灌浆连接技术	主体	
		13	4.9 装配式混凝土结构建筑信息模型应用技术	主体	
		14	4.10 预制构件工厂化生产加工技术	主体	
5	钢结构技术	15	5.1 高性能钢材应用技术	主体	保证质量及结构安全
		16	5.2 钢结构深化设计与物联网应用技术	主体	
		17	5.5 钢结构高效焊接技术	主体	
		18	5.7 钢结构防腐防火技术	主体	
		19	5.8 钢与混凝土组合结构应用技术	主体	
6	机电安装工程技术	20	6.1 基于BIM的管线综合技术	安装工程	加快施工进度、提高工程质量、避免管线冲突、降低损耗
		21	6.3 可弯曲金属导管安装技术	安装工程	
		22	6.5 机电管线及设备工厂化预制技术	安装工程	
		23	6.6 薄壁金属管道新型连接安装施工技术	安装工程	
		24	6.8 金属风管预制安装施工技术	通风	
		25	6.10 机电消声减振综合施工技术	机房	
		26	6.11 建筑机电系统全过程调试技术	安装	
7	绿色施工技术	27	7.1 封闭降水及水收集综合利用技术	施工现场	降低工程成本有效节约资源
		28	7.2 建筑垃圾减量化与资源化利用技术	施工现场	
		29	7.3 施工现场太阳能、空气能利用技术	施工全过程	
		30	7.4 施工扬尘控制技术	施工全过程	
		31	7.5 施工噪声控制技术	降噪屏	
		32	7.7 工具式定型化临时设施技术	防护栏/活动房	
		33	7.8 垃圾管道垂直运输技术	主体施工	
		34	7.9 透水混凝土与植生混凝土应用技术	道路、停车场	
		35	7.10 混凝土楼地面一次成型技术	地下室	
		36	7.11 建筑物墙体免抹灰技术	蒸压加气混凝土板	

续表

大项	项目名称	子项	项目内容	使用部位	实施目标
8	防水技术与围护结构节能	37	8.5 种植屋面防水施工技术	种植屋面	缓解热岛效应、节能减排
		38	8.8 高效外墙自保温技术	外墙	
		39	8.9 高性能门窗技术	外门窗	
9	抗震、加固与监测技术	40	9.1 消能减震技术	楼梯滑动支座	保证施工安全、提高工程质量
		41	9.6 深基坑施工监测技术	深基坑变形观测点	
		42	9.7 大型复杂结构施工安全性监测技术	高支模架体监测	
10	技术信息化	43	10.1 基于BIM的现场施工管理信息技术		提高办公自动化效率
		44	10.2 基于大数据的项目成本分析与控制信息技术		
		45	10.3 基于云计算的电子商务采购技术		
		46	10.4 基于互联网的项目多方协同管理技术		
		47	10.5 基于移动互联网的项目动态管理信息技术		
		48	10.7 基于物联网的劳务管理信息技术		
		49	10.9 基于智能化的装配式建筑产品生产与施工管理信息技术		

7.2.3 质量创优策划

"鲁班奖"是全国建设工程质量最高奖，不仅是一种品牌，更是一种精益求精、追求卓越的精神。创建"鲁班奖"工程是一项环环紧扣的系统工程，仅有美好的蓝图和良好的愿望是远远不够的，而是要循其规律、精雕细刻、持之以恒，坚持一丝不苟和严谨细致的作风，这样才能创建出一批又一批的精品工程，培养和锻炼一批又一批善于管理、精于操作的管理人才和能工巧匠。

创新港集群项目创建精品工程应从中标开始就搞好创优策划，从每一个分部分项和细部节点做出适合该工程的施工方案，确保策划方案优秀，才能减少施工过程中的返工和浪费。

创新港集群项目按照五统一原则，即统一领导、统一部署、统一策划、统一标准、统一工艺。质量控制坚持"策划先行、样板引路、过程控制、一次成优"的质量创优思想路线，按照施工进度计划，制定详细的、针对性和可操作性强的施工组织总设计和专项施工方案，采用技术先进、合理可行的施工方法，实行三级技术交底，对重要部位制作施工样板，从而实现项目管理层和操作层对施工工艺、质量标准的熟悉和掌握，使工程有条不紊地按期完成。

工程创优策划的内容很多，创新港工程创优策划紧紧围绕大型群体工程如何确保实现整体质量均衡统一，有针对性地对以下主要内容进行了详细策划，具体详见本书附件7-1。

在大型群体项目创优夺杯中，首先要明确管理程序：一是明确"创优"质量目标。二是进行实现质量目标的可行性分析和工程施工的难点分析。三是制订分阶段目标，把质量目标层层分解，直至分项工程、检验批。四是创优质工程的过程策划，即如何解决工程质量通病，如何将难点通过施工向质量亮点转化的策划。五是过程控制，即对分项工程每一个操作工艺过程进行实施、再策划、再实施，始终留下创优痕迹。六是分段验收来实现质量目标。

大型集群项目创优目标和过程策划确立后，关键在于过程控制、实现过程精品。大型集群项目创优工程一定要通过"过程精品"去实现，只要工程施工的每一个"过程"都达到创优质工程的要求，那么最终的工程质量自然就是优质工程。

企业对项目部创优工程实行多级、多方位的质量过程监控。创优夺杯项目部在组织施工前两周内，对工程的所有特殊工序、施工难点和影响使用功能的部位，必须以书面形式明确组织施工安排计划及具体措施，每个环节附作业指导书，包括工艺，质量要求，施工组织、质量监督负责人名单等报告公司项目管理部审核批准。在实施过程中，除了项目部要严格按创优目标计划实施外，公司专门安排专业工程师到现场检查、指导、监控，保证重点部位施工质量一次成优。对工程施工过程的质量，公司每季度进行综合考评，对成绩突出的工程项目实行重奖，鼓励项目部创优质工程的积极性。

实现过程精品的主要环节在于创优工程的过程中积极开展QC攻关小组活动。通过统计表、排列图找出主要质量问题。通过鱼刺图，即对人、机、料、法、环五大因素找出产生问题的原因。通过原因分析会，即头脑风暴法找出主要原因。然后对症下药，确定落实措施的具体责任人、完成时间。通过这一系列活动，从而提高产品质量，把质量通病降到最低程度。

因此，大型集群项目在创优夺杯中，只要真正在思想上重视质量，牢固树立"质量第一"的观念，认真遵守施工程序和施工工艺标准，认真贯彻执行技术责任制，认真坚持质量标准、严格检查，实行层层把关，突出工程的细部质量特点及亮点，那么创优的目标就一定能够实现。

7.3　工程质量实施

7.3.1　目标管理

大型集群工程项目质量创优管理，除了利用必要的检查控制手段外，必须系统部署、统筹管理，坚持"五统一"：即统一领导、统一部署、统一标准、统一策划、统一工艺；坚定不移地贯彻"预防为主"的方针，消除质量通病；坚持"策划先行、样板引路、工程控制、一次成优"的创优路线，积极采用创新技术。

在大型集群项目施工中，有几千人甚至上万人，几十个专业工种、几十道工序同时施工，仅仅依靠专职质量管理检查监控机构和少数质量管理检查监控人员搞好质量工作是不可能的，必须统一领导、统筹管理、系统部署，认真落实质量承包责任制，正确处理进度与质量的关系，实施质量目标管理。

分部工程和专项工程施工前，由总包项目经理部组织人员进行整体策划，制定统一技术措施，编制施工组织总设计，确定分部工程和专业工程施工方案，经集团各级部门审核后，报监理审核批准后统一实施。图纸会审由项目总工统一负责，与建设单位、设计单位积极协商，统一施工做法。坚持创优策划结合工程特点，在分部分项工程合格或优良的基础上，确定本工程可能实现的质量特色及细部亮点，并在过程中通过优选材料、创新工艺、改进方法确保质量亮点的实现。广泛发动群众参与质量管理，实行专业管理和群众管理相结合的体制，使专管成线、群管成网。

1. 各参建单位主体边界的划分

为了大型集群项目整体目标实现，总包项目经理部将项目划分为四个区段施工，每个区段设区段项目部，负责该区段的项目施工管理，区段项目部主要负责项目的地基与基础、主体工程、装饰工程、安装工程的施工。每个区段内的消防工程、室内精装工程、室外幕墙装饰工程由专业分包单位完成，室外道路及绿化工程由专业公司施工，各分包之间及区域与分包之间，统一由各区域项目统一协调。每个区域项目部及专业分包单位分别与总包项目经理部签订工程分包合同，明确各自承包范围及相应的责任。

2. 认真落实质量承包责任制

分区段项目经理是工程质量的主要责任者，在施工前应签订单位工程质量指标责任合同，明确工程项目质量目标和项目经理的质量责任，指标完成情况与薪酬挂钩，通过签订工程质量责任承包合同，使各项计划指标落到实处。

工程项目的专业管理人员、工程技术人员乃至班组长、操作工人，都应根据各自的质量责任制，同项目经理签订分部、分项、工序工程质量指标责任合同，做到工程质量指标值层层分解，责任到人。工程质量指标是企业的一项重要经济指标，工程质量的好坏，直接关系到企业的经济利益。因此，在分配中，必须与工程质量指标紧紧挂钩，对项目经理部实施质量指标考核，与干部的效益工资挂钩，与工人的计件工资挂钩。

3. 正确处理进度与质量的关系

进度与质量是对立的统一，没有质量就没有进度。在实施工程项目的施工与管理过程中，必须正确处理质与量的关系。进度完成后质量检验是否合格，不合格的工程不能计算工程量。因此，当进度与质量发生矛盾时，各级主管领导尤其是项目经理，一定要摆正"进度必须服从质量"这个关系。坚持好中求快，好中求省。严格按标准、规范和设计要求组织、指导施工，绝不能因为抢工期而忽视质量。

4. 有效实施过程质量目标管理

为了能够更好地推动工程项目的质量管理工作，促进工程质量的不断提高，对工程项目的质量实施重点目标管理十分重要。对于大型集群重点项目，要积极开展多种形式的竞赛评比活动。竞赛活动可以是分专业分包单位的、分区段的、栋号间的、班组间的、工序间的，通过竞赛起到互相检查、互相评比、互相学习、互相促进的作用。通过项目部质量检查评比，发现质量好的方面及不足，进行专家分析讲评，促进质量水平的提高。对已发生的重大技术质量问题和质量事故，必须做到事故原因没有查清不放过，没有改进措施不放过，当事者和群众没有接受事故教训不放过，坚持奖罚严明，做到以点带面，促进工程项目质量的全面提高。

5. 积极开展全面质量管理工作

全面质量管理，是现代化企业管理的一种科学的管理方法，它以实行全过程、全企业、全员的"三全"管理为基本手段，开展群众性的质量管理和质量管理小组（QC小组）活动，是一种提高工程施工质量十分有效的好办法。工程项目可以根据需要，成立若干个QC小组，针对某些特殊工序，包括操作难度高的工序，以及技术、质量难点，设立活动课题，开展攻关活动。通过QC小组的活动，培养职工搞好工程质量的自觉性，激发广大职工学文化、学技术的热情，达到施工全过程的自检自控，从而建造出合乎质量标准的建筑产品，同时还有利于提高工作效率、节约原材料。

7.3.2　样板引路

工程质量样板引路是工程施工质量管理的一种行之有效的做法，每个分项工程或工种都要在开始大面积操作前做出示范样板，统一操作要求，明确质量目标。样板引路的实施，在大型集群项目建造过程为工程大面积施工提供了有力保障，让操作工人掌握工序关键点、流程和质量验收标准，明确工序之间的交付标准，让样板成为施工交底的一个实例体现，使得样板引路成为创优工程施工的有效手段。

1. 工程样板

包括：设计样板、材料样板、工艺样板、实体样板间等。

该工程在主体阶段对钢筋、模板、混凝土均做了样板模型，用模型向工人技术交底；砌体、抹灰、装饰、吊顶、地面、卫生间、屋面、门窗、灯具、喷淋等大量的分项工程均在施工前制作了实体样板，对样板进行反复地修改和论证，尤其在工程细部做法上，参照陕建集团《建筑工程创优细部做法工艺标准》，结合工程实际，标注质量要求和细部做法要点，做出符合设计及规范要求，精细、美观、适用的样品，向操作工人进行样板实物交底后，才可大面积推广。

2. 样板引路方案编制内容要求

项目部技术负责人要根据工程的特点、施工难点、工序的重点、防治工程质量通病措施等方面的需要，组织参与编制和实施该工程施工组织设计和专项施工方案的相关技术管理人员，研究制订工程质量样板引路的工作方案。

3. 样板引路工作方案内容

包括：需制作实物质量样板的工序和部位（含样板间），制作实物质量样板的技术要点与具体要求，将质量样板用于指导施工和质量验收的具体安排，相关人员的工作职责以及根据工程项目特点所制定的其他相关内容。项目部应针对要求制定相关的工程质量样板引路工作方案，经总承包项目部同意后送项目总监理工程师审批后实施。

4. 样板引路交底

1）样板制作前，应由项目技术负责人组织进行技术交底。

2）样板实施后的交底：在施工现场光线充足的区域设置样板集中展示区，展示独立制作的质量样板、建筑材料和配件样板，以及文字说明材料等，使技术交底和岗前培训内容能比较直观、清晰，易于了解掌握，并提供直观的质量检查和质量验收的判定尺度。

3）实物质量样板应符合有关技术规范和施工图设计文件的要求，质量样板需经施工企业相关部门（或委托该工程项目技术负责人）复核确认，建设单位和监理单位同意后方可用于技术交底、岗前培训和质量验收。

5. 样板引路实施要求

1）材料、设备的选型、订货必须验收样板，根据检验合格的样板标准进行材料、设备进货检验，并经甲方和监理确认，确认后应予以封存。

2）现场成品、半成品加工前，必须先做样板，根据样板质量的标准进行后续大批量产品的加工和验收。样板应以实体样板为主，不断改进后确定为最终确定的样板予以封存和作为样板交底的实物。

3）工序样板实施要求：

①项目部对每道工序的第一板块，要在设计规范要求下，严格控制施工过程，使之符合设计规范要求。

②对该板块进行项目管理机构、监理、设计和施工的四方验收，验收合格的板块作为整道工序的样板工程，并做好签认，合格后，方可大面积施工。

③该工序的各板块需以该样板施工为指导，各施工方法均需以样板为标准，以确保该工序的各板块均达到样板的要求。

④组织施工人员开现场会，参观样板工程、工序，明确该工序的操作方法和应达到的质量标准。

4）装修样板间实施要求：

①在装修工程开始前，要先做出样板间，样板间应达到竣工交验的标准，同时根据样板间确定各种材料、设备的选择，确定各专业交叉施工时应注意的事项，为装修工程的顺利展开打好基础。

②样板间应以高标准作为大面积施工的依据，经项目部联检达到优良后进行大面积施工，最后以样板间为标准进行验收。

③对不符合样板施工要求的施工方法坚决给予否定，违者按章处罚，做好样板的唯一性、权威性。

④制作实物质量样板应本着因地制宜、减少费用、直观明了的原则，尽可能结

合工程实体进行制作；如需另行制作造成费用增加较多，由项目部与建设单位协商解决。

7.3.3 BIM交底

项目一开始就要求全过程应用BIM技术，所有单体均建立了完整的建筑信息模型，保证设计模型到施工阶段的传递。施工阶段必须根据现场实际数据对模型进行深化和完善，形成竣工模型，并交付给运维单位管理使用。项目施工阶段BIM应用主要包括：基于BIM技术的图纸会审，辅助现场文明施工形象展示，管线综合排布施工方案模拟优化，确定各专业管线合理的排布位置，避免安装过程中出现的碰撞冲突，达到减少返工和材料损耗的效果，复杂节点可视化技术交底、现场平面布置、样板区策划、辅助现场施工、辅助创优策划的编制，装饰装修策划阶段对公共区域的瓷砖进行排布，针对"三缝对齐"等要求在三维模型上排布出虚拟效果，尝试不同尺寸地砖排布，辅助"鲁班奖"创优策划，基于协同平台的装配式建筑应用等方面。BIM技术的应用，为项目质量管理、进度管理、成本管理各方面发挥了重要作用。具体详见附件7-2。

7.3.4 质量奖罚制度

在创新港项目集群建设过程中，项目创新开展"六比六赛"劳动竞赛活动，以"比安全管理到位，赛安全生产；比工程一次成优，赛工程质量；比工序安排合理，赛施工进度；比现场策划先行，赛文明施工；比治霾环保落实，赛绿色施工；比人文关怀至上，赛后勤管理"为主要内容，打造出"快、新、精、防、绿、实、亮"的项目特色。

劳动竞赛资金来源为各参建单位按照总造价3‰提取劳动竞赛奖励基金。竞赛形式分团体和个人竞赛两个层次。团体竞赛实行周评月奖制度，即每周进行一次检查评比，按月结合周评进行一次综合打分和奖励；个人竞赛每2个月进行评比表彰。

团体竞赛分综合前五名和6个单项第一名，具体评比办法为：按照"六比六赛"考核内容（其中质量30分，进度25分，安全20分，文明15分，绿色5分，后勤5分），分别取综合得分前五名，以及安全、质量、进度、文明施工、绿色施工和后勤管理六方面单项第一名。

个人竞赛以技能比武、技术创新、同业务比赛等形式进行，由项目部组织考核比赛，对优秀者授予创新港建设突出贡献者、岗位能手、技术创新成果先进个人等荣誉。

团体竞赛奖励：综合评比前五名，颁发流动红旗（流动红旗下次评比交回项目部），并奖励第一名15万元，第二名10万元，第三名7万元，第四名5万元，第五名3万元；安全、质量、进度、文明施工、绿色施工和后勤管理专项取第一名，质量奖励5万元，其他奖励2万元。同时，对综合评比和单项倒数第一名的由项目经理部通报、约谈，连续两次倒数第一名的由集团通报、约谈。

个人竞赛奖励：由项目部每2个月通过一定形式考核或竞赛，评出表彰一批创新港建设突出贡献者、岗位能手、技术创新成果先进个人等，颁发荣誉证书并奖励5000元。

现场检查内容按不同施工阶段制定不同的检查标准，制定相应的检查打分表。质量检查主要包括安全使用功能及违反规范强条检查，质量安全隐患及影响使用功能的缺陷等检查，隐蔽检查及交叉污染检查，工程细部做法及观感检查等为主要检查内容，每周定期检查，并整理检查通报资料，组织进行质量例会通报。

现场检查组成员由每个参建单位1名技术负责人和指挥部2～5名质量管理人员组成，每次检查由指挥部提前指定本次检查的重点，随机确定检查路线，各参建项目不得指定检查路线，每个检查人员按评分表打分或排名打分，指挥部统一汇总，按评分表打分去掉最低分和最高分取平均值为评比排名得分。

资料检查组由各参建单位技术质量部门1名专业资料管理人员组成，根据技术资料检查评分表分组交叉检查，每周定期检查，检查后对主要问题进行汇总，结合汇总情况进行各自评分，去掉最低分和最高分取平均值为评比排名得分。

7.4　工程质量控制

7.4.1　工序及分项检验批的检查

集群项目每道工序结束后，下一道工序施工前，由施工班组自检合格后报请专业工长，由专业工长会同下道工序专业工长、施工班组进行互检及工序交接检。交接检完成后，由专业工长提出申请，通知项目专业质量员、专业工长进行分项质量检查。各专业工长按照要求填写施工记录、隐蔽工程验收记录、专项检验等记录并签字确认；专业质量员对施工记录、检验试验记录、隐蔽工程验收记录、和分项工程检验进行复核，达到检验批验收条件，填写检验批质量验收记录并签字确认，交监理工程师验收，重要的分项工程应由项目技术负责人进行检验复核。隐蔽工程由项目专业质量员报请专业监理工程师，对隐蔽工程进行验收，并应形成隐蔽工程验收记录。

7.4.2 质量检查制度

质量检查验收应实施三检制，及质量过程检查制度和特殊过程检查制度。

1. 质量管理三检制

三检是指自检、互检、交接检。

1）自检。自检指操作人员对自己的施工工序或已完成的分项工程进行自我检验，实施自控，及时消除异常因素，防止不合格品流入下道工序。分为操作人员自检和班组自检，由技术员组织班组进行，由班组做文字记录。工班长在每日收工前对完成工作进行一次自检，做出记录，工后讲评。

2）互检。互检指操作人员之间对所完成的工序或检验批、分项工程进行相互检验，起到相互监督的作用。互检的形式可以是同组操作人员之间的相互检验，也可以是班组的兼职质检员对本班组操作人员的检验。同一工种或多工种之间，由工程队组织不定期的相互检查，互相观摩，交流经验，推广先进操作技术，达到取长补短、互相促进、共同提高的目的。

3）交接检。交接检指上道工序自检合格后，上下工序之间进行交接检查。交接检由项目质检工程师组织有关班组长、技术员进行，并填写工序交接记录。同一工种的多班制上下班之间或工种的上下工序之间的交接检查，各工班应做到上道工序不合格，下道工序不施工。

2. 关键过程检查

关键过程是对结构安全和重要使用功能影响较大的施工过程，主要包括以下内容：

1）特定过程：对于测量定位放线、地基和主体结构验收、大型设备交安等特定过程，应由项目经理部技术负责人根据过程情况及时通知监理（建设）单位组织相关人员进行复核或验收，并做好记录，符合规定要求后方可进入下道工序。

2）主要过程产品：当"地基与基础"和"主体"两大分部工程完成后，项目技术负责人应依据相关工程施工质量验收规范组织质量验收，填写分部工程质量验收记录相关内容，整理分部工程资料，报请基层单位技术负责人组织内部检查，符合规定要求后，通知监理（建设）单位组织相关单位进行验收，并填写验收记录。

3．特殊过程检查

1）特殊过程是指产品合格与否不易或不能经济地进行检测的过程。建筑工程特殊过程常有：桩基施工、地基处理、深基支护、地下工程防水、大体积混凝土施工、预应力混凝土钢筋张拉、特殊钢结构焊接等。特殊过程检查应由项目经理部技术负责人根据过程情况及时通知监理（建设）单位组织相关人员进行旁站检查、复核或验收，并做好记录。

2）总包合同范围外，由建设单位分包的桩基工程、地基处理、深基支护、基坑降水、基槽验收等工程内容，建设单位应组织分包进行子分部工程验收和中间交接验收，向总包单位提交验收报告和子分部验收记录、地基验槽记录以及桩基承载力检测报告、人工地基检测报告等。资料不齐全、人工地基检测报告不合格或存在隐患的，总包单位不得予以接收，并不得进行下道工序的施工。

4．"四新"过程检查制度

"四新"过程指与新技术、新材料、新工艺、新设备有关的过程。项目技术负责人应依据《建筑业十项新技术》相关内容组织有关业务人员对"四新"技术的过程的培训学习，积极组织实施，并负责过程的检查与验收。

7.4.3　检测与试验管理

1．原材料、半成品等物资进场的试验、检测

1）项目经理部技术负责人依据原材料、半成品物资采购计划，编制相应的原材料、半成品物资的检验/试验计划。

2）土建工程原材料、半成品物资检验/试验包括钢材、水泥、防水材料、砂子、石子、砖及砌块、干压陶瓷砖、地砖等材料。

3）物资进场后，材料员应根据物资监视测量计划及采购合同条款内容对进场物资名称、型号、规格、产地、数量和相关质保资料以及外观质量进行实物验证，确认合格后方可通知进行检验或试验活动，并做好原材料、半成品物资的标识工作。

4）试验员按照有关法规和检验试验要求，会同监理方、业主见证人员进行见证取样，由试验员填写《材料、设备、配件试验委托单》，质量员审核试验项目和要求，送试验室试验，相关委托要求执行当地建设行政部门的规定。

5）试验员应将试验结果及时传递给项目质量员，质量员审核符合后或经建设单位认可后，方可放行，材料员及时修改该材料半成品的检验或试验状态，以便及

时使用。检验不合格按照《不符合品控制程序》进行控制。

6）对用于土建结构工程中的原材料及半成品物资，必须检验/试验合格后方可使用，不得随意放行。因工程急需，对用于土建结构工程以外，并可以追溯和拆换的物资确需放行时，由专业工长提出申请，经项目技术负责人批准，并经监理单位（建设单位）同意后进行，放行的同时立即安排检验或试验。

7）顾客提供物资也按上述条款要求进行检验或试验，做好标识及记录。

2．现场试验

土建工程现场试验包括钢筋闪光对焊、钢筋电弧焊、钢筋电渣压力焊、钢筋机械连接、混凝土配合比试验、混凝土试块、混凝土抗渗试块、砂浆配合比、砂浆试块、素（灰）土击实试验、土壤干密度压实系数试验等。试件的取样、制作、养护由项目试验员在监理的见证下完成，取样的方法和数量按集团公司作业指导书《原材料试样制作、取样检验/试验规定》有关要求和现行有关规范及标准执行。

3．安全和功能检验及抽样检测

安全和功能检验是质量验收的重点，检测项目应齐全，检测结果应满足规范要求。单位工程安全和功能检验项目按照《建筑工程施工质量验收统一标准》GB 50300—2013附录H表H.0.1-3有关内容设置，土建工程安全和功能检验及抽样检测包括：地基承载力检验报告，桩基承载力检验报告，混凝土强度试验报告，砂浆强度试验报告，主体结构尺寸、位置抽查记录，建筑物垂直度、标高、全高测量记录，屋面淋水或蓄水试验记录，地下室渗漏水检测记录，有防水要求的地面蓄水试验记录，外窗的气密性、水密性、耐风压检测报告，幕墙的气密性、水密性、耐风压检测报告，建筑物沉降观测测量记录，节能保温测试记录，室内环境检测报告，土壤氡气浓度检测报告，外墙节能构造检查记录或热工性能检测报告等；以及根据工程需要和有关规范要求检测的钢筋保护层厚度检测、植埋钢筋拉拔试验检测、面砖拉拔试验、建筑物保温材料防火性能检测和拉拔试验等，安装工程安全和功能检验项目包括给水排水与供暖、通风与空调、建筑电气、智能建筑、建筑节能、电梯等分部工程的多个检查项目。现场的检测试验在监理的见证下进行，其大多数检验项目须委托有资质的检测机构进行检测。

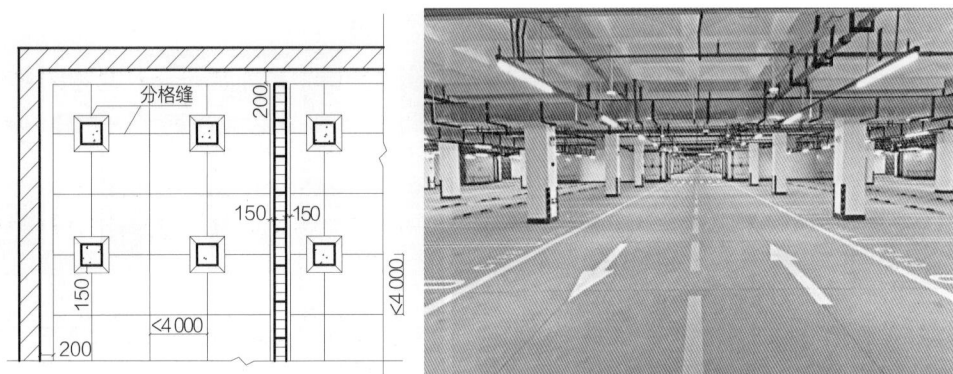

图7-4　伸缩缝策划示意图及混凝土楼地面分仓实例图

4. 楼梯滴水线

工具：钢卷尺、墨斗、线绳、铁抹子、切割机。

工序：形式确定→弹线定位→压力板粘结固定→基层处理→刷涂料。

工艺方法：硅酸钙板类滴水线为双层，基层板宽50mm，面层为两条20mm宽面层板，中间离缝10mm，两层间用万能胶粘结后，用射钉枪固定于混凝土楼梯底板下，射钉间距为30mm密排，安装固定后侧面离缝处刷黑色油漆，其他刷灰色涂料，滴水线在梯井处交圈。

控制要点：交圈、侧面厚度及交接。

质量要求：粘贴牢固、交圈吻合、边缘清晰顺直，接缝平整度不大于1mm。

如图7-5所示。

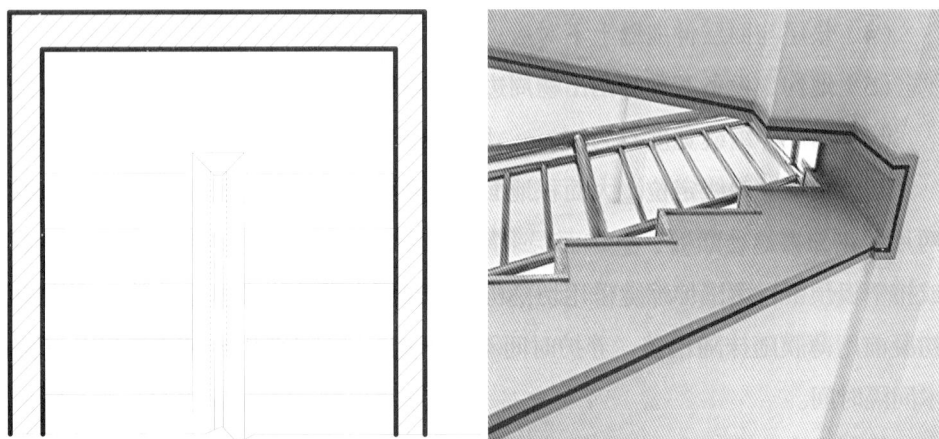

图7-5　楼梯滴水线示意图及楼梯滴水线实例图

5. 整体屋面面层排版分格

材料：混凝土、砂浆、条形砖、石材、油毡或塑料薄膜、分格条。

工具：激光测量仪、钢卷尺、线绳、切割机。

工序：尺寸量测→计算机排版→弹线定位→固定分格条→镶边→浇筑混凝土及抹面→养护→嵌缝。

工艺方法：测量屋面实际平面尺寸，用计算机排版。排版原则：

（1）根据屋面平面尺寸，结合建筑柱网及凸出物的分布情况，自分水线向两侧和横向对称分格。

（2）墙、柱、设备基础、排烟（风）道等凸出物周围应留设分格缝，缝宽同大面分格缝。

（3）面层镶边、排气孔、泛水等应同时考虑。

（4）混凝土屋面分格缝间距不应大于3m，宽度为20mm；缝宽、深均为10mm，与下部找平层及保温层分格缝上下对应。

（5）在天沟两侧150～200mm处应留设一道伸缩分格缝。

（6）按排版图现场双向拉通线，定位弹线，固定分格条。

（7）根据面层镶边排布，在分格缝两侧及墙、柱、设备基础、排烟（风）道等凸出物周边弹出镶边位置线。镶边条砖100mm，现场切割时边沿应平齐。

镶边应对称、对缝铺贴，转角处45°拼接，铺贴完的镶边包裹薄膜保护。在面层施工后及时清理，保证混凝土面层与镶边接缝平直无污染。细石混凝土浇筑前在基层上满铺油毡或塑料薄膜隔离层。

控制要点：分格间距、位置、居中、对缝、镶边保护。

质量要求：屋脊、柱中应设分格缝，并与女儿墙分格缝对缝。分块合理，缝格通顺；表面应密实平整，色泽一致；分格条拼接严密、平整；镶边接缝平整严密，与面层交接清晰。

如图7-6所示。

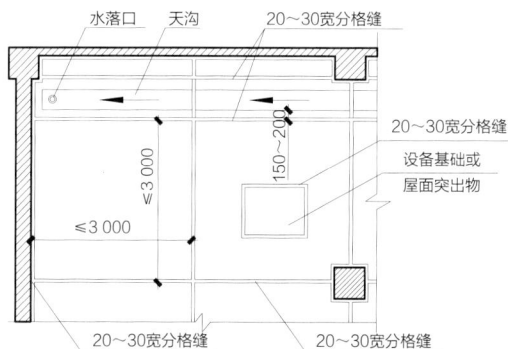

图7-6 屋面排水策划示意图及屋面排水天沟实例图

6. 横式落水口做法

材料：石材、砂浆、不锈钢算子、出水口、云石胶。

工具：切割机、氩弧焊机、抛光机、打磨机、钢卷尺。

工序：洞口预留及水落口选型→出水口安装→卷材收头→算子加工→不锈钢算子安装。

工艺方法：女儿墙施工时预留落水洞口，应考虑屋面保温及防水层厚度。水落口的选型应保证出水通畅。穿墙出水口安装应居洞口中心且位于防水层下，四周预留20mm×20mm凹槽用弹性防水材料密封。防水层深入出水口应不小于80mm，并粘贴牢固严密。采用20mm×0.8mm不锈钢方管及钢板焊接加工可拆卸水算子。

水算子四周槽型不锈钢框应固定在镶边石材上，将水算子插入槽型框内。

控制要点：周边坡度及坡向。

质量要求：水落口周边坡度5%、坡向排水口、排水通畅，美观协调。

如图7-7所示。

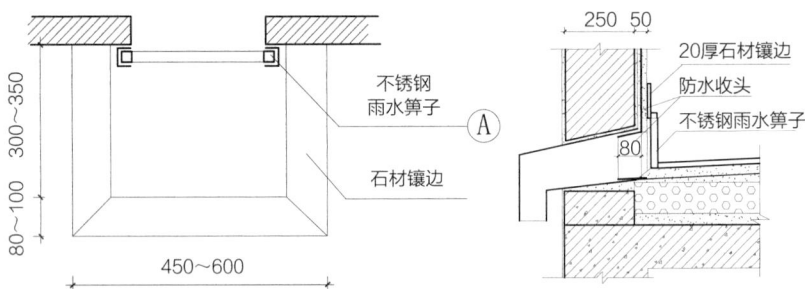

图7-7 屋面落水口示意图

7. 屋面钢爬梯

材料：预埋钢板、不锈钢管、焊条、油漆、砂纸。

工具：电焊机、切割机、角磨机、油漆刷。

工序：形式选择→固定件安装→爬梯加工→爬梯安装→接地。

工艺方法：

（1）屋面爬梯采用不锈钢管形式。

（2）爬梯固定预埋件应在主体结构施工时安装到位。预埋件间距不大于1200mm，且固定点不少于3处。

（3）爬梯宽带宜为700mm。踏步间距宜为300mm，离墙距离为150mm。爬梯上部应设3道护圈。

（4）爬梯安装应焊接固定牢固，根部设橡胶或不锈钢装饰圈。

（5）角钢或圆钢应除锈到位，防锈漆和面漆涂刷均匀。

（6）爬梯接地与屋面避雷网可靠连接。

控制要点：固定牢固度、活动部分及护圈、接地。

质量要求：安装及焊接牢固可靠；构件表面平整、光滑、无毛刺；焊缝表面平整、光滑、连续，无裂纹、过烧、焊疤；油漆涂刷均匀；接地连接可靠。

如图7-8所示。

8. 屋面栈桥

材料：花纹钢板（不锈钢板）、角钢、焊条、防锈漆、不锈钢栏杆、石材、面砖。

工具：切割机、电焊机、打磨机。

工序：尺寸量测→踏步施工（铺贴）→栏杆安装→刷漆（修改）。

工艺方法：测量跨管道宽度及高度，确定踏步阶数及高宽，栈桥宽度0.9m，栈桥踏步可选用花纹钢板，贴面砖，踏步高为150mm、宽为250mm，可踏面平整、高宽一致，花纹钢板刷防锈底漆及表面分色漆，块料面层铺贴牢固。栈桥高度大于0.8m时，两侧加设护栏，护栏高度不低于0.9m，进行防雷接地。

控制要点：踏步高宽、防锈、防雷接地。

质量要求：花纹钢板厚度4mm，栈桥焊接牢固，防锈处理到位。

如图7-9所示。

图7-9 屋面钢栈桥实例图

附件7-1

创新港集群项目创优策划

"鲁班奖"是全国建设工程质量最高奖，不仅是一种品牌，更是一种精益求精、追求卓越的精神。创建"鲁班奖"工程是一项环环紧扣的系统工程，仅有美好的蓝图和良好的愿望是远远不够的，还要循其规律、精雕细刻、持之以恒，坚持一丝不苟的和严谨细致的作风，这样才能创建出一批又一批的精品工程，培养和锻炼一批又一批善于管理、精于操作的管理人才和能工巧匠。

创新港集群项目按照五统一原则，即统一领导、统一部署、统一策划、统一标准、统一工艺。质量控制坚持"策划先行、样板引路、过程控制、一次成优"的质量创优思想路线，从中标开始就做好创优策划，从每一个分部分项和细部节点做出适合该工程的施工方案，确保策划方案优秀，才能减少施工过程中的返工和浪费。按照施工进度计划，制定详细的、针对性和可操作性强的施工组织总设计和专项施工方案，采用技术先进合理可行的施工方法，实行三级技术交底，对重要部位制作施工样板，从而实现项目管理层和操作层对施工工艺、质量标准的熟悉和掌握，使工程有条不紊地按期完成。

工程创优策划的内容很多，创新港工程创优策划紧紧围绕大型群体工程如何确保实现整体质量均衡统一，有针对性地对以下主要内容进行了详细策划，具体如下：

1．卫生间墙地砖策划

4262间卫生间，地面主要采用600×600地砖，墙面采用600×300墙砖，宿舍区小卫生间地面采用300×300地砖。项目在主体施工阶段就进行了精心策划，要求达到墙地砖双向对缝，洁具居中设置、地漏居中套割，全部做法统一。

1）工艺流程：基层处理→定位放线→贴砖→勾缝、擦缝→养护→成品保护。

2）控制重点：600×600、600×300饰面砖的品种、颜色和性能符合设计要求；成品水泥砂浆找平、聚氨酯防水、成品干粉砂浆粘结、专用勾缝等材料及施工方法应符合设计要求及国家现行产品标准和工程技术标准的规定；饰面砖粘贴必须牢固；饰面砖工程应无空鼓、裂缝。

3）突出亮点：

（1）先铺贴地砖，然后将墙砖插入地面，避免了第一排墙砖下口切割产生爆边，使墙地砖阴角交口清爽、顺直，保证了装饰效果。

（2）墙地对缝：墙面两块600×300瓷砖对缝地面一块600×600瓷砖。

如图1～图3所示。

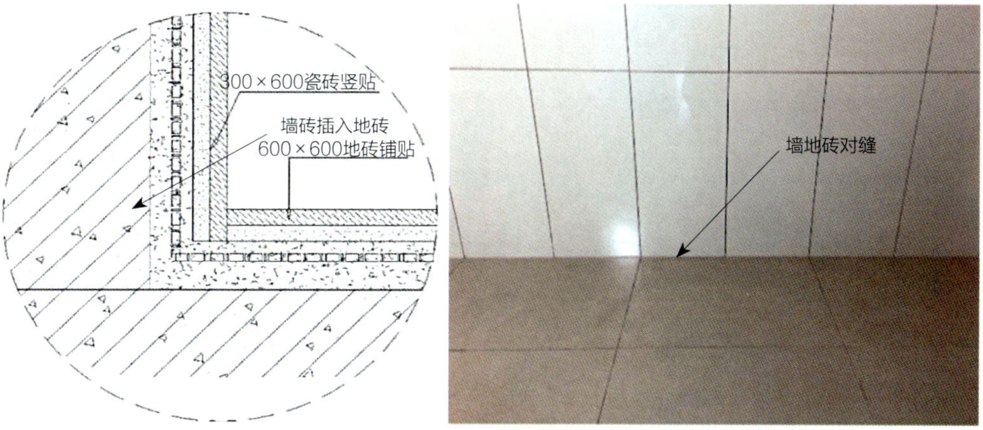

图1 墙地砖接口实例图墙地砖接口策划图

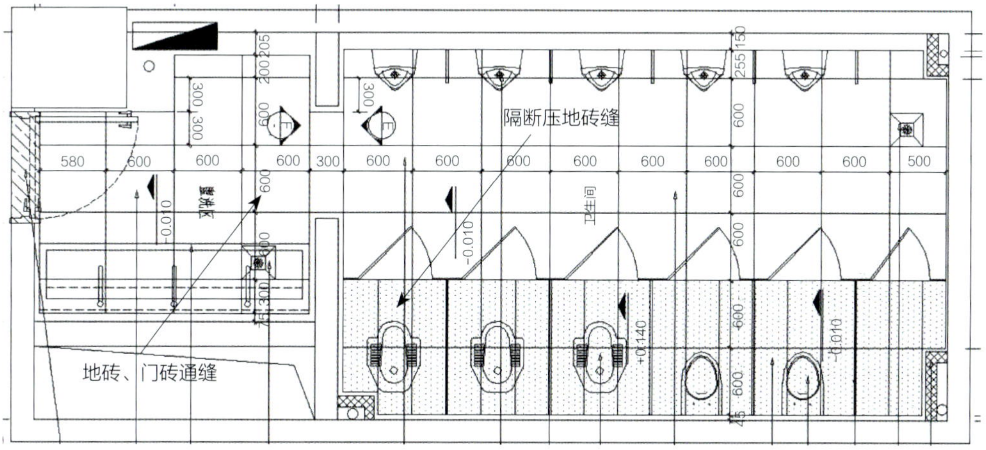

图2 地砖排版策划图

图3 门洞口地面砖实例图及地漏实例图

卫生间门洞处地面采用地砖通铺的形式，宽300mm，墙地面砖缝均为2mm，地面坡度0.5%。

2．卫生间洁具及墙面点位策划

根据现场实际尺寸策划排版，蹲便器、脚踩阀及坐便器均居砖中，人造石台面外边沿与墙砖竖缝齐平，整齐、美观、符合规范（图4）。

图4 坐便器均居砖中，且人造石台面外边沿与墙砖竖缝齐平

3．办公室矿棉板（600×600）吊顶策划

97 060m² 矿棉板吊顶，精细策划，要求整板排布，末端器具居中设置，成排成线（图5～图7）。

1）工艺流程：弹线→安装吊杆→安装主龙骨→安装边龙骨→安装次龙骨→安装矿棉板→成品保护。

2）控制重点：矿棉板整板排列，石膏板抗裂缝，设备末端居中对称、均匀分布。

3）突出亮点：四周采用石膏板吊顶来调节矿棉板吊顶尺寸，满足矿棉板为整块模数。

4）矿棉板吊顶排版策划

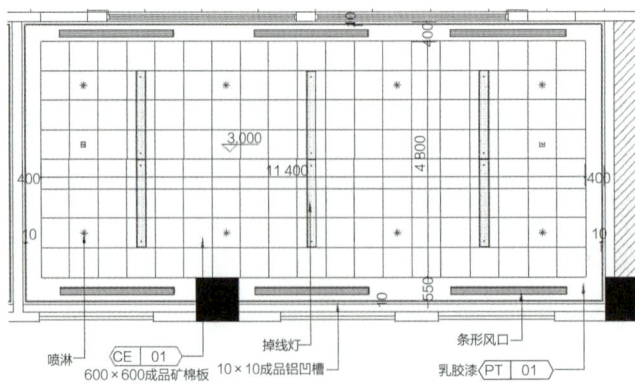

图5 矿棉板吊顶排版策划图

图6 矿棉板吊顶排版完成效果图

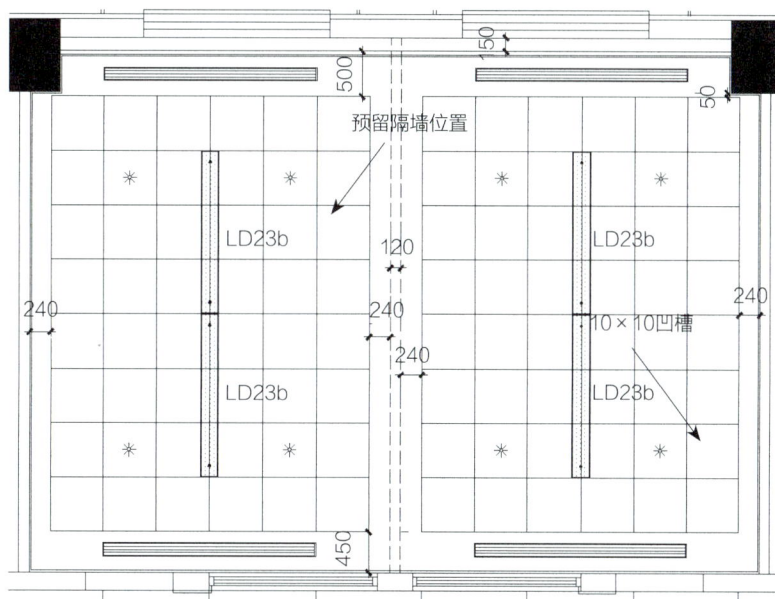

图7 办公室矿棉板吊顶排版策划图

　　四周的石膏板吊顶可用来调节矿棉板的整块模数尺寸，且考虑中间120mm预留隔墙尺寸。石膏板吊顶沿墙10×10凹槽交圈，有效防止石膏板裂缝。

4. 吊顶裂缝通病预防措施

　　石膏板吊顶在墙柱面交接处、宽度变化及拐弯部位设置变形分格缝（图8）。过道通长吊顶＜6m间距设置伸缩缝，尺寸10mm×10mm，伸缩缝处装饰面及骨架均断开设置。板缝顺直、接缝平整、缝路宽窄一致。

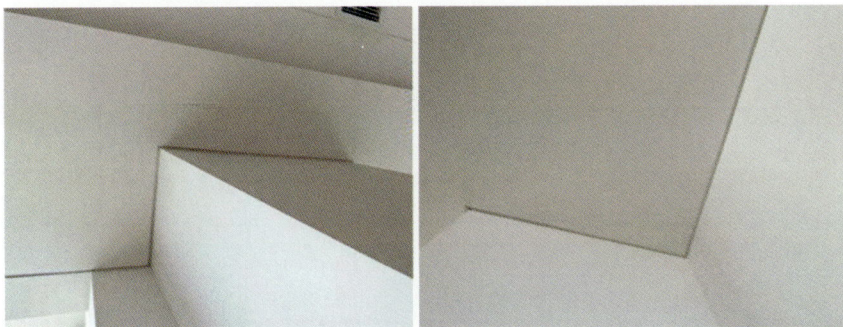

图8 石膏板吊顶在墙柱面交接处设置伸缩缝

5．楼梯间策划

1）楼梯石材地面

（1）材料：成品砂浆、20mm灰麻石材。

（2）工艺流程：现场放成活线→实际尺寸测量→计算机排版编号→现场放控制线、块料定位线→材料加工→铺贴石材→成品保护。

（3）控制要点：排版、对缝、踏板挑出梯井长度、平整度。

（4）质量要求：铺贴平整无空鼓，拼缝严密无打磨。

（5）策划亮点：

①梯井处平台石材对梯井一边，避免小块石材；

②楼梯前室地面石材与楼梯间平台石材通缝；

③平台石材与踢脚线对缝；

④踏步石材与整块石材定尺加工。

如图9～图11所示。

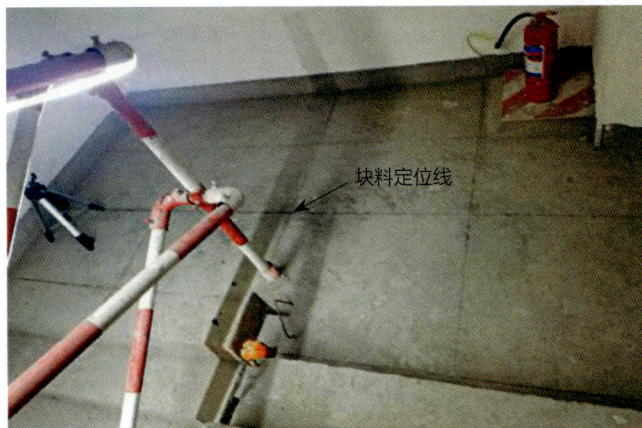

图9 楼梯间地面强控制线

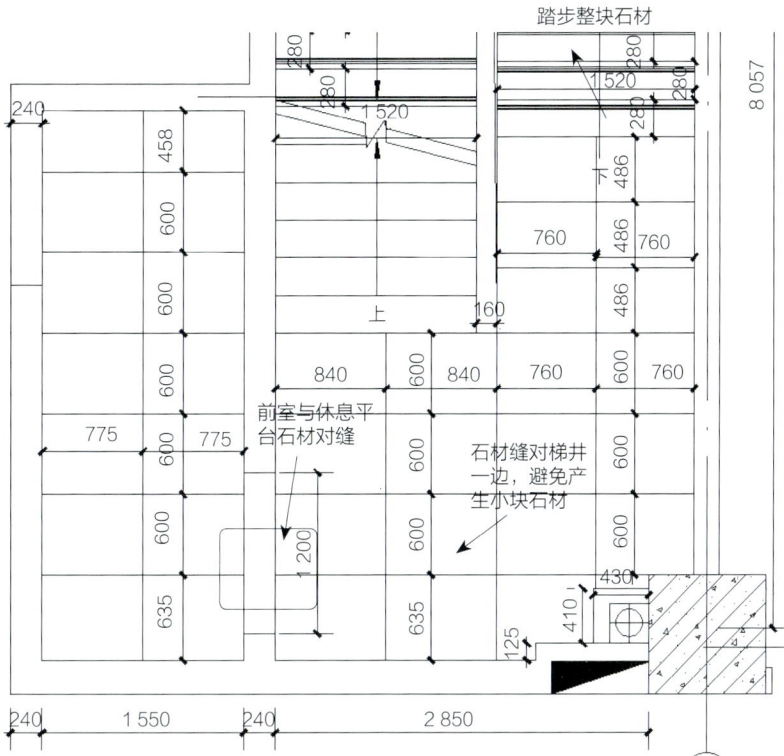

图10 楼梯间地面石材排版

图11 楼梯间石材地面实例图

石材表面平整无空鼓，接缝严密，无错台、错缝，防滑槽规范、顺直，踏步与立板接口整齐，石材处梯井宽度一致（10mm）（图12）。

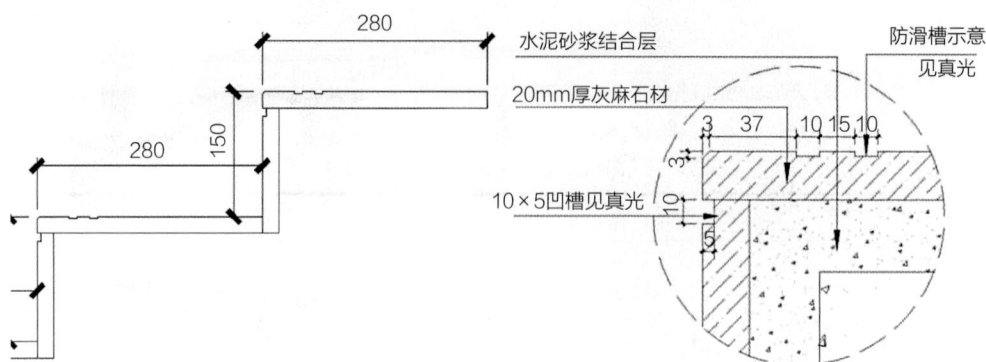

图12 踏板与立面关系示意图及楼梯间石材防滑槽节点图

2）楼梯护栏扶手

材料：φ63、φ51、φ32、φ22不锈钢圆管。

工序要求：预埋件埋设→栏杆制作→栏杆安装→修漆。

控制要点：间距、高度、平直段长度、转弯弧度、对接处焊接质量。

质量要求：楼梯栏杆、扶手固定牢靠无晃动；竖向栏杆净空间距不大于110mm，栏杆高度应从踏步前沿量起不小于900mm，高层或临空平直段高度不小于1.10m，高度允许偏差不大于3mm，间距允许偏差不大于3mm。

做法详图及实例如图13、图14所示。

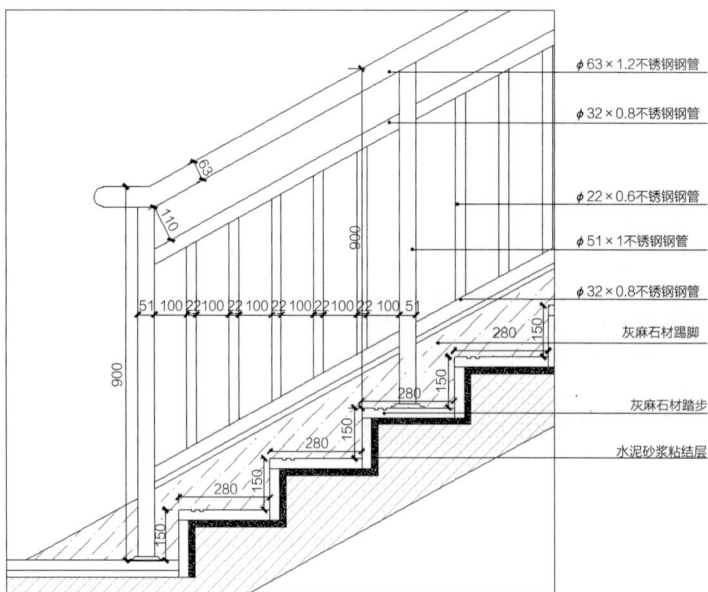

图13 楼梯不锈钢护栏大样图

图14 楼梯不锈钢护栏实例图

3）楼梯块材面层踢脚线

（1）工艺方法：踢脚线材质宜与地面或踏步面层一致。基层墙面粉刷时踢脚线高度范围应预留，确保踢脚线出墙厚度一致。石材踢脚线选材时，应控制厚度，出墙厚度为12mm，上口外侧宜倒小斜边。踢脚线与墙面应交接清晰、干净，平直段应与地面石材对缝，梯段接缝应在踏步阳角垂直拼接。上口块料面层应清理干净，顶面外露无污染、打磨。

（2）控制要点：出墙厚度、上口顺直、粘结牢固。

（3）质量要求：粘结牢固、接缝严密、表面平整顺直、无空鼓。上口直线度偏差不大于2mm。

（4）做法详图及实例如图15、图16所示。

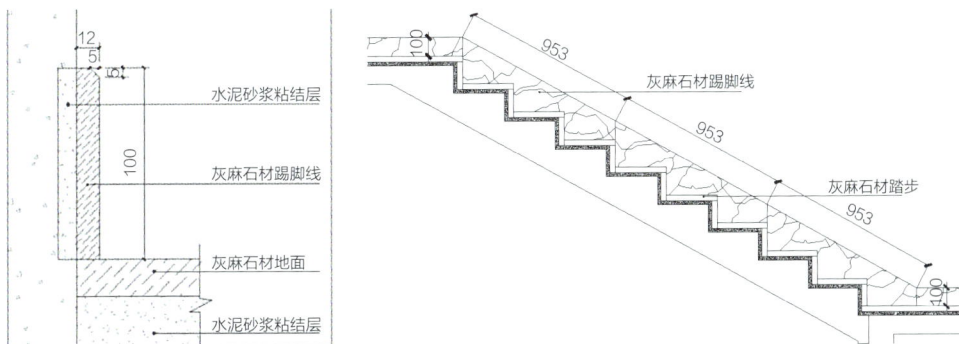

图15 楼梯间踢脚线立面分割图及楼梯间踢脚线剖面图

踢脚线分格缝与踏步立板通缝

图16　踢脚线实例图

4）楼梯滴水线

（1）材料：铝合金分隔条、12厘埃特板、涂料、水泥砂浆、胶粘剂、发泡剂。

（2）工序要求：弹线定位→裁板条→打眼安装→内嵌分格条→抹灰批腻子→刷涂料。

（3）控制要点：铝合金分格条镶嵌、交圈、侧面厚度及交接。

（4）质量要求：安装粘贴牢固、交圈吻合、边缘清晰顺直，接缝平整度不大于1mm。

（5）做法详图及效果如图17、图18所示。

不锈钢护栏示意
踏步石材
见真光
10mm×100mm膨胀螺栓
原建筑楼板
灰色氟碳漆
镀锌自攻丝
发泡胶
12mm水泥压力板
10mm×5mm铝合金分格条
腻子找平（白色乳胶漆饰面）

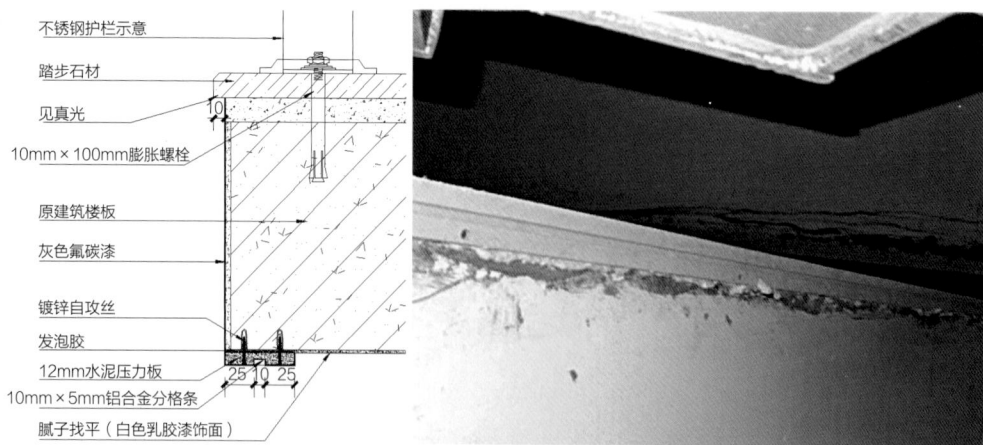

图17　滴水线断面策划图及水泥板开槽实例图

图18　滴水线效果图

6．墙面石材策划

1）主要策划标准：施工前期策划—成品加工深化—施工安装干挂质量把控—精品/效益双控制。如图19所示。

2）主要施工工艺：放控制线→石材排版放线→挑选石材→预排石材→打膨胀螺栓→安装钢骨架→安装调节片→石材开槽→石材固定→打胶→调整→成品保护。

3）加工要求：

（1）加工应按排版图编号进行顺序加工，按编号顺序进行打包装箱（箱体粘贴加工编号清单一览表）。

（2）石材宽度≤200mm，长度≥900mm，应采取背筋技术，防止断裂。

4）控制要点：定位放线要准确，拼缝宽度要均匀，阳角对缝要顺直密实，开关插座 应居中或缝边设置。

5）质量要求：阳角垂直方正，缝隙均匀光滑，深浅一致。

6）石材安装：

（1）进场的石材应根据加工清单将石材分类堆放，同时加强对进场石材的检验工作，对石材的品种、加工质量、色差等应严格把关。

（2）每片石材的底部必须平贴在不锈钢T形码片上面，且每条伸缩缝里面不能留置亚克力棒或螺母垫片，如此才能真正支撑整片石板的重量，才不会累积载重。

（3）不能怕不锈钢码片上跷或下降而不把每个螺丝或螺母拧紧。

（4）转角小侧板不能只靠胶粘剂，必须加上固定件贴合。

7）石材安装时，应随时校正其垂直度和平整度，拧紧螺母，用云石胶把码片和石材切割槽嵌填牢固。

8）成品保护：石材的成品保护包括清洗、打蜡和成品保护等工序，与地面石

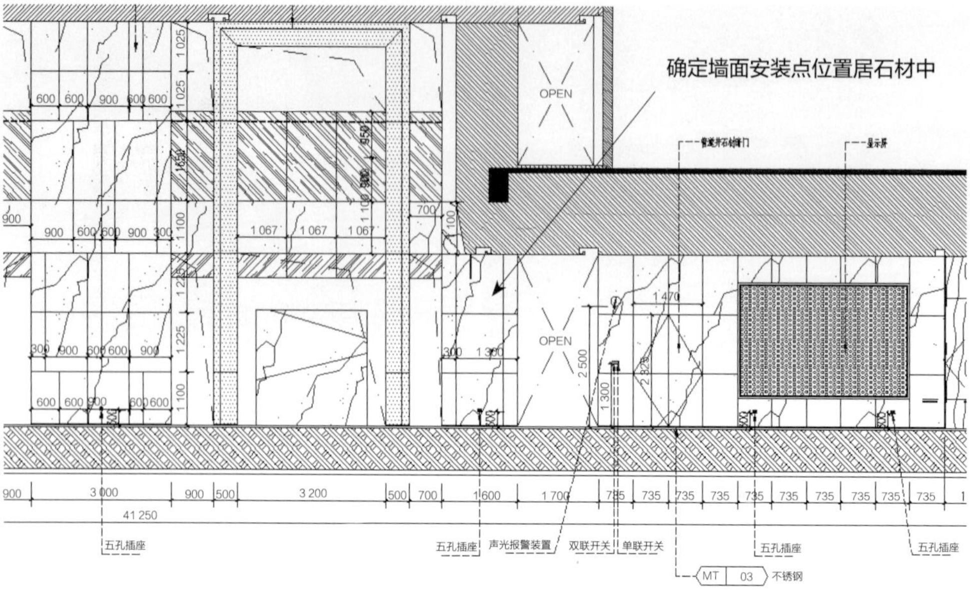

图19 墙面石材策划示意图

材的施工工艺相同。

9）注意事项

（1）根据现场实际情况确定石材基层钢板预埋方案：预埋件要确保其与混凝土柱梁预埋件或后置件连接牢固，其余加砌块墙面钢架与地面、顶面、圈梁预埋或后置件可靠连接。

（2）根据石材布置图进行钢骨架的安装，所用钢骨架必须用热镀锌钢材制作，焊接点处应进行防锈处理（图20、图21）。

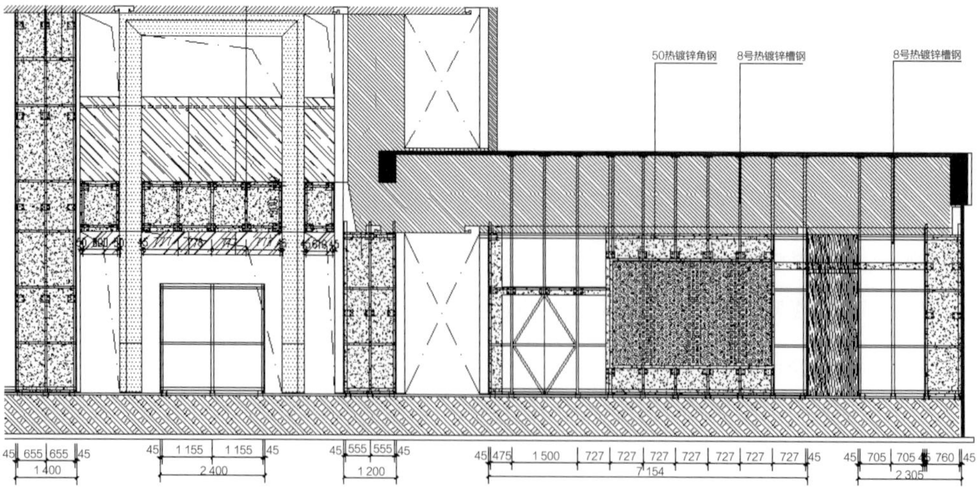

图20 石材策划示意图

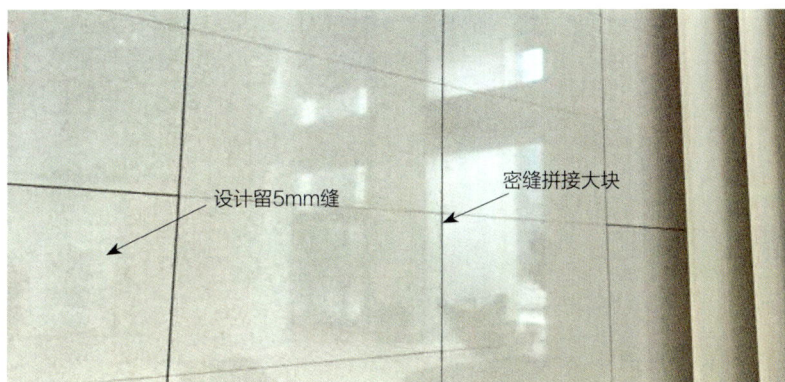

设计留5mm缝　　　密缝拼接大块

图21　石材干挂实例图

（3）钢骨架的安装应保证其垂直度和平整度，垂直度为2mm，平整度为2mm。

7．门连窗策划

1）材料要求

膨胀螺栓、镀锌方管、预埋板、焊条等。

2）主要机具

无齿切割锯、冲击钻、长尺、盒尺、锤子、各种形状的钢凿子、靠尺、铝制水平尺、方尺、线包、墨斗、小白线、笤帚、手套、红铅等。

3）施工工艺

基层清理→弹线→固定预埋板及配件→镀锌方管焊接固定→钢骨架防锈处理→阻燃板封闭→门框固定→石膏板封闭→检查验收。

（1）基层清理：清理预做预埋板的基层表面，对凸起的影响预埋板安装的杂物清理干净，浮灰清理干净。

（2）弹线：从50水准线量至钢构预埋板尺寸，用黑线沿墙（柱）弹出水准线，即为预埋板固定位置线，同时根据图纸标高尺寸要求，在混凝土梁上弹出预埋板的预提位置。

（3）固定预埋板及配件：根据设计要求预先弹好预埋板位置，用膨胀螺丝固定在原结构梁及地台，固定方管，链接处满焊。

（4）焊接点防锈处理，两遍防锈漆，两遍银粉漆，确保防锈效果及美观。

4）突出亮点

室内门窗边口采用铝合金凹槽收口处理，深浅宽窄一致，界限清晰，避免门窗周边裂缝产生。

如图22、图23所示。

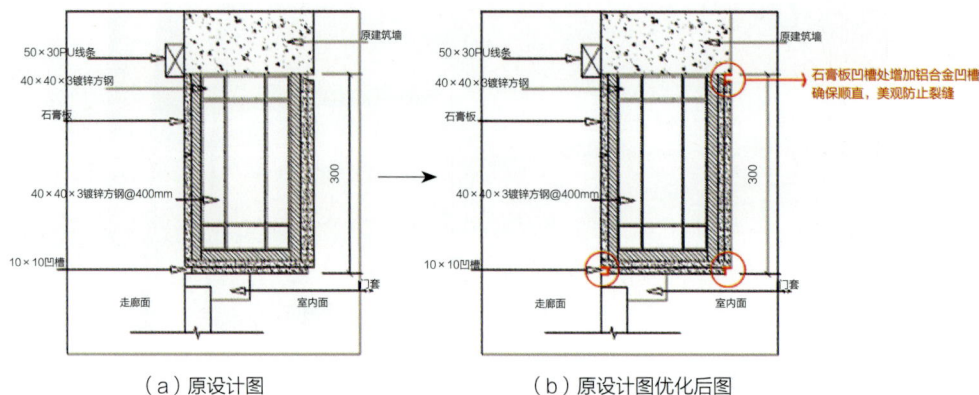

（a）原设计图　　　　　　　　　（b）原设计图优化后图

图22　门连窗策划示意图一

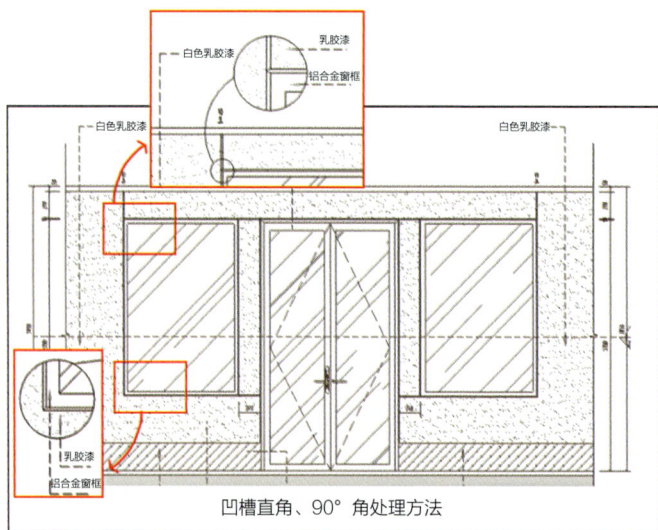

图23　门连窗策划示意图二

8. 水泵基础导流槽策划

材料：PVC管、不锈钢板、砂浆、细石混凝土、胶粘剂、油漆。

工具：钢卷尺、墨斗、线绳、钢锯、切割机。

工序：形式确定（PVC）→弹线定位→导流槽安装→粉色刷漆。

工艺方法：基础导流槽为80PVC圆弧形，PVC圆弧形导流槽沿基础根部四周设置，PVC圆弧形导流槽设置在混凝土地面，施工时设备基础根部留出150mm宽度，细石混凝土垫层找坡，PVC管根据坡度埋设，用砂浆粘结，边缘整齐，排水通畅。相邻基础间共用。成排设备基础周边导流槽中心距设备基础距离、形式、坡度一致，转角处45°拼接。导流槽边缘与地面应交接平整、严密，槽内刷醒目油漆（图24）。

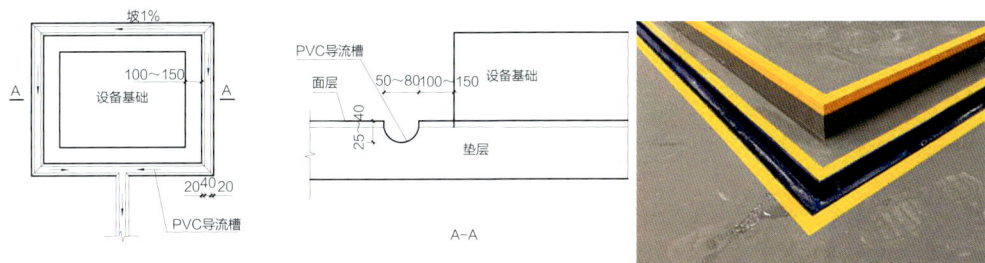

图24　导流槽细部做法图

控制要点：粘结牢固、排水坡度、形状。

质量要求：导流槽固定牢固、坡度明显、边缘清晰、顺直。

9．设备管线综合布置策划

材料：电子版设计图、图纸会审纪要。

工具：计算机、CAD、BIM三维设计软件。

工序：安装电子版原设计图→各专业图纸叠加→找出管线碰撞点→调整管线空间位置，消除碰撞→确定支架形式→绘制管线综合布置图→设计单位确认→施工。

工艺方法：

（1）土建应提前将需要布置管线的走廊顶部、地下室顶板、室内房间顶棚的抹灰和涂料全部施工完成，墙面顶面应平整、阴阳角顺直，达到装饰工程施工质量验收标准。

（2）在进行BIM深化设计时，利用CAD或三维设计软件，对安装各专业图纸进行叠加，找出管线、设备碰撞位置，根据结构层高的条件，对管线排布进行优化调整。调整时应遵循以下原则：

①管线排布应优先采用公用支架，充分利用空间，提高走廊净空尺寸。

②电气系统避让水系统，水系统避让风系统，设备、管线接头应避开大梁的位置，不得在墙体（含保温隔声层）内有接头或半明半暗现象。

③施工难度小的避让难度大的，电缆槽盒、梯架布设应分区分层设置在走廊的一侧最上方，便于后期电缆敷设。

④电缆槽盒、梯架和水管多层水平布置时，电缆槽盒、托盘、梯架应位于易燃易爆气体管道和热力管道下方、水管上方；温度高的管线在上，无腐蚀介质的管线在上、输气在上、输液在下，高中压在上、低压在下，经常检修在下；有末端设施连接的管线应在下，减少交叉；风管应布置在中间层位置或走廊的一侧，分支管尽量避免翻弯。

如图25所示。

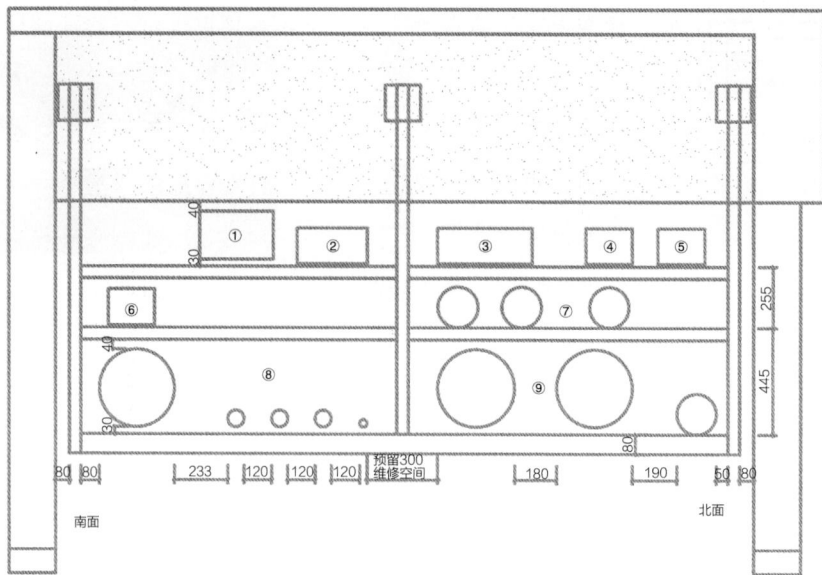

备注：①新风风管320×200 ②弱电桥架300×150
③强电桥架400×150 ④母线200×150
⑤母线200×150 ⑥消防桥架200×100
⑦自喷管道从左至右依次为DN150、DN150、DN150
⑧从左至右依次为空调供水主管DN300、空调供水支管
DN65、DN65、DN65、DN32
⑨从左至右依次为空调回水主管DN300、DN300、消防
管道DN150。支架总长2880mm，由于管道多，支架两侧
预留60mm，支架中间预留300mm维修空间，支架底标高
为3.5m。支架选用槽钢制作，竖向为［12槽钢，横向槽钢
为双［8背靠背制作，增加强度。

图25　综合支架排布参考详图

⑤管线分层布置应充分考虑干管开支管的现状和保温层厚度，分层之间应考虑分支管线设置的间距，管线之间的水平、垂直间距还应满足相关规范要求，同时还应保证检修空间；管线之间应间距均匀，美观协调。

⑥管道外壁（或保温层外表面）与墙面或侧边的距离不宜小于150mm，距柱梁之间的距离宜为50mm，各种管道外壁（或保温层外表面）之间的距离宜为100~150mm，风管的外壁与墙之间的距离宜为200~300mm。管道上有阀门且设置在同一断面的，应考虑阀门在保温时对管道间距的要求。有保温要求的管道，支架上应设置木托。

（3）综合支架的加工制作符合下列要求：

①综合支架的结构形式按BIM深化设计图纸及国标图集《室内管道支吊架》03S402、《室内热力管道支吊架》95R417-1等要求集中预制；采用综合支架，既节约材料又美观。

②型钢支架下料、焊接应先测量尺寸，画上标线，再用电动切割机或手锯进行切断。

③在型钢面上画上螺栓孔眼的十字线，用台钻进行钻孔，不得用气割成孔。

④型钢支架下料、切割，煨成设计角度后，应进行电焊焊接切断缝。

⑤综合支架横向槽钢依据支架受力计算可采用单根槽钢或槽钢背靠背双拼的形式，两槽钢之间的间隙满足U形卡环直径的要求。连接钢板的规格尺寸满足双拼槽钢的宽度要求。连接板数量不少于三处。

⑥综合支架固定端应采用300mm×300mm×10mm小钢板与型钢焊接为一体，固定螺栓孔不少于4个。

⑦综合支架焊接，应遵守结构件焊接工艺。焊缝高度不应小于焊件最小厚度，并不应有漏焊、夹渣或焊缝裂纹等缺陷。

⑧制作好的支架，应进行防腐处理和妥善保管。进入现场后进行验收，并采用塑料保护膜保护。

（4）综合支架的安装应符合下列要求：

①采用红外线三线仪，按照施工流水段在结构梁板上进行测量放线定位，确定膨胀螺栓位置。

②根据受力计算，选用符合国标的膨胀螺栓，进行打眼固定，施工前应对膨胀螺栓进行锚固承载力（拉拔）现场检验。承载力符合设计要求后，方可进行支架安装。

③不同类型的综合支架应根据图纸要求找准标高、坐标位置，在预先确定的结构梁、顶板上进行支架安装。

④综合支架固定采用膨胀螺栓法施工。即在未预埋铁件的混凝土构件上，可用膨胀螺栓安装支架，但不宜安装推力较大的固定支架。膨胀螺栓法适用于C15级以上的混凝土构件；不应在容易出现裂纹或已出现裂纹部位安装膨胀螺栓。

⑤用膨胀螺栓安装支架时，先在支架位置处钻孔，孔径与膨胀螺栓套管外径相同，深度与膨胀螺栓有效安装长度相等；再装入套管和膨胀螺栓；拧紧螺母时，螺栓的锥形尾部便将开口套管尾部胀开，使螺栓和套管一起紧固于孔内，就可以在螺栓上安装型钢横梁。但需注意，不宜钻断钢筋，不宜与暗敷电线相碰。常用的有外膨胀螺栓和内膨胀螺栓两种。

⑥综合支架的间距设置应满足该支架上的最小管线间距的要求，不满足规范规定的间距要求时，设置独立吊架。

（5）综合支架安装后核验要求

①综合支架安装后质量检查员、技术负责人应按照深化图纸进行全数核验。

②应检查成排支架的数量、位置、标高、垂直度、顺直度以及螺栓的数量。

③应检查支架的保护措施是否到位，防止土建施工污染支架。

（6）管线安装

①支架核验合格后，开始大面积进行管线安装。

②管线安装遵循的原则是：先上层后下层；先安装风管、梯架、托盘、槽盒，后安装水管；先安装无压管道，后安装有压管道。

（7）管线穿墙应严格按规范和标准图集要求设置穿墙套管，在进行穿墙封堵前，套管内应用油麻、防火岩棉等防火保温材料将套管内填塞，确保管道居中。

（8）穿墙套管周边应砌砖或用细石混凝土封堵严密，面层粉刷平整，不得有封堵不密实、粉刷鼓包等现象。穿墙套管应与墙面平齐，管道周边与套管之间表面应填防火胶泥封堵。

（9）管线施工完毕检查合格后应对管线进行保护膜保护，交由土建、装饰再次施工面层涂料。

（10）土建、装饰面层涂料施工完毕后，螺栓加装封头螺母，管线系统标识。

（11）工程交工前，对管线重新涂刷油漆，油漆应涂刷均匀光亮，不露底、不漏刷、不流坠、不起皱，无交叉污染。

如图26、图27所示。

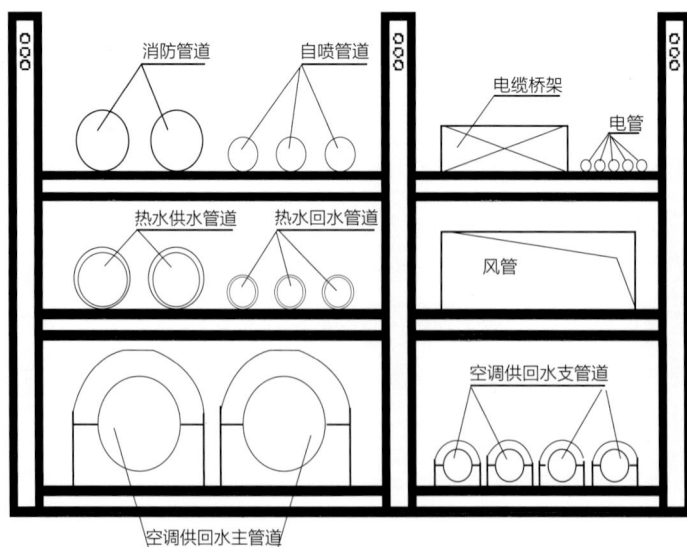

图26　管道综合排布优化原则示意图

图27 管道综合排布BIM示意图及实例图

10．桥架直线段连接

材料：电缆桥架、桥架连接片、螺栓、软铜线、专用垫片。

工具：扳手、合梯、活动平台、冲击钻、电钻、红外线测量仪。

工序：测量定位→支架安装→桥架安装→接地。

工艺方法：按图测量、放线、定位；支架安装时，应挂线或弹线找直，用水平尺找平，保证成排支架安装后横平竖直；桥架用连接片连接（或连接段连接），垫圈、弹簧垫、螺母紧固，螺母位于桥架外侧。除镀锌桥架外，相邻段桥架之间应采用不小于4mm²软铜线做接地跨接。在桥架外，沿桥架全长敷设25×4镀锌扁钢接地母线，每个支架和接地母线可靠跨接，接地母线刷黄绿相间油漆。

如图28所示。

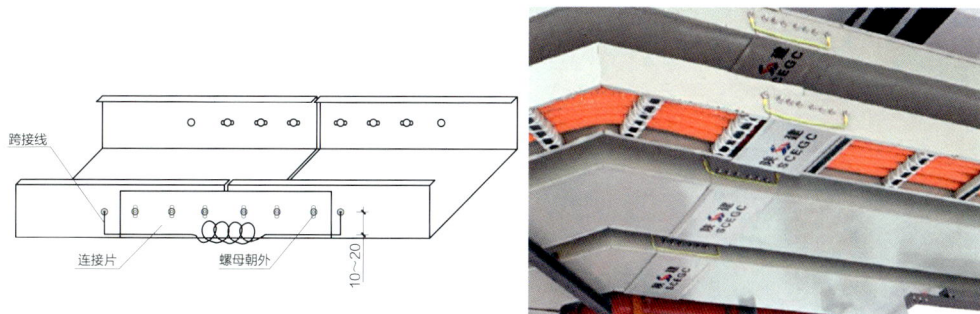

图28 槽盒接地跨接示意图及实例图

11．避雷接地测试点

材料：4×40镀锌扁钢、蝴蝶螺母、螺栓、垫圈、100×100×50线盒、120×120铜质成品面板。

工具：电钻、钢锯、钢卷尺、螺丝刀。

工序：线盒预埋→铜编织软线连接→面板安装→标识。

工艺方法：预埋扁铁钢及100×100×50线盒，线盒与墙面平齐，镀锌扁钢钻ϕ12孔，安装防松垫片及蝴蝶螺母，螺母居预埋盒中心，编织软铜线一端连接在蝴蝶螺母上，另一端压接铜鼻子用于接地测试，铜质面板用螺丝固定在预埋盒上，在测试点正上方50mm处粘贴铜质或不锈钢标识牌，标识牌标明接地测试点、接地符号、施工单位，标高尺寸及位置与相邻沉降观测点及标识牌一致。

控制要点：端子尺寸、蝴蝶螺母、方形铜面质地插面板。

质量要点：测试点距地高度一般为0.5m，端子箱平整度误差不大于1mm。

如图29所示。

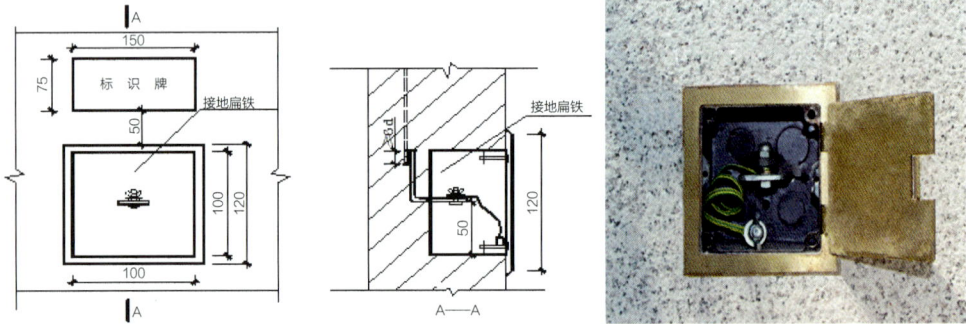

图29 接地测试点示意图及实例图

附件7-2：

创新港技术质量BIM交底

创新港集群项目利用BIM技术，采用正向出图，一墙一图的质量成本控制等技术手段，确保了工程质量的一次成优。

（1）根据工程图纸，绘制BIM模型图，如图1所示。

图1　BIM模型图

（2）根据LOD标准对设计模型进行深化，基于模型进行图纸会审及文明形象展示等（图2）。

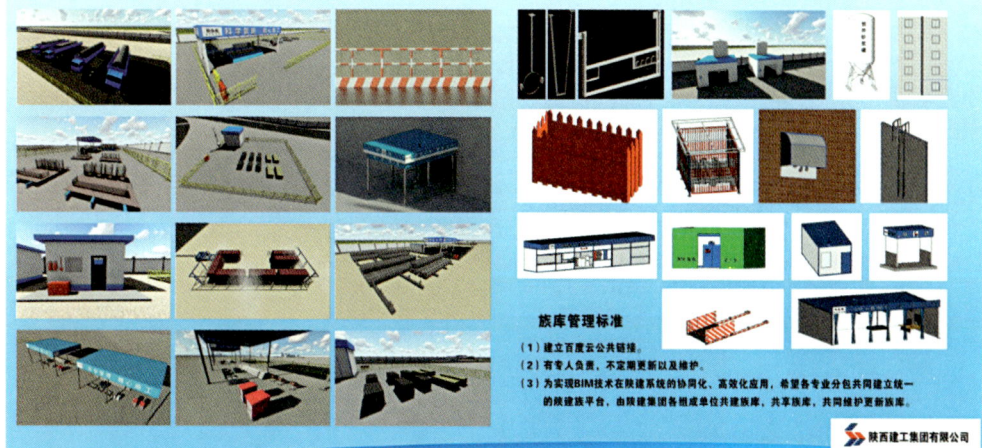

图2　设计模型深化

（3）利用管线综合模型各专业管线标高信息，对该区域管线综合排布净高进行分析，创建可参变支吊架族模型，确定排布方案管线综合支吊架位置，并予以设立，完成管综模型实际效果展示（图3）。

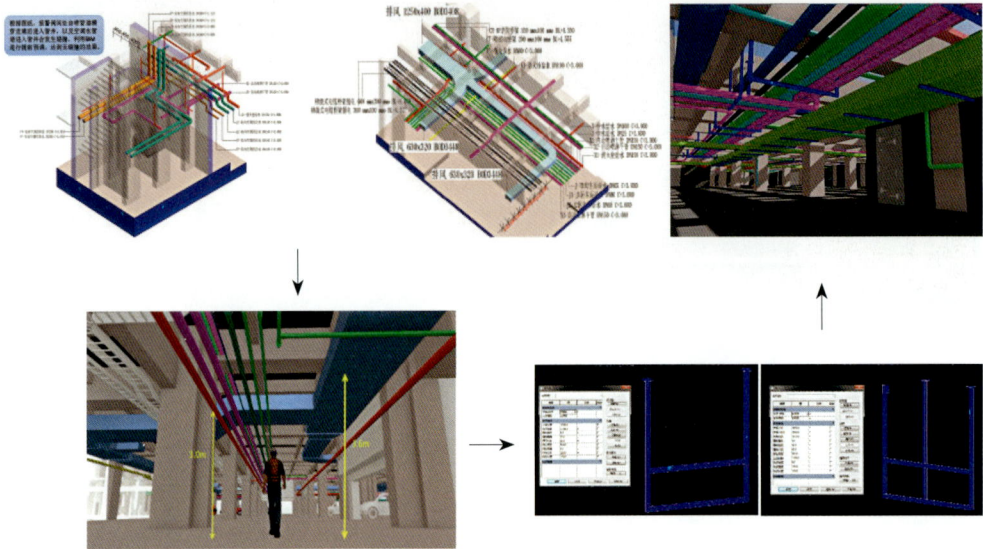

图3　管线综合排布净高分析

（4）对重难点施工方案进行模拟优化，如图4所示。

利用BIM技术对挑架、扣件式脚手架、圆弧梁定制钢模板等进行方案模拟及优化，基于BIM技术对各类施工方案进行审核。

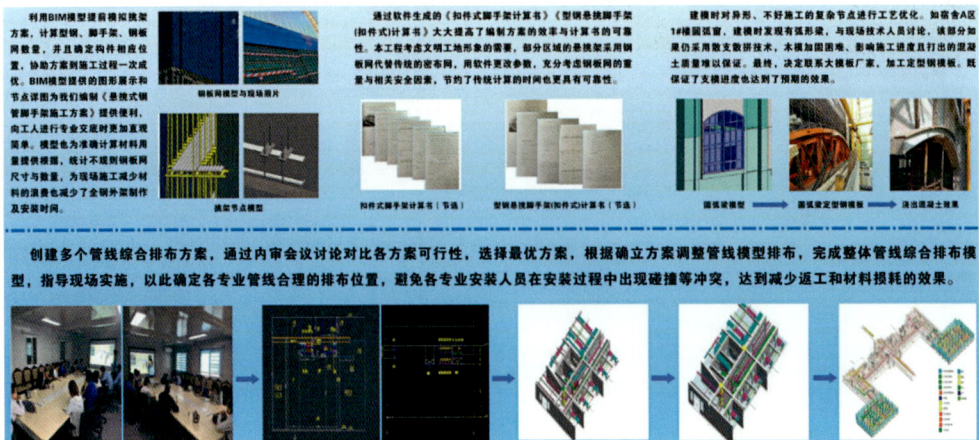

图4　模拟优化

（5）重难点部位及复杂节点、工艺的技术交底，如图5所示。

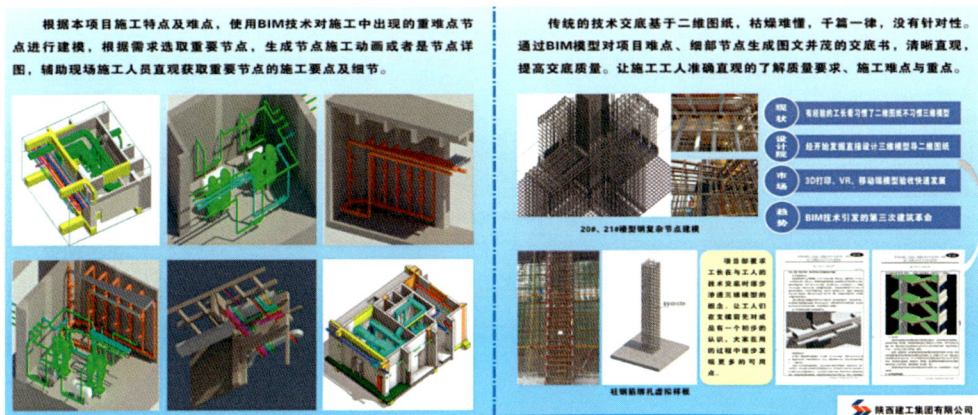

图5　技术交底

（6）辅助现场施工，如图6所示。

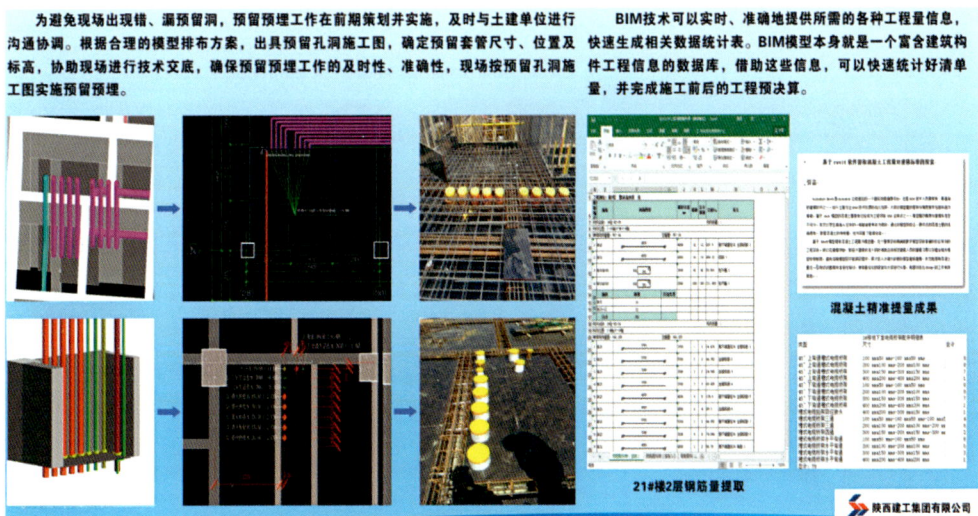

图6　辅助现场施工

（7）利用BIM技术对现场平面布置、样板区进行策划，如图7所示。

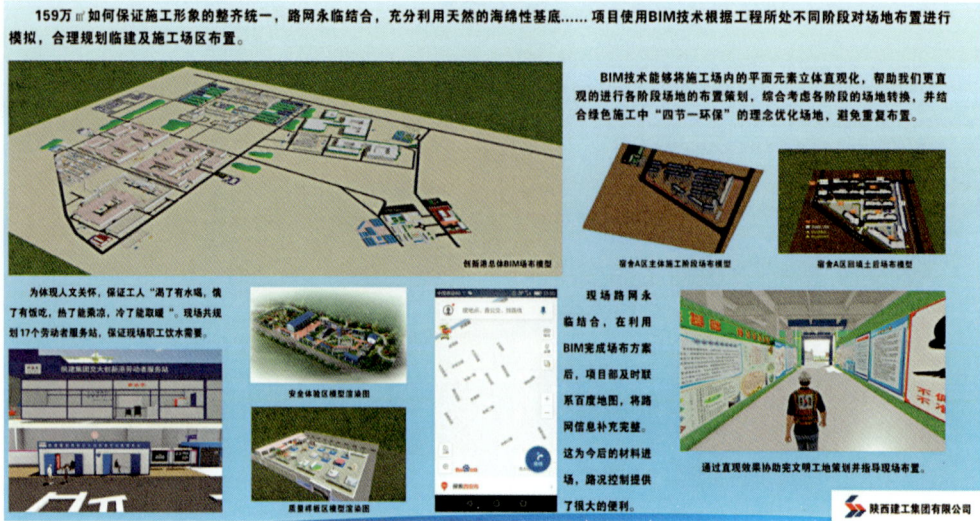

图7　利用BIM技术对现场平面布置、样板区策划

（8）辅助质量创优策划的编制，如图8所示。

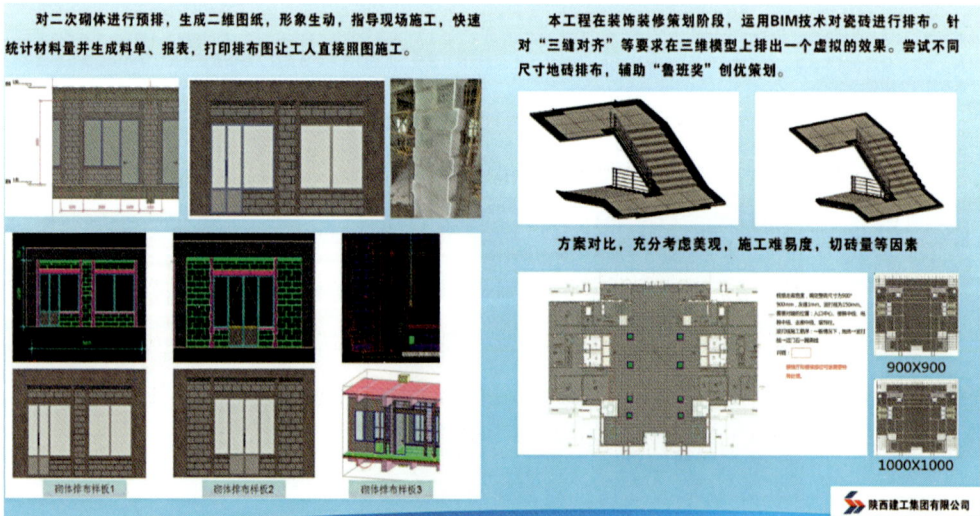

图8　辅助质量创优策划的编制

第8章

项目集群安全生产管理

工程项目集群与一般工程项目相比具有复杂性、庞大性以及重要性等特点，部分传统的项目安全管理理论不再符合项目集群工程安全生产管理要求。工程项目集群的安全生产管理需要更强的组织协同、工作协同、信息协同以及项目资源的协同利用和配置。项目安全生产管理与项目集群安全管理既有联系又有较大的区别。从管理系统组成要素的角度看，项目安全管理是项目集群安全管理的基础和前提。项目集群安全管理关注的是项目群内各个项目之间的关系，如果没有多个存在关联关系的项目及项目安全管理，项目集群安全管理就没有构建的基础和实施管理的前提。同时，项目集群管理的目标是创造超出集群内单个项目管理总和的价值，可见单个项目的安全管理目标是项目集群安全管理目标中不可缺少的组成部分，有着密切的相互依赖和配合关系。但从管理的界面、内涵和方法上，项目集群安全管理与项目安全管理是完全不同的两种管理方法。项目集群安全管理与项目安全管理的比较优势主要体现在更能关注实现组织战略和满足组织需求、最大化利用资源、更好地实现知识文化共享而促进技术进步等等方面。

项目集群安全生产管理适用于多项目管理组织，是一种带有组织行为的管理架构概念，与单一项目安全生产管理既有联系又有区别，是以项目安全管理为核心的高层次多项目管理方法，能有效促进组织战略目标实现和提高资源使用效益。与单一项目安全生产管理相比，项目集群安全生产管理更适合受客户约束较大的订单式生产服务型项目管理组织采用。

8.1　项目集群安全生产管理体系

"十一五"期间，国务院办公厅印发了《安全生产"十一五"规划》，全国31个地区及新疆生产建设兵团和不少市、县也编制发布了安全生产"十一五"规划，初步形成了由国家、省、市、县（区）安全生产五年规划，煤矿、安全科技、应急管理等领域专项规划等多层次、多类型的安全生产规划体系。但是，我国建设工程项目集群安全生产管理体系存在体系性较差、纵向和横向之间的协调性不好、各层级间安全生产管理的事权、责任、任务等界定不清，与其他部门规划之间缺少有效、充分的衔接等问题，使得安全生产规划体系整体较虚、可操作性较弱、实施效果较差及有效性较差。因而，需要从研究各层级、各类型安全生产体系之间的协调和衔接入手，调整、优化并最终建立完善的、符合新时期要求、安全生产工作自身特点和发展规律的项目集群安全生产管理体系，以安全生产规划协调、统筹各项目、各部门的安全生产工作，形成合力，进而共同推进安全生产。

企业应坚持安全为生产第一要素，明确安全生产管理工作的重要性，建立完善的安全生产管理体系，并且积极探索项目经理责任制、加强人员培训等，进一步提升项目集群安全生产管理水平。还要建立更加完善的体制、机制，进行自我约束，通过运用持续改进的安全生产长效机制，促进工程项目集群建设的平稳运行，对形成"齐抓共管的安全生产工作格局"具有重要的指导意义。

区域性项目集群是对于结构相对简单、项目集中在一定区域范围内的多个项目形成的项目群进行管理，由一个项目集群总负责人、项目管理小组和项目部组成，项目结构模式调整为后方机关和前方项目部共同组成项目管理体的模式。

根据上述原则，区域性项目集群组织结构模式设置如下：项目集群设置一个总负责人负责统一管理和协调，各标段项目部设置驻场项目经理，负责项目的全面履约和安全责任与义务。项目部根据项目的难易程度和项目的规模，按照精简高效原则配置人力资源，根据需要配置相应的现场施工、技术、质量、安全等管理人员，项目部驻场经理主持项目的日常工作。

8.1.1　项目集群安全生产组织机构

中国西部科技创新港项目部安全生产组织机构如图8-1所示。

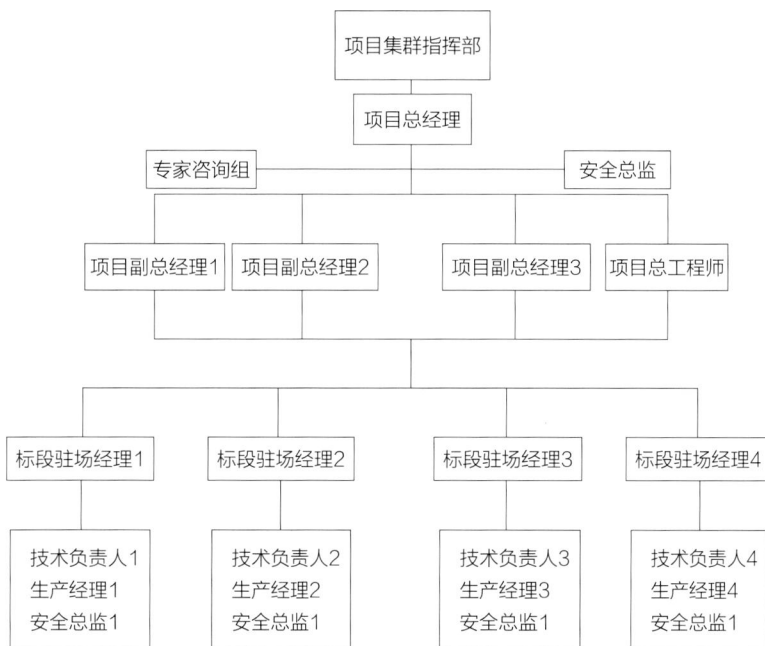

图8-1　中国西部科技创新港项目部安全生产组织机构图

8.1.2　项目集群各岗位安全生产职责

中国西部科技创新港项目部安全生产职责如表8-1所示。

中国西部科技创新港项目部安全生产职责　　　　　　表8-1

序号	岗位／部门名称	安全管理职责
1	项目总经理	1）全面负责本项目的安全生产管理工作，是本项目安全生产管理工作的第一责任人。 2）组建和领导项目安全领导小组，配备专职安全管理人员，组织召开安全例会，协调解决安全生产中的问题。 3）组织落实国家、地方有关安全生产的法律法规、标准规范和政策及集团公司安全生产规章制度、决策部署，并检查执行情况。 4）结合项目岗位设置和人员配备，分解落实项目安全生产责任制和安全生产控制目标，并组织考核奖惩。 5）在确定分包和服务单位时，组织审查其资质、安全业绩和拟组建项目的安全生产保证体系；在签订分包合同时，应同时签订安全协议。组织分包进场施工前的安全总交底。 6）组织危险源的辨识和风险评价，牵头编制、论证、实施风险控制措施和危险性较大工程安全专项施工方案。 7）组织实施对作业人员的安全教育培训，审核特种作业人员操作资格，为作业人员配备符合标准的劳动防护用品。

序号	岗位／部门名称	安全管理职责
1	项目总经理	8）在起重机械安装拆卸、深基坑开挖和附着升降脚手架升降、高大模板支架混凝土浇筑、起重吊装等危险性较大的分部分项工程施工期间现场带班，牵头组织深基坑支护、起重机械、模板支架、悬挑脚手架、附着升降脚手架等危险性较大的分部分项工程（简称"危大工程"）的验收。 9）组织项目定期安全检查和隐患排查治理工作，组织开展项目月度安全生产标准化自评，针对存在的事故隐患制定相应的整改、预防措施，并组织实施。 10）组织编制、审批项目安全文明施工措施费计划，并确保安全费用的有效使用。 11）组织制定项目生产安全事故应急救援预案，配备应急救援器材和应急人员，并定期组织演练。 12）负责落实项目领导带班生产和应急值班制度，及时、如实上报和处置生产安全事件。 13）定期向集团公司主要领导汇报安全生产工作
2	项目生产总经理	1）对项目的安全生产、消防工作负综合管理领导责任。 2）贯彻落实国家、地方有关安全生产的法律法规、标准规范和政策，执行集团公司安全生产规章制度和决策部署。 3）参与项目施工组织设计/方案、危大工程安全专项施工方案和安全管理策划的编制，并组织落实。 4）协助项目总经理组织项目定期安全生产和文明施工检查，对检查出的事故隐患，负责组织落实整改措施；对发现的重大事故隐患，及时报告项目负责人协调解决。 5）组织现场机械设备、安全防护设施和消防设施的验收。协助项目经理组织深基坑支护、起重机械、模板支架、悬挑脚手架、附着升降脚手架等危大工程的验收。 6）协助项目经理审查分包和服务单位的安全资格，参与安全业绩的评价；组织落实项目安全教育培训和安全交底工作。 7）履行领导带班生产和应急值班职责，在危大工程施工期间带班检查和巡查。 8）保证项目安全生产费用的有效使用，监督分包和服务单位落实安全生产投入。 9）组织开展项目安全宣传教育和竞赛活动，推广安全生产经验。 10）落实应急救援设备和设施，组织开展应急演练。 11）发生生产安全事故，协助项目总经理组织实施经批准的事故应急救援预案，抢救人员、防止扩大、保护现场，参与事故调查处理。 12）定期向项目总经理汇报安全生产工作
3	项目安全总监	1）协助项目总经理具体负责安全生产管理工作，对项目的安全生产工作负监督管理领导责任。 2）执行国家和地方有关安全生产的法律法规、标准规范和政策，组织实施集团公司的安全生产责任制度和各项安全生产规章制度。 3）督促检查各区段项目安全生产工作情况和职业健康安全责任目标的分解、落实情况。 4）负责监督、检查各区段项目的安全生产措施费的使用情况、落实和检查安全设施和安全防护投入。

续表

序号	岗位/部门名称	安全管理职责
3	项目安全总监	5）组织本项目开展职业健康安全教育培训工作；监督、指导各区段项目部对施工现场管理人员、作业人员进行三级安全教育、日常安全教育和季节性安全教育，以及施工前各工种的安全技术交底。 6）负责定期召开项目安全检查会，组织对各区段项目实施定期、不定期安全生产检查和专项安全检查，监督各区段项目部及时消除事故隐患。 7）负责监督各区段项目编制事故应急救援预案及演练。负责预防、处置和报告生产安全事故，参与本项目生产安全事故的调查处理。 8）定期向项目总经理汇报安全生产工作
4	项目总工	1）对本项目安全技术管理工作负主管领导责任。 2）批准本项目安全技术规章制度和分部分项工程的安全技术措施。 3）负责组织、审核施工组织设计/方案、危险性较大专项施工方案和超过一定规模的危险性较大分部分项工程（或重大的技术设施）的审核及专家论证。 4）负责监督、检查区段项目技术负责人对施工人员的施工组织设计/方案、专项施工方案的交底及记录。并对其实施过程进行监督。 5）参与对区段项目定期、不定期安全质量检查和专项安全检查，对检查出的隐患从安全技术上提出整改措施，并监督落实。 6）监督、检查本项目在采用新工艺、新技术、新材料、新设备中有关操作要求和安全规定。 7）参与编制生产安全事故应急救援预案和预案演练。参与本项目生产安全事故的调查处理
5	项目商务总经理	1）对本项目商务业务全过程的安全工作负责。 2）负责组织对本项目商务工作中可能影响安全生产的风险、特殊工程施工合同等的风险进行评审。 3）审核各标段安全措施费用的投标报价和结算。 4）负责审核工程承包合同中有关安全生产条款的内容。 5）参与、监督区域项目专业分包企业安全资格的审查、确认
6	区域驻场经理	1）区域经理对本区段施工现场的安全管理、安全生产、安全措施等全面负责。是区段项目施工安全生产的第一责任人。 2）负责组建和领导本区段项目安全领导小组。配备具备相应资格的专职安全管理人员，协调解决安全生产中存在的问题。 3）负责国家、地方有关安全生产的法律法规、标准规范和政策及公司的安全责任制度在本区段项目的实施，并检查执行情况。 4）是集团公司各项安全规章制度在本区段项目实施的执行人，负责建立和落实项目安全生产管理制度，结合本区段项目人员配备分解落实项目安全生产责任制度。 5）组织实施对本区段作业人员的安全教育培训。对分包单位、设备租赁及材料采购单位组织审查其资质、安全生产保证体系、安全业绩评价和审核；在签订合同时，明确安全生产的权利与义务。 6）组织编制、审查本区域项目安全策划、危险性较大工程及超过一定规模危险性较大工程专项施工方案和安全措施，并组织论证、实施和监督检查。 7）定期组织安全检查和隐患排查，针对潜在或存在的事故隐患制定相应的整改、预防措施，并组织实施。

序号	岗位／部门名称	安全管理职责
6	区域驻场经理	8）负责项目安全生产措施费使用的有效管理。 9）负责组织制定项目生产安全事故应急救援预案、配备应急救援器材。 10）负责按规定及时、如实上报和处理生产安全事故。 11）定期向项目经理和有关部门汇报安全生产工作。 12）组织编制施工过程中的安全策划，并监督检查、执行
7	区域安全总监	1）负责区域项目安全生产管理、监督工作。 2）组织开展分管区段内施工工程项目危险源的识别、风险评价工作。 3）参与安全方案、技术措施编制，并监督检查执行情况。 4）组织开展安全宣传教育、培训考核活动，督促劳务班组安全教育活动。 5）检查、监督、落实各级人员持证上岗。 6）组织承包单位、劳务班组安全员日检，制止、查处违章行为、人员，及时发现、处理隐患，必要时局部停工、全面停工整顿，履行安全否决权。 7）督促、参加机械设备、安全防护措施的检查验收。 8）负责安全设备、防护器材、劳动保护用品、急救设备及器具的验收和监督管理。 9）负责安全应急预案演练、落实。 10）参加事故调查、处理，监督整改措施的落实
8	安全员	1）宣传国家和地方安全生产的法律法规、标准规范和公司、项目的安全生产规章制度，并监督检查执行情况，对项目的安全生产负监督管理责任。 2）协助项目经理建立健全项目安全管理制度、实施职业健康安全教育培训。 3）参与安全技术交底，监督检查安全技术措施的落实情况。 4）参加项目安全检查，对发现的事故隐患整改措施实施情况及时跟踪验证。 5）负责施工现场日常安全监督检查并做好检查记录，对施工现场存在的事故隐患责令立即整改，必要时报告项目经理；对于发现的重大事故隐患，立即报告项目经理，并有权向集团公司安全生产管理机构报告。 6）现场监督危险性较大工程安全专项施工方案实施，发现未严格执行专项方案的情况应立即向项目技术负责人报告。 7）监督检查劳保用品的发放和正确使用。 8）监督指导施工现场安全警示标志和操作规程牌的设置和维护。 9）对管理人员和作业人员违章违规行为进行纠正或查处。 10）负责安全管理内业资料的收集、整理、归档工作。 11）依法报告生产安全事故，参与事故应急救援和调查处理
9	施工员	1）执行国家及当地安全生产的方针、政策、法规和各项规章制度，执行本项目安全生产管理办法和要求。 2）主持对进场工人进行安全消防教育和培训，指导施工队（班组）正确使用劳动保护用品及消防设施。 3）参加专业施工员对工人的安全消防技术交底，强调安全注意事项、不安全因素、可能发生事故的地方。 4）深入现场检查安全消防措施的落实情况，发现不安全因素及时纠正，当出现险情时有权采取果断措施，并对违章指挥、不服从管理、违反安全管理规定的施工队（班组）和个人，按照有关规定给予处罚。 5）现场发生安全事故时，先采取应急措施，保护好现场，并立即报告。 6）行使安全生产奖惩权，及时沟通职业健康安全管理体系的有关信息

8.1.3 安全生产管理制度

项目集群内部安全生产管理制度是保障工程项目圆满完成建设的重要手段。实践表明，针对性强的安全生产管理制度，长效管理机制才能起到应有的作用，环环相扣的安全管理制度是长效机制的保证。而项目集群安全管理则应是由项目部的安全管理人员与项目集群安全管理小组组成的综合管理，与后方机关安全部门的检查相结合，在完成各个层次的安全管理与检查后及时进行评价，这是促进安全管理存在问题得以整改和落实的方法和途径。

项目经理部依照国家安全生产法律法规、规章要求及陕建集团安全管理体系文件要求建立以下项目经理部安全管理制度，如图8-2所示。

8.1.3.1 安全生产责任制及目标考核制度

为了保证项目集群安全生产管理目标的实现，在标段项目经理部自行考核的基础上，项目集群指挥部专门制定了标段项目部安全责任制和安全目标考核制度，结合指挥部机构设置和人员配备、标段划分，将安全生产的责任分解到每个人员和岗位，将安全生产的目标分解落实到各标段项目部和部门。坚持周考评、月兑现。每次考评结果，结合项目"六比六赛"劳动竞赛，召开员工大会进行奖惩兑现和通报。

8.1.3.2 项目负责人现场带班生产制度

为了及时协调解决施工过程中遇到的安全问题和突发事件，指挥部制定了项目负责人带班生产制度，指挥部领导坚持24小时轮流带班生产，危大工程施工期间，坚持现场带班巡查，督促各标段项目部领导班子落实带班生产责任。

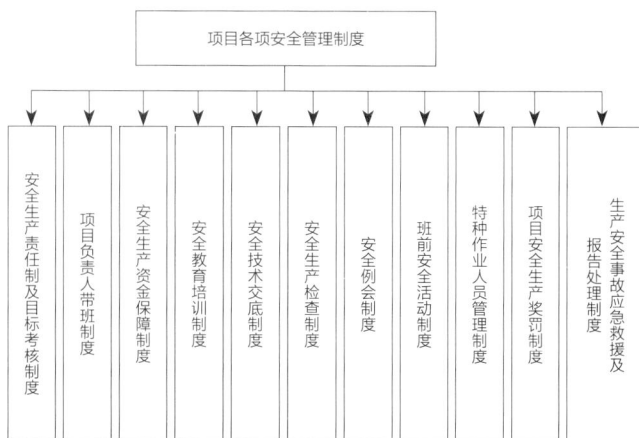

图8-2 项目经理部安全管理制度图

8.1.3.3 安全技术交底制度

针对项目集群工程实际，结合项目安全策划，指挥部制定了安全技术交底制度，重点针对项目总体安全策划、危险性较大分部分项工程、"四新技术"应用和总体应急预案等，明确由指挥部总工程师对各标段管理人员进行交底，各标段总工程师负责本标段涉及的内容和分部分项工程向管理人员和分包单位、作业班组实施交底。通过落实安全技术交底制度，让全体管理人员、分包单位和操作工人了解方案的意图、分部分项工程的危险源和其主要控制措施、应急措施，确保各项安全控制措施落到实处，管控安全风险。

8.1.3.4 安全检查制度

在各标段项目部组织定期检查的基础上，指挥部成立了由指挥部负责生产的副总经理为组长、安全总监为副组长的指挥部安全检查领导小组，坚持组织周检查、月考评，将考评结果纳入对各标段的"六比六赛"竞赛之中，同时考核兑现，督促各标段将隐患排查和隐患治理的责任落到实处。对于发现的严重事故隐患，指挥部实施挂牌督办，并书面告知项目的管理单位和公司安全监管部门督办，确保事故隐患得到及时治理。

8.1.3.5 安全教育培训制度

结合项目集群工程施工高峰期劳务队伍达到135家、操作人员3万余人的实际情况，指挥部借鉴工程总承包管理的经验，在施工现场集中建立了安全体验馆和教育培训基地，明确所有标段的操作人员都必须在安全教育培训基地接受进场培训和体验，经培训和体验后方可办理实名制门禁卡，确保进场人员都接受安全教育培训，了解本岗位的危险因素、掌握基本的安全操作技能。同时，各标段项目部每月组织观看集团录制的安全警示教育片《生命之鉴》，不断强化安全意识，结合季节特点和施工实际开展经常性的安全教育。

8.1.3.6 班前安全活动制度

各标段项目部施工区域面积大，使用的作业班组多、班组人员流动性大，因此，指挥部要求各标段项目部开展每天作业前的晨会制度和周讲评制度，每班作业前，对本班组作业人员的精神状态、健康情况进行确认，对当班作业存在的风险点和应采取的控制措施进行再确认，进一步强化安全意识和安全措施的落实。

8.1.3.7 特种作业管理制度

针对项目集群特种设备多、特种作业人员需求多的实际，指挥部对特种作业人员持证上岗情况实施严格的准入制度，结合前期策划，指挥部组织陕西省特种作业人员培训机构，在项目现场开展特种作业人员取证培训，培训特种作业人员500余人，以满足施工现场对特种作业人员的需求。同时，针对塔式起重机、施工升降机等特种设备操作人员，将持证人员信息录入设备加装的人脸识别系统，对塔机指挥配备明显分色和标识的马甲进行区分，确保了持证上岗。

8.1.3.8 生产安全事故应急救援及报告处理制度

项目集群施工区域面积巨大，人员众多，为了确保安全生产应急事件得到快速、有效处置，项目部明确了信息的传递渠道，在各区域明显位置公布各标段、指挥部主要负责人的联系电话和应急救援电话，确保信息及时传递。同时，指挥部对制定的预案组织开展演练，检验预案的实效性和适宜性，并邀请省内急救方面的专家，在项目部开展急救常识的普及，进一步提升处置突发事件的能力。

8.1.3.9 项目安全生产例会制度

针对项目集群施工项目多、分包服务单位众多的实际，项目指挥部制定了项目安全例会制度，通过例会通报一周的安全生产情况和一些隐患性问题，同时结合分部工程特点和气候变化、政府部门和企业的要求，明确下一周安全生产工作的重点，同时，对各项目部和分包单位之间存在的交叉作业、施工用电和施工机具方面需要协调解决的问题进行沟通，防控安全生产风险。

8.1.3.10 安全生产资金保障制度

项目集群工程的特点决定了项目的安全生产资金需要项目部集中统筹管理和使用。如现场存在的群塔作业防碰撞、安全监控平台、人员实名制管理、现场交通安全设施和疏导、安全教育培训基地建设和工作人员配备、应急设施和器材的配备、现场安全文化建设等，由项目部统一建设，计入项目安全生产费用中核销。对于施工现场各区域安全防护设施的投入，指挥部制定了统一的防护标准，由各标段区域项目部负责配备和实施，项目部核实后从安全生产费用中核销。

8.1.3.11 项目安全生产奖罚制度

项目集群工程作业人员多、分包单位众多，为了调动项目参与者的积极性，指挥部结合"六比六赛"劳动竞赛，制定了安全生产奖罚制度。对在安全生产工作中做出突出贡献的个人和项目部，每月进行经济奖励并授予流动红旗。对存在严重隐患的区域，项目部和有违章行为的个人，及时进行经济处罚，并在项目曝光台进行曝光，督促各区域项目部和项目各参与者遵守安全规章制度和纪律，为安全生产提供良好的氛围。

8.2   项目集群安全生产计划与实施

针对项目集群的施工进度计划和工程体量巨大、现场施工劳动力密集、施工机械数量多、施工工期紧、多工种交叉作业和劳动强度大、露天及高处作业多、高温酷暑环境复杂多变等特点，创新安全生产管理理念，以"六比六赛"中的创新安全生产管理为抓手，采用网格化、信息化、安全技防手段，把网格化、信息化、安全技防手段融入安全生产管理的全过程控制。

8.2.1   创新引领，以"信息化"抓好具体安全工作落实

1. 建立"网格化"安全责任管理体系

项目集群管理团队按照网格化的管理理念，构建"网格化"安全责任管理体系，运用数字化、信息化手段，以各参建单位作为安全管理的单元格，将项目施工划分为若干区域，通过网格化管理信息平台，实现安全管理联动、资源共享的一种安全管理新模式。各参建单位严格遵守安全信息化系统建设相关标准和要求，对现场人员、设备进行统一管理，打造安全信息的互联互通和互动共享，避免各参建单位条块分割、各自独立的分段式管理监管所造成的责任区分困难、出问题相互推诿等情况，形成一个"横向到边、纵向到底"的网格化安全管理系统，提升了安全管理的效能。

2. 建立实名制、二维码信息通道

依托项目经理部的智慧工地平台系统，对施工现场作业人员进行实名制管理，现场施工人员统一编号，设置现场门禁系统，实行封闭式管理。

每台设备安全防护装置齐全有效，所有的设备制作二维码信息通道，确保设备实时信息收集和确认，保证所有设备运行状况良好。

3. 构建塔吊防碰撞系统

各台塔吊均安装塔吊防碰撞系统和实时监控监测系统，项目部在塔吊评比中以塔吊违章操作为依据，每月进行塔吊评比奖罚，切实为塔吊安全管理提供更好的平台，调动操作司机遵章守纪的积极性和租赁企业维修保养的自觉性。

4. 配备施工电梯人脸识别系统

各台施工电梯全部安装人脸识别系统，项目部通过在施工电梯操作中人脸识别系统的应用，不但可以有效地确保对施工电梯操作的控制和操作人员身份的识别，而且可以杜绝其他人员的非法操作。

5. 实施大数据积累考评

运用信息化数据监控建立人员考评数据库。推进安全管理数据的录入与使用，加速安全大数据云监控平台的建设。在责任落实上，除使用无人机定时定点巡航监管外，在每个网格监管区域内设一个专门的网格责任人，对网格内施工安全监管负直接责任，严格按照监管频次对人员和设备开展巡查，落实网格监管责任。例如，在对塔吊的管理中，成立以项目经理为组长的塔吊管理小组，下设专家人员—安全总监—机械管理人员—机修工，自上而下，责任层层落实到人。其中，机修工每天要对塔吊进行巡查和检修，专家要负责确保每个月对整个项目上的各塔吊和各施工电梯进行全数检查。同时，将检查、监管结果每天通过大数据云监控信息平台及时发布，使得"周评月奖"的安全生产管理有据可依。

8.2.2 标准运行，以"系统化"推动安全精细化管理

针对项目体量大、工期紧、参建单位多、作业面复杂等实际状况，项目安全管理工作以"系统化"构建自上而下的管理体系，推动安全管理工作精细化。

一是安全管理制度的系统化。把安全管理策划放在施工方案策划之前，以策划引导施工。在前期策划时注重集思广益、博采众长，搭建起完备的安全管理制度体系，包括《安全生产责任制度》《安全生产教育培训制度（安全早会制度）》《安全生产检查制度》《分包安全管理制度》《安全技术交底制度》《持证上岗制度》《设备管理制度》《安全生产验收制度》《安全生产奖罚制度》等等，并严格执行标准化手册，定期进行责任制考核。在实施过程中注重对整个项目的安全管理工作进行整体策划和统一策划，每一关键节点都通过召开专家研讨会的形式进行整体论证，寻找最优方案，防患于未然。

二是安全视觉标识的系统化。施工现场推行标准化、统一化的安全视觉标识系统，严格要求各参建单位全面使用，营造统一的安全文化氛围，传达统一的安全理念，避免出现现场标识混乱、指示不清等问题。例如，在塔吊、施工电梯部分标志的规定中，指挥部根据策划，明确了每台设备在项目中的统一编号，要求每个塔吊、施工电梯在安装过程中，均有机管员、安全员等把控中间环节；在安装完毕、安装单位自检合格并经检测单位检测合格后，总包项目部组织联合验收，验收合格后在塔吊上安装验收牌。对现场塔吊进行编号时，对号码牌的直径、颜色、形状、大小、字体样式、悬挂高度等都有统一要求，塔吊标牌的尺寸规格、LED灯样式、标牌间距等也都要求统一化、标准化，方便了对现场各塔吊的管理和监控。

三是推广施工现场工具化、定型化、标准化安全防护设施。确保安全生产的根本就是消除事故隐患，推广施工现场工具化、定型化、标准化安全设施是提升安全管理效能的重要手段。在施工过程中，通过对临边洞口防护设施、消防设施、环境设施、登高设施等实行定型化、标准化建设，以此来抓好对安全的有效和持续管控。例如，为便于施工，减少事故隐患，项目研发了工具式上下人通道，在全项目推广使用"工具式上下人楼梯"，在安全管理上取得良好效果。此外，抽屉式转料平台的使用和标准化推广，大大降低了材料转运过程中的安全风险，使作业人员的人身安全有了深层次的保障。为了解决集群项目的交叉作业防护和现场防火问题，项目部首次推广使用了钢网框立面防护代替密目式安全立网，有效地防止了物体打击和火灾事故的发生。

8.2.3 人本落地，以"真情化"构筑安全人文环境

陕建集团领导和项目指挥部都充分认识到，加强管理、强化安全是项目施工的重要保证，是全面、顺利完成工程建设的必要条件。项目经理部牢固树立"人本管理、建设平安项目"的施工理念，深入探索以项目人本管理为载体，将安全管理"真情"真正融入项目建设之中，进而达到强化全员安全意识的目的。

1. 正向引导的"情感管理"营造安全氛围

1）用"亲情"的牵挂启发员工。以"情感"作为安全管理的切入点，正向引导按章作业，确保安全对家庭、父母、妻儿的贡献，营造了深厚的安全文化氛围，激发起员工安全需求欲望，也使"自我安全管理"成为员工的一种自觉行为，将"人人从事安全管理"变成现实。

2）用"热情"的宣传引导员工。党工团齐抓共管，齐心协力抓安全，形成"人人都是安全宣传员，处处都是安全宣传站"的良好氛围。现场将安全文化宣传由口号化向亲情化转变，将安全生产与家庭情感巧妙共融。

2. 多维度融入的"寓教于乐"强化安全文化建设

1）以加强安全管理人员业务为重点提高管理能力。通过不间断地对项目安全管理制度、安全检查标准、安全技术规范的培训和学习，快速提高安全管理者的业务能力和管理水平；以"走出去、请进来"的方式交流安全管理经验，达到取长补短的效果；以参与安全策划达到熟悉现场人员、安全设施管理标准，以达到项目人员防护用品、安全设施、标识标牌的统一化、标准化。

2）以进城务工人员夜校为载体加速培育员工安全文化。以进城务工人员业

余学校为载体，持续关注进城务工人员安全教育，分别从进厂安全教育、安全法律法规、安全操作规程、安全事故案例剖析等方面促进劳务工人掌握岗位操作基本安全知识，了解安全生产基本权利和义务，了解违反安全生产规定应承担的法律责任，掌握事故处理原则和急救措施，掌握职业危害及其预防方法。

3）以典型人物事迹为基点辐射项目员工安全经验。挖掘项目内部安全生产管理相关典型人物，将事迹和安全经验传播分享，营造比学赶超的良好气氛。安全员结合自己的工作实践，自编创作各种快板、顺口溜、情景剧，通过多种形式在项目部职工夜校进行宣讲，让更多的一线职工认识安全、了解安全、重视安全。

4）以文娱活动为形式提升项目员工安全实操能力。结合"安全生产月"，融"安全知识竞赛+角色扮演+趣味接力运动会"为一体，使职工在活动中学习安全知识，强化安全意识，增强安全法治观念，提高安全生产实际操作能力。

3. 监督考核的"演练评比"落实安全生产

1）"预案演练"推演隐患防控。项目部通过对现场容易或可能发生的事故类型进行分析，制定有针对性的专项应急预案，并成立施工现场应急救援小组，设定岗位职责并落实到人。组织项目部人员进行有效的培训和实操，使现场人员具备完成其应急救援所需的知识和技能。分阶段进行应急预案演习，对突发事故期间通信系统能否运作、人员能否安全撤离、应急服务机构能否及时参加事故抢救、是否能有效控制事故进一步扩大等环节进行预演，不断完善应急措施，提高应急反应能力，做到预防为主。

2）"周评月奖"安全管理考核。开展项目"六比六赛"劳动竞赛，将安全纳入六大检查考核之首，在基础及主体施工阶段分别从安全管理、临时用电、高处作业、脚手架、模板支架、基坑工程、施工机械、消防管理等方面进行检查；在装饰装修和收尾阶段，由不同的参建单位从事内外装饰、园林、路桥、安装等施工，检查的子项存在差异，项目部及时修改标准，以对人的行为、物的不安全状态、安全管理缺陷和安全环境进行检查。每周检查评分并将检查发现的隐患作为案例，编制成PPT进行警示教育，针对每周发现的安全管理亮点，进行全面推广；每月底以表彰交流的形式，对月度安全生产、红旗塔吊、红旗施工电梯、最差塔吊、施工电梯进行奖罚，进而加强对项目各区域、各环节的安全管理。同时，对检查通报的安全隐患及时上传到智慧平台，跟踪督办、限期整改关闭。

4. 思维转变的"自主化"促进安全管理

1）以人为本，强化"自主化"安全管理。本着"人人抓安全、层层抓安全、个个会安全"的管理理念，不断加强人本管理，充分发挥"人"的因素，重视机械设备、材料、技术和环境因素，依靠人、调动人、保护人，使员工有能力、有意愿自我规范岗位操作，自我约束不安全行为，自己管理好其岗位职责范围内的安全，使项目每一位员工都变成施工现场执行的积极主体，紧抓现场安全管理。

2）提升尊重、加大关爱，促进"自主化"安全管理。结合现场实际情况，对现场的施工区、办公区、生活区独立分开，展现科学化、人性化和美观和谐的特点；在职工生活区域内，设立职工食堂、淋浴间、洗衣房、理发室、医疗站等，显现温馨和人文关怀。从生活细节上提升尊重、加大关爱程度，为进城务工人员建设夫妻房，创造相聚条件；在生产区铺设幸福小路，有效减少上下班行走时间，实现人车分流；施工现场建设劳动者服务站，为员工提供休息的场所，减少现场疲劳作业等不安全因素。同时在劳动者服务站持续开展送清凉活动、加大发挥项目医疗站作用。使员工在项目中拥有稳定的生活平台，快乐的休息场所，温馨的精神家园。

8.3 项目集群安全生产事故应急管理

建筑施工活动具有较高的风险，事故发生频率相对较高，影响面也较大，因此，项目集群必须建立应急救援组织。项目集群要完善安全生产责任制，全面落实安全生产责任制，层层签订安全生产目标责任书。同时，项目集群应结合实际，制定有针对性的实施细则，使安全目标责任层层细化与量化，落实到项目部、班组、重要岗位及特殊岗位个人。坚持"管生产必须管安全"的原则，定期召开安全专题会议，组织安全检查，听取安全生产汇报，保证人、财、物的投入，做到安全工作与生产任务同计划、同布置、同检查、同总结、同评比。

应急救援组织是单位内部专门从事应急救援工作的独立机构，一旦发生生产安全事故，应急救援组织就能够迅速、有效地投入抢救工作，防止事故进一步扩大，最大限度地减少人员伤亡和财产损失。项目集群应成立安全事故应急处置工作领导小组，负责协调组织人员在事故发生时，及时进场处理，控制事态发展，把人员的伤害和财产的损失降到最低点。抢险应急救援器材、设备应准备充足，灾害一旦发生，项目集群主要领导及有关部门领导立即赶赴现场，启动应急预案，组织指挥抢险。同时加强天气预报观测，随时做好防洪、防汛工作，最大限度地减少人员和财产的损失，确保安全和施工的顺利进行。

8.3.1 应急管理组织体系

项目部建立以项目经理为组长的应急救援指挥小组。成员由生产经理、技术总工、安全总监及其他管理岗位成员组成。应急组织机构如图8-3所示。

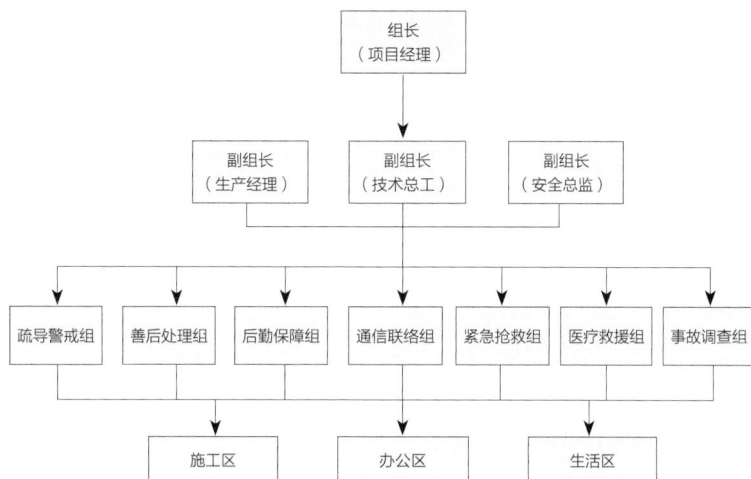

图8-3 应急组织机构图

8.3.2 指挥机构及职责

项目部应急救援领导小组具体负责项目重大风险的监控和应急准备、响应、救援、恢复、演练工作。对现场发生的安全事故实施应急救援。

8.3.2.1 应急救援领导小组的主要职责

1）根据事故发生状态，具体全面部署安全事故现场处置方案的快速有效实施；组织有关部门和人员，迅速开展抢险救灾，救治伤员。并对应急行动中发生的不协调采取紧急处理措施。防止事故的扩大和蔓延，最大限度地降低事故损失。

2）根据事故灾害发展情况，对危及的周边单位和人员，及时指挥、组织疏散工作。

3）密切注视安全事故控制情况，组织召开事故现场会议，做好信息处理，同时协调做好稳定社会秩序和伤亡人员的善后及安抚工作。

4）根据《应急救援预案》实施过程中发生的变化，应及时对《应急救援预案》提出调整、修订和补充，确保应急救援预案不断得到规范和完善。

8.3.2.2　组长的主要职责

1）全面负责生产安全事故应急救援指挥工作。根据事故情况，决定应急预案的启动，组织力量，全面指挥、开展应急救援。

2）根据事故灾害与发展情况，决定停止初始扑救、紧急撤离等措施，依据事态扩展状况，决定请求外部援助。

8.3.2.3　副组长的主要职责

1）协助组长，具体负责应急响应救援行动。向应急小组组长提出控制事故扩大的应急救援对策和建议。

2）协调、组织和获取应急救援所需的资源，迅速有效地组织现场应急救援行动，努力降低事故损失，减少事故影响。

3）负责与项目外部应急人员、部门、组织和机构进行联络与沟通，协调救援行动；采取有效措施保证事故影响区域的安全性，最大程度地保证现场人员、外援人员及相关人员的安全。

8.3.2.4　各职能小组的主要职责

疏导警戒组：负责组织值班门卫人员、保安人员，将人群疏散到安全地带，保持主干道畅通，加强治安警戒，防止因人员混乱而造成物资财产被破坏或丢失。

善后处理组：协助领导小组对事故伤亡者送医院救治和善后处理工作，对及其家属进行安抚工作，协助解决工伤保险的有关事宜。

后勤保障组：负责外援力量的接待、及时向领导小组反馈应急救援情况以及各工作组安全保障的后勤供给及协调工作。

通信联络组：负责联络和车辆调度等事宜，同时与附近医院和救援机构联系，让他们做好接收伤员准备，经项目经理同意，对外上报事故情况。

紧急抢险组：迅速召集小组成员在五分钟内赶到出现险情事故现场，实施抢险救灾，并在接报后第一时间将灾情向指挥部报告。

医疗救护组：负责对伤员进行临时有效救护，组织人员将伤员安全、迅速转运至附近医院，向医生正确反映伤员相关情况，并及时向项目经理汇报抢救情况。

事故调查组：由技术部牵头协助领导小组，会同相关部门负责调查事故发生原因，评估事故影响，尽快查明事故原因，作出调查结论，提出事故防范意见。

8.3.3　发生事故时的应急响应流程

应急响应程序流程如图8-4所示。

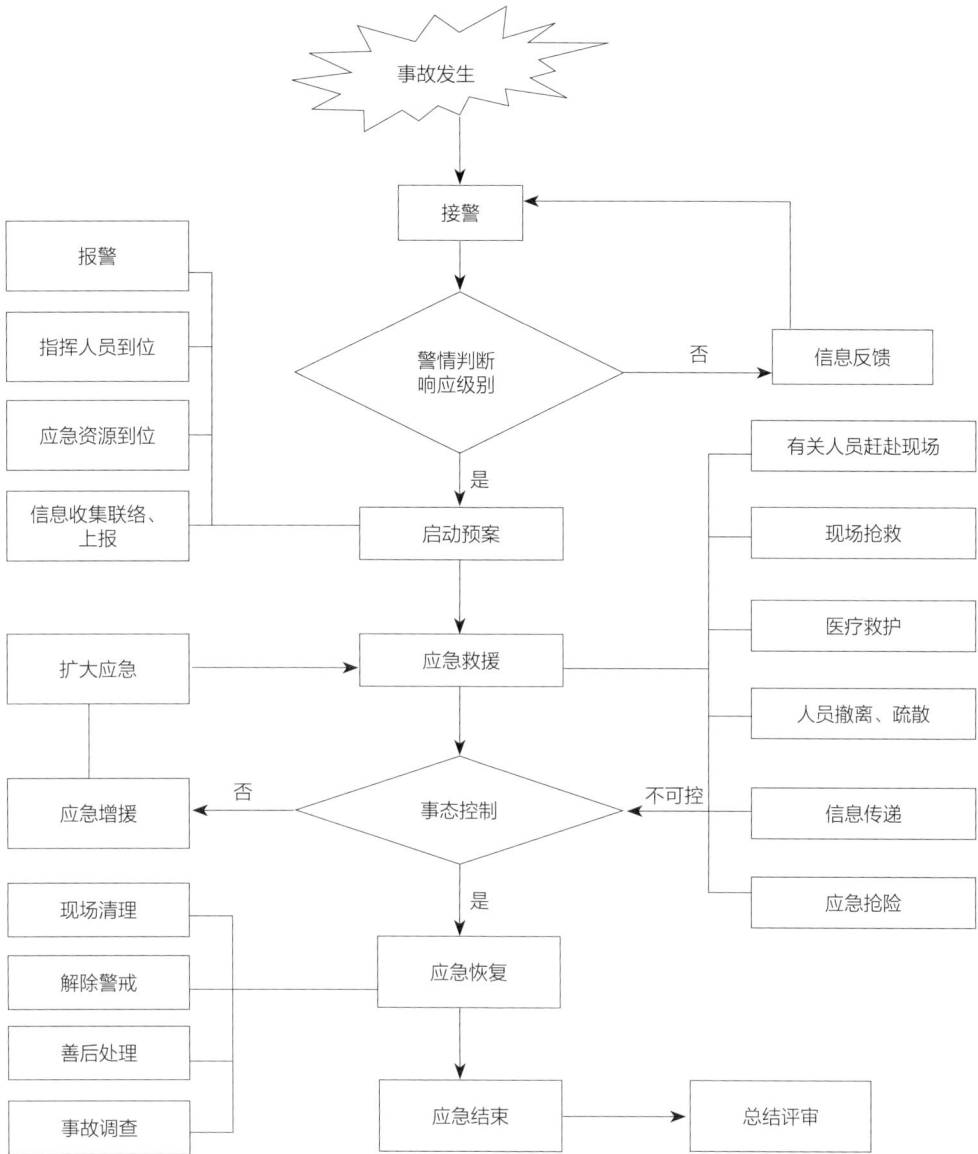

图8-4 应急响应程序流程图

8.3.4 应急物资与装备保障

根据建筑工程事故类别、特点以及应急救援工作的实际需要,应急救援常用物资装备在施工现场配备,项目应配备指挥用车和运输车辆,并进行经常性维护、保养,协调好社会资源,以保证应急状态时的调用和扩大应急之需。常备医疗用品如表8-2所示,应急物资装备如表8-3所示。

常备医疗用品表 表8-2

序号	品名	适应症	数量	存放位置	管理责任人	联系方式
1	云南白药	止血愈伤		医务室		
2	创可贴	小创伤出血		医务室		
3	京万红软膏	烧烫伤		医务室		
4	碘酊	局部消毒		医务室		
5	酒精	局部消毒		医务室		
6	藿香正气液	中暑		医务室		
7	速效救心丸	心脏病急救		医务室		
8	去甲肾上腺素	休克抢救		医务室		
9	降压硝苯地平缓释片	降压药		医务室		
10	阿司匹林	退热		医务室		
11	布洛芬	退热止痛		医务室		
12	听诊器	医疗器材		医务室		
13	血压计	医疗器材		医务室		
14	电子秤	医疗器材		医务室		
15	担架	常备急救器材		医务室		
16	药箱	常备急救器材		医务室		
17	绷带	常备急救器材		医务室		
18	消毒纱布	常备急救器材		医务室		

应急物资装备一览表 表8-3

序号	名称	类型	数量	存放位置	管理责任人	联系方式
1	铁锹	抢险工具		库房		
2	撬棍	抢险工具		库房		
3	4kg干粉灭火器	消防器材		库房、现场存放点		
4	消防桶	消防器材		现场存放点		
5	消防斧	应急器材		现场存放点		
6	安全帽	应急器材		门房		
7	安全带	应急器材		库房		
8	护目镜	应急器材		库房		
9	绝缘手套	应急器材		库房		
10	绝缘鞋	应急器材		库房		
11	应急照明灯	应急器材		库房		
12	对讲机	应急器材		库房		
13	35kg手推式灭火器	消防器材		现场存放点		

　　1）其他救援装备

（1）救护人员的装备：防护服、防护手套、呼吸保护器具等。

（2）简易灭火工具：扫帚、水桶、脸盆、沙箱、湿布、粉袋等。

　　2）应急工作相关联的单位、人员通信联系方式

项目指挥部根据项目集群工程体量大、从业人员多的实际，在开工伊始就与驻地政府应急管理部、医院、消防救援机构建立常态化联络机制，定期开展联合演练和预案的桌面推演，确保联系畅通、应急力量及时到位。

8.3.5　应急结束与应急恢复

8.3.5.1　应急结束

当事故已得到控制，不再扩大发展，伤员已得到相应的救护，现场险情已排除，现场经检测没有危险，现场救援工作视为结束，此时可以由指挥中心发布指令，解除紧急状态，并通知相关单位或周边社区，事故危险已解除。

事发单位应配合政府有关部门进行现场取证、事故调查和事故原因分析，写出事故报告，拟定纠正预防措施并组织实施。

8.3.5.2　应急恢复

应急结束后，经项目部负责人批准，项目部应组织人员进行现场清理，尽快恢复生产，并做好善后处理工作。

8.3.6　培训、演练与更新

项目部在人员初次进场时对进场人员进行《应急救援预案》的培训，并结合不同施工阶段开展现场处置培训；项目部根据各施工阶段的危险性和可能发生的事故类别，组织现场人员开展应急救援演练，检验现场处置方案的适宜性、有效性和充分性，以及响应过程的符合性和有效性。演练采取桌面推演和现场实际演练的方式进行，并做好记录。《应急救援预案》进行测试后，根据测试结果对应急准备的充分性和应急响应的及时性、准确性和有效性进行评审，找出应急准备和响应过程中存在的不足和缺陷问题，对于在抢险过程中发现的不当之处予以补充、修复、更新，改进应急准备和响应过程，使之完善。

8.4 项目集群现场文明施工管理

近年来，科技革命和产业革命取得重大突破和进展，建筑行业进入发展新时期、新高度，通过项目集群现场文明施工管理，能够大大降低建设工程中安全事故发生概率，保障施工人员生命财产安全。由于建设工程自身特性，具有系统性、复杂性等特点，并且长期处于室外或高空作业，相对来讲，施工技术实施难度系数高，因此，落实项目集群现场文明施工管理前，要全面做好统筹规划，确保管理人员具备较高的业务水平，以及突发事件应急能力，灵活协调施工现场问题，保证现场施工安全有序进行，不断提升建设工程相关企业的社会效益和地位。

目前，项目集群现场文明施工管理中仍然存在着众多的不足。

一是施工现场管理体系有待完善。结合建设工程施工现场管理现状来看，项目集群文明管理体系不完善是普遍存在的问题，一定程度上，影响建设工程建设效果。由于项目集群文明施工现场监管工作不到位，影响安全生产和文明施工的成效，再加上一线从业人员执行力不高，未按照相关标准落实工作，造成建设工程项目集群施工现场安全问题频发，难以满足现代建设工程建设要求，对此，需要高度重视项目集群现场文明施工管理体系的重要性，结合建设工程现状，不断完善和优化项目集群现场文明施工管理内容和方式，以达到建设工程预期目标。

二是文明施工教育不到位。项目集群工程施工过程中，若想实现安全生产文明施工，首先要提升工作人员的思想观念和综合素养，意识到文明施工管理的重要性，从自身做起将管理工作落实到位。但是目前来看，一线操作人员整体文明水平不高，增加了项目集群现场文明施工的管理难度，因此，要根据施工管理实际情况，定期开展安全文明培训，提升从业人员的专业技能水平和文明素质，降低事故发生概率。此外，还要注重思想意识的提升，以正确态度看待安全生产和文明施工，充分发挥安全培训工作的能效，达到文明施工教育的目的。

三是安全防护措施不到位。项目集群工程本身是一项错综复杂的工程项目，施工过程中受到不同变量的影响或干扰，使得施工安全防护措施难以做到万无一失，可能出现施工现场安全措施纰漏等问题，无法保证施工现场安全性，极大程度上影响施工管理作用的发挥。

文明施工的程度体现了企业的综合管理水平。整洁文明的施工现场、井然有序的平面布置，给人焕然一新的感觉。因此，我们要以文明施工为突破口，全面抓好施工现场管理。

8.4.1 文明施工目标

中国西部科技创新港项目的文明施工目标包括以下几方面：

1）达到"省级安全文明工地"要求，创建"国家AAA级安全文明标准化工地"。

2）做到"五化"：亮化、硬化、绿化、美化、净化。

8.4.2 文明施工管理机构及体系

项目部文明施工管理组织体系如图8-5所示。

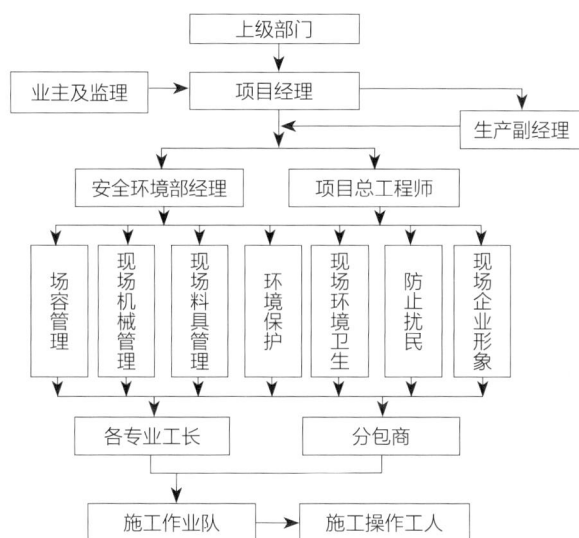

图8-5 文明施工管理机构及体系

8.4.3 文明施工措施

8.4.3.1 安全防护措施

1）所有施工人员进场前必须进行入场教育，并经考试合格后方可上岗。

2）施工人员进入现场必须正确佩戴好安全帽。施工现场严禁穿高跟鞋、拖鞋、带钉易滑鞋。

3）施工现场严禁施工人员打闹，影响正常施工。

4）高空作业人员必须定期进行体格检查，严禁有心脏病、高血压等疾病人员上岗。

5）特种作业人员必须持证上岗。

6）分部（子分部）、分项工程应做有针对性的安全技术交底，并签字齐全。

7）基坑周边设置防护栏杆。防护栏杆距基坑边1.5m，防护栏杆高1.2m，并设两道水平杆，水平杆间距500mm。水平杆刷红白油漆，挂标识牌。基坑边设120mm×300mm高挡水坎。

8）脚手架搭设必须符合规范要求。

9）预留洞口超过150mm×150mm，加盖防护、设置安全警示标识牌提醒。

10）楼梯扶手、坡道边侧从上到下设置1.2m高的工具式防护，并刷红白油漆。

11）电梯井口采用可开启的工具式防护门，门高1.5m。安装时距地面200mm，并挂标志牌，刷红白油漆。

12）梁、柱绑扎钢筋、立模及浇筑混凝土用临时脚手架，凡高度超过3.0m者要搭设1.0m宽操作平台并设两道护栏，栏杆高度不低于1.0m，平台脚手板满铺，禁止出现探头板、飞跳板，脚手板间不得有空隙。

13）施工人员严禁从高处向下投掷杆件、物体、材料、扣件及其他物品，防止落物伤人。

14）所有内外脚手架搭设完成后，必须通过验收合格后，方可使用；任何人未经许可严禁拆改架子。

15）严禁攀登架子上、下作业面。

16）场外防护：塔吊吊重物时，严禁吊物在场地外盘旋。钢筋加工棚、木工棚、马道等必须设置防砸安全防护棚，并设警告标志。

8.4.3.2　临时用电措施

1）现场供电线路敷设必须按照临时用电施工组织设计明确的走向要求敷设，严格执行TN-S接零保护系统。

2）临时用电电缆沿基坑边缘直埋。所有配电箱统一编号，外涂安全标志，并保证箱内无杂物。箱门上锁，箱内贴好电路图。配电箱由专业电工负责。

3）所有配电箱、开关均设漏电保护器，做到分级保护。

4）现场内电源线不得乱接、乱拉、乱扯。

5）电焊机置于电焊棚内，一、二次接线处设防护罩，焊把线用完及时收回，拉线时避开钢筋等硬物，以防破损。

6）各部位临时用电安装必须符合施工临时用电的有关规定，非专业人员严禁随意拆改接线。

7）现场作业班组设电工，并持证上岗。

8）操作时必须戴好绝缘防护用品。

8.4.3.3　机械安全措施

1）塔吊基础严格按照说明书和施工方案组织施工，立塔前及时验收，并定期进行塔吊垂直度观测。

2）机械设备传动外露部分加设防护罩。

3）混凝土输送泵、钢筋加工机械、木工加工机械等设专人操作，专人负责，及时对机械进行检修，所有机械不得处于"带病"状态。

4）振捣器、蛙式打夯机等机具必须两人操作，操作者戴好绝缘手套。

5）特殊工种必须持证上岗，并佩戴相应劳保用品，严禁酒后操作及违章作业。

8.4.3.4　现场场容措施

1）本工程施工现场采用封闭式管理。

2）施工现场大门外均设置施工标牌。标牌内容为：工程名称、建筑面积、建设单位、代建单位、设计单位、监理单位、施工单位、工地负责人、开工日期、竣工日期等。

3）施工现场办公区设置：公司标志、公司信条、工程概况、项目组织机构图、文明施工管理制度、安全管理制度、消防保卫管理制度、环境保卫管理制度、施工平面图等。

4）现场搭设各种临时设施的材质必须符合要求。仓库、木工房等为砖砌墙体，室内高度不低于2.8m，房间采取防漏防潮措施，外观整齐美观。

5）施工现场内施工道路进行硬化处理，同时保持消防道路畅通无阻。

6）进入现场一切材料必须按现场管理平面图指定位置一次性放置到位。材料分类码放，并按要求挂牌。材料堆放高度必须符合要求（所有材料堆放高度不得大于2m），保持现场材料整齐统一。

7）建筑物内外的零散材料及时清理，施工及生活垃圾要分开堆放，及时外运，做到活完场清。现场内设置垃圾池。

8）楼梯、休息平台、通道等处严禁堆放材料和其他物品，保证通道的畅通。

9）现场四周做好排水沟。

8.4.3.5　环境卫生措施

1）大门主出入口设置洗车池。车辆出入现场必须保证车身清洁，防止车辆将泥土带出现场。

2）现场设置垃圾池，集中堆放生活及施工垃圾，垃圾池定期清理。

3）施工现场每天派专人进行清扫，保持施工现场及道路干净。

4）办公室实行轮流值班。办公室每天清扫，保持室内清洁，做到窗明地净。

5）施工现场不许随地大小便。厕所定期清理，防止蚊蝇孳生。

6）作业班组均统一提供电热水器，保证开水供应，做到不喝生水，防止施工人员患病。

7）宿舍区、加工区、办公室冬期取暖安全必须验收合格后方可使用。

8）职工宿舍达到整齐干净、空气清新。

8.4.3.6 料具管理措施

1）建筑物内外存放的各种物资要分类别、规格码放整齐。

2）对于水泥、五金、水暖管件、电气安装用品等必须入库保管，库房必须防雨、防潮，并针对特殊材料进行特殊处理。

3）贵重物品及时入库，易燃、易爆品设专库保管。

4）现场内做到无废弃砂浆和混凝土。

5）砖或砌块成定、砂石和散料成堆，随用随清，不留料底。

6）钢材、木材等料具合理使用。

7）现场工人操作做到活完料净脚下清。

8）现场施工垃圾集中分类堆放，及时分拣、回收、清运。

9）现场余料、包装容器及时回收，堆放整齐。

10）现场必须节约用水、用电，做到无长流水、长明灯。

11）各种材料严格管理，进出场必须检测认证，手续齐全。

12）实行限额领料，领、退料手续齐全。

13）所有材料管理人员必须熟悉和掌握各种材料技术标准。

8.4.3.7 环境保护措施

1）成立施工现场环境保护组织机构，建立相应有效的环境保护自我保证体系和环保信息网络，并监控。

2）土方开挖期间，所有开挖机械和运输机械操作时间控制在早6：00至晚22：00之间（如必须夜间施工，须经有关部门批准后运行）。

3）冲洗土方车辆、混凝土泵和罐车之污水，通过排水沟排到沉淀池，经二次沉淀后排入市政管网，并经常清淘池内沉淀物。

4）现场临时食堂及职工食堂均采用液化石油气装置，场内严禁熬沥青和烧杂物，以防止大气污染。

5）职工生活区内食堂设简易隔油池，污水经过滤、沉淀、隔油后排入市政污水管线。职工厕所设专人打扫，并注意排污。

6）制定防止扰民措施

（1）做好工程周围社区居民的工作，通过一定形式融洽与社会居民的关系，取得居民的谅解和支持。

（2）施工现场提倡文明施工，建立健全控制人为噪声的管理制度，尽量避免人为的大声喧哗。现场所有强噪声机具均应避免夜间施工，如必须夜间浇筑混凝土时，应采用低频振捣棒，最大限度降低噪声，结构施工阶段昼间控制在70dB以下，晚间控制在55dB以下，并经常进行噪声监测。

（3）木工电锯、电刨搭设封闭式木工房，尽量远离居民区，机具运行将门窗以盖布封闭，最大限度减少扰民。

（4）承担夜间材料运输的车辆，进出施工现场严禁鸣笛。装卸材料应做到轻拿轻放，最大限度地减少噪声扰民。

（5）施工作业面建筑垃圾及时清理，现场临时垃圾及时分拣并及时清运，不得长时间堆积。现场内施工道路及现场周围道路视天气情况，派专人定时或不定时洒水降尘（气温低于0℃禁止洒水），洒水采用专门洒水车或手推车改装而成。

第9章

项目集群技术创新

9.1 管理体系

9.1.1 组织架构

　　项目施工现场的技术管理体系是施工企业为实施承建工程项目管理的技术工作机构，主要包括集团总工程师、集团科技委、集团科技质量部以及项目技术负责人及其领导下的技术管理部门。

　　1）项目部技术负责人由上级科技质量部门和上级总工程师领导，在分管的项目部技术工作范围内行使职权。

　　2）项目部设技术管理部门，接受项目技术负责人领导，并根据工程管理的特点配备相应的技术部门及相关的技术管理人员。

　　3）项目部根据工程特点、规模、专业内容、工期安排等情况，由相应的技术管理部门实施动态调整，分阶段配置和实施。

　　4）技术管理体系组织机构如图9-1所示。

9.1.2 职责分工

　　工程总承包单位的技术负责

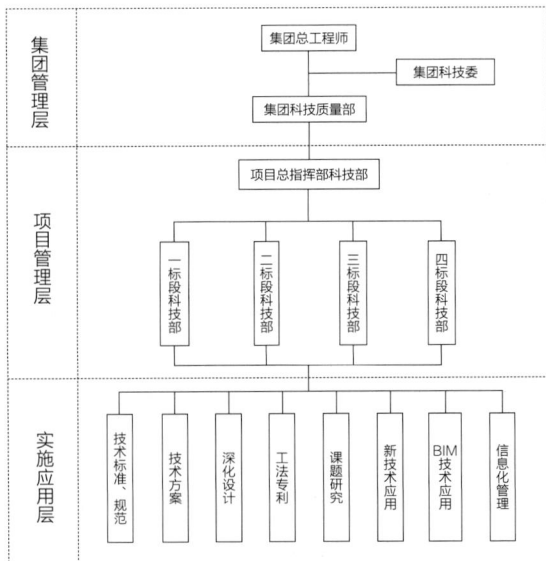

图9-1　技术管理组织机构图

人在公司的领导和监督下主管施工技术、质量、安全工作。组织土建、机电、装饰等多专业、多项或单项图纸会审、技术交底，解决设计图纸中交叉碰撞等设计缺陷。重大设计变更的确认和审定工作。综合施工组织设计的编制审批，相关专业施工图深化、细化、优化设计，明确各节点的具体做法，解决交叉配合问题，提高设计质量满足使用功能及规范标准的要求，组织施工单位与设计院将以上事宜落实到施工图上。现场技术问题的处理、协调，指导项目各标段的技术管理工作，制定质量目标。落实过程控制措施，研究和解决影响质量目标的各种要素。监督技术资料的整理、完善，做到与工程进度同步。

各标段技术负责人在工程总工程师的领导下负责各标段的施工技术工作。负责各标段的施工组织设计、施工方案的编写工作，参加单位工程的设计交底、图纸会审；负责对分包单位及有关进场人员进行技术交底，负责本部门技术核定及技术创新等工作；完成工程总工程师下达的工程质量目标，对测量数据进行审核，监督测量工作，重点部位的控制点上报工程总工程师进行复核；负责组织单位工程档案的各项技术资料的签证、收集和整理并汇总归档，负责解决施工技术问题，指导项目部、班组的质量、安全技术工作，及时提出预防质量事故的防范措施及建议，参加工程质量及安全事故分析并及时上报；负责指导、督促作业队、班组按设计图纸、国家标准规范、施工组织设计、技术措施进行施工，有权阻止各种违章作业，发现重大问题及时处理或报请上级解决；配合施工工程管理科学学习推广新技术、新方法，并负责具体实施工作，在规定的职责权限内，完成本职工作，并及时反馈信息。

各分包单位必须认真贯彻执行总包的有关规定、标准和总包的有关决定和指示，按总包的要求组织施工。分包单位技术人员应按照总包单位的要求进行施工技术资料的管理和归档。

9.1.3 管理制度

总承包项目经理部必须建立以项目技术负责人为首的技术业务统一领导和分级管理的技术管理工作体系，并配备相应的职能人员。

根据项目规模设项目技术总负责人（工程总工程师）、助理工程师、技术员，项目各标段设技术负责人、技术员，其下各分包单位设技术主管、工长和班组长，然后按技术职责和业务范围建立各级技术人员的责任制，明确技术管理岗位与职责，建立各项技术管理制度。

1. 建立健全施工项目技术管理制度

工程总承包项目经理部要建立完善的项目技术管理组织体系，由项目经理主要负责，以项目技术负责人为核心，建立总承包单位技术管理团队；要求所有专业分包单位建立技术管理团队，并配备专业技术负责人，总承包单位技术管理团队负责统筹协调，实行垂直管理。各标段或楼栋要建立技术管理团队，服从总承包单位统一指挥管理，严格执行总承包项目经理部制定的技术标准，落实技术管理责任。

项目经理部的技术管理应执行国家技术政策和企业的技术管理制度，同时，项目经理部根据需要可自行制定特殊的技术管理制度，并报公司总工程师批准。施工项目的主要技术管理制度有：技术责任制度、图纸会审制度、施工组织设计管理制度、技术交底制度、材料设备检验制度、工程质量检查验收制度、技术组织措施计划制度、工程施工技术资料管理制度以及工程测量、计量管理办法、环境保护管理办法、工程质量奖罚办法、技术革新和合理化建议管理办法等。建立健全施工项目技术管理的各项制度，首先要求各项制度互相配套协调、形成系统，既互不矛盾，也不留漏洞，还要有针对性和可操作性；其次要求项目经理部所属各单位、各部门和人员，在施工活动中，都必须遵照所制定的有关技术管理制度中的规定和程序安排工作和生产，保证施工生产安全顺利进行。

2. 实施项目技术管理责任制

项目技术负责人全面负责技术管理工作，技术员或者专业工程师从事具体施工技术工作。项目技术负责人负责建立健全技术管理体系和规章制度，明确项目部技术人员岗位职责，积极推广应用新技术，不断提高施工技术水平和工程质量水平；全面策划和组织施工组织设计、施工方案、技术交底的编制；参加质量事故的处理，负责技术处理方案的制定；负责技术标准管理、设计管理、试验管理、资料管理、新技术推广应用管理、计量和测量管理、技术培训工作等。

项目经理部的各级技术人员都应根据项目技术管理责任制度完成业务工作，履行职责。其中，项目技术负责人的主要职责有：①主持项目的技术管理。②主持制定项目技术管理工作规划。③组织有关人员熟悉与审查图纸，主持编制项目管理实施规划的施工方案并组织落实。④负责技术交底。⑤组织做好测量及其核定。⑥指导质量检验和试验。⑦审定技术措施计划并组织实施。⑧参加工程验收，处理质量事故。⑨组织各项技术资料的签证、收集、整理和归档。⑩领导技术学习，交流技术经验。⑪组织专家进行技术攻关。

3．新技术应用计划管理

1）根据图纸设计及建筑业推广应用新技术内容要求，工程总承包项目经理部应充分讨论分析，研究在设计和施工阶段应采用的新技术。

2）明确技术攻关和创新内容，提高工程技术含量，以技术保质量，增加技术亮点。

3）项目策划阶段应形成工程新技术应用项目清单，明确工作内容和责任主体。

9.2 管理目标

9.2.1 技术创新目标

1）中国施工企业管理协会工程建设科学技术进步奖。

2）中国建筑业协会建设工程BIM大赛成果奖。

3）陕西省建筑业创新技术应用示范工程。

4）陕西省建设工程科学技术进步奖。

9.2.2 建筑业10项新技术应用

项目应用建筑业十项新技术10大项36子项，应用效果显著。

参见表9-1。

建筑业10项新技术应用 表9-1

序号	10项新技术	子项	应用部位	应用数量
1	地基基础和地下空间工程技术	土工合成材料应用技术	地下室顶板	16 927m²
		复合土钉墙支护技术	基坑	16 000m²
2	混凝土技术	高耐久性混凝土	基础、主体	297 820m²
		轻骨料混凝土	地下室顶板及屋面发泡混凝土	32 525m²
		纤维混凝土	基础、主体	24 319m²
		混凝土裂缝控制技术	基础、主体	480 000m²
		预制混凝土装配整体式结构施工技术	15号楼主体	8 323.76m²
3	钢筋及预应力技术	高强钢筋应用技术	基础、主体	105 690t
		大直径钢筋直螺纹连接技术	基础、主体	888 813个
4	模板及脚手架技术	清水混凝土模板技术	基础、主体	2 891 287m²
		早拆模板施工技术	基础、主体	140 707m²
		插接式钢管脚手架及支撑架技术	主体	1 213 797m²
		盘销式钢管脚手架及支撑架技术	主体	253 219m²

续表

序号	10项新技术	子项	应用部位	应用数量
5	钢结构技术	深化设计技术	1号楼S单体、2号楼H单体、3号楼8段钢结构、5号楼会议中心网架屋面、19~22号楼连廊	20 728m²
		钢与混凝土组合结构技术	3号楼8段钢结构、19~22号楼连廊	12 500m²
		高强度钢材应用技术	1号楼S单体、2号楼H单体、3号楼8段钢结构、19~22号楼连廊	1798t
6	机电安装工程技术	管线综合布置技术	安装工程	508 043m²
		金属矩形风管薄钢板法兰连接技术	通风工程	150 000m²
		非金属复合板风管施工技术	通风工程	140 000m²
		变风量空调技术	安装工程	1337台
		电缆穿刺线夹施工技术	安装工程	4323处
7	绿色施工技术	施工过程水回收利用技术	施工全过程	189 762m²
		预拌砂浆技术	砌体及抹灰	53 628m²
		粘贴式外墙外保温隔热系统施工技术	外墙保温	464 394m²
		工业废渣及（空心）砌块应用技术	砌体工程	210 000m²
		铝合金窗断桥技术	门窗工程	108 869m²
		供热计量技术	宿舍供热	360 000m²
8	防水技术	地下工程预铺反粘防水技术	地下防水工程	127 678m²
		聚氨酯防水涂料施工技术	建筑屋面、阳台、卫生间	76 260m²
9	抗震加固与监测技术	消能减震技术	楼梯	1300处
		深基坑施工监测技术	地基与基础	16 000m²
10	信息化应用技术	虚拟仿真施工技术	施工全过程	159万m²
		施工现场远程监控管理及工程远程验收技术	施工全过程	159万m²
		工程量自动计算技术	施工全过程	159万m²
		项目多方协同管理信息化技术	施工全过程	159万m²
		塔式起重机安全监控管理系统应用技术	施工全过程	92台

9.2.3　技术开发与应用

1．更新施工技术管理理念

创新建筑工程施工技术管理方法，首先要更新施工技术管理理念，建立适应建筑工程施工市场发展环境，以及建筑工程施工管理相协调的管理理念，来促进建筑施工技术的良性发展。更新建筑工程技术管理理念时，主要从重视施工技术管理理念重要性，保持各项管理要素和谐并进；以及更新管理理念，重视施工技术管理理念两个方面来进行。首先在当前建筑工程施工技术创新管理中，要实现建筑工程资源的优化配置，要重视施工技术管理理念的重要性，突出工程建筑管理在建筑工程管理中的地位。建筑工程项目的规模都比较大，项目开展过程中的每一个环节都会对项目的开展有所影响，建立与建筑工程施工项目开展实际情况相匹配的管理理念，强调管理理念在项目管理理念中的控制功能，来克服当前建筑工程项目管理与实际不相符的问题。在新的建筑工程施工行业背景下，对工程建筑施工的质量和管理进行重点监督，来保证建筑工程管理中建筑资金到位，建筑工程有序进行，并将建筑工程管理落实到位。

为了更好地对建筑工程施工技术管理进行创新，促进施工技术管理水平的提高，必须高度重视施工技术管理创新这一工作，加大资金投入，引进、培养高素质、创新型的人才，并凝聚向心力，正确认识到施工技术管理创新的重要性、必要性、紧迫性与艰巨性，将施工技术管理创新当作企业的一项发展战略来抓，实现施工技术管理创新工作的切实落实。同时，使企业员工树立施工技术管理创新的理念，特别是技术人员，鼓励技术人员全面改革、创新现有的施工技术。其次，正确认识施工技术管理创新。施工技术管理的创新，并不是固定某一模式，而是应当不断探索符合市场及建筑工程实际要求的模式，同时也要不断对其进行优化与完善。

2．建立健全施工技术管理机制

在以往的建筑施工管理中，责任分工不到位是施工技术管理存在的主要问题。在当前建筑施工技术管理中，要在更新施工技术管理理念的基础上，建立健全施工技术管理机制，实现明确权责划分，协调建筑工程有序进行，促进工程项目建设有条不紊地完成目标。在新的建筑建设行业发展环境下，工程项目建筑市场管理机制与建筑行业发展之间存在着不相协调的矛盾，这影响着建筑项目的完成。建筑工程具有建设周期长、建设质量要求高的特点，这就要根据建筑工程项目施工技术的要求建立相应的建筑工程施工技术管理机制，来保证建筑工程项目的有序完成。

建立健全施工技术管理机制，首先要体现出施工技术管理标准化和应对政策两个方面进行。然后要推行项目管理责任制来建立健全施工技术管理机制，优化管理模式。建筑工程的建设具有建设周期长、建设规模大的特点，在建立健全施工技术管理机制时，首先，要根据现场施工进度、技术、质量、安全、资源配置、成本控制等因素进行全方位的协调组织，建设相应的技术管理机制，解决现场工程开展过程中存在的工程技术跟不上建筑工程技术需要的矛盾。其次，要推行项目管理责任制来建立健全施工技术管理机制，将建筑项目建设落实到位，通过发挥管理机制的管理优势来实现运行项目的有效运行。推行管理机制主要从两方面进行：一方面要完善现有的项目管理责任制，让项目建设施工管理有章可循，以保障施工有效进行；另一方面要在建筑施工的前期、中期和后期依照管理机制进行项目责任制管理，例如在通常的建筑项目管理中，由于建筑工程项目中分的单项目和分项目比较多，通常的施工项目管理层次多，牵涉的管理部门和管理人员较多，项目管理的重点常常出现偏差，推行项目管理责任制，通过明确项目权责划分，要求一个工程项目的管理者要负责监理建筑项目落实，协调与建筑项目有关的部门关系，来保证建筑项目的落实。

3. 创新转变施工技术管理模式

建筑工程发展过程中，必须转变施工技术管理模式，使施工技术管理更加符合时代与社会发展的要求。可持续发展是当今建筑工程必须遵循的要求。目前，很多建筑工程施工中由于施工技术不合理、生态环保及节能意识淡薄，导致大量资源的浪费，不利于建筑工程的可持续发展。面对这样的情况，应当在建筑工程建设过程中坚持走可持续发展的道路，实现绿色施工、环保施工。同时，也要对施工资源进行合理分配，尽可能地实现资源的循环利用。例如，在混凝土工程施工技术、钢筋工程施工技术实施过程中，需要使用大量不可再生资源、自然资源，其中钢筋、水泥、砂石等是不可或缺的重要施工原料。但是，水泥的生产需要消耗大量的土地资源，因此，建筑工程施工中，在确保施工质量不受影响的基础上，应尽量使用工业废料，如粒化高炉矿渣、粉煤灰等材料，来替代部分水泥，以实现对自然资源的保护。同时，混凝土中的砂石，目前多使用天然石子、砂石，为实现可持续发展，可以考虑采用人工制砂、风积沙等材料。

4. 完善施工技术中心建设，控制成本

建筑工程项目建设过程中，施工技术管理是建筑施工的重要环节。要在建筑项目建设落实过程中，完善施工技术中心的建设，来保证建筑工程质量安全，实现建筑工程质量安全建设的目的。在当前推行绿色建筑的社会背景下，建设施工过程中要加强现代施工技术的使用，来降低建筑施工对环境产生的不良影响，提高建筑建设的实效性，提高建设建筑的经济效益。完善施工技术中心建设以提高建筑施工效率，降低施工成本为主来进行建设。完善施工技术中心建设，推行新的施工技术展开建筑建设过程中，主要从推行绿色施工技术来进行。推行绿色施工技术主要从环境保护施工技术和节能技术两个方面来着手。首先，建筑施工现场的废弃物处理和扬尘污染控制是施工建设所需要控制的两大污染，在进行施工技术控制过程中第一要根据施工现场环境和作业需求采用局部遮挡掩盖，设立专用容器等方式掩盖施工过程中产生的半固体或是固体废弃物进行控制。第二对于固体废物要进行分类堆放，能够重复使用的重复利用，提高废弃物利用率，对于使用率较低的施工垃圾及时进行收集、清运。然后在施工技术管理中，因时制宜选择照明最佳方案，使用较为节能的电器进行照明，以有效节约电力资源；或是在施工过程中，利用工地地形优势收集雨水来进行施工作业，实现节能的目标。

5. 积极应用与推广建筑业新技术

以问题为导向，创新驱动，围绕项目技术难点重点攻关，进一步强化项目技术创新能力建设，积极采用合理适用、经济安全的建筑业新技术，追求从项目技术创新中获得效益。尤其，随着互联网、计算机、信息技术的发展，给建筑工程施工技术管理创新提供了有力的支持，实际应用过程中，可以在建筑工程设计环节、施工环节、监管环节、验收环节应用计算机、网络、信息技术，以提高建筑工程施工技术管理水平。BIM便是一种新兴技术，其指的是建筑信息模型。施工技术管理中应用BIM技术，可以采取BIM建模，即利用一些图纸及相关数据，借助专业设备对建筑工程的各项施工环节进行建模，便可以为建筑工程施工技术的合理优化选择提供有效的指导与参考；再如，借助BIM技术构建信息平台，将建筑工程的相关信息归类到BIM信息平台上，便可以对施工情况进行实时动态监控，掌握实际施工进度，从而可以及时发现施工中的问题并迅速解决，有利于提高工程建设质量。

6. 落实新技术应用与推广保证措施

新技术的开发与推广应用是项目施工管理、降低成本、开拓市场的基础。具体如下：

1）通过应用实践，新技术在保证工程质量、加快工程进度、降低工程成本等方面的优越性已被越来越多人所认识，大家认识到要依靠推广应用新技术、新材料、新工艺和新设备，充分提高企业产品的科技含量，以科技进步来推动企业的发展。

2）应用新技术，要编制全面细致的推广应用计划，与工程实际情况相结合，研讨方案，发现问题及时调整，并派专人加以落实，这样才能出成果、出效益。

3）新技术的应用必须紧密同企业的质量、环境、职业健康、安全管理体系结合在一起，并使体系中每位成员都能发挥作用，保证新技术应用从计划到实施各个环节切实受控。

4）应用新技术必须经多方配合、共同努力，把节约资金与提高工程质量、促进技术进步综合起来考虑，调动各方因素，推动新技术的推广应用（表9-2）。

中国西部科技创新港科创基地项目科技创新汇总　　　　表9-2

序号	科研项目名称		关键技术	相关工程	备注
1	建筑结构工程创新技术研究与应用	1	非规则板柱剪力墙的有限元分析结构施工方法的研究与应用	6号楼（米兰学院）	包括楼梯
		2	地下超长无变形缝结构综合控制关键技术研究与应用	630m核心地下室	
		3	大跨度高支模架的结构连续加载施工关键技术研究与应用	医疗化工板块	
		4	高支模架装饰清水混凝土结构施工关键技术研究与应用	8号楼（博物馆）	含屈曲约束支撑
		5	普通混凝土大悬挑屋盖高支模架施工关键技术研究与应用	17号楼结构	
		6	高大门厅及长陡坡屋面高支模架施工关键技术研究与应用	1号、2号、3号、4号科研楼	
		7	异形建筑装配式结构施工关键技术研究与应用	15号楼	
		8	建筑砂加气（AAC）板自保温填充墙体抗震锚固构造研究与应用	7号楼（人居学院）	
2	建筑幕墙及室内装饰工程创新技术研究与应用	1	建筑外立面金属、陶板及石材组合幕墙施工关键技术研究与应用	1号、2号、3号、4号科研楼及5号文科楼	
		2	建筑浮雕式大型金属幕墙系统关键技术研究与应用	8号楼（展览馆）	
		3	建筑多功能异形采光天窗、陶棍与金属格栅组合幕墙遮阳系统关键技术研究与应用	6号楼（米兰学院）	
		4	建筑玻璃幕墙复合金属穿孔板遮阳系统关键技术研究与应用	9号楼（阅览中心）	包含建筑屋面矩形布局金属非对称格栅花架系统关键技术研究与应用
		5	Z形挂件吊顶关键技术研究与应用		
		6	墙面分割装饰研究与应用		

续表

序号	科研项目名称		关键技术	相关工程	备注
2	建筑幕墙及室内装饰工程创新技术研究与应用	7	盥洗台可调节支架体系研究与应用	创新港项目	
		8	彩色薄型橡胶底面设计施工关键技术研究与应用	6号（米兰学院）	
		9	大面积金属复合板架空承重地面施工关键技术研究与应用	9号（阅览中心）	
		10	630m超长地下室车库地面抗裂施工技术	核心地下室	
		11	地下室车库地面抗裂施工技术	19、21号楼地下室	
3	机电安装	1	大型群体项目机电工程创新技术研究与应用	交大创新港	二级课题自拟
		2	分布式供热管网施工技术研究与应用	交大创新港	包含：①供热管道施工创新技术研究与应用；②高气密性风管创新技术研究与应用；③空调系统节能调试系统研究与应用
4	园林绿化、人造湿地及海绵城市关键技术研究与应用	1	大型园林式屋面工程施工关键技术研究与应用	1号、2号、3号、4号科研楼、5号教学楼	
		2	城市新建大型街区园林绿化工程施工关键技术研究与应用	建筑室外园林绿化工程	
		3	城市区域人造湿地关键技术研究与应用	城市绿楔湿地	包含雨水集水系统
		4	西部干旱区域海绵城市建设关键技术研究与应用	创新港城市区域	

9.3 技术创新与实施

9.3.1 管理要求

技术创新是指以工程项目为依托，以推进企业技术进步、促进企业发展、提高企业市场竞争能力为目的，施工单位针对项目施工技术难点、关键技术，引进市场中对工程项目、企业有实用价值的创新技术与研究成果，通过适用性试验研究或继续研究进行消化、吸收、应用、创新，革新改造原有施工、生产工艺、机具设备和管理方法，推广有应用前景，能够创造良好的经济和社会效益的新工艺、新材料和新产品，从而提高工作效率，保证安全质量，改善劳动条件，获取较好的经济效益。

1. 明确技术创新目标

1）总体目标：技术创新要以推进企业技术进步、增强企业市场竞争能力为宗旨，按照建设单位总体规划要求并结合项目实际，明确争创国家科技进步奖项、省部级科技进步奖项的具体要求。

2）分项目标：根据工程实际情况，明确争创国家科技进步奖的课题、争创省部级科技进步奖的项目。

3）其他课题：除申报国家级、省部级奖项的项目外，根据建设单位总体规划要求，还要在成果管理，信息管理，新技术、新工艺的推广应用，工法管理等几个方面开展技术创新。

2. 建立健全组织机构

项目部要成立以项目总工程师为组长的技术创新领导小组，副组长为其他项目部领导，组员由有关部门负责人、集团公司相关专家组成。项目部技术创新领导小组办公室设在工程部，负责日常的工作管理。作业队应相应成立技术创新工作小组。

技术创新领导小组主要职责是：全面领导本管段的技术创新管理工作，对本单位施工的技术创新负责。

3. 注重技术创新管理基础工作

1）编制本单位的技术创新计划，执行上级下达的科技发展计划，检查、分析和总结本单位科技工作。

2）组织科技计划项目的立项审核、合同签订、过程管理，适时跟踪、检查合同项目进展情况，为合同项目提供技术服务，协助完成合同项目。

3）做好技术创新投入经费管理。组织有关部门编制科技投入经费、科研器材申报计划，认真测算科技投入经费，对经费使用情况进行监督。

4）组织科技成果鉴定、评审或验收，组织科学技术进步奖、工法的评审、推荐上报及其他科技奖励的评审工作。

5）推进科技成果转化，为施工一线提供技术咨询服务。

6）组织开展技术培训和技术交流活动，做好技术信息管理工作。

7）收集、整理技术创新信息，及时总结、评价技术中心的各项工作，上报各种报表和相关材料。

9.3.2 创新应用

1. 地基基础和地下空间工程技术

1）土工合成材料应用技术

本工程地下室顶板采用土工合成材料
应用技术，应用高密度聚乙烯土工膜作为
耐根穿刺防水隔离层，具有质量轻、耐
热、抗压性能好、吸水率低、自立性好等
优点。应用数量16 927m²。如图9-2所示。

2）复合土钉墙支护技术

本工程5号楼基坑最大开挖深度
6.71m，依据本工程岩土地质勘察报告及
边坡支护设计方案，采用花管式土钉支
护，支护结构选型合理、设计规范，安全

图9-2 土工合成材料应用

系数满足规范要求，总支护面积16 000m²，边坡支护变形及位移由西北综合勘察设
计研究院监测，观测结果成果可靠，变形量小于规范要求变形预警量，保证了基坑
周边稳定、安全可靠。如图9-3和图9-4所示。

2. 混凝土技术

1）高耐久性混凝土

本工程C40～C50高耐久性混凝土共计使用297 820m³，占该分项的30%。本工
程掺用优质矿物微细粉和高效减水剂，掺量符合规定；混凝土配合比合理，水胶
比≤0.38；工作性能良好，耐久性符合设计要求，试件强度评定合格。如图9-5所示。

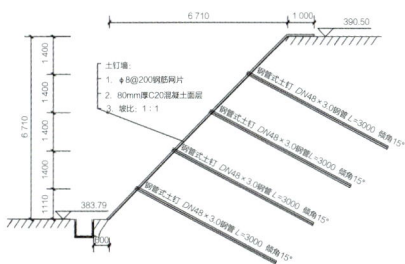

图9-3 复合土钉墙支护设计图

图9-4 复合土钉墙支护

图9-5　高耐久性混凝土

图9-6　轻骨料混凝土

2）轻骨料混凝土

本工程屋面找坡采用轻骨料混凝土，其表观密度不大于1900kg/m³。减轻屋面荷载的质量，骨料符合要求，混凝土匀质性好，泵送施工顺利。如图9-6所示。

3）纤维混凝土

本工程部分基础筏板、地下室剪力墙、顶板混凝土采用纤维混凝土，纤维混凝土在外力的作用下，水泥基料与纤维共同承受外力，可有效防止混凝土出现开裂。

4）混凝土裂缝控制技术

为防止裂缝产生，本工程混凝土原材料选用合适，配合比合理，所用混凝土均掺用Ⅱ级粉煤灰及聚羧酸系高性能减水剂以减少水泥用量和降低水化热，施工及养护措施合理到位，混凝土共计480 000m³，占混凝土总量的50%，混凝土结构经现场观测无裂缝。如图9-7所示。

5）预制混凝土装配整体式结构施工技术

15号楼学生食堂作为陕西省首个预制装配整体式框架结构建筑，地下一层，地上三层，建筑高度17m，总建筑面积 8323.76m²。其中一～三层结构主体为预制装配整体式框架结构。本工程预制构件类型有：预制框架柱、预制框架梁、预制楼层次梁、预制叠合板、预制楼梯、预制女儿墙。装配式建筑通过工厂化生产加工预制构件，使得预制构件能够批量生产和集中供应，减少了施工现场各类设施料的投入，节约了施工资源，减少了施工污染，缩短了施工

图9-7 混凝土裂缝控制

工期，提升了劳动生产效率；通过工厂化科学管理、自动化智能生产使得预制构件外观尺寸加工精度可达±2mm，混凝土强度标准差不大于4.0MPa，预留预埋尺寸精度可达±1mm，保护层厚度控制偏差±3mm，提高了工程的施工质量。如图9-8所示。

图9-8 预制混凝土装配整体式结构

3. 钢筋及预应力技术

1）高强钢筋应用技术

本工程 ϕ 6mm以上螺纹钢采用HRB400级高强钢筋，应用数量105 690t，占该分项工程数量95%。本工程所有批次钢筋均见证取样并进行送检，经实验室对钢材物理性能试验，试验结论为：力学性能试验合格。如图9-9所示。

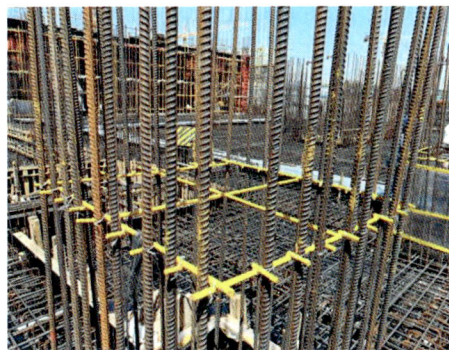

图9-9 高强钢筋应用

图9-10 大直径钢筋直螺纹连接

2）大直径钢筋直螺纹连接技术

本工程φ16及以上的钢筋均采用套筒直螺纹连接技术，总用量为888 813个，占该分项工程数量的100%。经陕西省建筑工程质量检测中心检测，全部为Ⅰ级接头，符合设计及规范要求。如图9-10所示。

4．模板及脚手架技术

1）清水混凝土模板技术

本工程梁、板、墙柱模板采用15mm厚覆膜多层板施工，模板应用面积为2 891 287m²，占该分项应用数量100%。经现场实测实量，混凝土现浇结构垂直度、平整度最大偏差均≤3mm，达到清水混凝土效果。如图9-11所示。

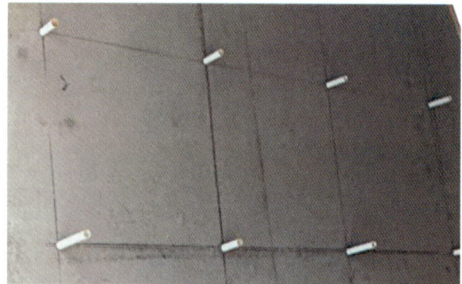

图9-11 清水混凝土模板

2）早拆模板施工技术

本工程为实现早期拆除楼板模板而采用的一种支模装置和方法，早拆模板支拆快捷，构造简单，操作方便；施工安全可靠，施工过程规范化，确保工程质量；降低耗材，有利于文明施工及现场管理，对于狭窄的施工现场尤为适用；有利于环境保护，加快材料周转，投资少，见效快。如图9-12所示。

3）插接式钢管脚手架及支撑架技术

本工程模板支撑架全部采用插接式钢管脚手架，共计使用1 213 797m²，占该项工程的70%。该支撑体系代替钢管扣件脚手架，具有安拆快速、承载力强、节省时

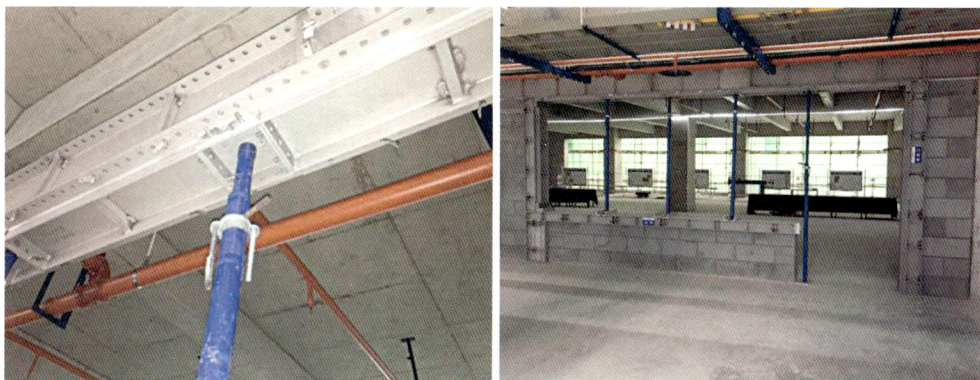

图9-12 早拆模板施工

间、节约劳动力、减少劳务支出、稳
定性强等特点。如图9-13所示。

4）盘销式钢管脚手架及支撑架技术

本工程高支模架体采用安德固
（ADG）新型架体。选用ADG48系列构
件，杆件材料为Q345焊接钢管且经过
热镀锌处理，承载能力比一般脚手架
钢管高。架体连接形式立杆采用插销
连接，水平杆采用C形自锁扣件+竖向
卡钩连接，安装精度较高，节点连接

图9-13 插接式钢管脚手架及支撑架

可靠性好。安德固（ADG）新型架体，重量轻、强度高，可以做大跨度结构，解决
施工现场留置通道、材料运输难的问题；模块结构，搭设和拆除速度快，可以大大
缩短施工工期；安全牢固，整体性强。如图9-14所示。

图9-14 盘销式钢管脚手架及支撑架

5．钢结构技术

1）深化设计技术

本工程1号楼S单体、2号楼H单体、3号楼8段钢结构、5号楼会议中心网架屋面、19～22号楼连廊由专业钢结构施工单位对图纸进行了深化设计，满足了钢结构加工、制作和安装的设计深度要求，并在现场对钢结构梁柱节点进行了BIM三维模拟交底，应用量100%。如图9-15所示。

2）钢与混凝土组合结构技术

3号楼8段钢结构、19～22号楼连廊型钢与混凝土组合结构在本工程应用形式为箱形、圆管钢骨混凝土柱，这种构件是由型钢、钢筋和混凝土三种材料所构成，钢骨混凝土除了具有钢结构优点外还具备混凝土结构的优点，同时结构具有良好的防火性能。

钢与混凝土组合结构技术大大提高了结构的承载力，抗震性能大大优于钢筋混凝土结构，通过前期的深化设计，将梁柱节点区域钢筋穿筋问题提前得到解决。如图9-16所示。

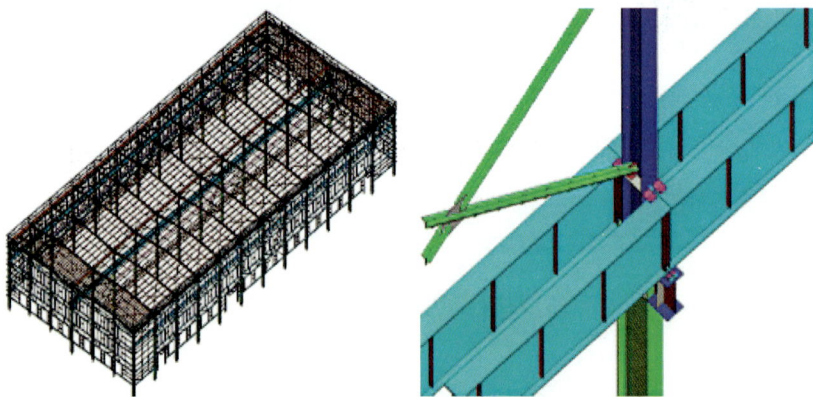

图9-15　钢结构深化设计

图9-16　钢与混凝土组合结构

3）高强度钢材应用技术

本工程1号楼S单体、2号楼H单体、3号楼8段钢结构、5号楼会议中心网架屋面、19～22号楼连廊采用高强度钢材，应用量1798t，占该分项工程的100%，结构为门式轻钢结构，钢柱、檩条、钢墙架、吊车梁钢材选用Q345B型钢，系杆、水平支撑、钢板天沟采用Q235B型钢。如图9-17所示。

6. 机电安装工程技术

1）管线综合布置技术

本工程各类管线交织、错综复杂，为此，项目部在施工前利用BIM技术对管线进行综合布置，达到标高、位置不冲突；满足了装修和后期使用要求，方便维修和二次施工，实现了施工过程无工序冲突、无管线打架的情况，杜绝了返工现象。如图9-18所示。

图9-17 高强度钢材应用

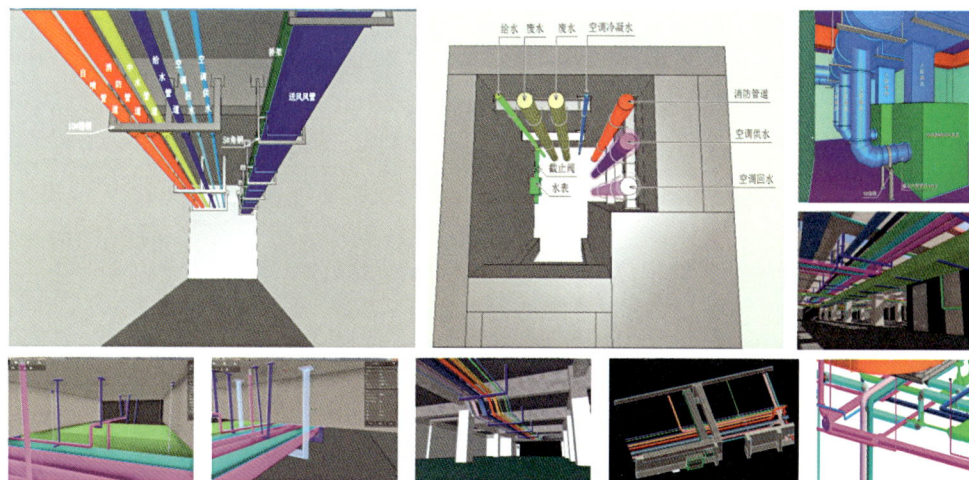

图9-18 管线综合布置

2）金属矩形风管薄钢板法兰连接技术

本工程送排风系统采用金属矩形风管薄钢板法兰连接技术，工程量为150 000m²，占该分项工程的100%。该技术工艺简单安装效率高，接缝严密漏风量少，提高了风管的施工质量和观感效果。如图9-19所示。

3）非金属复合板风管施工技术

本工程新风系统均采用酚醛复合风管，使用酚醛风管绝热性能好，可大大减少空调的散热；消声性好，酚醛复合风管管壁的夹层为相互贯通

图9-19　金属矩形风管薄钢板法兰连接

的多孔酚醛泡沫塑料板，具有良好的消声性能；重量轻，可减轻建筑负荷，且安装便利。如图9-20所示。

4）变风量空调技术

本工程采用变风量空调技术，变风量空调系统具有区域温度可控、部分负荷时降低风机能耗、低温送风等优点，减少了系统泄漏可能性，提高了系统使用、维护的安全性。如图9-21所示。

图9-20　非金属复合板风管

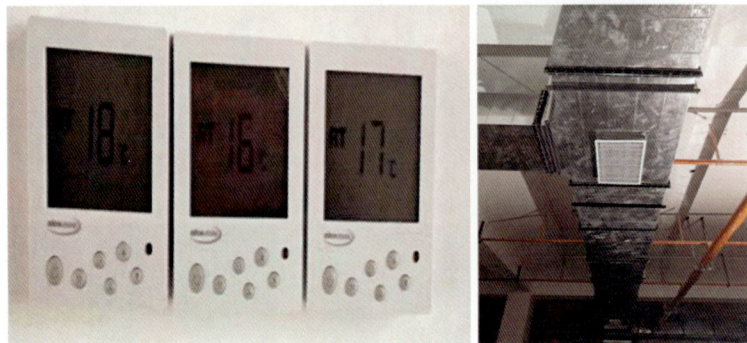

图9-21　变风量空调技术

5）电缆穿刺线夹施工技术

电缆安装时采用新型绝缘防爆穿刺型线夹连接技术，应用数量75个，占该分项工程的100%。该施工具有安装简便、低成本、安全可靠免维护的特点。如图9-22所示。

7. 绿色施工技术

1）施工过程水回收利用技术

本着节能环保、绿色施工的原则，为了有效利用水资源，在工地的出入口设置了蓄水池，然后把雨水、生产废水通过排水沟引入蓄水池进行收集，主要用于路面洒水、绿化用水以及对进出车辆等进行清理冲洗等，节约用水189 762m³，达到了节约水资源的效果。如图9-23所示。

图9-22 电缆穿刺线夹施工技术

图9-23 施工过程水回收利用技术

2）预拌砂浆技术

本工程砂浆用量共计53 628m³，砌筑及抹灰砂浆全部采用成品预拌砂浆，既保证了施工质量，同时提高了工人的生产效率，实现了资源的综合利用，避免了现场搅拌砂浆造成的砂浆配合比不易控制、搅拌不均匀、施工现场扬尘大、拌制效率低下等难题。如图9-24所示。

图9-24 预拌砂浆技术

图9-25　仿石材保温装饰一体板

3）粘贴式外墙外保温隔热系统施工技术

本工程外墙采用仿石材保温装饰一体板（保温层为60mm厚改性聚苯板），外墙保温装饰一体板共计464 394m²，保温装饰一体板采用专用锚固件及专用粘结砂浆进行锚粘结合的施工工艺进行施工，保证了外墙装饰一体板的垂直度及平整度，同时避免了外墙色差的出现。如图9-25所示。

4）工业废渣及（空心）砌块应用技术

本工程填充墙采用蒸压加气混凝土砌块，应用量为210 000m³，占该分项工程砌块用量的64%。该技术增加了建筑物的保温性能，节约了资源，使资源达到合理利用。如图9-26所示。

图9-26　蒸压加气混凝土砌块

5）铝合金窗断桥技术

本工程外门窗、玻璃幕墙均采用铝合金断桥技术，应用数量108 869m²，该技术具有良好的保温、隔热、控光隔声性能，经陕西省建筑工程质量检测中心检测合格，气密性能6级，水密性能2级，抗风压性能2级，传热系数6级，符合设计要求。如图9-27所示。

图9-27　铝合金断桥技术

6）供热计量技术

本工程学生宿舍采用热水集中供暖分户计量技术。有效提高室内空间的热使用系数。节约热能源，每户均设热量表，应用数量3500户，占该分项工程量比例的100%。如图9-28所示。

图9-28 供热计量技术

8．防水技术

1）地下工程预铺反粘防水技术

本工程地下室底板、外墙及顶板防水采用1.5mm厚反应粘结型高分子湿铺防水卷材，应用数量127 678m²，占该分项工程的100%。该技术提高了对结构保护的可靠性，同时有效杜绝了蹿水渗漏现象。防水材料复试全部合格，经使用无渗漏。如图9-29所示。

2）聚氨酯防水涂料施工技术

本工程卫生间、外廊、食堂操作间、备餐间地面以及瓦屋面防水层全部采用了1.5mm厚聚氨酯防水涂料，使用面积为76 260m²，占该分项工程的100%，施工完经24小时蓄水试验无渗漏。如图9-30所示。

图9-29 地下工程预铺反粘防水技术

图9-30 聚氨酯防水涂料施工技术

9. 抗震加固与监测技术

1）消能减震技术

本工程楼梯采用滑动支座，楼梯结构在地震中支座可以水平滑移，减小地震作用对楼梯结构的破坏，从而保证建筑物疏散通道的畅通。如图9-31所示。

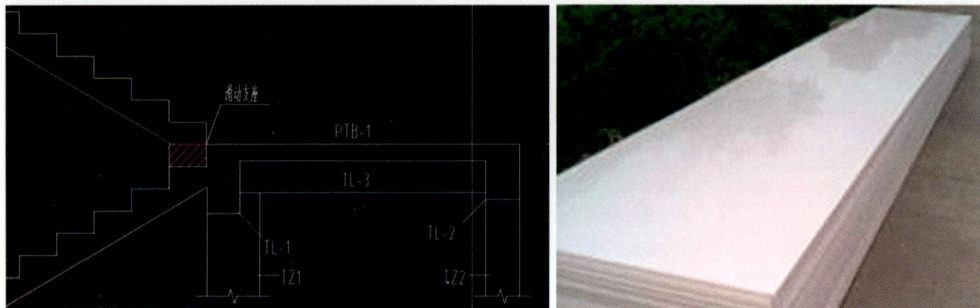

图9-31　消能减震技术

2）深基坑施工监测技术

本工程基坑最大开挖深度7.5m，共设48个变形观测点，观测结果可靠，变形量小于规范要求的变形预警量，边坡沉降均匀、稳定。

10. 信息化应用技术

1）虚拟仿真施工技术

项目部成立BIM小组，将BIM技术应用到施工全过程，主要针对管线布置、工艺交底、方案优化等，简化施工流程，减少了返工，实现一次成优。如图9-32所示。

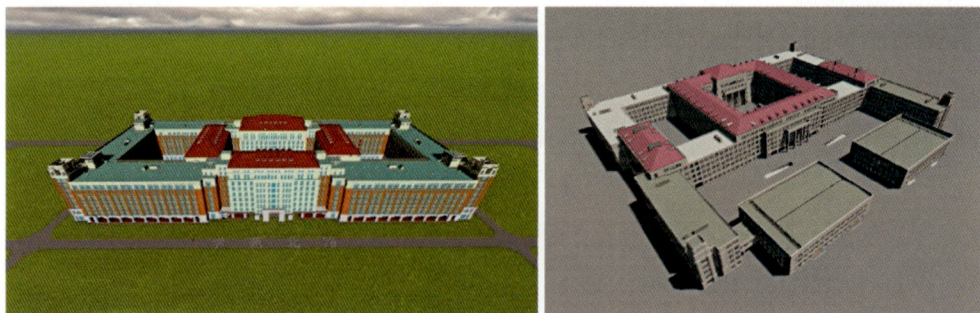

图9-32　虚拟仿真施工技术

2）施工现场远程监控管理及工程远程验收技术

本工程在钢筋、模板、混凝土、脚手架施工过程中应用了远程视频监控技术；利用计算机进行工程项目全过程管理，使施工过程管理达到信息化管理的效果。如图9-33所示。

图9-33 项目指挥中心

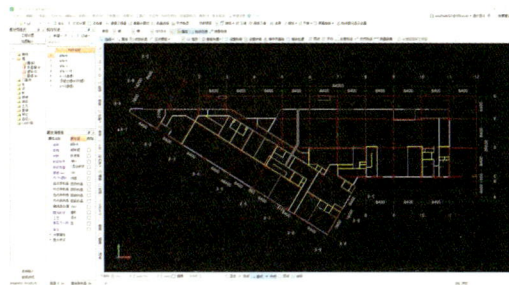

图9-34 工程量自动计算

3）工程量自动计算技术

在工程的预算和工程量计算方面，采用了广联达软件，改变了传统的手工算量方式；在工程模板架、脚手架等安全计算方面采用PKPM安全计算软件，大大提高了工作效率，同时提高了计算结果的准确性。如图9-34所示。

4）建筑工程资源计划管理技术

本工程利用集团公司建立的OA网络管理平台、采购平台，对项目的合同、进度计划、材料采购等进行管理，在公司内部实现了资源的网络共享，使项目的决策有依据，做到了决策的优化，使项目的运行有序、合理。如图9-35、图9-36所示。

图9-35 建筑工程资源计划管理

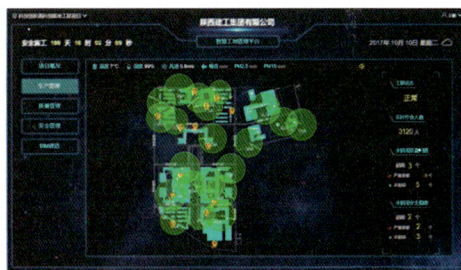

图9-36 安全管理平台

5）塔式起重机安全监控管理系统应用技术

本项目塔式起重机采用安全监控管理系统应用技术。该监控系统从根本上改变塔机的管理方式，做到事先预防事故，变单一的行政管理、间歇性检查式的管理为实时的、连续的科技信息化管理；变被动管理为主动管理，最终达到减少乃至消灭塔机因违章操作和超载引起的事故。如图9-37所示。

11．其他创新技术

1）施工现场太阳能、空气能利用技术

本工程在办公生活区采用太阳能、空气能技术。如：太阳能路灯、空气能热水

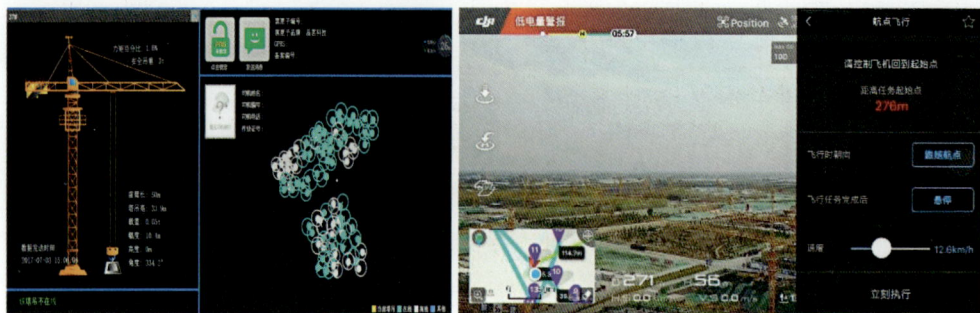

图9-37　塔式起重机安全监控管理

图9-38　施工现场太阳能、空气能利用

器等，运用效果良好。如图9-38所示。

2）施工扬尘控制系统

本工程在地基基础、主体结构、装饰装修、室外工程施工过程中采取了一系列防尘降尘措施，如：每天安排人员进行施工道路的清扫；购买雾炮车、洒水车24小时不间断地洒水、降尘；裸露的黄土及时百分百地进行覆盖；施工现场主要出入口设置自动洗车台，确保出入施工现场车辆不带泥；施工道路两侧、塔吊上分别设置自动喷淋系统。如图9-39所示。

3）施工噪声控制技术

本工程采用新型数控一体化裁板机进行模板的下料裁割，施工前采用计算机绘制模板配板图，安排专人使用裁板机裁板，提高了功效，木工加工棚、钢筋加工棚四周均设置有降噪屏，有效地降低了施工现场的噪声分贝。如图9-40所示。

4）工具式定型化临时设施技术

本工程办公、住宿用房全部采用箱式活动板房、临边洞口防护采用工具式定型化防护，工具式定型化临时设施具有装拆方便、可重复利用和安全可靠的特点。如图9-41所示。

图9-39 施工扬尘控制

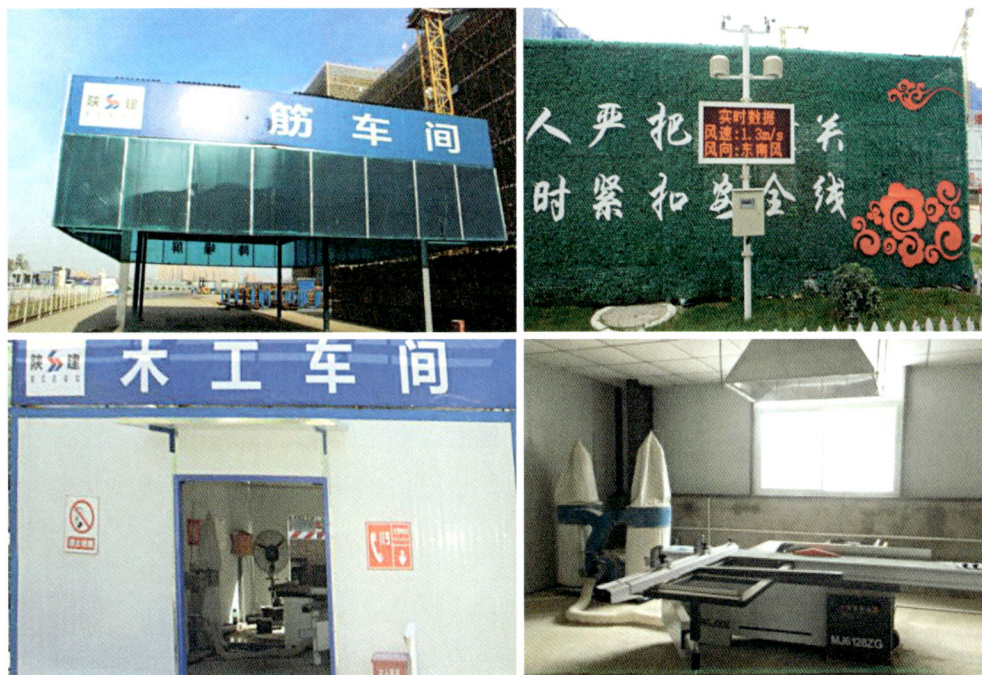

图9-40 施工噪声控制

图9-41　工具式定型化临时设施

5）高性能保温门窗

本工程建筑外门窗分为断桥铝合金门窗及高性能塑钢窗，断桥铝合金窗10 600m^2，塑钢窗9800m^2，玻璃选用6+12+6中空Low-E玻璃，门窗的传热系数符合设计要求。如图9-42所示。

6）基于BIM的现场施工管理信息技术

本工程开工之前，项目部安排专业BIM建模工程师结合施工操作规范

图9-42　高性能保温门窗

与施工工艺，进行各个楼号建筑、结构、机电设备等专业的综合碰撞检查，解决各专业碰撞问题，完成施工优化设计，完善施工模型，提升施工各专业的合理性、准确性和可校核性。施工过程中针对本项目存在的难点、关键点采用BIM模型进行可视化交底，协助现场管理人员完成施工任务。如图9-43所示。

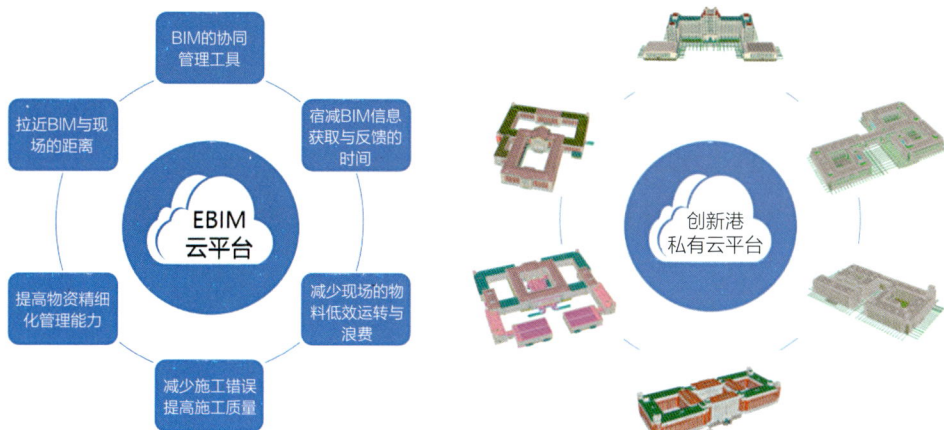

图9-43 基于BIM的现场施工管理

7）基于云计算的电子商务采购技术

针对本项目的采购寻源业务，项目部统一在陕建集中采购管理信息平台上进行统一采购资源，实现企业集约化、电子化采购，创新工程采购的商业模式，降低了材料采购的价值成本和时间成本。如图9-44所示。

12. 课题研究与应用

1）非规则板柱剪力墙的有限元分析结构施工关键技术研究与应用

图9-44 基于云计算的电子商务采购

中国西部科技创新港科创基地6号楼（米兰联合设计学院）项目位于西咸新区交大科技创新港科创基地梧桐西路与学森二路西北角。总建筑面积10 467.7m²，地下建筑面积3427.5m²，地下1层，地上最高6层，建筑高度27.9m，是一座集办公、研究室、会议室、礼堂为一体的现代化科技楼。针对非规则板柱剪力墙结构设计施工难题，施工单位开展了系统性的科技攻关，形成了大量的突破性创新成果，确保了工程高效安全建设。

主要研发及应用的创新技术有一项，即非规则板柱剪力墙的有限元分析结构施工关键技术，包含5个子项：①非规则板柱剪力墙结构的"有限元下的现浇板钢筋接头位置分区排布法"；②非规则板柱剪力墙结构的"有限元下的现浇板挠度变形及模板起拱分区排布法"；③非规则板柱剪力墙结构的"有限元下的现浇板模板支撑架分区组合支撑法"；④非规则板柱剪力墙结构的"有限元下的现浇板混凝土浇筑顺序"；⑤非规则板柱剪力墙结构中的异形空间跨层钢楼梯的"有限元下的制作结构板起拱、隔层吊点设置及加固的吊装方法"。

在非规则板柱剪力墙设计施工技术方面进行了深入研究，取得了大量国家领先及先进水平创新成果，工程应用成绩突出，社会和经济效益显著。

2）框架结构外墙ACC保温叠合墙板关键技术研究与应用

中国西部科技创新港科创基地项目7号楼工程位于西咸新区沣西新城交大科技创新港内，地下一层，地上四层，总建筑面积10 114.35m²，是一座集教学、办公、实验一体化综合楼。针对项目设计理念先进，节能环保要求高，节点构造复杂，施工质量标准高，通过科技攻关，在施工过程中通过框架结构外墙ACC保温叠合墙板关键技术的研究，形成以下成果：

（1）一种框架结构外墙ACC保温叠合墙板构造的施工方法；

（2）一种框架结构外墙防水型ACC保温叠合墙板构造；

（3）框架结构外墙ACC保温叠合墙板构造；

（4）门窗洞口外墙叠合墙板结构；

（5）蒸压轻质砂加气混凝土保温叠合墙板阴角构造；

（6）蒸压轻质砂加气混凝土保温叠合墙板阳角构造。

这些成果的形成更好地保证了ACC保温叠合墙板外墙的保温性能、耐久性和整体的安全性能。

3）装配整体式混凝土异形平面框架结构构造设计与施工关键技术研究与应用

中国西部科技创新港科创基地15号楼项目为多层民用公共建筑（食堂），抗震设防烈度8度，地下一层，地上三层，总建筑面积8323.76m²，其中地上建筑面积6243.61m²，地下建筑面积2080.15m²，建筑高度15.9m，工程主体为异形装配整体式混凝土框架结构，其主要结构构件柱、梁、板采用工厂预制，现场装配，工程结构主体分预制和现浇两部分，楼平面东部和西南部平面较为规整区域为预制部分，其余部分为现浇部分。项目预制的构件类型有：预制框架柱、预制框架梁、预制楼层次梁、预制叠合板、预制楼梯、预制女儿墙。预制构件涉及型号110种，构件总数达347件。

主要研发及应用的创新技术有3项，包括：异形装配式框架结构设计技术研究（结构设计研究、预制构件标准化设计研究）、异形装配式框架结构预制现浇组合节点连接设计技术研究（预制柱+预制梁+现浇梁非正交连接节点设计研究、预制柱+预制梁+现浇梁正交连接节点设计研究、现浇柱+预制梁+现浇梁非正交连接节点研究、现浇柱+预制梁+现浇梁正交连接节点研究、预制主梁+现浇次梁连接节点研究）、异形装配式框架结构预制现浇组合节点施工技术研究（梁柱预制现浇组合连接节点施工关键技术研究、预制主梁与现浇次梁连接节点施工技术研究）。

中国西部科技创新港科创基地15号楼项目，在异形装配式框架结构设计和施工方面填补了现有国家、行业、地方标准、图集空白，为类似项目工程建设形成了可复制、可推广的建造经验，推动了装配式建筑行业发展，实现了企业技术引领。

4）超长地下结构无缝设计方法与施工应用技术

中国西部科技创新港科创基地核心地下室工程建筑面积3.85万㎡，总长度630m，宽度52.2m，层高3.9m，属于特大型汽车库，主要功能为平时车库，战时人防，共计17个人防掩蔽所。整体为框架结构，人防掩蔽所分格和围护墙为剪力墙结构，设有消防、通风、发电机房等设施。南北带有三个汽车坡道，天然地基，独立基础+250mm厚防水板，顶板上有1.5m厚覆土，上部为绿化广场，为广大师生提供休闲场所。针对超长地下结构无缝设计与施工方法的难题，施工单位开展了系统性的科技攻关并形成了创新成果，确保了工程高效安全建设。

主要研发及应用的创新技术为："有一种基于有限元仿真分析计算优化后浇带设置方法""基于承插式钢板止水带的地下室施工方法"，很好地避免了超长地下室超长结构裂缝的出现，使用至今无任何质量问题。

5）西北半干旱地区海绵城市建设创新技术研究与应用

西北半干旱地区海绵城市建设创新技术是基于中国西部科技创新港科创基地项目海绵城市建设的研究，属于西北半干旱地区海绵城市建设创新技术在国内首次大规模应用。

中国西部科技创新港是教育部和陕西省共同建设的国家级项目，由西安交通大学与西咸新区联合建设，项目总承包单位为陕西建工集团。

主要研发及应用的创新技术有：①西北半干旱地区大面积绿色屋顶植物保活技术；②西北地区海绵城市室外广场及道路铺装系统渗透测量装置研发；③西北地区城市人工湿地建造技术。本成果得到了建设单位、相关政府、集团等多方面认可，目前，该技术成果已在中国西部科技创新港科创基地项目、创新港高端人才生活基地学镇西区景观施工项目中推广应用；除此之外，陕西建工集团进行内部推广。

9.4 创新创效

9.4.1 经济效益

参见表9-3。

经济效益 表9-3

序号	新技术应用项目	经济效益（万元）
1	土工合成材料应用技术	58.78
2	复合土钉墙支护技术	11.20
3	高耐久性混凝土	458.64
4	纤维混凝土	32.34
5	混凝土裂缝控制技术	369.60
6	预制混凝土装配整体式结构施工技术	75.00
7	高强钢筋应用技术	6855.05
8	大直径钢筋直螺纹连接技术	1429.98
9	清水混凝土模板技术	5944.49
10	早拆模板施工技术	307.80
11	插接式钢管脚手架及支撑架技术	506.49
12	钢结构深化设计技术	1 492.42
13	高强度钢材应用技术	251.72
14	管线综合布置技术	251.54
15	金属矩形风管薄钢板法兰连接技术	224.58
16	非金属复合板风管施工技术	303.74
17	电缆穿刺线夹施工技术	62.25
18	施工过程水回收利用技术	104.18
19	预拌砂浆技术	100.55
20	粘贴式外墙外保温隔热系统施工技术	348.30
21	工业废渣及（空心）砌块应用技术	1201.20
22	铝合金窗断桥技术	9.80
23	地下工程预铺反粘防水技术	65.10
24	聚氨酯防水涂料施工技术	17.70
25	工程量自动计算技术	57.00
26	建设工程资源计划管理技术	32.20
27	模板支撑架分区组合搭设工艺	12.40
28	非规则板柱剪力墙的有限元分析结构施工关键技术研究与应用	1.24

续表

序号	新技术应用项目	经济效益（万元）
29	框架结构外墙AAC保温叠合墙板构造及施工方法	6.97
30	超长地下结构抗裂设计与施工控制技术	2.83
31	装配式整体式混凝土异形平面框架结构构造设计与施工关键技术	25.5
32	西北半干旱地区海绵城市建设创新技术	112.15
合计	共取得经济效益：20 571.75万元，占合同工程造价比例：3.64%	20 619.45

9.4.2　社会效益

1）新技术推广应用在提高工程质量、为业主提供满意产品的同时，也提高了企业的社会信誉，扩大了企业的社会影响，为企业树立了良好的社会形象，并成为企业的无形资产。

2）新技术的推广应用对提高工效、降低成本、缩短工期、加快进度发挥了有力的作用，并为提高施工科技含量，提高企业技术水平，积累先进的施工经验，锻炼一批优秀的施工人员，以及企业的长足发展起到了有力的推动作用。

3）通过新技术的应用，节约了大量的原材料，提高了能源利用率，有利于行业的可持续发展。如清水模板技术的应用，不但提高了工程质量，而且节约了大量的材料和人工费用。

4）本项目在"创优夺杯"及"科技创新"方面采取了一系列强有力的措施，保证整体统一，效果明显。自开工以来，受到甲方、监理、质监站的一致好评，引来社会各界近万人次参观、指导，社会影响巨大。

5）本项目完成创建"工地信息化、工法技术创新及装配式建筑"现场观摩交流会，荣获2018年度陕西省建筑业创新技术应用示范工程、陕西省土木建筑协会"2016—2017年度科技创新先进集体"等多项荣誉。

第10章

项目集群绿色建造与智能建造

绿色建造和智能建造是具有典型意义的新型建造方式，其共性特征体现为系统化、集成化、一体化、标准化、精益化、协同化等方面。中国西部科技创新港超大规模工程项目集群的建设过程为绿色建造、智能建造技术和管理的应用提供了广阔的空间。工程项目集群内部的工序、流程、专业之间的关联性，有利于促进环境保护和材料、资源、能源的节约和循环利用目标的实现，可以提高信息技术应用的效率、增加信息化技术应用的经济性。

10.1 绿色建造与智能建造概述

10.1.1 绿色建造概念及其现实意义

绿色建造是可持续发展思想在工程建设中的重要体现，它以节约资源、降低施工过程对环境的污染为核心，追求低耗、高效、环保，统筹兼顾实现经济、社会、环保、生态综合效益最大化的先进施工理念。近年来，环境保护得到了各级政府部门的高度重视。在"实行最严格的生态环境保护制度""打赢蓝天保卫战""推进资源全面节约和循环利用，实施国家节水行动，降低能耗、物耗，实现生产系统和生活系统循环链接"等十九大提出的一系列理论与实践创新的指导下，各级地方政府部门均出台了环境保护和节约能源相关的法律法规和标准。与此同时，各地的环境监督和惩治力度也在逐年增强，每年国家组建多个中央环保督察组对全国作业场所开展环保督察工作，对存在的违法违规行为进行了严厉的处罚，力度之大也是史上最严。这些充分体现出当前环境保护工作的重要性、严峻性和紧迫性，也体现出国家对加快建设能源节约型社会，促进生态文明建设，推进绿色发展的决心。实施绿色建造是建筑业企业践行其社会责任，提高发展质量的重要途径。绿色建造主要包括两个方面的意思：一是以绿色建造为手段的建造过程的绿色化，二是以绿色使用为目标的建筑产品的绿色化。绿色建造的目标是以过程的绿色化，实现目标成果的绿色化。立足于节约资源、保护环境和以人为本，追求建造质量和效益的协调、功能和造价的统一以及社会利益和环境利益的最大化。另外，还要用绿色建造的方式，实现资源节约、能源减量、发展方式可持续的绿色建筑产品供给，减少建筑垃圾、污染物和温室气体的排放，提高健康指数、环保指数、宜居指数。具体来说，在建筑工程中应用绿色环保施工技术的主要意义包括以下几个方面。

首先，在建筑工程施工过程中，应用绿色环保施工技术可以有效提升建筑工程的使用功能。在新时代背景下，人们对房屋建筑的居住环境提出了全新的要求，所以建筑工程需要合理地在施工环节中应用绿色环保节能技术，从而提升自身的市场竞争力。具体来说，施工企业需要对相关的施工原料和施工机械进行合理优化，并通过绿色环保施工技术的应用，提升建筑物的整体建设质量。

其次，建筑工程在具体施工环节当中应用绿色环保施工技术，可以使建筑工程的施工质量得到有效提高。绿色环保节能施工技术并非只是对建筑物的绿色环保质量提出要求，而且需要在保证施工质量的基础上，充分管控绿色环保水平。

最后，绿色环保施工技术在建筑工程施工中应用，可以提升资源的利用效率，防止由于施工不当造成资源浪费现象。在建筑工程施工中需要对大量原材料和机械设备进行应用，因此，往往会影响到施工现场的周围环境。对此，施工企业需要在实际施工过程中，充分协调和有效利用周边环境，以此来促进建筑行业的绿色、环保发展。

10.1.2　智能建造概念及其特征

智能建造是建筑业高质量发展的第一抓手。2020年7月，住房和城乡建设部等13部门联合印发了《关于推动智能建造与建筑工业化协同发展的指导意见》（以下简称《指导意见》），明确提出了推动智能建造与建筑工业化协同发展的指导思想、基本原则、发展目标、重点任务和保障措施。然而，智能建造在国内外都只是刚刚涌起，各界只是处于概念化阶段，还没有形成一个统一的理论体系。丁烈云院士对智能建造进行了全面且详细的定义，他指出"智能建造，是新一代信息技术与工程建造融合形成的工程建造创新模式，即利用以'三化'（数字化、网络化和智能化）和'三算'（算据、算力、算法）为特征的新一代信息技术，在实现工程建造要素资源数字化的基础上，通过规范化建模、网络化交互、可视化认知、高性能计算以及智能化决策支持，实现数字链驱动下的工程立项策划、规划设计、施（加）工生产、运维服务一体化集成与高效率协同，不断拓展工程建造价值链、改造产业结构形态，向用户交付以人为本、绿色可持续的智能化工程产品与服务"。在丁院士看来，智能建造将实物产品与数字产品有机融合，实现了建筑产品从单一实物产品发展为实物产品加数字产品的融合。清华大学郭红领认为，"智能建造"一词的产生得益于数字化和智能化技术的发展，由"数字建造"衍化而来。他认为智能建造是以BIM、物联网、人工智能、云计算、大数据等技术为基础，可以实时自适应于变化需求的高度集成与协同的建造系统。综合现在关于智能建造的定义，我们认为，智能建造是指在建设项目的全生命周期中实现先进信息技术与建造技术的高度融合，实现信息的集成化和建造过程的智能化。作为一种新兴的工程建造模式，智能建造是建立在高度的信息化、工业化和社会化的基础上的一种信息融合、全面物联、协同运作、激励创新的工程建造模式。

智能建造的特征体现在以下几方面：

1）智能建造是建筑业现代化的重要组成部分，是从智能化的角度诠释建筑产业现代化。

2）智能建造是创新的建造形式，不仅创新建筑技术本身，而且创新建造组织形式，甚至整个建筑产业价值链。

3）智能建造是一个开放、不断学习的系统，它从实践过程中不断汲取信息、自主学习，形成新的知识。

4）智能建造以人为本，它不仅把人从繁重的体力劳动中解放出来，而且更多地汲取人类智慧，把人从繁重的脑力劳动中解放出来。

5）智能建造是社会化的，它克服传统建筑业无法发挥工业化大生产的规模效益的缺点，实现小批量、单件高精度建造，实现精益建造，而且能够实现"互联网+"在建筑业的叠加效应和网络效应。

6）智能建造有助于创造一个和谐共生的产业生态环境。智能建造使复杂的建造过程透明化，有助于创造全生命期、多参与方的协同和共享，形成合作共赢的关系。

在工程建设施工现场，"智慧工地"是智能建造的实现形式。

10.2 项目集群绿色建造管理

10.2.1 项目集群绿色建造管理体系

项目集群绿色建造管理的特殊性体现在两个方面：①项目集群管理的特殊性；②绿色建造管理的特殊性。目前，工程建设项目中没有设置专门的绿色建造管理部门，项目管理过程中将绿色建造职责嵌入项目的技术管理体系和生产体系。

陕西建工集团承建的中国西部科技创新港（以下简称"创新港"）项目具有典型的项目集群管理的特征。秉承我国安全生产管理中实行"管生产就需要管安全"的原则，在中国西部科技创新港项目部，陕西建工集团实行的是"管生产就必须管绿色建造"的原则。在项目规划阶段，项目部即成立了以项目经理为第一责任人的绿色建造实施小组，甲方、监理、设计、施工单位参与绿色建造管理机构。将绿色施工内容分工落实到部门、具体岗位和员工，保证绿色施工目标的实现在职能上落地。定期进行培训和检查；编制绿色建造管理制度，明确"四节一环保"目标、新技术应用和创新计划，严格按各项规章制度和措施进行现场绿色建造管理，淘汰落后施工技术和材料。

中国西部科技创新港项目部绿色建造管理体系中的职责分工如表10-1所示。从项目经理到各部门主管，再到区域主管，都赋予践行绿色建造的职责。由项目经理担任绿色建造管理组组长，负责项目绿色建造的全面管理工作。项目副经理为副组长，负责绿色建造日常管理活动，编制绿色施工方案、落实相关措施，以及持续改进。各部门主管分别负责各监管领域绿色建造工作。作为一个项目集群，该项目还下设了若干个区域项目经理，他们作为绿色建造管理小组的成员，分别对辖区内的绿色建造工作负首要责任。

中国西部科技创新港项目部绿色建造管理职责分工表

表10-1

序号	职务	绿色施工职务	职责分工
1	项目经理	组长	负责创新港项目绿色施工的全面管理实施工作
2	项目副经理	副组长	负责落实创新港日常绿色施工方案及相关措施，以及日常绿色施工管理，持续改进
3	技术负责	组员	制定绿色施工方案、措施，提供绿色施工技术支持
4	商务主管	组员	监督绿色施工中资源节约的执行情况
5	安全主管	组员	监督绿色施工中安全方案的执行情况

续表

序号	职务	绿色施工职务	职责分工
6	区域项目经理	组员	1）负责本区域扬尘污染控制； 2）负责本区域有害气体排放、固体废弃物控制； 3）负责本区域水土污染、噪声控制及光污染控制； 4）节材：节约材料，避免钢筋、混凝土、模板浪费； 5）节能：控制能源浪费
7	区域技术负责	组员	1）协助编制本区域绿色施工方案，提供技术支持； 2）在本区域内推广新工艺、新材料，提供技术支持，负责绿色施工方面的质量管理
8	区域资料员	组员	负责绿色施工资料收集、整理、归档
9	区域安全负责	组员	1）负责职业健康及卫生防疫； 2）负责作业条件及环境安全； 3）完善安全防护措施，保证安全生产； 4）负责绿色施工中相关人员培训与教育
10	区域材料员	组员	制定采购计划，监督材料的节约执行，对周转材料进行维护保养
11	区域后勤主管	组员	1）负责绿色施工中节电的执行与监督，负责用电计量管理； 2）负责绿色施工中节水的执行与监督，负责用水计量管理

由于项目集群管理的特殊性，为了在项目管理体系的基础上将绿色建造的各项措施落到实处，陕西建工集团率先构建了包含"四节一环保绿色建造过程组"在内的绿色建造实施过程管理组（图10-1），该过程组对项目集群的绿色建造过程进行了横向和纵向划分。在横向上，项目部将管理组分为五个类型，分别是环境保护

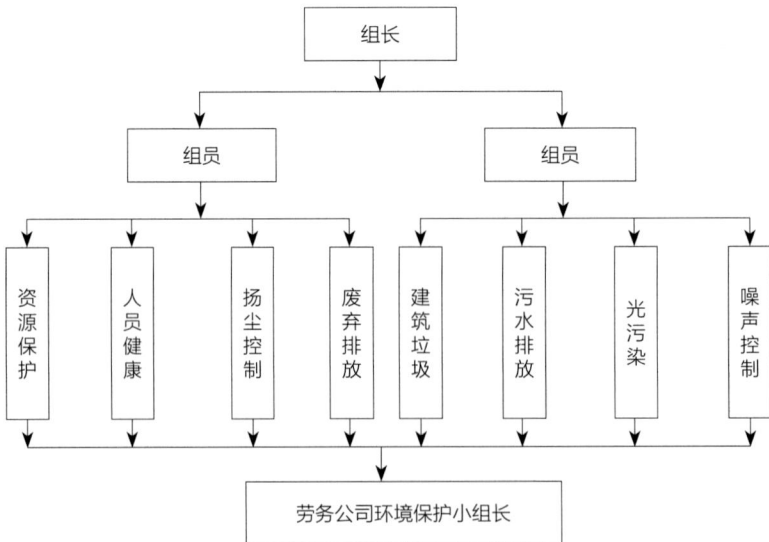

（a）环境保护小组组织机构

图10-1 "四节一环保绿色建造过程组"组织结构图（一）

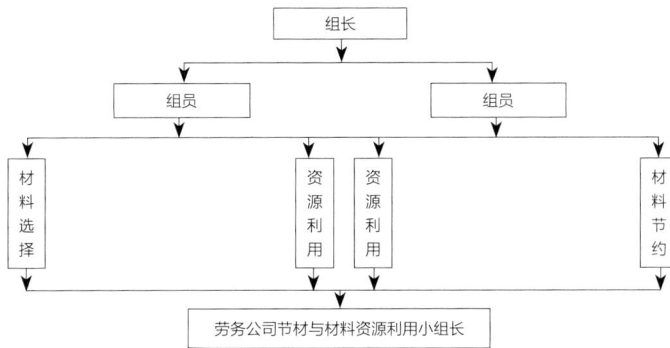

（b）节材与材料资源利用小组组织机构

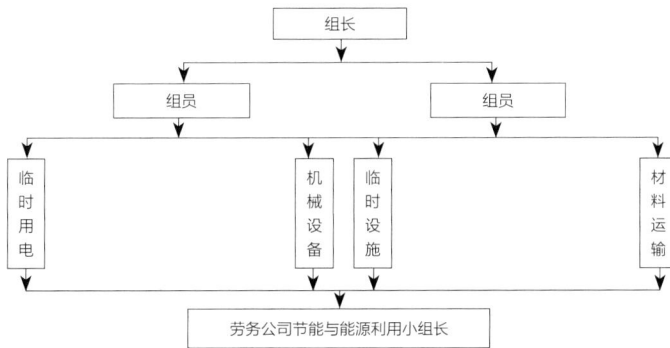

（c）节能与能源利用小组组织机构

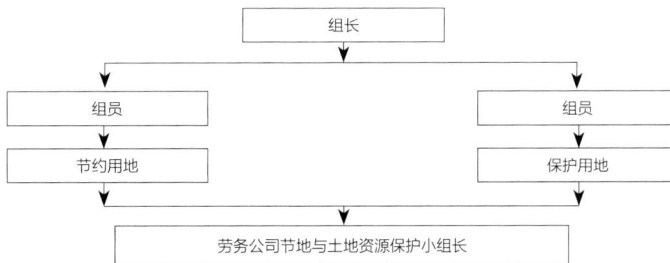

（d）节地与施工用地保护小组组织机构

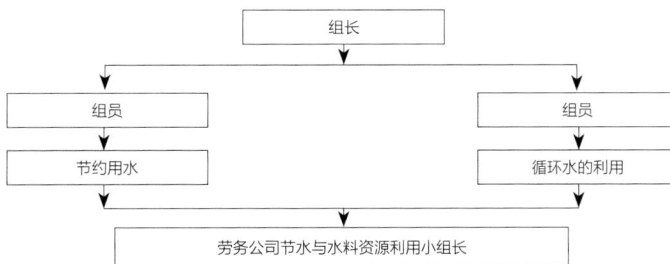

（e）节水与水资源利用小组组织机构

图10-1 "四节一环保绿色建造过程组"组织结构图（二）

过程组、节材过程组、节水过程组、节能过程组和节地过程组。这些过程组是非常设机构，由从事各项建设施工生产和管理的人员担任。在纵向上，绿色建造过程组由总承包商延伸至劳务分包商。由总承包商设置一个负总责的组长，组长下设若干名组员，负责各专业领域的绿色建造过程。这些组员有些来自总承包商，有些来自分包商，并由组员来对日常各建造过程进行监督和管理。过程组的最后一个层级是劳务分包商的绿色建造过程组。项目要求每个参与建造过程的劳务公司均设置若干个负责各专业领域的绿色建造小组长，带领劳务分包队伍实施企业的各项绿色施工方案。

10.2.2 绿色建造在施工层面的实施

绿色建造是通过绿色设计、绿色建材选用、绿色生产、绿色施工、绿色交付的一体化绿色统筹，实现全过程绿色效益最大化。绿色设计有固定的设计标准和评价方法，通常由建设单位意愿来决定，而建筑企业可以控制的是绿色施工过程。绿色施工是绿色建造的子概念，是指在工程建设过程中，在保证质量、安全等基本要求的前提下，通过科学的管理和技术优化，最大限度地节约资源与减少对环境负面影响的施工活动，实现"四节一环保"（节材、节水、节能、节地和环境保护）。陕西建工集团遵循"科技是第一生产力"的原则，广泛应用新技术、新工艺、新产品、新材料"四新"成果，充分发挥科技在施工生产中的先导作用、保障作用。在中国西部科技创新港项目中运用的绿色施工措施基本涵盖了目前国内绿色施工领域的所有先进技术。

1. 节材与材料利用措施

中国西部科技创新港项目中节约材料效果显著，详细内容如表10-2所示。

材料使用计划量与实际量对比表　　　　表10-2

序号	主材名称	预算损耗值	实际损耗值	实际损耗值/总建筑面积比值	采取的措施
1	钢材	3550t	2682t	0.0017	加工剩余钢筋就地分拣，充分利用短、废料钢筋，钢筋连接采用对焊、电渣压力焊及绑条焊，二次结构施工也充分利用主体结构剩余钢筋，钢筋废料重复利用。装修用龙骨等材料，提前排布定尺加工后现场安装

序号	主材名称	预算损耗值	实际损耗值	实际损耗值/总建筑面积比值	采取的措施
2	商品混凝土	9330m³	7425m³	0.004 7	根据计划方量控制混凝土的供应量，避免混凝土超工浪费；散落混凝土做了临时道路浇筑及二次结构非受力构件的预制。楼地面垫层施工前在结构板面抄平控制垫层浇筑厚度
3	木材	588m³	176m³	0.000 11	优化施工方案，购买不同规格的木方，对工人进行节材教育，部分短料做支撑用。短料接长重复使用
4	模板	竖向构件模板周转次数为5次、水平构件为2次	竖向构件模板周转次数为6次、水平构件模板周转次数为3次	——	模板进行合理配置，有效确定模板保护措施，充分利用边角料，废旧模板做了楼梯踏步保护层
5	围挡等周转设备（料）	重复使用率70%	重复使用率80%	——	采用可重复利用的轻钢结构活动房，围挡部分采用工具式彩钢板，周转材料及时拆卸、清理，增加重复利用次数
6	砌体	3500m³	3000m³	0.001 9	砌体利用BIM技术进行预排版，减少余料产生；砌体堆放时加强保护，运输过程防止损伤
7	防火板	1058m²	823m²	0.000 52	对吊顶及部分石膏板墙面基层防火板，在装饰策划阶段提前对材料进行排版集中加工，边角料用于不锈钢踢脚基层板使用。从领料、成品保护、施工严加控制。
8	矿棉吸声板	2150m²	1720m²	0.001	在装饰策划阶段提前对材料进行排版集中加工。从领料、成品保护、施工严加控制
9	耐火防潮纸面石膏板12mm	5896m²	1927m²	0.001 2	从领料、成品保护、施工严加控制
10	铝单板	1386m²	518m²	0.000 33	由技术部门优化施工方案，合理排布，按照现场尺寸定制加工板材。从领料、成品保护、施工严加控制
11	陶土板	3588m²	1680m²	0.001	由技术部门优化施工方案，合理排布，按照现场尺寸定制加工块材。从领料、成品保护、施工严加控制
12	石材	1233m²	852m²	0.000 53	由技术部门优化施工方案，合理排布，按照现场尺寸定制加工块材。从领料、成品保护、施工严加控制

序号	主材名称	预算损耗值	实际损耗值	实际损耗值/总建筑面积比值	采取的措施
13	瓷砖	5189m²	2580m²	0.0016	大于100mm条砖用于踢脚线及个别部位波打线的施工。从领料、成品保护、施工严加控制
14	卷装塑胶地面	1650m²	780m²	0.00049	走廊部位充分利用边角料。从领料、成品保护、施工严加控制
15	就地取材，≤500km以内材料占总量的85%				在采购材料时以就地取材为原则
16	回收利用率为80%				选用耐用、方便维护与拆卸的周转材料和机具。优先选用制作、安装、拆除一体化的专业队伍进行模板工程施工。模板应以节约自然资源为原则，使用定型钢模、组合钢模板、竹胶板。施工前应对模板工程的方案进行优化。多层、高层建筑使用可重复利用的模板体系，模板支撑采用工具式支撑。现场洞口安全防护全部采用工具式栏杆，可多次周转使用。现场钢筋加工棚、木工加工棚及材料仓库全部采用工具式结构，组装拆卸方便，可以周转使用

1）钢材节约措施

（1）借助各类工程软件进行计算机软件钢筋翻样，对比分析，选择最优下料方案，并统计算量。

（2）根据工程实际需要委托钢筋生产厂家生产非标准规格的钢材，直接应用，避免现场二次加工，有效减少钢材损耗。

（3）采用智能化钢筋加工设备，无需人员长期监控，解放劳动力，工效高，加工误差小。

（4）大直径钢筋采用直螺纹连接技术。

（5）施工现场钢筋集中加工，可配置大型起重设备，避免材料在场内多次倒运，降低劳动强度，提高加工效率，减少钢筋损耗。

（6）钢筋、机电安装管材、钢化设施料堆放区地面应硬化，按规格、批次分区分类架空堆放并标识，明确物资名称、规格型号、数量及检验状态等信息。

（7）施工现场钢材加工产生的短小钢筋可制作马凳、梯子筋、排水沟箅子、架板等。

2）混凝土工程控制措施

（1）根据施工所处环境及季节差异，合理调整粉煤灰、矿粉和硅粉等掺合料的用量，严格控制水灰比和水化热，节省水泥用量。

（2）建筑垃圾利用：施工现场产生的建筑垃圾，加工为混凝土再生粗、细骨料，用于配置C25及以下强度等级的非结构构件。

（3）混凝土余料利用：集中回收混凝土余料，利用混凝土施工余料制作盖板、过梁和异形砌块等小型构件。

3）砌体工程控制措施

（1）应根据工程实际推广应用新型砌体材料，限制使用烧结黏土砖制品，严禁使用烧结黏土实心砖。

（2）施工现场采用预拌砂浆，质量稳定、健康环保。

（3）采用薄层砂浆砌筑，灰缝控制在3～5mm，节约砂浆材料同时砂浆铺摊均匀，形态好，砌筑质量有保证。

（4）砌体施工作业前，利用BIM技术对施工图深化设计，对砌块进行预排，降低砌块的浪费，提高操作的精度和效率。

4）周转材料

（1）采用管件合一的新型脚手架及支撑架体系，如：碗扣式、承插式脚手架体系等。管件合一的脚手架及支撑体系可有效减少管件在运输、使用过程中造成的遗失，减少损耗。

（2）采用早拆模体系，早拆模技术是指利用早拆支撑头、钢支撑或钢支架、主次梁等组成的支撑系统，在混凝土强度符合规范规定后，保留一部分狭窄底模板和支撑架，使拆除部分的构件跨度在规范允许范围内，其余底模和支撑系统可全部拆除。加快了模板的周转使用，减少一次性模板投入，降低施工费用20%以上，加快施工速度，缩短工期，提高功效30%以上。

（3）采用压型钢板架板，压型钢板重量轻、强度高、施工方便、周转率高，破旧材料可回收利用，可根据需要压成波形、双曲波形和肋形等，外形美观。

（4）模板。①采用塑料模板：塑料模板是通过高温200℃挤压而成的复合材料，质量轻，强度高，制作材料100%可回收重复利用。②采用塑钢模板：塑钢模板周转次数能达到30次以上，温度规格适应性强，可加工性能好，使用方便，可回收利用。③采用木模板：木模板在下料前绘制配模图，在车间集中加工，减少模板损耗，标准层施工时，对模板编号定位，以便周转使用，模板切割后应用油漆封边处理，以提高周转次数，过程中产生的余料，用于阳角防护等。

2．节水与水资源利用措施

通过雨水收集、水资源循环利用、使用节水器具等多项节水措施，水资源消耗明显减少，水资源消耗计划量与实际量对比情况如表10-3所示。

用水量计划值与实际值对比   表10-3

序号	施工阶段及区域	目标耗水量	实际耗水量	实际耗水量/总建筑面积比值	采取的措施
1	办公、生活区	39.75万m³	35.78万m³	0.23	分别在食堂、生活区域、办公区域、施工区域安装节水龙头，水龙头手柄旋转90°开关的水龙头，防止跑、冒、滴、漏现象；厕所冲水设备：选用脚动冲水设备；在厕所的水箱内安装节水装置，减少用水量
2	生产作业区	166.95万m³	133.56万m³	0.84	生产作业区域安装节水龙头，水龙头手柄旋转90°开关的水龙头；防止跑、冒、滴、漏现象
3	整个施工区	206.7万m³	169.34万m³	1.06	合理落实沉淀池内水循环利用，进行现场道路清理、洒水降尘工作；现场采用滚轴式洗轮机对车辆进行冲洗，冲洗水重复利用
4	节水设备（设施）配制率	100%	100%	—	安装单独水表计量；节水龙头，在厕所的水箱内安装节水装置。对于用水集中的冲洗点、集中搅拌点等，进行定量控制。优先选择利用节水的施工工艺，如混凝土养护、管道通水打压、各项防渗漏闭水及喷淋试验等

1）施工现场用水分区计量。施工现场办公区、生活区和生产区合理布置供、排水系统，分区域、分部位计量。远程智能抄表，建立用水台账，定期进行用水量分析，用水量分析结果应能直观地与既定指标对比。

2）生产污水循环利用。混凝土施工废水再利用是在混凝土输送泵泵管清洗时，冲洗废水经现场设置在结构采光竖井或室内电梯井的废水回收管道输送至楼下，经三级沉淀池后集中排入蓄水池，通过变频加压水泵实现循环利用。

3）非传统水资源利用

（1）雨水的收集利用。通过将雨水有组织排水收集集中储存，处理后用于结构养护、现场降尘、绿化和洗车等。

（2）采用非传统水源进行淋、蓄水试验。屋面、多水房间的蓄水、淋水试验，优先选用非传统水源。如图10-2所示。

3. 节能与能源利用措施

节能方面取得的成果如表10-4所示。

图10-2　非传统水源屋面降温喷淋与构件养护

能源消耗计划值和实际值对比表　　　　　　　　　表10-4

序号	施工阶段及区域	目标耗电量	实际耗电量	实际耗电量/总建筑面积比值	采取的措施
1	办公、生活区	412.5万 kW·h	198.5万 kW·h	1.25	职工宿舍、办公室、食堂分别安装电表单独计量，并设定每月的用量；安装节能灯具，并每间房间内安装节能灯，张贴节电宣传标识
2	生产作业区	4125万 kW·h	2001.5万 kW·h	12.59	木工加工设备不用时关闭电源开关，并将照明灯关闭，电焊机随使用随开机，焊工离开时随手关掉电源；钢筋加工设备停用时拉闸断电
3	整个施工区	4537.5万 kW·h	2200万 kW·h	13.84	塔吊选用新型高效率节能设备，LED灯选用高效节能灯型，在施工区域合理配置照明灯具，合理安排施工工序和施工进度
4	节电设备（设施）配置率	85%	88%	—	积极引导优先使用节能、高效、环保的施工设备和机具

1）用电分区计量。对施工现场的生产区、生活区、办公区分别安装电表，单独计量，及时收集用电数据，建立用电统计台账进行能耗分析，对于塔吊、施工电梯、电焊机等其他大型耗能机具单独装表计量。如图10-3所示。

2）节电型变频施工设备

（1）变频塔机

变频塔机与传统塔机相比，减少了机械损耗和设备的维护，降低操作工人的劳动强度，抱闸机构动作可靠，可实现塔吊零速制动，运行平稳无冲击，可"重载慢

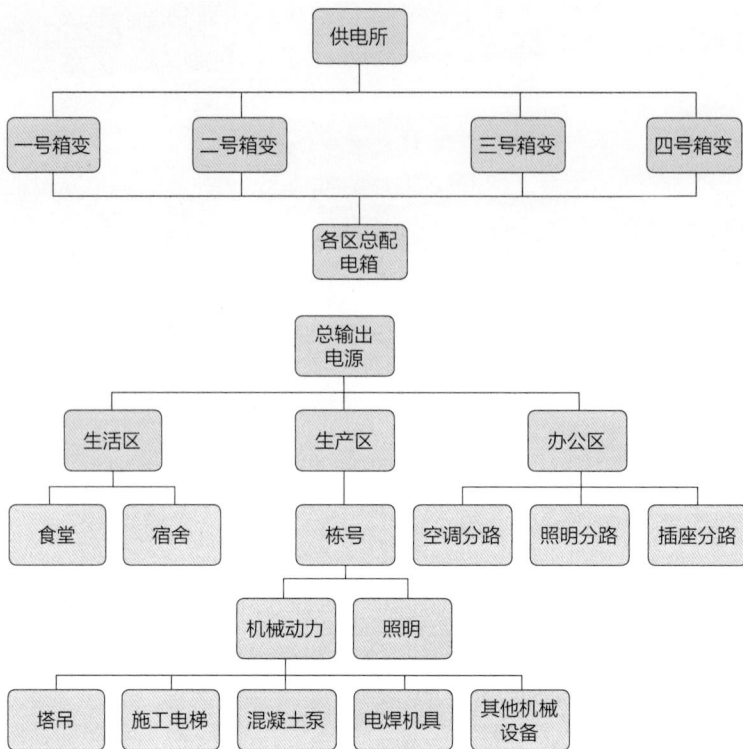

图10-3　分路供电控制系统示意图

速，轻载高速"地超频运行，节约电能，提高工效，可有效避免因缺相、过流、过压等电器故障而损坏设备，及时进行自我保护，休止输出，延长结构和传动件的寿命，对钢丝绳排绳和寿命大有裨益，同时提高了塔机的安全性。

（2）变频施工升降机

变频升降机运行速度可自由调整，启动、运行、刹车平稳，可有效解决因电压不足无法启动升降机的问题，避免了电压不稳定烧坏电机的情况，比传统施工电梯更加节省能源。变频施工梯下行时，可实现重力势能与动能的等效转换，比普通施工升降机降低50%的能耗，节能效果显著。

3）节能型器具

LED工作电压低，电流小；抗冲击和抗震性能好，可靠性高，寿命长，可通过调制通过的电流强弱便捷地调节发光的强弱。LED灯具节能效果对比如表10-5所示。

灯具节能效果对比表

表10-5

1年对比	白炽灯	节能灯	LED灯
灯数量（个）	12 000	12 000	12 000
功率（W）	25	7	3
合计功率（W）	300 000	84 000	36 000
每天使用时间（小时）	6	6	6
每年照明用电量（kW·h）	657 000	183 960	78 840
平均电价 [元/（kW·h）]	0.8～1.0	0.8～1.0	0.8～1.0
使用寿命（小时）	1000	8000	50 000
每年照明电费（元）	525 600～657 000	147 360～183 960	63 072～78 840

4）太阳能、风能的利用

（1）太阳能热水供应节能技术

施工现场热水供应节能技术是利用太阳能集热器，回收率较高且使用寿命较长。本项目采用平板式太阳能热水系统，其特点是光电自动互补，自动转换，24小时供应热水；集热器和水箱采用自然温差循环交换和强制循环，自动上水，温度任意设定，不属人为控制，操作简单；承压式设计出水，使用舒适；集热器介质不结冻，不走水，不会出现炸管的现象，维护工作少，使用寿命长，集安全、环保、节能于一体。

（2）空气能热水器

创新港项目使用空气能热水器，该热水器具有高效节能的特点，制造相同的热水量，是电热水器的4～6倍，其年平均热效比是电加热的4倍，利用能效高。

（3）太阳能灯具

创新港项目选用太阳能专用大功率LED路灯，其发光效率高，使用寿命可达5万小时以上，高效节能且无须维护。太阳能灯具有不受供电影响，不用开沟埋线，不消耗常规电能等特点，且只需一次投入，使用寿命长（平均可使用五六年左右），施工现场30W大功率LED节能路灯的亮度就可以达到普通钠灯或白炽灯200W的亮度，节能环保。

（4）风光电互补技术

风光互补是一套发电应用系统，是风力发电机和太阳电池方阵两种发电设备共同发电，能适用于多种施工环境，经济性、适用性更强。

（5）光伏发电技术

光伏发电技术是利用半导体界面的光生伏特效应而将光能直接转变为电能的一

种技术，光伏发电技术可将转化的电能进行存储，具有安全可靠、无污染、获取能源时间短、一次性投入、维护成本小等特点。创新港项目采用的光伏发电技术主要用于办公生活区部分用电，工人休息区手机充电及卫生间红外感应装置用电等。如图10-4所示。

图10-4　太阳能光伏板

5）智能远程控制设备

智能照明无线远程控制系统是基于GPRS/CDMA/WLAN无线分组网智能照明监控管理系统，实现了众多智能照明控制器与智能照明监控管理中心的无线组网，通过与设备现场每一台智能照明控制器的在线网络通信联系，从而对现场范围内的路灯、照明灯等诸多远程照明进行遥控开关。

4．节地与施工用地保护措施

节地取得的成果如表10-6所示。

土地使用量计划值与实际值对比表　　　　　　　　表10-6

序号	项目	目标值	实际值
1	办公区面积（m²）	8000	3720.16
2	生活区面积	15 000	10 225
3	办公、生活区面积与生产作业区面积之比	15%	10%
4	施工绿化面积与占地面积之比	10%	58%
5	场地道路布置情况	道路永临结合达到80%	100%

1）施工现场用地规划

开工前根据现场实际情况和施工实际要求，分阶段合理安排工地总平面布置图，严格控制临时设施的占地面积。总平面布置力争紧凑合理、占地量小，施工用地严格控制在批准的临时用地范围内，并实行有效的动态管理机制。充分利用原有建筑物、构筑物、道路、管线为施工服务，达到节约用地的目的。

2）集装箱式活动房

办公、生活区面积的有效布置对土地资源的利用进一步优化，施工现场临时设施布置应注意远近结合，尽量减少和避免大量临时建筑拆迁和场地搬迁。临建设施可采用集装箱式活动房利于吊装移动，可重复周转使用。

3）设置垂直绿化墙，节约现场绿化占地

为节约用地，提高施工现场绿化比率，营造良好的生产、生活环境，可在现场主干道、人流量大的区域闲置墙体上设置垂直绿化，垂直绿化墙的设置可充分利用现场废旧PVC管材、镜面板等固体废弃物，实现建筑垃圾资源化利用。

4）充分利用竖向空间

在满足环境、职业健康安全、文明施工要求的前提下，充分利用施工现场闲置空间，利用临建设施周边的狭小空间、现场卫生间楼顶等空间，可架设太阳能光伏板或设置晾衣区、太阳能花房、浴室等，提高临时设施占地面积有效利用率。

5）合理优化基坑开挖方案，减小基坑外放坡度及尺寸，减少土方开挖量节约土地。

5. 环境保护措施

环境保护取得的成果如表10-7所示。

环境保护有关指标计划值与实际值对比情况　　　　　　　　表10-7

序号	主要指标	目标值	实际完成值	采取的措施
1	建筑垃圾	产生量小于47 700t，再利用率和回收率达到30%，土石方再利用率大于50%	建筑垃圾产生量小于42 930t。再利用率和回收率达到31%，土石方再利用率达到100%	按照可回收和不可回收两类收集处理，回收后的垃圾采用机械进行粉碎利用，短钢筋连接钢套筒接长使用，做马凳或穿墙螺栓、雨水和排水沟算子等使用，二次结构施工也充分利用主体结构剩余钢筋。废料建筑垃圾重复利用于临时道路基层、垫层。基槽土方外部存放用于回填，土方在可利用外未发生费用
2	噪声控制	昼间≤70dB，夜间≤55dB	昼间≤65dB，夜间≤50dB	严格遵照《建筑施工场界环境噪声排放标准》GB12523—2011的规定做好降噪工作。施工界设噪声监测点，每月10次实施监测。严格控制人为噪声，对职工进行环保教育，作业中搬运材料轻拿轻放，严禁抛掷物件、野蛮装卸产生噪声。信号指挥采用对讲机。强噪声机械实行封闭式作业，搭设封闭式机械棚，对流动空压机实施搭设隔声棚的措施。合理安排施工时间，使用低噪声振动机具
3	水污染控制	pH值达到6～9	pH值为7	严格按《污水综合排放标准》GB 8978-1996要求，严禁现场污水排放。设置相应的处理措施，如沉淀池、隔油池等。每月对现场雨、污水进行pH值检测，现场无超标现象
4	抑尘措施	结构施工扬尘高度≤0.5m，基础施工扬尘高度≤1.5m	结构施工扬尘高度<0.5m，基础施工扬尘高度<1.5m	施工现场出口设置洗车台，清洗车辆上的泥土，防止泥土外带。运输容易散落、飞扬、流漏物料的车辆，采取措施封闭严密；现场内所有的场地进行硬化、种植草皮；并设专人、洒水车、喷淋系统定时洒水、压尘。各工区设封闭式木工加工房，防止粉尘外泄。垃圾用密闭容器运出；清理、打扫作业场地时，洒水湿润，现场设立封闭式垃圾站
5	光源控制	达到环保部门规定	达到了环保部门规定。无周边单位及居民投诉	电焊作业采取遮光措施，避免电焊弧光外泄。夜间照明灯具加设灯罩，透光方向集中在施工现场。大型照明灯采用俯视角，无直射光线射入空中

1）现场污水处理

（1）污水处理后采用回灌地下水方式处理，回灌前应经相关有资质单位检测并达到《城市污水再生利用 地下水回灌水质》GB/T 19772—2005中水质要求标准后再进行回灌。

（2）污水排放监控系统可对施工现场废水和污水自动采样、流量自动监测和主要污染因子在线监测，及时发出污染警报，防止污染外泄。

（3）生活污水处理方式——建造人工湿地

将污水、污泥有控制地投配到经人工建造的湿地上，污水与污泥在沿一定方向流动的过程中，主要利用土壤、人工介质、植物、微生物的物理、化学、生物三重协同作用，对污水、污泥进行处理的一种技术。其作用机理包括吸附、滞留、过滤、氧化还原、沉淀、微生物分解、转化、植物遮蔽、残留物积累、蒸腾水分和养分吸收及各类动物的作用。

2）噪声与振动控制

（1）在现场平面规划时，应将高噪声设备尽量远离施工现场办公区、生活区及周边住宅区等噪声敏感区域布置。合理规划作业时间，减少夜间施工。

（2）施工中应选用低噪声设备，并定期做好维护保养。

3）光污染控制

（1）焊接作业应设置遮光罩，减少弧光外泄影响周边环境，遮光罩应采用不燃材料制作。焊接操作人员应有有效的防护措施。

（2）夜间施工照明时，应对照明光源加装聚光罩，使光线照射在施工部位，避免光源散射影响周边环境，并设置定时开关装置。

4）水污染控制

（1）现场污水应采用三级沉淀方式处理，其原理是将集水池、沉砂池和清水池三个蓄水池之间利用水管相互连通，污水经三级沉淀池处理后进行回收再利用或者排放。池水中沉淀物应及时清理，以保证沉淀池的使用功能。

（2）现场污水排放检测：依据现行国家标准《污水综合排放标准》GB 8978—1996，在污水排放口收集少许污水，用pH试纸进行检测。若酸碱度达到标准即可排放，否则须经进一步处理，符合要求后方可排放。

（3）在食堂设置成品式隔油池，在卫生间设置成品式化粪池，对隔油池和化粪池要有完善的防渗漏措施，做到定期清理，做好清理记录，并委托有资质的单位清运。

5）废气排放控制

（1）禁止在施工现场燃烧木料、塑料等废弃物，禁止使用有烟煤作为现场燃料。

（2）进出场车辆及燃油机械设备的废气排放应符合要求，并应减少使用柴油机械设备。

6）建筑垃圾控制

（1）建筑垃圾减量化控制：项目部建立《建筑垃圾控制管理制度》《建筑垃圾回收利用制度》《建筑垃圾再生利用制度》等制度，减少由于过剩的建筑材料转化为建筑垃圾概率；落实对劳务工人的技术交底，施工中加强工程的质量控制，对模板拼缝及加固不合要求的不允许浇筑混凝土，减少了混凝土渣的产生；对机电安装工程的管线排布提前进行排版和深化设计，并进行相应洞口及线槽的预留工作，避免后期开洞（槽）产生固体垃圾；现场采用可多次循环使用的钢模板代替木模板，减少废木料的产生；积极采用绿色建材减少建筑垃圾的产生。

（2）项目部设置统一的废弃物临时存放点，固体废弃物必须按无毒无害可回收、无毒无害不可回收、有毒有害可回收、有毒有害不可回收等垃圾堆放处，将垃圾进行分类收集堆放，并对各类废弃物进行明确地标识。同时将固体废弃物分包给具有准运证的合法单位，且需有建筑垃圾消纳资质和经营许可证的单位。并与其签订《固体废弃物清运协议》。复印准运证、资质证明、经营许可证与《建筑垃圾消纳登记表》一并存档。

（3）建立废弃物分类清单，根据项目实际情况，列出废弃物清单，以便分类管理。施工现场垃圾分类如表10-8所示。

施工现场垃圾分类一览表 表10-8

项目		可回收废弃物	不可回收废弃物
无毒无害类	建筑垃圾	废木材、废钢材、废弃混凝土、废砖等	瓷质墙地砖、纸面石膏板等
	生活办公垃圾	办公废纸	食品类等
有毒有害类	建筑垃圾	废油桶类、废灭火器罐、废塑料布、废化工材料及其包装物、废玻璃丝布、废铝箔纸、油手套、废聚苯板和聚酯板、废岩棉类等	变质过期的化学稀料、废胶类、废涂料、废化学品类等
	生活办公垃圾	塑料包装袋等	废墨盒、废色带、废计算器、废荧光灯、废电池、废复写纸等

（4）加强建筑垃圾的回收利用。将钢材、方木等余料，砌块、砂浆废弃物采取回收利用措施，减少垃圾排放。建筑余料回收再利用如表10-9所示。

建筑余料回收再利用　　　　　　　　　　　　　　　表10-9

序号	材料种类	减量化控制措施	拟采用回收利用方式
1	钢材	1）优化下料方案 2）按规格分类回收 3）合理控制接头位置	①用作马凳筋、定位筋 ②制作雨水篦子 ③洞口附加筋
2	混凝土	1）按需要料 2）控制模板安装质量，减少跑模、漏浆现象	①余料预制过梁、盖板 ②浇筑临时道路
3	木方	1）优化配料方案 2）长短料搭配使用 3）严禁野蛮拆模，降低损耗	①短料接长使用 ②用于墙柱、楼梯护角 ③马道防滑条、挡脚板 ④预留洞口防护
4	砌块	1）提前策划、排版 2）运料时严禁乱倒，野蛮下料，降低损耗 3）按设计施工，杜绝返工现象 4）砌筑时合理使用半截砖	①半截砖全部回收用于墙体马牙槎位置使用 ②砌块二次粉碎，作为粗骨料拌制混凝土，用于翻梁浇筑
5	砂浆	1）按需配料，砂浆需在初凝前全部用完 2）加强对落地灰二次回收利用	落地灰二次回收、过筛，作为粗骨料拌制混凝土、砂浆
6	贴面类材料	1）提前策划、排版，由专业厂家统一加工，降低损耗	所有半截砖全部回收，根据实际情况合理使用

10.3　绿色建造过程创新

　　推进绿色建造要求工程项目在保证安全、质量、工期和成本受控的基础上，把握绿色建造的内涵，把环境保护、减少污染排放、保护国家资源、实现资源节约作为主控目标。绿色建造实质上是对工程项目建造过程的更高要求，为了满足绿色建造的要求，就必须提高技术创新能力，更新施工设备，采用先进技术，增加施工措施，改进管理方法。绿色建造过程除了一些具体的绿色施工措施外，更多地表现为绿色建造技术和理念的集成应用。在绿色建造技术的集成应用方面，陕西建工集团率先提出了"绿色技术助力创新"的理念，并在绿色建造技术和理念的集成应用方面取得了重要成果。

10.3.1　海绵城市原理及其应用

　　结合施工场地邻近河道、砂土地层的特点，引入海绵城市原理、园林地形塑造工艺，成功地解决了全区域雨水外排问题，更实现了雨水的二次利用。先对现场标高进行测量，分区域布设了5处小凹式绿地，在生产路开挖设置雨水传输植草沟，将雨水和道路明水下渗至沟内后传输至下凹式绿地。更值得一提的是在工人休息区的附近创造性地将海绵城市理念中的雨水花园引入现场，既解决了雨水外排问题又利用雨水的汇集为职工创造了一个休憩花园，形成了真正意义上的海绵工地。

10.3.2 场区科学绿化

项目指挥部发挥集团园林绿化专业的优势，由集团下属园林绿化专业公司牵头并组织专业技术人员对现场土质情况进行了含沙量、酸碱度、微量元素的理化分析，并邀请农林科研院校（西北农林科技大学）进行专家指导。制定了生态环保且节约的治理建筑工地裸露黄土草坪种植方案。优选适合西北地区气候条件并确保全年常绿的草籽混播技术。

1）筛选确定黑麦草和高羊茅同比例混播，由于现场面积过大且基本为全日照，利用黑麦草先锋草籽的特性为高羊茅萌芽创造条件。

2）根据节水要求，项目部没有按照传统做法设置浇喷灌系统，而是制定利用好雨天实施播种的预案。根据天气预报计划好时间，各参建单位建立了雨天播种小分队（一到下雨现场便出现了百人播种的宏大场面）。

3）根据检测，现场土壤为沙化土壤，肥力瘠薄。采用人工追肥的方案为草坪成坪提供了基础养分。

此方案的成功实施既满足了全区域防尘治霾要求的100%覆盖覆绿的要求。更是避免传统密目网覆盖带来的多次覆盖造成的重复投入以及密目网风化物对土壤空气造成的污染。最终实现了一次投入、生态美观，为花园式工地铺好了绿毯。据统计：工地整体草坪覆绿面积1 600亩、播种草籽220余吨、使用复合肥205t，节约密目网319.68万㎡（按覆盖3次计算），经济节约83.12万元。现场绿化效果展示如图10-5所示。

图10-5 现场绿化效果展示

10.3.3　土方平衡优化

结合中国西部科技创新港项目选址的自然地质条件、建筑体量等基础数据，经过地勘和实验，压实度和承载力均满足天然地基的要求，随即决定采用天然地基作为地基形式。因为不需做试桩，桩基、基坑施工工期缩短近4个月。

土方工程施工前，先对基坑施工方案进行优化，做好场内土方平衡，减少土方开挖和回填量，最大限度减少施工活动对原状土地的扰动，保护周边自然生态环境。本工程地面低于渭河水位，原状地面较永久地面高程差2m左右，利用开挖的土方回填并抬高地面，施工前针对土方整体平衡做了仔细策划，开挖土方共120万m³，回填80万m³，二次回填40万m³，边开挖边回填，回填土与种植用土分别堆放，真正做到了全部土方场内平衡，既解除了洪涝隐患，也实现了土方内部倒运，节约资金近4 000万元。

10.4　基于BIM技术的智能建造过程

BIM技术在现代建设工程项目管理中起着非常重要的作用，对于进度、成本、质量把控和安全培训发挥着关键作用，同时，也促进了不同专业之间的协作，增强了建筑工程的稳定性和可靠性。通过BIM技术在建设工程全寿命期的应用，可以有效实现对进度的强化控制、分析建筑现场状况、优化建筑设计方案、加强安全检查等。

10.4.1　BIM技术应用特点

陕西建工集团项目部在中国西部科技创新港项目中应用BIM技术有以下几个特点：

1. 甲方牵头，多方参与

甲方牵头要求做到设计–施工–运维的模型传递，提出了很多的交付要求，并督促利用BIM技术提高质量和进度管理工作。另外，本项目的BIM应用是多方参与的，由甲方牵头，涉及4家设计单位、1家咨询单位、5家监理单位以及陕建集团所有参建单位，协同工作要求较高。

2. 策划先行，扩大应用

基于甲方的要求和陕建集团对本工程BIM应用的定位，项目部努力践行"策划先行、模型传递和人人BIM"的理念，制定了与项目总进度计划协调一致的BIM实施计划。在项目管理的各类策划模拟中，例如场地布置、样板区策划、方案模拟、创优策划等，均优先采用BIM进行虚拟建造，查看方案的可行性和合理性，大大提高了沟通效率。

3. 内外协作，共克难题

陕建集团向各个区域BIM小组抽调了17名BIM人员组成BIM中心，外加各单位驻场BIM人员，形成了一个50多人的BIM团队，专为解决本项目集群的BIM应用难题。

4. 流程优化，完美交付

项目部建立了一套基于BIM的工作流程，实现了从深化设计到方案审定、到现场加工和安装全部基于BIM模型的新流程，在设计模型基础上，按照交付标准，进一步修改完善，形成了48个单体建筑的全套BIM模型，打通了设计到施工的模型传递链条，并积极推进向运维阶段的交付模型完善。

5. 技术创新，品质管理

BIM技术应用于图纸会审、技术交底、轻量化展示、砌体排布，部分程度上取代了传统二维图纸的功能。利用BIM+VR提高安全防范意识，利用BIM+无人机实现对项目进度的全方位把控，利用BIM+3D打印模拟施工，展示复杂节点的施工工艺，利用BIM+装配式建筑实现了构件从设计到安装完成的全过程物料状态追踪。

10.4.2 图纸会审

在质量管理工作中，图纸会审是最为常用的一种施工质量预控手段。在建立BIM模型过程中发现图纸存在问题及不合理情况并移交设计组进行处理，直观可行，将设计错误消除在施工前期，大大降低了变更频次，尤其是对于装配式建筑来说更是意义非凡，规避了二次生产、运输及吊装等造成的一系列问题。图10-6展示了基于BIM的图纸会审过程。

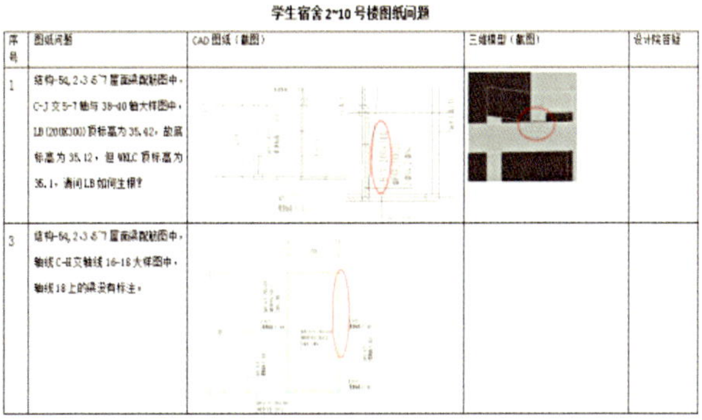

图10-6 基于BIM的图纸会审过程

10.4.3 管线综合排布

利用BIM技术，创建多个管线综合排布方案，通过内审会议讨论和对比各个方案的可行性、适用性，确定最优方案指导现场实施，避免各专业人员在安装过程中出现的碰撞和冲突等，达到减少返工和材料损耗的效果。管线综合排布模拟如图10-7所示。

图10-7　管线综合排布模拟

10.4.4 施工方案模拟优化

利用BIM技术对挑架、扣件式脚手架、圆弧梁定制钢模板等进行方案模拟及优化，对各类施工方案进行审核。

利用BIM模型，提前制定挑架方案，确定构件相应位置，对架体稳定性进行计算，并计算型钢、脚手架、钢板网等构件数量，对于复杂节点可生成详图，便于进行专业交底。基于BIM的施工方案优化模拟如图10-8所示。

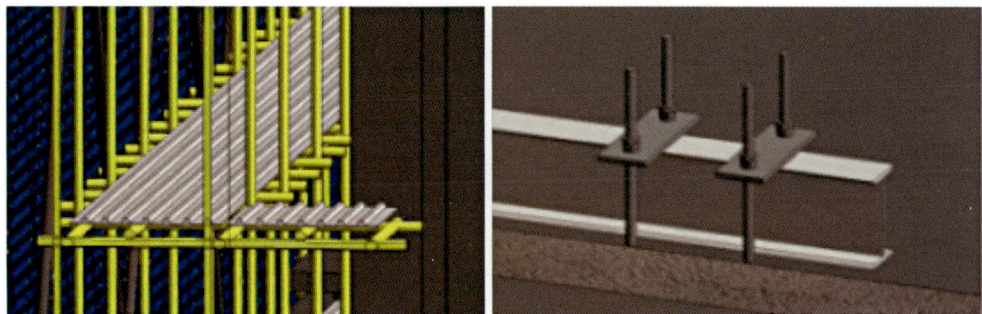

图10-8　基于BIM的施工方案优化模拟

图10-9 BIM技术辅助复杂节点交底

10.4.5 辅助现场施工

1. 复杂节点可视化技术交底

根据本项目施工特点及难点，使用BIM技术对施工过程中的复杂节点进行建模，根据需求选取重要节点，生成节点施工动画或节点详图，方便现场人员更加直观了解复杂节点构造及施工要点和细节。BIM技术辅助复杂节点交底如图10-9所示。

2. 施工数据快速集成

根据BIM技术，实时、准确地提供所需的各种工程量信息，快速生成相关的数据统计表。BIM模型本身就是一个富含建筑构件工程信息的数据库，借助这些信息，快速统计好清单工程量，并进行施工前后的工程预决算，为项目材料、成本管理提供更为精准的数据。

10.4.6 现场平面布置

本项目集群建筑面积共159.44万m^2，那么如何保证施工形象的整齐统一呢，本项目根据工程所处阶段，综合考虑项目现场场地、周边环境等情况，使用BIM技术对场地布置进行模拟，展示了各区域的布置情况及施工路线，合理规划临建及施工场区布置，使得所有人员能够更加直观地看到场布最终的效果，为场地布置提前策划提出指导意见。利用BIM技术进行现场布置如图10-10所示。

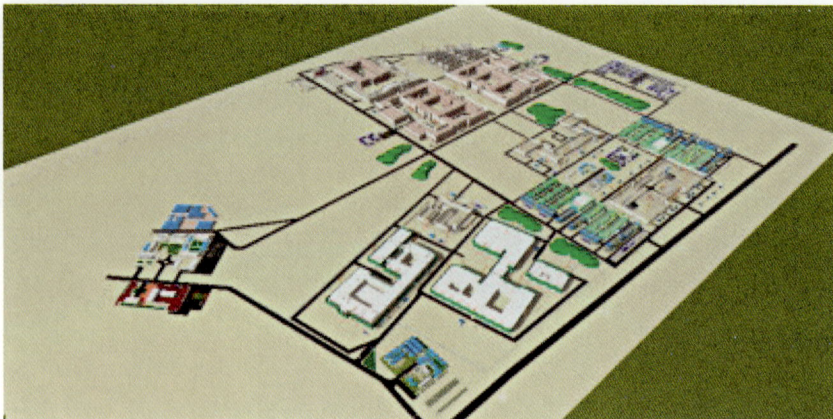

图10-10　BIM技术进行现场布置

10.5　基于"互联网+平台"的智慧工地建设

随着工程规模不断扩大，结构复杂程度不断增加，项目管理要求不断提高，依靠人力或单一系统进行管理的方式效率低、效果差，已经无法满足项目集群施工中各类监督、管理业务的需求。如何实现安全、高效、有序地管理项目集群，是行业内部关注和重视的课题。利用信息技术实现工程建设项目管理方式的创新，解决施工管理中的"监管薄弱、监督方式落后"问题，成为工程项目管理的必然选择。中国西部科技创新港项目部基于"互联网+平台"的智慧工地建设，借助云计算、物联网、大数据等互联网技术和各种智能设备，广泛集成工程项目建设全过程的信息数据，建立面向参建各方责任主体的集质量管理、安全管理、进度管理、合同管理为一体的工程项目综合管理平台，形成了"人为管理+技术管理+物业管理+联合管理+安全管理"的五合一管理模式，有效提高了施工现场的管理水平和效率。

10.5.1　建造过程平台化

为了实现全方位、多层面的信息互联互通，项目部以前瞻、务实、创新为原则，以积累企业大数据、提升项目管理效益、创新项目管理模式为目标，搭建了包含"1个核心+8大类应用"的综合管理平台，如图10-11所示。

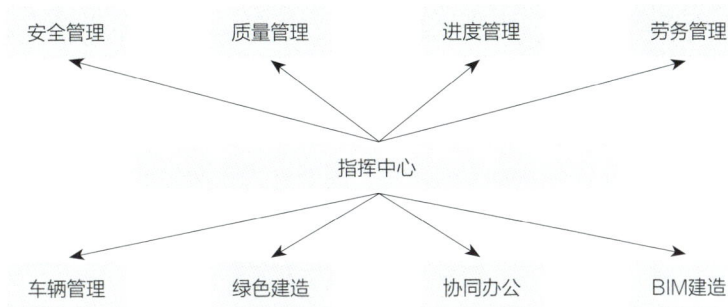

图10-11 中国西部科技创新港项目综合管理平台的架构图

中国西部科技创新港项目综合管理平台主要涵盖以下内容：

1. 指挥中心

项目集群存在诸多相关方，现场管理中能否正确识别和合理管理相关方行为，直接决定项目的成败。创新港项目的管理过程涉及多个知识领域，协调管控这些知识领域是项目集群管理的一个重大挑战，指挥中心的设立解决了施工场地过大、总包协调管理难的问题，在该项目中，指挥中心有专人值班，可以实时查看现场情况，解决处理问题。指挥中心现场如图10–12所示。

2. 质量管理

施工现场各区域各级质量管理人员每天进行质量检查，将检查及整改数据推送指挥中心，对质量问题汇总归类，并分析原因等，现场基于互联网和智能设备的业务数据同步采集机制，保证了数据的真实性和时效性，实现质量问题追踪及统计分析的准确性，为及时做出正确的管理决策奠定了基础。质量巡检系统如图10–13所示。

3. 安全管理

施工现场设置了群塔防碰撞系统、可视化跟踪消防系统、危大工程分级管理、特种作业人员培训教育、安全标准化考评、安全生产月知识竞赛活动、采用施工安

图10-12 指挥中心现场

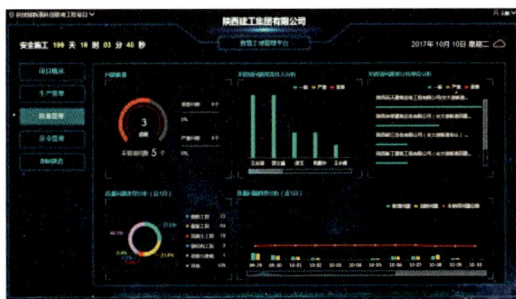

图10-13 质量巡检系统

全管理系统进行安全未消项区域统计、安全隐患汇总归类分析等模块。

4. BIM建造

可以查看现场48个单体建筑的轻量化模型，实现基于模型的协同工作。设计组交付全专业施工图设计模型，施工组在施工准备、实施及交付等全过程开展深度应用，并完成竣工模型交付，延伸到后期运维管理。通过实践BIM技术应用与工程实际深度结合，实现缩短工期、节约成本，提高工程质量，降低安全生产风险，形成项目集群BIM技术应用成果。

5. 进度管理

利用无人机收集每天的形象进度数据，并利用上百个视频监控点，实时查看施工动态。利用斑马进度计划对网络计划进行跟踪比对，及时发现和解决影响关键线路的进度问题。利用BIM技术进行模拟建造，还原和预演施工过程，优化工序，提高交叉施工的效率。

6. 劳务管理

项目集群具有工程体量大、作业人员多等特征。综合管理平台围绕着人的"选、用、育"设置了多个劳务管理模块，实现了劳务人员的一体化管控，采取劳务实名制管理平台和一卡通系统，包含了工人入场信息登记，工种分析统计、考勤情况、活动区域情况等，实现了劳务动态数据的实时掌控。

7. 车辆管理

采用车辆门禁系统、减速带设置、电动车停放处、交通灯设置、电子地图、停车场等多种技术手段实现了对车辆系统进行全面管理，解决了车辆停放难、车辆安全隐患等管理难题，借鉴商城的停车管理系统和交通管理的交通灯、交通标示线等管理理念，一方面通过建设大量停车场方便车辆进出，另一方面通过各种措施保证人车分流，实现安全出行。

8. 绿色建造

遵循"四节一环保"原则，采用多种技术手段提高绿色施工水平，切实贯彻绿色建造理念。采用了安装集中加工、垃圾分类、自动喷淋系统、环境监测系统、自动洗车系统、雾炮机、智能节水浇砖、能耗检测系统、密目网裸土覆盖、空气源热泵热水器、污水排放检测等多项绿色建造措施。实现了项目绿色建造过程的精细化和智能化。

9. 协同办公

利用钉钉OA平台，实施找人、考勤、报表、审批、会议、任务等多种办公活动。逐步实现了项目部所有管理人员全部采用钉钉进行日常交流、通知，大大提高了现场沟通、办公的效率。

10.5.2　建造过程智能化

1．门禁系统

门禁系统主要控制施工现场人员以及车辆的出入，为场地安全管理提供基本保障。施工现场各主要出入口均设置门禁设备，通过专用卡出入，并将人员信息、车辆信息以及带入现场设备材料信息提供给现场管理中心。施工现场的门禁系统主要是自动识别技术、图像采集技术和智能设备的集成应用，首先，通过身份录入机对参与项目的所有作业人员和管理人员的身份信息进行采集，形成项目人力资源数据库，之后，在施工现场入口设置身份识别器和闸机，对每一个进入现场的人员进行身份识别，只有施工现场有关的作业人员和管理人员可以通过闸机进入施工现场，防止与项目无关的人员进入施工现场，便于对工人的实名管理和考勤管理，保障施工现场的安全。现场门禁系统如图10-14所示。

2．无人机辅助监控

该工程由于体量大，现场作业面多，采用无人机进行航拍，拍摄机动灵活，覆盖面广，而且可以录制现场高清视频，一方面可以积累整个施工周期的影像资料；另一方面可以更好地把控现场情况，协助决策。

3．自动报警系统

报警系统包括火灾报警和防盗报警，两系统均有自身的感应装置如烟感探头、

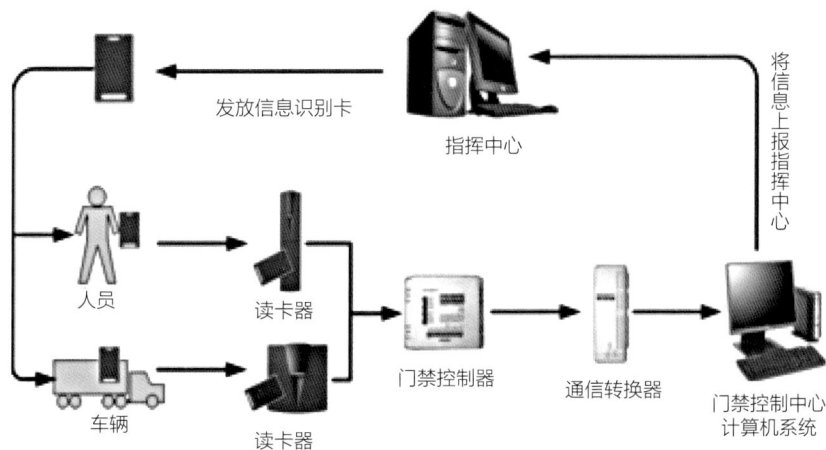

图10-14　现场门禁系统图

动作感应器等装置，并且报警系统与现场管理其他系统保持联动，对施工场地内所有灾害进行报警。

4. 远程监控

在施工现场设置监控摄像头，全方位多角度察看异地施工现场的实际工作情况，对路过的人员进行录像记录，以便于识别身份及记录其行为轨迹，满足现场和远程异地视频监控的要求。视频监控系统还可用于质量远程验收，节约验收时间、降低验收成本、提高验收效率。现场远程监控如图10-15所示。

图10-15　现场远程监控图

第11章

集群项目党组织建设与施工生产保障体系

社会主义企业既是经济组织，又是政治组织，这是由我们党的执政地位决定的。加强和健全党领导一切、总揽全局、协调各方的领导制度体系，是中国特色社会主义建设最本质的特征与优势。早在战争年代，毛泽东主席就提出了"支部建在连上"的建党原则，并形成了我们党的一贯传统。党的十八大以来，习近平总书记围绕坚持和加强党的集中统一领导，特别是加强党对经济工作的领导做出了一系列重要论述，指出："经济工作是中心工作，党的领导当然要在经济工作中得到充分体现""有利于集思广益、凝聚共识，有利于调动各方、形成合力"。

建筑业是国民经济的主控产业，随着建设工程项目管理体制的改革深化，如何使党组织建设工作，既能保证党对企业改革的正确领导和监督，又能适用工程项目管理体制的变化，陕建集团创新港工程项目部党总支部进行了有效尝试和创新，实现了党建工作与施工生产的深度融合，为工程项目凝聚各方力量、建设攻坚克难战斗堡垒、引领促进项目高质量发展提供了组织保障。项目先后荣获全国工人先锋号、全国建设工程项目施工安全生产标准化工地、全国建筑业进城务工人员业余学校示范项目部、陕西省劳动竞赛先进班组、陕西省国资委系统先进基层党组织、陕西省建设工会模范职工小家等20多项荣誉。

11.1 集群项目党建的创新管理模式和基本制度

11.1.1 实创支部组建三个原则

科学的党组织设置，是做好党建工作的前提。施工企业要按照项目发展到哪里，党的组织就建立到哪里，党的工作就开展到哪里的"两个覆盖"原则，将"支部建在项目上，红旗插在工地上"。对于集群项目，如何做好项目支部建设和管理，陕建集团创新港工程项目部党总支部进行了有效探索和尝试，并实创了项目组建三个原则：

一是支部双管制。即按照集群项目分包合同履约责任，项目党总支在每个分包合同参建单位中组建了项目党支部，并报分包合同参建单位上级党组织备案，实行以项目党总支为责任主体、分包合同参建单位上级党组织协同管理的双管制。具体程序和要求是：各参建单位在组建工程项目部的同时，项目总包党总支根据项目党员分布、人数情况和施工周期，决定组建、撤销或合并项目党支部。对项目总包党总支决定组建的党支部，各参建单位必须按照党章的规定和国有企业党的建设"四同步、四对接"的要求，及时组建工程项目部党组织，配备专门（专职）工作人员，并上报项目总包党总支审批同意后，报参建单位上级党组织备案。项目结束后，项目党支部随之撤销。

二是党员随岗制。即党员组织关系随同岗位不断变化而进行调整。创新港项目党总支规定：结合项目实名制规定，凡在创新港工作的党员，由各参建单位项目党支部按月向总包项目党总支上报一次党员名单，注明调入和调出时间，纳入总包项目党总支党员管理，其组织关系在原单位，由项目党总支对其进行教育、工作考核、奖惩等。

三是活动集中制。即党建活动按照项目党总支统一安排开展，并纳入项目党总支对项目党支部和党员的考核评比中。项目党总支规定：各分包参建单位的项目党支部、党员均要以项目党总支要求实现"一岗双职"，组织开展各项工作和各类活动，统一党建标识，统一执行"三会一课"、职工思想定期分析、党员管理、党员发展、民主评议党员、述职述廉等项目党建各项规章制度。对工作调动积极要求入党的同志，项目党支部坚持按党章及上级党组织要求做好发展培养工作并在党员党组织关系调动时，一并将支部对该同志发展意见转交接收党组织。

按照以上原则，陕建集团创新港工程项目部党总支部将属地管理和条块管理结合起来，由成立之初的10个基层项目党支部，104名党员，发展成为13个支部，164名党员，并创新了集群项目党支部的组织框架，使支部成为集群项目建设的战斗堡垒。

11.1.2　建设党建工作七项制度

建立健全以党章为根本、以民主集中制为核心的党建制度体系是党组织建设的重要内容。创新港项目党总支组建以后，结合集群项目管理的要求和特点，统一制作了工地党建标识标牌和党员活动室样板式样，并制订了《创新港项目党总支部工作办法》，从项目党支部的设置、工作职责、委员分工、检查考核等方面，创新并规范了一系列集群项目党建工作，并形成了七项基本管理制度（图11-1）：

一是"三会一课"制度。"三会一课"是贯彻执行民主集中制原则、实行集体领导和开展党内民主生活，加强党内监督的基本途径和保证。项目党总支规定：支委会每月至少召开一次，党员大会每季度召开一次，党小组会议每月召开一次，党课每季度召开一次。

二是组织民主生活会制度。组织民主生活会是党的基层组织生活的一项基本制度和党支部开展工作、党员参加党的活动的重要保证，也是支部班子成员或党员进行交心通气、开展批评与自我批评，统一思想认识、调整内部关系、总结经验教训、增强团结和谐，解决党支部班子和党员自身矛盾问题的一项重要制度。项目党总支规定：党支部要每周开展一次党日活动，每季度对党员和职工思想动态进行一次分析，每半年召开一次组织生活会，并不定期对党员和职工进行谈心谈话。项目党总支每半年召开一次民主生活会。

三是党员随岗管理制度。项目党总支规定：凡有正式党员3人及以上，施工周期超过6个月，均应设置党支部，党支部之间、项目与其他单位之间的党员流动，应由流出支部及时出具证明并附鉴定意见；正式党员少于3人的，施工周期少于6个月的，由项目党总支指定邻近项目党支部管理，其组织关系在原单位，党员日常管理由流入支部负责，党费收缴由原单位按规定执行。党员在项目管理期间，要每月向党组织汇报一次思想、工作和完成支部分配任务的情况，遇有重要问题应当及时汇报。

四是党员随岗发展制度。党

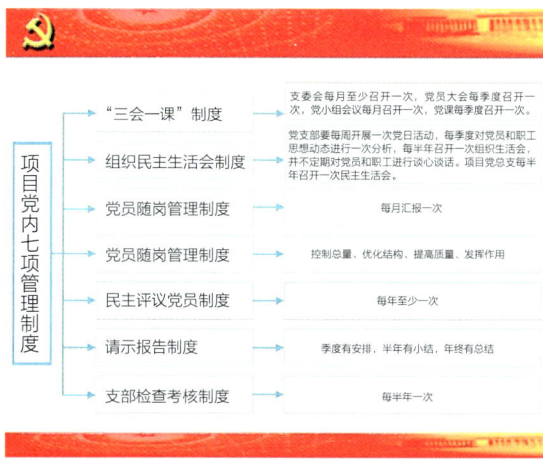

图11-1　项目党内七项管理制度

支部每年应制定年度党员发展计划,按照"控制总量、优化结构、提高质量、发挥作用"的总要求,坚持个别吸收的原则,对于调入项目工作的入党积极分子,按照《中国共产党发展党员工作细则》和《陕西省发展党员工作规程(试行)》规定的程序,继续做好教育和培养工作。项目党支部因工程完工或其他原因撤销或合并的,入党积极分子或预备党员工作单位变动的,项目党支部应及时将入党积极分子或预备党员培养、教育情况及本人日常表现、档案等有关材料转给调入单位。

五是民主评议党员制度。民主评议党员,是按照党章规定的党员条件,通过党员教育和党内外群众的评议,以及党组织的考核,对每名党员在工作中的表现和作用作出客观的评议,通过组织措施,达到激励党员、纯洁组织、整顿队伍的目的。各支部要按照党员积分制管理等有关办法,每年至少一次对党员特别是干部党员的思想、工作、作风和模范作用,采取党内与党外相结合的方法进行评议,并表彰优秀党员,妥善处置不合格党员。

六是党内请示报告制度。请示报告制度是贯彻党的民主集中制原则的具体体现,是支委会接受支部党员大会和项目党总支检查和监督的重要形式。参建单位项目党支部要根据项目党总支的要求,结合本项目的实际,制定党建工作计划,做到季度有安排,半年有小结,年终有总结,同时对项目管理中出现的影响全局工作的事件或事故苗头要及时逐级汇报,并向项目党总支和支部大会述职述廉报告工作。

七是支部检查考核制度。项目党总支结合工程阶段性的工作重点或每季度对各党支部工作情况进行一次检查,每年按规定签订支部目标责任考核状,进行全面考核,不定期组织开展交流观摩活动,发现问题及时处理,对好的做法和先进经验加以推广宣传。

11.2 集群项目党建工作的主要任务和作用发挥

项目党支部是施工企业党建工作最基层的战斗堡垒,是党的所有工作在施工企业建设的基础,其重要的责任是直接与群众联系,进而组织和团结群众,从而把党的方针、路线及政策落实到施工企业的最基层。在新形势下,施工企业如何把支部建在工程项目上、把党旗插在施工一线,切实发挥了项目党建在凝聚各方力量、建设攻坚克难堡垒、引领项目高质量发展等方面的作用,是新时期集群项目党建工作的一个新课题。

11.2.1　明确项目党建六项任务

在陕建集团创新港工程项目部，项目党总支《工作办法》明确了项目党支部基本职责和任务，并将推进党支部的六大建设（政治建设、思想建设、组织建设、作风建设、纪律建设、制度建设）、发挥党组织的战斗堡垒作用和党员的先锋模范作用作为重点检查考核内容，纳入六项具体任务上：

一是发挥政治核心作用。宣传、贯彻和执行党的路线、方针、政策，贯彻落实上级党组织决议，在把方向、管大局、保落实的基础上，发挥项目党建在凝聚各方力量、建设攻坚克难堡垒、引领项目高质量发展等方面的政治核心作用，为工程施工创造稳定和谐、攻坚克难的组织、思想和政治保障。

二是做好员工思想政治工作。定期进行职工思想动态分析，找准党建思想政治工作与工程项目建设的结合点，并通过广开思路、活动引导、审时度势、把握时机、尊重人格、以诚相待、晓之以理、动之以情、体察疾苦、关心生活等多样化的方式，搞好、搞活员工的思想政治教育，做到内容新、形式活、方法多，将来自不同企业、不同区域的人员汇聚在项目建设上，以凝聚各方力量，确保项目建设。

三是加强党员教育和管理。发挥党员的先锋模范作用，在严格执行三会一课、民主评议党员等制度的基础上，注重深入开展以"亮明身份、公开承诺、示范带头、接受监督""把党徽戴起来、把身份亮出来、把形象树起来"等为主要内容的争创党员先锋岗、党员责任区活动和以"争做五大员，树好先锋岗"为主题的创先争优活动，进一步提升了党员和参建单位在落实项目各项决策的执行力的引领示范作用，涌现出了以党员名字命名的施工道路和楼宇，以及以党员为核心的创新成果和劳动竞赛先进集体，使一个党员一面旗、一个支部成为一座堡垒。"争做五大员，树好先锋岗"内容是：一是争当示范员，在工作、学习中当引领、做示范；二是争当教导员，积极做好"传帮带"；三是争当联络员，在党建共建、联建过程中发挥好联络作用；四是争当维稳员，在维护和谐稳定中发挥重要作用；五是争当突击队员，在急难险重的工作中冲锋在前、实干为先。

四是做好项目文化建设和宣传报道工作。抓住工程项目重要节点工期开展活动，加强宣传力度，培育和形成优秀的项目文化，切实发挥项目文化和宣传报道工作，体现"对外塑造形象，对内凝聚人心"的重要作用。同时，建立基层通信员队伍，紧紧围绕项目发展这个主题，唱响主旋律，使宣传报道工作达到教育员工、宣传政策、报道典型、引导舆论、促进发展的功能，宣传内容做到围绕大局、服务中心、贴近实际、贴近基层、贴近群众。

五是做好党风廉政建设。开展廉洁文化进项目活动，监督项目"三重一大"决策等制度的制订和修改等，对违反有关规章制度的予以制止，或及时向上级党组织反映。

六是开展党建共建联建活动。领导工会、共青团组织，支持它们依照法律和各自章程，独立自主地发挥其在各项工作中的作用。以组织体系联建破解"组建难"、以工作机制联动破解"推动难"、以服务活动联办破解"活动难"、保障资源联用破解"落实难"。与甲方、政府、行业部门按照"健全组织、完善管理、优化服务、提升素质、发挥作用"的要求，规范开展党建工作，开展各类共建联建活动，做到"三个有利于"：即有利于充分发挥党组织的战斗堡垒作用和党员的先锋模范作用、有利于推进工程建设和有利于行业健康和谐发展的原则，努力实现项目党建与工程建设、属地建筑行业管理水平"共赢"。

11.2.2　实现项目党建六个引领

建筑施工企业项目党建工作，要适应高度分散、流动性强、野外作业、环境艰苦的特点，满足现场施工节奏快、效率高的要求，就必须努力在工作的针对性、方法的灵活性和活动的实效性上有所创新，以推进项目集群党建工作作用的发挥。在创新港工程中，项目党总支为了将党建工作与生产经营工作和项目各项管理工作结合起来，使一个支部成为一个堡垒，一名党员成为一面旗帜，提出了用会议统一思想，用竞赛提升管理，用观摩赢得市场的创新港党建工作模式，实现了党建工作的六个引领，即以政治学习，强化政治引领；以业务培训，强化创新引领；以评先树模，强化作风引领；以特色活动，强化文化引领；以劳动竞赛，强化发展引领；以志愿服务，强化服务引领，切实发挥了项目集群党建工作作用。

一是以政治学习，强化政治引领。项目党总支积极增加主动性、积极性的工作，减少被动性、应付性的工作，努力把党建工作"全面融入、全面加强"到项目建设中，积极探索党组织建设与工程管理、技术创新等融合机制，提高党组织的凝聚力和战斗力。建立了党总支委员会、党政联席会、书记办公会等基本决策机制，通过"三会一课"、早中晚餐会、专题研讨会、劳动竞赛周例会等各种会议，切实发挥了项目党建在凝聚各方力量、建设攻坚克难堡垒、引领项目管理高质量发展等方面的作用。

二是以业务培训，强化创新引领。项目党总支依托建设的5所职工夜校，每周不少于3次对职工和进城务工人员进行施工技能、生产消防安全、特种机械操作、防暑降温自救教育、心理辅导等10余种业务培训，引领大家将学到的知识运用到工作实践中，不断开拓思路提升项目的整体管理水平和技术含量，促进了项目的管理和技术创新。

三是以评先树模，强化作风引领。按照"一岗双责"的要求，项目持续开展廉洁文化进项目活动，设立举报箱，签订廉洁承诺书，实行了厂务公开，坚持了项目"三重一大"集体决策制度，走出了一条"教育定到岗、制度建到岗、监督跟到岗"的"三位一体"项目廉政建设经验。特别是在运用陕建集采平台，对土方工程、钢材、防水、主要地材、装修材料、安装主材等材料集中采购工作中，实行以一个参建单位为主导、其他参建单位共同参与并推荐优秀专业施工单位和材料供应商、创新港经理部招标全程监督指导的工作体系，实现了近10个参建单位同种材料、同类分包施工项目单价的一致性，仅防水工程材料一项节约资金共600余万元。同时，项目通过劳动竞赛、红旗塔吊、红旗电梯等评比和岗位能手、创新个人、三八、五一、七一、各类文体活动等表彰，树立了各类榜样，并通过榜样将先进的管理理念和管理行为传递到每名参与创新港建设者。在创新港，精心策划，优化施工工艺，注重细部节点深化设计，成为广大建设者的自觉行动，推迟婚期、带病上岗、老人病重、孩子出生仍坚守工地，以及"节前动员、节中大干、节后震撼"成为他们的工作常态。

四是以特色活动，强化文化引领。结合创新港建设实际，项目党总支改变集中、统一、大型的活动方法，向小型、多样、业余、分散、机动方向转变，变静态为动态，变集中灌输为分散沟通，变占用生产时间为利用班前、空闲和业余时间。在创新港，项目党总支通过持续开展了健康体检、送清凉、送温暖、职工集体生日、我们的节日、演讲比赛、职工亲子行、篮球比赛、创新港健步行、青年突击队竞赛、志愿者服务、包饺子比赛、服务进城务工人员法制宣传等活动，使创新港劳动者在活动中，形成和明确了以项目精神、宗旨、使命、特色、管理理念、管理目标等为内容的六大核心价值体系，倡导了快乐工作、健康生活理念，为项目落实以人为本、促进社会和谐和凝聚各方力量、形成工作合力奠定了基础，确保了创新港项目建设各项阶段性目标的实现。截至目前，工地未发生安全生产事故、严重职业危害或群体性事件，未发生拖欠职工工资和欠缴职工保险等问题。

五是以劳动竞赛，强化发展引领。从项目动工到项目交付，创新港项目以"追赶超越争创一流"为主题,以"比安全管理到位,赛安全生产;比工程一次成优,赛工程质量;比工序安排合理,赛施工进度;比现场策划先行,赛文明施工;比治霾环保落实,赛绿色施工;比人文关怀至上,赛后勤管理"为主要内容,在安全、质量、进度、绿色、文明、后勤六个方面持续两年开展的"六比六赛"劳动竞赛,通过周评月奖的竞赛,凝聚了人心,有效促进了项目整体管理水平的提升和项目各项创新成果的推广,不仅为企业培养了一批人才,而且为企业赢得了信誉,确保了项目各项管理目标的实现。竞赛中,项目结合施工各阶段工作重点,不断调整竞赛分值占比和竞赛内容,并让竞赛者参与检查评比,自己给自己打分。在评分中,对出现的"创新"予以加分,对"创新"受到其他项目的运用给予加分;在奖罚中,只奖不罚,实行按竞赛排序座次,最后一名由项目约谈,连续最后一名,由集团约谈。在这种周评月奖的检查评比机制下,项目间、施工班组间形成了浓厚的"比、学、赶、帮、超"竞赛氛围,有的项目甚至动用"无人机"在周检查前对"竞赛对手"进行侦查,并连夜进行整改效仿,有效促进了项目整体管理水平的提升和项目各项创新成果的推广。

六是以志愿行动,强化服务引领。陕建集团创新港工程项目成立了志愿者服务队,统一配备了志愿者服装,并制订了《志愿者服务考评办法》,以强化服务引领。先后参与和服务了中国建筑业协会创精品专题研修培训、陕西省追赶超越主题劳动竞赛启动仪式、陕西省委宣传部党的十九大精神进企业进车间进班组、省总工会"送清凉、送文化"纳凉晚会、西咸新区安全生产知识竞赛、西安交大一附院大型义诊、西安交大千人健步创新港等40余项活动,并先后接待了中建协、中施协、华为、三星、万科、西部机场、宝能集团等单位组织的各类学习、观摩、考察6万余人,不仅培养了青年职工奉献、友爱、互助、进步的志愿者精神,而且展现了陕建形象。

11.2.3 紧扣"五个注重"打造"五个一流"

由于集群项目党组织建设的组建原则和基本制度有别于一般项目党建工作。创新港项目党建积极承担举旗帜、聚民心、兴文化、育新人、展形象的责任,呈现出紧扣"五个注重",打造"五个一流"工作特色,即注重服务一线、打造一流的战斗堡垒;注重工作创新,打造一流的项目文化;注重舆论引导,打造一流的宣传氛围;注重人才培养,打造一流的培训基地;注重合作共赢,打造一流的群团工作,形成了集群项目党建的特色和项目党建适应集群项目管理体制的新模式。

1. 注重服务一线，打造一流的战斗堡垒

根据项目实创支部组建三个原则，项目组建了13个党支部（图11-2），并注重服务一线，开展"三抓三促"工作法，进一步推进了支部标准化、规范化、品牌化建设和"五好（即支部班子好、党员队伍好、活动开展好、制度建设好、作用发挥好）六有（有组织领导、有工作

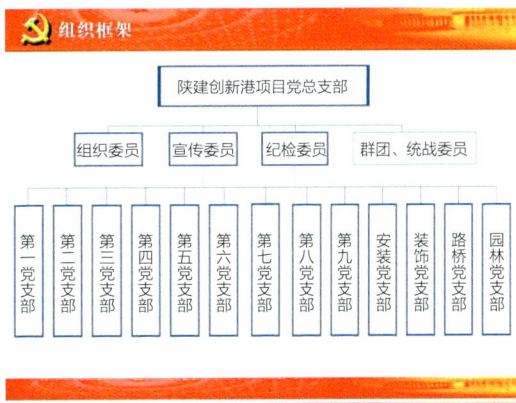

图11-2　陕建创新港项目党总支部

队伍、有工作制度、有活动阵地、有主题活动、有经费保障）"支部评比竞赛活动，着力破解了政治建设、队伍建设、党建业务与项目生产经营工作相融合的难题，切实发挥了项目党建的作用。

一是抓好班子建设，提升支部引领力。项目坚持"一岗双责"，在抓好项目建设和业务工作的同时，抓好党建工作和党风廉政建设，通过"三会一课"、早中晚餐会、专题研讨会、劳动竞赛周例会等各种会议，统一各方思想、凝聚各方力量、加强两级班子建设，形成了决策快、协调快、执行快的项目特色；

二是抓好队伍管理，提高支部凝聚力。项目开展了"把党徽戴起来、把身份亮出来、把形象树起来"为主题的创先争优活动，通过公示党员承诺书、以党员名字命名建设任务等多种形式，将创先争优活动与项目"六比六赛"劳动竞赛相结合，使一个支部成为一个堡垒，一名党员成为一面旗帜；

三是抓好阵地建设，提高支部战斗力。项目开展了支部标准化建设，建设了14个标准化党员活动室，统一制作了党建标识标牌，建立了《项目党总支部工作办法》和《党员"三会一课"制度》《党员随岗管理制度》等8项管理制度和工作办法。

2. 注重工作创新，打造一流的项目文化

项目文化是施工企业为主体，是施工企业文化的延伸点、载体阵地和重要支撑。项目文化在项目主要有三种表现形式：一是施工企业针对工程项目建设而颁布和执行的管理制度、行为规范；二是施工企业在工程项目现场营造的对工程项目有积极影响作用的环境；三是施工企业以工程项目为阵地、窗口而展现出施工企业形象的总和。陕建集团在创新港项目孕育和形成了创新港精神和建设宗旨、使命、特色、管理理念、管理目标等六条核心价值理念，并将其贯穿于项目管理全过程，不

仅为企业直接带来良好经济效益和社会效益，而且有效地促进了施工企业的品牌传播和形象提升，为企业后续工程项目的承建和发展提供了广阔的空间。

3. 注重舆论引导，打造一流的宣传氛围

项目党总支以唱响主旋律、传播正能量、树好陕建窗口、讲好陕建故事为主题，加强工地现场标识标牌规范化、标准化管理。同时，发挥新闻媒体是社会舆论的发射器，也是社会舆论的放大器的作用，"以现场换市场"，多次主动邀请中、省、市媒体，参加西洽会外国媒体，陕西日报全媒体等新闻媒体走进项目，主动做好与全国教育宣传部长会议代表、中建协文化分会成员、国资委系统统战成员、陕西民革成员、人社厅、陕煤集团、山西建工等10余家单位的党建工作对标交流。共宣传报道651篇，其中微信公众号420篇，纸质媒体中央13篇，省级48篇，市级2篇，网络媒体中央20篇，省级69篇，市级8篇，电视类媒体中央2篇，省级65篇，市级4篇，进行纸质媒体专版宣传11次，电视专题宣传10次，特别是微信公众号设置的《一线采风》栏目，使许多一线职工成为创新港工地上的一面面旗帜，主流媒体报道的《探秘陕西建工集团"品牌密码"》《陕建用创新打造智慧学镇》《创新港，打造陕建"加速度"与"高品质"》《陕建创新港引领陕西省文明施工新风尚》《创新港上党旗红》《"1+X+100"，总和是多少？》《陕建创新港项目致力打造"七大品牌"》等，有效提升了项目的影响力，切实承担了举旗帜、聚民心、育新人、兴文化、展形象的使命任务（图11-3）。

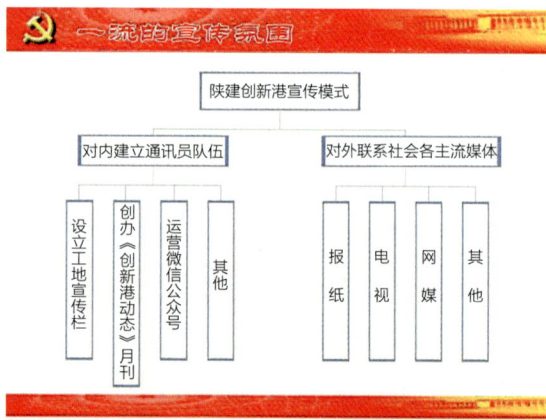

图11-3 陕建创新港宣传模式

4. 注重人才培养，打造一流的培训基地

项目的发展离不开人才，个人的成长成才也离不开大项目和集群项目的实践历练。项目党总支依托建设的5所职工业校，建立定期组织开展业余夜校活动，每周不少于3次对职工和进城务工人员进行施工技能、生产消防安全、特种机械操作、防暑降温自救教育、心理辅导等10余种培训，其师资队伍除不定期邀请相关专家、学者来授课外，主要采取"自己人教自己人"的自学式教学，由项目安全、生产、技术等各业务口管理人员担任教员。通过业校集中培训、职工培训和"六比六赛"

劳动竞赛平台，项目党总支摸索出了一条以搭台子、扶梯子、给位子、亮面子、奖票子为主要内容的五子登科人才培养模式。搭台子主要是指搭建"六比六赛"劳动竞赛平台和建设5所职工业校；扶梯子主要是指开展各种培训和师带徒活动；给位子主要是指结合"六比六赛"劳动竞赛周评月奖情况，对相关人员进行岗位调整，亮面子主要是每月对竞赛优胜单位和个人制作光荣榜并请主要领导到会予以表彰，并建立业绩档案，奖票子是指每月按照"六比六赛"劳动竞赛情况进行经济兑现。目前，通过创新港项目集群管理的实践，大批管理人员如王勋、朱洲鹏、贴秋、李锋等成为本单位管理和技术骨干，成为创新港后期工程的项目经理；许多进城务工人员如胡仕清和梁金贵等从普工走向技工或主要劳务管理人员。陕建集团、四建、六建、华山建设等单位也将创新港列入人才培训基地，每年让新进大学生或机关人员学习和观摩创新港大项目的管理经验。

5. 注重合作共赢，打造一流的群团工作

项目党总支加强对群团工作的领导，注重发挥群团组织桥梁纽带作用，并建立以建设、勘察、设计、监理、总包单位为"五位一体"的创优协调管理机制，开展共建活动，定期召开联席会议，及时协调处理工作中遇到的问题，形成了"信息相互沟通、工作相互信任、发展相互支持"的合作机制；同时，与检察院、法院开展廉洁共建，打造廉洁工程；与城管、交管部门开展共建，开展安全出行志愿者服务，文明出行、畅通交通；与公安、消防、卫生、医疗单位开展联建，举办防灾救灾、疾病预防、紧急救护、法律讲堂等专题讲座，提高参建员工的健康自救意识；与公安机关开展联建，打造"平安工地"，确保工程建设顺利进行。

在项目工会建设中，坚持哪里有职工哪里有工会的原则，陕建各参建企业、各劳务分包企业的项目都建立了工会，先后成立了45个项目工会，其中劳务企业项目工会达到31个。陕建创新港项目党总支，为了加强对项目上所有职工的管理、服务和维权，发动各企业项目工会按照工会联合制、委员代表制、会员团体制的原则，组建了创新港项目工会联合会，会员最高达到2.3万余名（图11-4）。在创新港，项目联合工会围绕"健康陕建、和谐陕建、文明陕建"建设，在组织职工实现创新港施工管理目标的同时，以维护职工合法权益为重要抓手，促进职工的身心健康、素质提高、做文明人等全面发展。项目联合工会倾心服务职工，为现场职工办了大量的实事好事，许多的文体活动既使职工愉悦了身心，减轻了压力，消除了疲劳，增强了干劲，又受到了教育，提高了素质，增加了正能量，受到职工的高度赞扬，受到《陕西工人报》等媒体关注和报道。项目也先后荣获全国农民工业余学校示范项

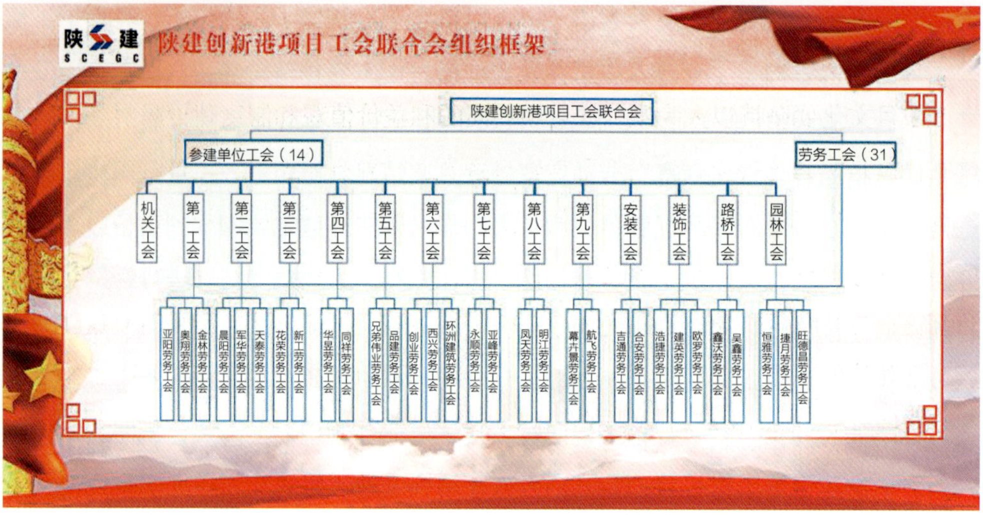

图11-4　工会联合会组织框架

目称号、陕西省建设系统模范职工小家等多项荣誉。

在青年工作方面，项目党总支按照以党建带团建的原则，成立了青年工作站，并组建了项目青年突击队和志愿者服务队，分别下设13个分队。总队实行"一套人马，两块牌子"的管理体系，由参建单位骨干团员青年组成，有成员148人，其中40岁以下人数142人，团员人数81人。项目青年突击队先后参与了安康杯竞赛、八省区贡献杯联赛、项目"六比六赛"劳动竞赛等活动。参建单位青年突击分队和19支劳务青年突击分队，在各自区域发挥了生力军和突击队作用，有18支受到了本单位的表彰，项目青年突击队被西南、西北八省（区）建筑业第二十三届"贡献杯"联赛评为优秀青年突击队。

11.3　集群项目文化建设与人文管理

文化是除人、财、物等生产要素之外重要的软实力和管理资源。一年企业靠产品，十年企业靠品牌，百年企业靠文化。在中国西部科技创新港，当建设速度和工程质量引起各方关注的同时，人们发现了创造这些奇迹背后的独特项目文化。走进创新港工地，"困难面前有我们，我们面前无困难""谁英雄、谁好汉，竞技场上比比看"等宣传标语，让我们在惊叹施工现场宏大的同时，也感叹创新港的独特项目文化。

11.3.1 集群项目文化的特点和建设途径

项目文化要坚持以人为本，注重用共同的利益价值观和制度建设吸引凝聚广大员工，这是因为工程项目参加员工是来自众多不同利益相关方的结合体。同时，大家也知道，建筑施工企业的项目文化是建立企业在推行鲁布革工程管理的实践中创造形成的，具有五大特征：一是人本文化；二是露天文化；三是显性文化；四是团队文化；五是绿色文化。陕建交大西部科技创新港项目部正是在此基础上延创形成了自己独特的项目文化特色。

11.3.1.1 六大核心价值体系

创新港项目文化体系体现了创新港建设持续成功的文化逻辑：首先有一颗"向善而建"的初心，只有初心向善，才能将"追求完美的工匠精神""敢于胜利的亮剑精神""与人为善的共赢理念"及"胸怀社会的责任与担当"融合在一起，形成以项目精神、宗旨、使命、特色、管理理念、管理目标等为内容的六大核心价值体系；其次，要有一颗雄心，要有崇高的使命和远大愿景，才能充分激发动力，成就大的事业，而不是小富即安。为了实现这样宏伟的目标，创新港员工坚守以项目精神、宗旨、使命、特色、管理理念、管理目标等为内容的六大核心价值体系，将项目文化信念和原则落实为具体的行动，确保了项目各项目标的完成。

一是以项目精神为主的公共文化。 创新港项目是我国由一家单位总承包，一次性同时开工、同时施工、同时竣工的最大的项目，也是陕建集团有史以来承建的面积最大、造价最高、工程总包难度最大、社会影响力最广的项目。因此，项目人员不仅要具备弘扬敬业守信、勇担责任、建造精品、追求卓越的企业精神，而且要具备敢于亮剑的自信和工作中的拼搏、奉献、创新精神和集群项目团结协作的共赢精神。在项目大力孕育和弘扬自信、拼搏、奉献、创新、共赢为主要内容的公共文化，并贯彻项目建设全过程，是项目建设的需要，也是项目创造施工奇迹的基础。

二是以项目宗旨为主的引领文化。 创新港项目是西安交通大学再次弘扬"西迁精神"，落实国家"一带一路"倡议及创新驱动、西部大开发战略，加快双一流高校建设的重要平台，也是陕建集团"五个一"工程（一号工程、一把手工程、一流的项目经理、一流的项目管理团队、一流的施工质量）和"五个一流"建设的（一流的组织建设、一流的团队文化、一流的宣传氛围、一流的人才培养和一流的群团工作）展示平台，因此，将项目宗旨定位为精心浇铸"五个一"工程、智慧奉献创新港项目，以引领更多的建设者参与建设，是做好项目建设的保障。

三是以项目使命为主的攻坚文化。创新港建设之初，我国"鲁班奖"的最大获奖面积为38万m²，而创新港的总建筑面积达到159.44万m²，是它的4倍。如果将该项目打造成为国内最大面积的群体工程群体"鲁班奖"，不仅为业主交了一份满意的答卷，而且能迅速提升陕建品牌的影响力和知名度、美誉度。因此，将项目使命定位为弘扬鲁班精神，建造时代精品，不断提升项目人员攻坚克难的自觉性和积极性，确保了项目目标的实现。

四是以项目特色为主的品牌文化。创新港项目先后有4家设计单位、4家全过程审计单位、6家监理单位以及勘察、检测等多家单位参与建设。其中陕建系统有1 600余名管理人员、135家劳务企业、3万余名劳务人员参与建设。面对多家设计单位、多种施工材料、多种建筑做法、多家施工班组的现场实际情况，项目将同一目标、同一标准、同一管理、同一梦想确定为项目管理特色，不断加强项目管理制度建设，规范管理活动和员工行为，使项目各项管理工作做到了"五个统一"，即统一领导、统一部署、统一标准、统一策划、统一工艺，形成了创新港集群项目管理的新品牌模式。

五是以项目管理理念为主的视觉文化。CI，是英文Corporate Identity System的缩写，目前一般译为"企业视觉形象识别系统"。创新港项目通过CI基本要素系统的企业名称、企业标志（LOGO）、标准字、标准色、象征图案、宣传口语等不断展示企业形象，同时运用办公事务用品、生产设备、建筑环境、产品包装、广告媒体、衣着制服、旗帜、标识牌等最具有传播力和感染力的视觉识别设计（VI），有效地推广项目管理理念，使用心建精品、用力攀高峰、用情聚人心、用信亮陕建的项目管理理念，不仅成为项目对内对外的形象，而且成为项目各级管理人员的自觉行动。

六是以项目管理目标为主的行为文化。创新港是西安交大创建一流大学、培育高端创新人才、搭建科技转化平台的有效载体，也是西安交大在当前形势下探索21世纪中国特色世界一流大学的具体实践。在创新港，创新是创新港建设的主旋律，是项目团队凝聚力与创造力的具体表现。因此，将项目管理目标确定为全面实施创新管理，打造一流科创基地，先后应用建筑业10项新技术（2017版）10大项49子项，并开展了"六比六赛"劳动竞赛和以"小发明、小创造、小革新、小设计、小建议"为主要内容的"五小"创新技术活动等，实现了项目将创新理念贯彻于项目整个管理和技术创新上，体现了以"人本"为支撑，以"创新"为动力，勇于"担当"，团结"协作"，最终实现"共赢"的陕建核心价值观。

11.3.1.2 三条建设途径

项目文化作为企业文化的重要组成部分，代表着施工企业的软实力，而且它是企业文化落地生根并发挥作用的关键。如何让文化融入管理，引导员工认同并积极参与项目管理，是摆在项目管理者面前的一个课题，特别是在集群项目文化建设上，如何让来自不同企业和不同区域的人员，汇聚在集群项目文化中，而不是浮在上层、贴在墙上、印在项目各项管理制度和员工行为规范上，是关乎集群项目生存和发展的核心工程。要将项目文化在项目落地生根、在员工中入脑入心、化为员工的自觉行动，陕建集团在创新港项目进行了积极实践，并提出了三条建设途径：

一是领导带头宣贯，凝聚人心。项目文化是领导者的管理思路在项目管理环节上的集中体现，因此首先要端正项目领导层对项目文化建设的认识，充分发挥好项目领导层的引领和模范带头作用，按照项目文化在认知阶段、尝试阶段、习惯阶段等三个阶段的不同表现，自上而下全面铺开。在此方面，陕建集团创新港项目从领导带头宣贯入手，通过微信公众号、创办了《陕建创新港动态》月刊、会议集中培训等载体，不断加大深化各级管理层对项目文化建设的认识，并通过他们将项目来自不同企业的人员思想统一到项目建设中来，形成了以西迁精神和中华文化的精髓之一的和合文化为统领，以项目精神、宗旨、使命、特色、管理理念、管理目标等六大核心价值体系为主要内容的项目文化，使项目进一步凝聚了人心。

二是不断完善制度，提升管理。集群项目要坚持整体推进，体现共性，统一规划、统一制订项目制度，明确考核标准，实现项目内外形象的一致性；同时，强化贯彻项目形象识别系统的执行力，加强施工现场、办公、生活区的标语标识管理，按照工地项目标准化建设要求，高标准、高起点地统一布置项目文化标识，提高项目文化有形化建设的整体水平。在创新港，"凡事有人负责，凡事有人监督，凡事有章可循，凡事有据可查"和"以制度代替人情、以程序代替习惯"等管理理念，将项目逐步引上了重制度、讲程序的管理模式，为项目提升整体管理水平奠定了基础。

三是树立示范典型，展示形象。项目部是企业制度、企业行为规范得以执行，视觉识别系统、企业形象得以展示的窗口。在创新港，项目以"特色活动"为载体，以"典型示范"为抓手，以"引导为主、教育为辅"为基本思路，通过文化创新带动制度创新、管理创新、科技创新，将企业和员工共同的价值观渗透到项目管理之中，推动项目由粗放型转变到精细化管理，由传统管理转变到现代项目管理，由注重对物的管理转变到以人为本的文化管理上来。项目通过开展我们的节日、廉洁文化进项目、演讲比赛、塔吊司机眼中的创新港、爱心盒饭送一线等各类活动，推动项目文化建设，让来自不同企业的项目人员在潜移默化之中，价值观趋向一致，默契程度不断提升，不但促进企业成员之间的沟通交流，而且进一步展示了企业和项目形象。

11.3.2 集群项目人文管理的精髓与做法

工程项目最能体现以人为本。创新港项目一开工，进入施工现场的员工就高达上万人，做好人文管理至关重要。在创新港，人文管理主要体现在劳务人员上，它是集群项目最基础的施工力量，也是管理难度最大的群体。项目在坚持"五好标准"（重合同、守信誉、敢创新、严管理、懂舍得）选拔、考核、使用劳务企业基础上，通过把握人

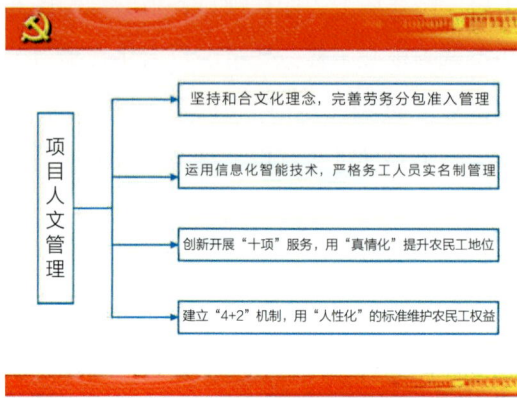

图11-5　项目人文管理

文管理精髓，实施劳务管理精细化，实现了对劳务企业的尊重、理解、善待、宽容，进而推动整个创新港对劳务人员的自尊、自立、自信、自爱、自志、自强意识培养（图11-5）。

11.3.2.1 坚持和合文化理念，完善劳务分包准入管理

和合文化是中华文化的精髓之一，它在承认事物各不相同，有矛盾、差异的前提下，把彼此不同的事物统一于一个相互依存的和合体中，并在不同事物的和合过程中，取长补短、存优去劣，使之达到最佳组合，由此促进新生事物的产生，推动事物的发展。创新港项目劳务分包基于这一管理理念，在由各参建单位选定的基础上，由各参建单位将选定的劳务单位及劳务人员花名册、身份证、劳动合同文本、岗位技能证书复印件报总包方备案，并确保人、册、证、合同、证书相符统一。人员有变动的要及时变动花名册，并向总包方办理变更备案。无身份证、无劳动合同、无岗位证书的"三无"人员不得进入现场施工。各参建单位在遴选分包商时，除了对劳务分包法人资格、企业资质、市场准入资格、企业信誉、类似项目经验、项目完成绩效、企业财务状况、人力和设备状况等真实性进行慎重审查外，还要选择在集团或各参建单位备案，建立长期、稳定、利益共享的有合作经历的劳务企业。对这类劳务分包，各参建单位可以在任务分工、合同订立、价格确定、工程款

支付、工程结算等方面给予优先政策，甚至采取议标方式对其进行发包等。总包项目部根据工程特点，对劳务分包在使用过程中坚持进行动态管理。动态管理内容包括:定期或者不定期核查分包商分包工程的施工能力、验证入场资源等，以此对分包商的表现进行评价和对分包商花名册进行动态调整。对表现最佳的分包商进行奖励，对有恶劣行为的分包商实施淘汰，并不允许在项目内部再次使用。

11.3.2.2 运用信息化智能技术，严格实名制管理

创新港项目制定了实名制管理办法，并使用IC卡进行实名制管理。在具体运行中，项目运用信息化人脸识别智能技术，加强总包项目部对劳务分包全员、全过程、全方位监控管理，并将IC卡与自主开发基于BIM技术的智慧工地管理协同云平台相连接，实现了安全、质量、进度、劳务、安防、交通车辆、环境监测及协同办公信息化管理。施工现场聘请了专业保安公司，设立了8个实名制通道，通过智慧工地管理协同云平台，第一时间将进入现场施工的劳务人员姓名、身份证号、工种、所属分包企业等信息传达到总包项目部，极大地方便了总包项目部对施工现场的掌控和指挥，从源头上对劳务企业和劳务人员进行了有效控制。对于工程中出现的一些特殊情况，如工期紧，必须要投入大量的人力物力来进行施工和抢工等，没有在总包项目部备案的，总包项目部在实名制通道开设临时进场通道，对劳务分包队伍中关键岗位人员、特殊工种作业人员的执业资格及岗位证书进行查验后登记入场。对在质量、安全等方面有不良记录的，总包项目部不予进场，努力把影响不好、管理差、不守信用的队伍挡在门外。

11.3.2.3 完善"十项"服务措施，提升进城务工人员地位

"为客户创造价值，让对方先赢、让对方多赢，最终实现共赢。"合作共赢理念贯彻，既使企业获得成功，也使农民工获得尊重、关心和得到实惠。在建设中，创新港项目部建立了免费体检+免费培训+每间宿舍配备空调+加装热水龙头+夫妻房+幸福小路+劳动者服务站+设立劳务工会+建立1+X+100微信群+公开维权告示牌等"十项服务"措施，建设了5所职工业校和各类活动室，定期开展各类文体活动和"六比六赛"劳动竞赛等活动，让进城务工人员参与项目各类活动和各项评比，实现了项目与参建单位和劳务企业及相关人员"全天候、零距离、无缝隙"的对接，提升劳务企业和进城务工人员地位。2018年5月9日，《陕西工人报》头版头条以"让服务无处不在"为题，报道了这种施工企业总包模式下的服务方式和成效。

11.3.2.4 建立"4+2"机制，维护进城务工人员权益

创新港建设离不开广大进城务工人员的付出。为维护好3万余名进城务工人

员的合法权益，项目部以进城务工人员工资发放作为工作重点，成立了根治进城务工人员欠薪工作领导小组，联合劳动监察、公安、创新港办公室等政府部门，将诚信惩戒和开展扫黑除恶与治欠保支工作结合起来，实施"4（领导、预警、举报、处理）+2（扫黑除恶、黑名单）"工作机制（图11-6），明确了项目经理负总责、劳务企业法人负直接责任的领导机制，建立了劳务合同、进城务工人员、进城务工人员考勤、工资支付4个台账和"三查（查隐患苗头、查历史欠薪、查支付情况）两清零（举报、欠薪清零）"的预警机制，落实了进城务工人员工资按月足额支付、实名制管理、进城务工人员工资专用账户、维权信息公示、进城务工人员工资保证金等五项制度的举报机制，形成了打击恶意讨薪与建立诚信黑名单相结合的联动处理机制，确保了进城务工人员的合法权益，为行业培育了一批"重合同、守信誉、敢创新、严管理、懂舍得"的优秀劳务企业和劳务人员。

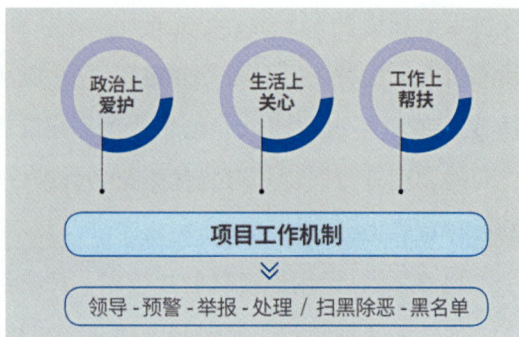

图11-6　项目工作机制

11.4　集群项目施工生产保障体系建设

"兵马未动、粮草先行"。建立项目生产保障体系是项目高效有序运转的需要，也是展示企业形象的"门面"和"窗口"工作，事关企业和谐发展，事关民生大计。

建筑施工企业项目生产保障工作，简称后勤工作，是一项综合性的工作，一般看来，此项工作范围似乎只是"冬送温暖夏送清凉"，管的都是吃、喝、拉、撒、睡的小事，微不足道。其实不然，项目后勤工作涉及项目行政内务管理和服务，是项目管理中不可缺少的、十分重要的一部分，它具有"杂、高、多"的特点。所谓杂，就是工作繁杂，项目后勤工作既是对员工生活、办公环境、工作服务设施的一项管理工作，也是包含日常接待、设施维护等保障项目生产正常运行的一项服务工作；所谓高，是指后勤管理和服务工作，面向不同需求群体，既有项目领导和员工，也有外部人员，其对后勤保障能力要求不同而且高，如对领导交办的工作，既要领会意图，又要雷厉风行地完成任务；又如接待工作，既要勤俭节约，又要热情大方等等；所谓多，就是被动性时候多，由于项目临时性、突发性、应急性的事情多，往往容易造成后勤管理和服务工作上的被动局面，许多工作往往都是在被动状态下展开。

基于以上项目生产保障体系认识和特点，如何做好集群项目生产保障体系，陕建集团创新港项目进行了积极探索，为进一步建立和完善集群项目生产保障体系积累了经验。

11.4.1 集群项目生产保障体系的建立和管理

在创新港，项目根据项目人员组成和分布，建立了总包项目部和各参建单位项目后勤管理部门和团队，由1名副总经理主抓。总包项目部后勤下设有治安消防（主要是门禁系统管理、现场治安交通巡逻、办公生活

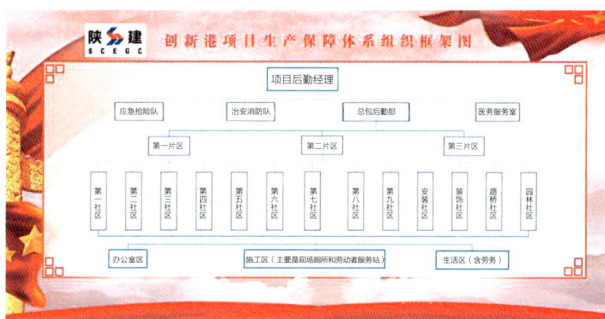

图11-7 保障体系

区消防）、应急抢险、医务服务3个临时团队，并将各参建单位项目后勤分3个片区管理，管理内容主要划分为施工区（主要是现场厕所和劳动者服务站）、办公区、生活区（含劳务）3个区域，实行矩阵式组织管理，受总包项目后勤和参建单位项目双重领导，即业务和人员考核以总包项目部为主，人员管理、资金来源和使用等由参建单位负责，这种体系实现了人力资源的弹性共享（图11-7）。

在这种组织框架下，创新港项目在后勤中开展了劳动竞赛，制订了《后勤管理和服务标准和考核评比办法》，并纳入项目"六比六赛"劳动竞赛，实行周评月奖。同时，在后勤管理服务团队中，开展了后勤岗位能手竞赛，每季度进行评比表彰，这些措施，有效保障了集群项目生产保障体系特色建设。

11.4.2 集群项目生产保障体系的主要优势

项目集群管理能够提高组织实现目标的概率、提高资源利用率、满足项目集群利益相关方不同的需求。在创新港，由于项目离市区8km，周边社会配套设施严重缺失，项目通过发挥集群项目生产保障体系的主要优势，切实解决了职工在吃、住、行（交通）、洗浴、看病、购物、娱乐、工休等方面的不方便问题，实现了凝

聚人心、稳定队伍、保障生产的目的。其主要优势是：

一是有利于对企业现有的资源进行合理整合，实现后勤管理标准化。

在单一的项目管理模式下，项目经理仅仅是为了某一个项目而专门设立的，项目经理往往会把他自己能够掌握的资源保留起来，以确保其所负责的项目能够得到顺利实施。在客观上造成了企业资源的闲置和浪费，同时还造成其他项目的资源的相对缺乏。而在集群项目管理的模式下，企业的资源能够在数个相关项目之间实现共享，从而使企业的资源得到更加充分的利用，保证每个项目的顺利实施。在创新港，项目不仅有陕建集团的优势和资源，也有各参建单位和135家劳务企业等众多资源，在集各种资源和智慧之后，项目按照"策划先行、方便职工、统一规范、创新管理"的原则，制订了统一的后勤管理模式和制度，建立了统一标准的生产保障体系。走进14个工人生活区（共138栋楼2300余间宿舍），每间宿舍都配有空调和基本的洗漱用具，每个电动车棚都配有充电桩，冬天每个水龙头都配有热水，这里不仅有各类绿地、喷泉、宣传栏、文化墙等优美环境，而且有浴室（56个）、食堂（42个）、超市（16个）、活动室（22个）、停车场（14个）、电动车棚（14个）、洗熨室（14个）、理发室（3个）、维修部（3个）等20余项服务设施，使每一名劳动者都有种宾至如归的感觉，每一个生活区都成为职工小家。

二是有利于增强项目间的协作和不断开阔管理思维，实现后勤管理的集约化。

在单一的项目管理模式下，由于各个项目之间分散进行，项目间没有办法就日常实施项目过程中遇到的问题进行交流、探讨解决办法。而这些问题仅仅依靠专家的数次指导很难得到全面解决。在项目集群管理的模式下，集团内相关的项目部之间可以进行经常性的会晤，交流磋商解决项目存在的问题，使项目管理者，不仅着眼于如何利用个体现有的技术条件以及企业资源来完成项目，而且着眼于如何利用群体现有的技术条件以及资源来完成项目，增强了项目管理者统观全局的战略眼光和全面的思考能力，为项目间的协作和不断开阔管理思维奠定了基础，实现了后勤管理的集约化。在创新港，总包项目部在发挥各参建单位项目后勤作用的同时，集合各方人力、物力、财力、管理等生产要素，进行统一配置，在各参建单位建立的后勤管理团队、治安消防队、应急抢险队等队伍中，吸收骨干力量，组建创新港项目各类后勤管理团队，实行统一管理、统一调配、统一使用，并将其纳入考核评分范围，同时，将安全巡查员、水工、电工、炊事员、保洁员、门卫等岗位人员信息公开，分工明确，任务到岗，责任到人；并统一编写了各类后勤保障应急预案，定期开展消防、防汛、交通、防暴等应急演练，全面提升后勤应急响应能力。

三是有利于人才的成长和企业对外形象的树立，实现后勤管理的社会化。在单一的项目管理模式下，项目员工工作交流少，共赢理念不强。而在集群项目管理的模式下，随着项目间的合作交流增强，项目人员更加具备合作共赢理念，更加注重集项目各类资源树立项目整体对外形象，这不仅有利于优秀项目经验的传承和传播，促进人才的成长，而且有利于提升企业对外形象。在创新港，项目集各参建单位资源和优势为一体，引入社会资源，参与后勤服务，实现后勤管理的社会化。如在如劳务食堂、超市、医务室、理发室、门禁、垃圾分类回收、清运等后勤服务上，项目实行分类管理、完善内部核算、引入竞争机制等措施，与专业特色管理团队合作，免费为其提供用水、用电、用房或承担人员工资，将项目让利，通过这些专业特色管理团队的低价销售，让利给员工和广大进城务工人员，使创新港成为人才成长和企业对外形象的展示平台。

11.4.3　集群项目生产保障体系的主要特色

统一是集群项目生产保障体系的主要特色。在创新港，项目后勤工作在统一领导、统一标准、统一管理的模式下，呈现出社区化、人性化、个性化的特色。

一是后勤设施社区化，处处呈现出大一统的特色。在创新港，项目面对工程体量大、参建人员多、周边无配套服务设施等实际，提前规划，统一部署，建设了17个现场劳动者服务站、14个办公区、14个生活区（分3大片区，占地5.5万m²）、5个职工业校、3个医务室等设施，其中仅工人生活区就有138栋楼2300余间宿舍。同时，结合整体布局，项目在不同办公区和工人生活区，配备了食堂、停车场、电动车棚、超市等近20个以上服务设施，处处呈现出大一统的特色，不仅满足了稳定职工队伍，促进项目建设的需要，而且为集群项目后勤社区化管理积累了经验。

二是后勤管理精细化，事事体现出了人性化的管理。在统一模式下，细节成为后勤管理成败的关键。后勤服务是一门技术，也是一门艺术，服务的艺术魅力就在于细节。创新港从人员培训、制度建设、奖罚措施等方面都加强了项目后勤精细化管理，并将食堂、厕所、活动室等区域建立的管理台账纳入项目考核，定期检查。同时，对每个后勤设施的管理的细节，都进行认认真真地排列和调研，想得周到，管得到位，在精细化上做好文章，事事体现出创新港人性化的管理。如项目根据员工反映一号生活区到工地需绕行太远，便决定修建一条直达小路，项目后勤人员在铺设的一条长300m、宽1.8m的人行道路两边种植格桑花，并配备专业人员打扫卫生和管理，将好事办好，最大程度上解决了一号生活区内千余名施工劳动者们上下班安全及时间的问题，被职工称为幸福小路。

三是后勤服务个性化，时时彰显出创新务实的作风。集群项目在大一统模式下，不仅要在细节上体现人性化，而且要在服务上有特色和创新。在创新港，项目制订了《后勤人员服务指南》和《后勤管理和服务标准和考核评比办法》等制度，对项目后勤人员提出了树立"服务无小事""服务无借口""服务无拖沓""服务无止境"四个理念，要求后勤人员实施主动服务，将项目以人为本管理理念和创新务实的作风落到实处，对后勤团队和人员服务有个性受到推广的创新经验，项目在"六比六赛"劳动竞赛中予以加分奖励。这些措施，有效促进了后勤管理亮点和创新点普及，切实提升了后勤管理的水平。特别是在一次后勤检查中，项目发现某一生活区部分围墙被破坏，经调研发现是员工为了购物方便将围墙破坏的。项目根据这一情况，没有采取简单的措施一"堵"了事，而是在维修围墙时，开设了一个"购物小洞"，使问题得到了疏导，彰显了项目创新务实的作风，受到职工的好评。

11.4.4 集群项目生产保障主要服务设施的管理

在创新港，项目制定的《后勤管理和服务标准和考核评比办法》及《考核表》，是按照食堂、宿舍、浴室、厕所、服务站、其他六个区域进行规范考核，这些主要服务设施的管理，切实从吃、住、行（交通）、洗浴、看病、购物、娱乐、工休等八个方面，方便了职工，服务了职工。

11.4.4.1 食堂管理

要想留着职工的心，首先要留着职工的胃。在创新港，项目对食堂管理提出了三点要求：一是操作间设施配备规范，有冰柜、风扇等设备，炊事员有健康证；二是餐厅干净卫生，管理制度上墙；三是每周有食谱，品种丰富、饭菜可口、价格合理、员工满意。走进创新港职工食堂，让你足不出户就可以吃到全国的美食，这里有岐山臊子面、扬州炒米饭、陕西肉夹馍等，只要你想吃啥，工地建设的25个食堂，每个风格都不重样，总有一个能满足你的需求。为了食材质量有保证，让职工不用担心吃到地沟油，吃上放心餐，项目部不断加大对职工食堂的饭菜质量和安全卫生管理力度。一是从源头上控制食品安全，对饮用水进行重新检测，实行勤采购、少采购，杜绝安全隐患；二是加强食品卫生监督，要求食堂每周有食谱，操作间有冰柜、风扇等设备，炊事员有健康证等，并不定期组织后勤人员试吃职工食堂饭菜，树立一批软硬件齐全、管理规范、示范性强的典型食堂，以点带面、分步提升各职工食堂规范化水平；三是加强食堂卫生环境整治，对当日用过的餐具、厨具、灶具及时进行清洗消毒，坚持每天对操作间、餐厅、储藏室进行清扫、消毒。这些措施保障了职工需求，确保了食品安全。

11.4.4.2　宿舍管理

项目部共建宿舍1300间，可容纳上万名职工住宿。为了让职工住得舒心，宿舍管理规范，项目对宿舍管理提出了两点要求：一是要有治安、防火、卫生管理等制度，并张贴住宿人员名单、卫生值日牌，有监督检查记录；二是宿舍实行单人单床，每间不超过8人，被套、床单统一，配备了空调、衣架、生活柜、桌椅等生活设施。员工入住率高。来自湖北的一名钢筋工人说，生活在这样一个既有家的温馨又有军营般纪律的新型生活区，他感到很幸福。特别是宿舍配备的空调，在今年罕见的高温天气中起到了关键的作用，成为大家心目中温馨的港湾。同时，为满足工地外出打工夫妻的需要，项目部在各生活区建设了100余间夫妻房，切实解决这一特殊群体的需求。

11.4.4.3　交通管理

项目占地1750亩，职工到工地走路需很长时间，为方便职工，项目部不断完善施工现场道路与景观规划，优化生活区与施工现场连接、科学线形走向，先后铺设了梧桐东路、梧桐西路、学森一路、学森二路、学森三路、文治路等，累计道路硬化约13万m^2，绿化32万m^2，并购买2辆电瓶车，巡回接送员工达到工地现场。同时，配备人员定时打扫卫生、洒水，设立流动巡逻人员，确保了道路畅通。特别是主体施工阶段，每天上千辆施工车辆在工地穿梭，交通压力大，项目在流动巡逻的基础上，还设立了红绿灯，实行了交通管制，以确保施工安全和进度。

11.4.4.4　浴室管理

"工地上生活，住竹棚、睡竹床，我们能忍，让我们连续三个月吃不上荤腥，我们也能忍，但是，工地上没有浴室，不能洗热水澡，这让每天出大力，流大汗的我们实在忍受不了。"听着职工的呼声，看到职工下班后在水龙头冲洗，项目部加快了浴室建设，按照职工人数3%的比例配置喷淋头，在项目各个区域共建设了35个浴室，浴室内配备了更衣室，安装了空气能热水器，20t的大热水罐从外送热水，保证室内24小时热水供应，能满足上万人同时洗浴。浴室建立了管理制度，实行专人管理，时刻保持浴室的清洁和24小时热水的开放。职工高兴地称赞工地浴室"酷热高温，暑你最美！"

11.4.4.5　医务室管理

为解决职工"看病难""看病贵"的问题，项目部发挥内部资源的优势，引进陕西省友谊医院、陕建六建职工医院、陕建十一建职工医院3家医疗机构进驻生活区，在项目东部、中部、西部3大生活片区分别设立工地医务室，每个医疗室分别配备1名全科医生和护士，工资由项目部发放，建立工地医务室考核办法，统一工作时间、药品价格、补贴标准等，治疗费用全免，药品费用实行成本价，并统一配置了相关诊疗设备、辅助检查设备、预防保健设备和基础药品针剂，确保工地医务室达到社区卫生服务站级别，满足疾病预防、诊断、治疗、输液、简单缝合等职工基本医疗需求。特别是在2017年夏季，面对50年不遇的高温天气，项目部先后增加了6名医护人员和3辆医疗体检车，分别深入工地现场各劳动者服务站和职工培训中心，为职工现场提供防暑降温咨询和服务。同时，组织3家医疗机构为现场职工和进城务工人员进行免费体检。通过对血常规、尿常规、血压、心电图等11个项目的检查，项目对不宜从事日晒、高温作业的人员，及时调整了工作岗位，确保了劳动者的生命健康。

11.4.4.6　超市管理

为方便职工购物，项目部建设了14个职工超市，统一制订了标准，进行了规范管理，重点抓好了三项工作：一是加强价格监控。对超市生活用品、饮料水果、烟酒副食、休闲食品、实用工具、日配冷藏、学习用品等上千种商品价格进行市场调研，确保超市同等商品平价甚至低价销售。二是定期对食品卫生安全检查，落实食品卫生安全责任。三是加强合同管理，根据职工反馈，不断调整和加强超市的监管，使职工超市真正成为职工购物的便利店和放心实惠店。

11.4.4.7　职工业校、活动室管理

为改变党员和职工活动打游击、活动不经常、无固定场所的现象，项目按照有牌子、有活动、有制度、有记录的"四有"标准，建设了5个职工业校和各类活动室，其中有党员活动室14个，职工活动室6个，乒乓球室6个，羽毛球场9个，篮球场8个。特别是在职工业校管理中，项目配置了投影仪、空调、电视、报纸、杂志等设施和学习娱乐用品，坚持每周不少于3次的培训要求，对职工和进城务工人员开展以施工技能、特种机械操作、安全教育、消防培训、实时施工技术交底、防暑降温自救、心理辅导、礼仪培训和廉洁教育等主要内容的培训，使职工业校成为职工技能的加油站和夏季冬季的纳凉取暖中心。通过看视频、听歌曲、讲技能、谈心得、记笔记等学习形式的多样化，以及项目各项培训制度和奖励机制，提高了职工和进城务工人员参加培训的热情，达到了留住人心，凝聚力量的目的，使项目成为陕建集团的培训基地，职工业校成为全国进城务工人员业余学校示范项目部。

11.4.4.8 劳动者服务站管理

创新港工地面积大，人员多、交叉作业多，为了让职工在工作之余有个临时休息的地方，项目部在工地建立了17个劳动服务站，总建筑面积1万余平方米。这些服务站不仅有便民超市、吸烟室和厕所，而且配有空调、热开水器、急救箱、手机充电站等，使职工"冬能御寒、夏能避暑、累能歇脚、渴能喝水"。部分大型劳动服务站还设立了心灵休憩区，有电子书屋、图书、报纸等，方便工人们利用闲暇时间阅读书籍，了解时政，增长知识。夏天，项目部利用服务站为一线劳动者"送清凉"，开展个体防护用品和防暑降温所需的清凉饮料及保健用品免费发放工作，使劳动者服务站成为服务职工的窗口，成为工地上一道亮丽的风景线。

第12章

工程项目集群管理的基本经验

12.1 工程项目集群管理的基本经验

集群工程项目是由若干的功能不一、结构各异的工程建设项目所组成的。集群工程项目由于其复杂性、庞大性以及重要性，对所有参加建设的组织者和管理者都提出了更高的技术要求和管理要求。另外，集群工程项目具有更强的"一次性"与"不可逆转性"，无论是从投资的角度还是从社会影响的角度，都要求必须"一次把事情做好"。

集群工程项目是一项复杂的系统工程，相对于一般工程项目具有更大的不确定性和复杂性，传统的项目管理理论和思维方式不能适应其新的要求，需要新的理论来指导，也为研究集群工程的项目管理问题带来新的方法和启示。

1. 集群工程项目的特征分析

集群工程项目反映了某一类项目的共同特征，其具有以下特点：

（1）投资额巨大。集群工程项目一般都是具有战略意义的项目，投资额巨大。

（2）技术要求及实施复杂。创新港项目设计标准高，建筑功能系统众多，专业碰撞、工序交叉等矛盾集中，项目单体建设同园区规划道路、总体及绿化平行交叉施工，总包施工组织繁杂，协调管理工作量巨大。另外，项目的设备技术、施工技术、安装工艺和地质条件等都很复杂。

（3）工程集中分布。集群工程项目在空间分布上具有集中性，这是其区别于强调项目的多重性和资源有限性的工程项目群主要特征之一。创新港项目分为科研、教育、转孵化和综合服务配套等四大板块。主要包括四个巨构（教学楼）、文科楼、医学化工板块、学生宿舍、食堂等。

（4）工程项目种类多且同时实施。集群工程项目单项工程众多，包括房建工程、市政工程、供水供冷供热工程、园林绿化工程、排水排污工程和电力电信工程等，各单项工程按施工计划并行实施，互不干扰。

（5）项目参与者众多。创新港项目建设过程中，包括参与工程实施或者为工程顺利进展服务的陕建集团下属专业公司、设计院、科研院等。参与现场施工管理的各类技术管理人员高峰期达1600余人，主体阶段135家劳务企业参建、劳务工人近20 000人，装饰装修、机电设备安装以及室外总体、市政工程阶段参建工人近35 000人，从管理资源和人力资源方面保证快速、高质量完成各项任务。集团下属各产业集团、物流公司、材料公司等积极组织钢材、商品混凝土、石材等各项大宗材料、设施料等物资供应，高峰期可达日进、出场2000余车次。

创新港项目处在不断变化的外部环境之中，其内部的要素关系错综复杂，组成的因素众多，是一个典型的开放复杂系统，管理难度非常大。对其管理不仅需要采用先进的技术手段，更要以先进的理论作为指导。传统的工程项目管理方法针对的往往只是一个项目，面对集群工程项目的集群性会显得力不从心，在实际中出现了很多问题。这些问题主要集中在：集群工程项目在全寿命期各阶段的整合协调，在参与方权利、责任与义务上的分配与制衡，工程信息的交流与共享以及在工程项目资源的优化配置等方面，而要保证项目的成功，项目全寿命周期内各阶段的交叉协同，项目各参与方内部的组织协同、工作协同、信息协同以及项目资源的协同利用与配置等项目各个层次的协同工作都是十分重要的。因此，做好项目协同工作是集群工程项目成功的关键。

2. 集群工程项目协同管理模式的构建

对集群工程项目协同管理模式要素的选择，构建了集群工程项目的协同管理模式框架，如图12-1所示。

该模式采用全局观念，把项目的各部分有机地结合在一起，保证了工程项目建设过程中组织结构、参与方、过程活动、信息、资源和目标结合起来，按照计划形成一个协调运行的综合体。信息协同是组织结构协同、过程协同和资源协同的软件基础，是集群工程项目协同管理首先必须解决的问题。信息协同主要解决项目实施全过程、全方位管理中信息正确、高效的共享和交换。资源协同是保障工程项目协同管理的硬件和物质基础，是实现集群工程项目协同管理的重要手段。

目标协同是集群工程项目协同管理效果的检验标准和最终目的。基于项目全寿命期不同阶段各目标重要程度的不一样，目标协同是一项动态的、贯穿项目全寿命

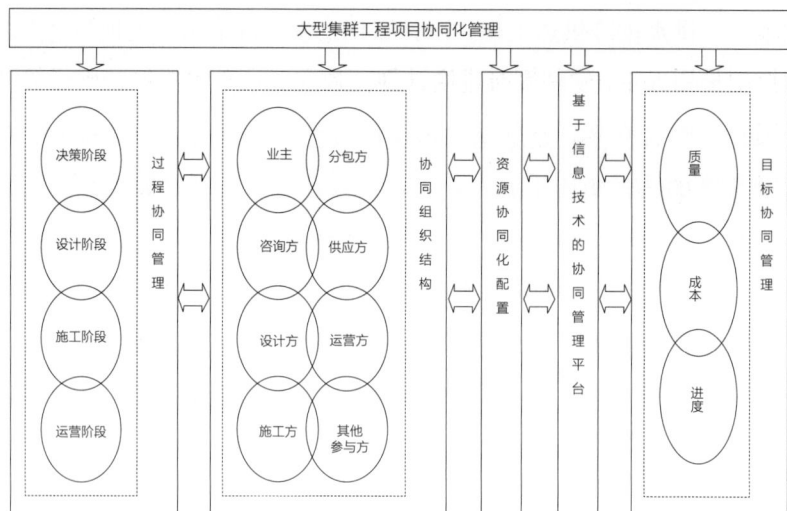

图12-1 集群工程项目的协同管理模式框架

期的工作，所以必须与过程协同结合起来综合考虑。组织结构协同是协同管理顺利运行的组织保障和驱动因素。目标决定组织，组织是目标能否实现的决定性因素，所以组织结构协同应与目标协同结合起来考虑。过程协同最主要的前提条件是目标协同和信息协同，过程之间的信息协同，不仅表明过程协同需要信息协同，而且表明过程协同是建立在信息协同之上更高的一个层次。过程协同既是信息协同和组织结构协同之间协同的中间环节，又是项目各参与方之间协同的基础，过程协同的成败直接影响到各参与方之间协同的效果。

信息协同、资源协同、目标协同、组织结构协同和过程协同可以说是集群工程项目协同管理的5个方面，而不应仅将其视为5个孤立的问题，它们都是互相影响、互相促进的，应该更多地认识到它们之间相互嵌套、相互推动的辩证关系。实现了集群工程项目5个方面的协同，才能实现其协同管理的综合效益，才能真正体会其"整体大于部分之和"的协同管理效应。

3. 创新港项目管理措施

陕西建工集团将项目定位为"五个一"工程，由集团董事长张义光任总指挥，在陕建范围内选调多名鲁班奖、国优奖、长安杯项目经理团队，参与施工建设。

按照"设计采购先行、施工平行推进，室外工程永临结合、同步穿插"的施工思路，完善深化设计，有序组织资源进场；各区域同步施工、多专业协同并进；合理穿插室外总体，确保项目整体交付。

坚持样板引路，实测实量，严把原材质量关口；强化岗前培训，实行标准化、规范化管理。

进度控制采用Project软件倒排进度计划，建立工期预警机制，确保关键节点目标顺利实现。

4. 创新港项目管理目标

（1）质量目标：

原计划工程质量合格，在陕建集团的高标准、严要求中，自加压力，力争创优夺杯，质量标准提升为中国建设工程鲁班奖。

（2）安全文明管理目标：

陕西省文明工地示范观摩项目。

全国建设工程项目施工安全生产标准化工地。

（3）绿色施工目标：

陕西省建筑业绿色施工示范工程。

住房和城乡建设部绿色施工科技示范工程。

（4）科技创新目标：

陕西省建筑业创新技术应用示范工程。

（5）BIM管理目标：

中国工程建设BIM大赛卓越工程项目奖。

12.2 工程总承包项目集群管理的启示与示范

1. 加强过程控制，实现安全管理

创新港项目现场高峰期共有96台塔吊和89台施工电梯同时进行施工作业；大型机械、群塔作业是本工程重大危险源，群塔防碰撞、塔吊安装拆除和施工电梯安全平稳运行是安全控制的关键。此外，本工程深基坑、高度超8m的高架（特大）支模等超过一定规模的危险性分部分项工程，模板搭设和拆除也是安全防控的重点。

为此，项目按照"高点定位、创新引领、标准运行"的原则，组织对施工安全管理难点进行分析，做好安全管理策划，构建网格化安全责任体系，以标准化运行推进安全精细化管理，实现安全管控目标。

1）重安全教育，提升安全意识

全面实施实名制管理，将门禁系统与入场安全教育相关联，采用安全VR虚拟体验和安全教育馆、安全视频教育、安全知识竞赛、安全文化节目演出等方式，提升安全意识。组织现场300余名特种作业人员进行专场安全培训，实现人员持证上岗。

2）通过系统化，提升防护水平

（1）安全管理制度的系统化。在前期策划中搭建起完备的安全管理制度体系，包括《安全生产检查制度》《安全技术交底制度》《持证上岗制度》等，并严格执行陕建集团标准化手册，定期进行责任制考核。

（2）安全视觉标识的系统化。施工现场推行陕建集团《施工现场标准化管理手册》中标准化、统一化的安全视觉标识系统，严格要求各参建单位推广使用，营造统一的安全文化氛围，传达统一的安全理念。

（3）推广施工现场工具化、定型化、标准化。在生产施工过程中，通过对临边防护临边洞口设施、消防设施、环境设施、登高设施等实行定型化、标准化建设，抓好安全有效、持续管控。如，悬挑脚手架立面防护全部采用钢网框防护代替密目式安全立网，采用压型钢脚手板代替竹脚手板，提高防护本质可靠性和防火性能。高大支模全部采用插接自锁式新型架体，提高支架安全可靠性。

3）借助信息化，提升管控效果

（1）实施实名制管理，依托智慧工地平台系统，设置现场门禁系统，实行封闭式管理。同时推进安全管理数据的录入与使用，加速安全大数据和管理平台的建设。

（2）构建二维码信息通道，为现场设备统一编号管理，确保设备信息实时掌握。

（3）群塔作业应用智慧平台管理+人脸识别系统，借助移动信息化平台和无人机定时巡航，及时发现和纠正现场不符合规定的施工，实现对现场动态管控。

（4）施工电梯全部采用人脸识别系统，通过安全技防的措施，加大了对操作人员的管控，确保人证合一，有效杜绝操作人员违章作业的现象。

（5）采用道路市政化管理，落实各施工区域道路安全管控责任，运用车辆自动识别系统，实现人车分离，并在交叉路口设置了红绿灯，保证场内交通顺畅和通行安全。

2. 加强专业管控，制定质量创优方案

创新港项目结合工程特点与难点，从消除质量通病、统一工程做法与验收标准等方面着手，编制《质量创优计划》《样板施工计划》《质量通病防治措施》等多项管理制度，以集团《创建鲁班奖工程细部做法指导》《建筑工程质量常见病诊治要点》为指导，反复讨论确定最优方案，开展月度质量联测联评活动，应用质量管理

APP平台等信息化手段，实现质量全过程管理环节的数据化、可视化、便捷化。

1）深化设计，优化使用功能

应用BIM技术进行全专业图纸深化设计，提出1 500多条合理化建议，减少不必要的施工错误和返工，优化使用功能。

2）精益求精，布局创优夺杯

项目立足质量目标，组织多次外部专家研讨会，聘请30多人次业内专家，从主体施工、装饰分项、安装分项、技术资料等多方面策划，完成《质量创优方案》《资料整编方案》《现场质量管理办法》等多项管理制度，为项目创优夺杯奠定坚实基础。

3）样板引领，统一工艺做法

主体阶段，各施工区域布置样板展示区与实体样板9个。通过样板引路的实施，为工程大面积的施工提供重要的保障，让操作工人掌握工序的关键点、流程和质量验收标准，明确工序之间交付的标准，让样板成为施工交底的一个实例体现，直观展示各工序细部做法及质量标准。

在主要分部分项工程施工前，做了大量的实物样板和图片样板，指导项目施工。通过对样板的比较，不断提升和改进施工标准和工艺标准。

4）过程控制，增强质量意识

施工过程控制是现场质量管理的重要环节，点多面广，从设计图纸、原材料到分部分项施工，每一个环节都不能忽视，抓好图纸会审、原材料、半成品的质量检验、分部分项工程的质量监控和隐蔽验收，以及重点部位和薄弱环节的质量监控。

主要措施在于五个方面：一是项目构建多方位的检查制度；二是坚持每天的例会制度；三是召开专题会议；四是积极开展"六比六赛"质量评比劳动竞赛活动；五是运用"五个百分百"全过程控制工序质量，即各级技术交底100%，物资100%检验（试验）、工序100%检查，规定人员100%参加检验批、分项、分部、单位工程验收，100%做好施工和质量验收记录，实现过程精品。

5）课题攻关，创新节点做法

积极开展"小、实、活、新"的QC小组活动，自主研发多项实用工具。如砌块切割专用夹具、砌体灰缝控制工具、卫生间导墙定型化专用模具、梁柱节点专用浇筑溜槽等。

在上述措施下，项目已获得陕西省优质结构工程、创新技术应用示范工程、省级文明工地、省级绿色施工示范工程、陕西省秦汉杯BIM大赛综合一等奖、全国"华春杯"BIM技术应用大赛二等奖等荣誉；形成工法5项，发表论文13篇，申请实用新型专利7项等。

3. 统筹调配、科学安排进度

进度管理在整个项目目标控制体系中处于协调、带动其他工作的龙头地位，进度管理的好坏将直接影响项目能否实现合同要求的进度目标，也将直接影响到项目的效益。

创新港项目正是在陕建集团大兵团作战优势的前提下，总包项目经理部通过对资源的统筹调配、科学安排，让各参建单位发挥好自己的比较优势，在项目进场即面临无水、无电、无路的情况下，36小时抢通1.2km的进场路，12天完成7470m²的临设搭建；土方施工阶段，采用临时设施多次倒场、多次布置，保证优先就地回填，达到整体土方平衡，仅用时30天完成土方挖、填量322万m³；通过集团下属设计院的简算，提出合理化建议，优化基础设计，取消28万m³砂石人工地基，节约工期50余天，节省造价约5000万元。

创新港科创基地项目于2017年3月25日破土动工，1个月时间完成基础施工，5月25日冲出正负零，9月19日第一栋单体巨构封顶，11月20日实现主体结构全面封顶，历时240天，比原计划提前2个月，2018年全面进入内装、外装、安装的三装阶段，同年底基本完成了合同内的工作内容，2019年1月31日业主单位签署了竣工报告（总工期677天），4月22日顺利进行竣工验收，6月12日交付象征性钥匙，确保9月7日开学典礼正常进行，现已全面交付使用。

4. 加强学习交流，加大科技创新力度

1）全生命周期BIM应用

创新港项目作为一个超大型群体工程实现项目全生命周期BIM应用，是国内首例。项目组建了30余人的BIM中心，编制形成BIM实施方案，配置了相应的软硬件设备，明确建模标准，建立标准族库，并在实施过程中不断比对完善。项目BIM全面应用于图纸会审阶段、方案策划阶段、预留预埋阶段、指导施工阶段以及辅助管理方面。

项目BIM应用已实现了设计-施工模型传递，进行了深化设计、碰撞检查、虚拟施工、工程量计算，并采集现场数据，确保竣工交付运维。

在轻量化BIM技术应用中，项目600余名管理人员通过EBIM平台，可以随时查看到最新的BIM模型，实现了基于BIM模型的项目质量安全协同管理。

采用BIM+VR技术进行安全教育体验及质量交底、BIM+无人机实现对现场动态监控、BIM+3D打印进行方案展示等一系列创新技术应用工作。

多次审核BIM模型与图纸的一致性、与现场的一致性，对各个构件不断细化，做好按标准建模和质量管控工作。高标准高质量的模型作为实施阶段的信息载体，移交工程使用单位，为运维阶段BIM应用打下了坚实的基础。

项目施工阶段BIM落地应用，积累了大量的项目数据，提升项目协同能力，减少工期损失，有效提升质量与安全管理水平。

2）装配式建筑

学生宿舍A区15号楼，建筑面积8324m²，在建设单位支持下，根据建筑结构特点，将主体部分设计为预制装配整体式框架结构，将柱、梁、板、楼梯、女儿墙等部品拆分并经标准化设计，在陕西建工集团建筑产业基地进行标准化预制生产，运输至现场进行吊装，实现了我省首例预制装配整体式框架结构示范项目。

装配式技术与施工应用，充分展现了装配式结构施工高效、质量优异、安全可靠等优势，为此项技术的推广应用积累了丰富的经验。

3）智慧工地

自主开发基于BIM技术的智慧工地管理协同云平台，实现安全、质量、进度、劳务、安防、交通车辆、环境监测及协同办公信息化管理。

采用塔吊安全监控平台、施工电梯监控系统、安全交底录入实名制系统、现场设置人车分流、配备安全巡检系统。

利用BIM技术进行细部做法交底、配备质量巡检系统，积累质量管理大数据、利用质量管理系统进行协同及闭环管理。

利用无人机拍摄记录施工进度、视频监控全覆盖、斑马进度计划、4D模拟进行进度优化。

建立施工现场人员一卡通管理系统，实现劳务实名制全覆盖。

应用钉钉软件，实现考勤打卡、通知公告、文件共享、流程管理、会议管理、日报周报等办公协同，提高办公效率。

4）"五小"创新活动

积极开展项目小发明、小创造、小革新、小设计、小建议"五小"活动，项目出台了《创新奖励办法》等制度措施，有效提升了职工积极性，技术创新、管理创新蔚然成风。

构造柱铝模施工、楼梯踏步优化设计、卫生间混凝土坎台随结构一次施工、楼梯滴水线随主体一次成型、加气块木砖一体预制等一大批"五小"成果不断涌现，应用效果好，经济效益显著。

5. 加强现场管控，实现文明绿色施工

创新港项目为打造文明绿色环保型工地，项目按照四节一环保、治污减霾要求，共采取37项绿色施工技术措施。实现资源节约、环境友好、人与自然和谐共处的绿色工地。获得省级文明工地，文明工地现场观摩达数万余人；获中建协绿色施工验收90.8分的国内高分（全国前十），领跑陕西，享誉全国。

1）永临结合，合理部署设施

按照因地制宜、合理适用理念，充分研究市政、室外总体设计后，现场道路网8.6km全部采用永临结合，以永久道路垫层作为临时路形成"三纵三横"交通路网，采用箱式活动房搭设办公、生活区，缓解群体项目场平布置产生的环境污染与浪费。

2）海绵工地，维护生态功能

结合场地邻近河道、砂土地层的特点与海绵城市理念，依地势布置综合滞蓄槽、溢流口和植草沟，形成7处下凹式绿地，并采用透水砖、透水混凝土等材料硬化现场道路，以慢排缓释的方式做到雨水的自然积存、自然渗透、自然净化的功能，从而实现海绵工地。

3）治污减霾，共守一片蓝天

项目注重环境保护，积极落实治污减霾各项措施。降低垃圾排放量，建立楼层垃圾回收系统，并设立集中的构件加工车间，将混凝土垃圾破碎，用以制作烟道挡台、三角块、电井桥架挡台等PC构件。在规划预留绿地、绿楔处提前穿插后期绿化，与西北农大专家研究，优选草籽，先后购置100t草籽，对现场的裸露土多次绿化，累计绿化面积千余亩。

4）环境监控，实现动态联动

现场设置数个环境动态监控系统，与外架、道路两侧6740m喷淋带、37处塔吊喷淋、16台定点雾炮相联动，实现全时段监测、定点防治的降尘体系。

5）污染控制，营造健康环境

关注施工人员作业环境，降低噪声、强光、有毒有害气体在现场的污染，采取源头控制、媒介消减相结合的治理手段，使用低噪声振动棒、变频塔吊、变频电梯、遮光罩、隔声帘、吸声板等措施，切实降低施工现场污染，营造健康作业环境。

6）标准设施，助力现场管理

现场设置标养室、配电室、危险品库房、安全通道、加工车间、工具式外用楼梯等临时设施，标准统一、组合灵活、搭拆便捷。现场区域围挡、防护隔离等均采用模块化设计，可周转使用。

7）节约资源，降低成本小消耗

为提高资源利用效率，项目部改变传统施工工艺与材料，使用电动运输设备、定型化钢板网、定尺钢架板、预拌砂浆等新设备、新材料，切实降低项目成本，取得了良好的经济效益。其他资源利用方面，项目采用节水器具、智能电表、LED灯具、感应式灯具、钢板地面等措施，充分利用风能、太阳能、空气能等清洁能源，雨污分流，建立雨水回收利用系统，实现资源优化型绿色工地。如项目目标耗水量202.8万m^3，实际通过系统的回收利用耗水量为153.816万m^3，实现1.1m^3/万元产值的国内高标准。

6. 加强合作，实现共赢

在承接项目后，创新港项目部针对该工程规模大、建筑材料用量巨大的特点，提前预计了各种主要材料的用量，同时充分预测评估各种材料因为环保治理、政策影响以及市场影响等因素对材料的价格及供求可能造成的影响，根据评估结果提前做好准备工作。

创新港开工建设时期，整个建筑市场处于相对低谷期，但随着市场发生变化，尤其是从2018年开始，钢筋、混凝土、砂石等原材料及人工费用都出现了全面大幅度的涨价，但项目建设发扬"起跑就是冲刺、开局就是决战"的精神，一切"抢"字当头，由于建设进度的推进迅速，避免了这波涨价风潮，对创新港的建设资金投入影响甚微，保守估计节省约7亿元。通过集中采购招标，确保了材料的质量与品质，同时供货周期得到有效保证。达到了质量、工期、成本三方面的平衡控制。最终达到了建设单位与施工单位的共赢。

中国西部科技创新港建设大事记

引言

中国西部科技创新港——智慧学镇（以下简称"创新港"），是教育部和陕西省人民政府共同建设的国家级项目，是陕西省和西安交通大学落实"一带一路"倡议及创新驱动、西部大开发等国家战略的重要平台，由西安交通大学与西咸新区联合建设，定位为国家使命担当、全球科教高地、服务陕西引擎、创新驱动平台、智慧学镇示范。

创新港选址于西咸新区沣西新城，由平台区、学院区及孵化区构成，是集"校区、镇区、园区、社区"四位一体的创新体、技术与服务的结合体、科技与产业的融合体，也是我国高等教育改革的交大样板、中国特色城镇化的西咸样本。其中平台区项目总占地面积5100亩，总建筑面积约360万m^2，其中，一期科创基地项目占地面积1750亩，建筑面积159.44万m^2，共计52个单体工程，在理、工、医、文四大方向建立了8大平台、29个研究院和300多个科研平台；二期高端人才生活基地占地约716亩，建筑面积148万m^2，是西安交通大学为二次西迁的教职员工精心打造的一个综合生活小区。

2005年12月，西安交通大学将"胸怀大局、无私奉献，弘扬传统、艰苦创业"概括为"西迁精神"，并将每年的9月10日确定为"交通大学西迁纪念日"。

2015年2月，习近平总书记来陕视察时，对陕西发展提出"努力在创新驱动发展方面走在前列"的殷切期望。创新港作为陕西省和西安交通大学落实国家创新驱动发展战略的重要平台，备受社会各界关注。

2017年11月30日，史维祥等15位经历西迁的老教授给习近平总书记写信，汇报学习党的十九大精神的体会和弘扬奉献报国精神的建议。12月11日，总书记旋即回信，向献身大西北建设的交通大学老同志致以崇高的敬意，希望西安交通大学师生传承好西迁精神，为西部发展、国家建设奉献智慧和力量。在随后的2018年新年贺词中，总书记再次为西安交通大学西迁老教授点赞。

2020年4月22日，习近平专门前往西安交通大学，考察交大西迁博物馆，看望西迁老教授代表，并勉励广大师生继续发扬西迁精神。同时指出，"西迁精神"的核心是爱国主义，精髓是听党指挥跟党走，党和国家、民族和人民同呼吸、共命运。

2014年

6月16日　　西安交通大学校领导赴西咸新区实地考察，初步提出同西咸新区合作建设"中国西部科技创新港——智慧学镇"的设想（图1）。

图1

7月11日　　陕西省委召开常委会，专题听取西安交通大学工作汇报，一致同意西安交通大学和西咸新区建设中国西部科技创新港。

11月10日　　西安交通大学成立西安交通大学西部科技创新港建设工作领导小组及办公室。

12月1日　　中国西部科技创新港建设工作第一次联席会议召开。

12月18日　　陕西省人民政府成立中国西部科技创新港项目推进工作领导小组。

2015年

3月14日　　西安交通大学举办中国西部科技创新港概念规划设计国际邀请赛（图2）。

图2

4月9日　　西安交通大学与西咸新区正式签署"中国西部科技创新港——智慧学镇"项目入区协议，标志着该项目正式落户西咸新区沣西新城（图3）。

5月22日　　西安交通大学发起成立"丝绸之路大学联盟"，总部设在中国西部科技创新港（图4）。

7月1日　西咸新区交大科技创新港发展有限公司揭牌（图5）。

7月24日　时任西安交通大学党委书记张迈曾、校长王树国陪同时任陕西省副省长庄长兴，专程向时任教育部部长袁贵仁汇报中国西部科技创新港建设项目情况（图6）。

8月19日　中国西部科技创新港建设动员会在沣西新城召开，标志着中国西部科技创新港项目迈入实质性建设阶段（图7）。

10月8日　时任教育部部长袁贵仁、时任陕西省省长娄勤俭郑重签署"教育部、陕西省人民政府共建中国西部科技创新港"协议。时任中共中央政治局委员、国务院副总理刘延东出席并希望创新港在陕西这片神奇的土地上创造奇迹（图8）。

11月16日　中国西部科技创新港项目地质初勘工作正式启动。

12月14日　中国西部科技创新港咨询委员会首次会议召开。

12月31日　西咸新区成立中国西部科技创新港建设管理办公室。

图3

图4

图5

图6

图7

图8

2016年

2月19日　中国西部科技创新港教育板块单体设计开标评标。

3月15日　项目发展总体规划通过陕西省发展改革委组织的专家评审（图9）。

图9

4月8日　西安交通大学120年校庆创新港第一个数字展馆亮相兴庆校区（图10）。

图10

7月25日　创新港科研教育板块征地拆迁完成（图11）。

8月22日　项目完成农电供接电。

9月18日　中国西部科技创新港首个研究院——西安交通大学全球健康研究院正式成立（图12）。

图11

10月29日　中国西部科技创新港科创基地市政工程一期全面开工（图13）。

12月23日　时任陕西省委副书记毛万春专程带领时任西安交通大学党委书记张迈曾、校长王树国赴国家发展改革委汇报工作。国家发展改革委计划将西部科技创新港项目纳入全面创新改革试验区建设。

图12

12月28日　国家能源局、教育部、陕西省人民政府联合发文批复，同意依托西安交通大学建设国家西部能源研究院，研究院落户中国西部科技创新港。

图13

2017年

1月23日　中国西部科技创新港被纳入西部大开发"十三五"规划重大工程储备项目。

2月12日～
2月23日　陕建集团创新港项目用12天完成7470m^{2}的临建施工任务（图14）。

图14

| 2月22日 | 陕建集团成立科技创新港科创基地工程指挥部和项目经理部，并按照一号工程、一把手工程、一流项目经理、一流管理团队和一流工程质量的"五个一"标准要求组织施工（图15）。 |

图15

| 2月26日 | 中国西部科技创新港建设现场推进会召开，时任陕西省委书记、省长胡和平宣布中国西部科技创新港科创基地主体工程开工建设（图16）。 |

图16　　　　　　　　　图17　　　　　　　　　图18

3月25日	创新港科创基地土方全面开挖，120台挖掘机及大量其他工程机械24小时不间断同时施工（图17、图18）。
3月26日	创新港18号楼项目完成第一个浇筑塔吊基础混凝土（图19）。
3月31日	创新港学生宿舍B、C区项目第一个验槽合格（图20）。

图19　　　　　　　　　图20　　　　　　　　　图21

4月3日	创新港4号巨构项目进行第一个边坡支护（图21）。
4月4日	创新港学生宿舍B、C区项目第一个进行垫层施工（图22）。
4月5日	陕建集团成立创新港项目部党总支，并提出项目党建"五个一"要求，即一流的组织建设、一流的项目文化、一流的宣传氛围、一流的人才培养和一流的团青工作；同日，创新港2号巨构项目立起创新港第一台塔吊（图23、图24）。
4月8日	创新港华山路桥项目经理部用36小时抢通第一个施工道路——梧桐东路；同日，项目围墙建成，开始实行施工现场实名制管理（图25、图26）。

图22

图23

图24

图25

图26

图27

图28

4月11日　陕建集团创新港项目召开赴北京考察学习情况汇报会，进一步探讨项目集群管理模式。

4月12日　创新港18号楼项目第一个进行砂石换填施工（图27）。

4月16日　陕建集团在中国西部科技创新港科创基地项目召开工程建设推进会。
时任陕建集团党委副书记、总经理张义光要求项目部和各参建单位要认真兑现十项承诺，严控节点目标，确保向省委、省政府、西安交大和西咸新区交一份满意答卷。随后，项目开展了"见红旗就扛，有第一就争"的劳动竞赛（图28）。

3月25日
~
4月25日　陕建集团创新港项目用30天完成挖填土方200余万平方米（图29）。

图29

图30

4月27日　陕建集团在创新港项目召开庆"五一""五四"表彰大会，并进行了"中国梦·劳动美·青年强·陕建兴"文艺会演（图30）。

5月1日　陕建集团创新港项目开始铺设防水卷材，并召开冲出正负零动员会（图31、图32）。

图31

图32

图33

| 5月3日 | 在陕西省总工会及陕建集团工会指导下，项目工会按照工会联合制、委员代表制、会员团体制的组织原则成立，下设31个分会，其中劳务工会21家，会员达到2.1万余名（图33）。 |

图34

| 5月5日 | 西安交通大学在创新港召开党委常委会，进一步推进创新港建设（图34）。 |

图35

| 5月13日 | 时任陕建集团党委副书记、总经理张义光到创新港项目传达陕西省第十三次党代会精神（图35）。 |

图36

图37

图38

图39

5月30日	创新港2号巨构项目第一个冲出正负零（图36、图37）。
6月1日	咸阳蓝剑保安公司全面接管项目门禁系统，并定期组织培训训练，对施工现场交通安全进行巡逻指挥（图38、图39）。
6月3日	陕建集团与西安交通大学共同举办健步创新港活动，并启用项目活动中心（图40、图41）。
6月6日	陕西省劳动竞赛启动仪式在项目举行。会后，项目对首次创新港"六比六赛"劳动竞赛优胜单位和个人进行了表彰（图42、图43）。
6月24日	由西咸新区沣西新城规划建设局主办，陕建集团承办的融"安全知识竞赛+角色扮演+趣味接力运动会"为一体的安全生产知识普及活动在项目举行（图44）。

图40

图41

图42

图43

图44

7月8日	创新港项目正式接通110kV变电站，农电开始停止使用。
7月14日	创新港项目展厅沙盘对外开放（图45）。
7月18日	陕西省总工会、西安交通大学、陕建集团联合开展"送清凉、送文化"活动（图46）。

图45

图46

图47

图48

图49

| 7月25日 | 创新港项目启动服务进城务工人员10项措施，陕西日报记者现场采访项目送清凉情况、健康体检和建立1+X+100微信群等情况（图47～图49）。 |
| 8月2日 | 陕建集团创新港项目召开劳动竞赛表彰暨管理目标提升动员会，明确提出将一栋建筑申报"鲁班奖"工程提升为申报群体"鲁班奖"（图50）。 |

| 图50 | 图51 | 图52 |

8月4日　　　全国百余名高校宣传部部长和中国教育报各地驻站记者赴创新港参观考察。

8月7日　　　创新港第一个建筑物封顶（10号物资仓库）（图51）。

8月14日　　　项目举办"我心中的创新港精神"演讲比赛活动，为项目展厅和各施工区域公开选拔9名讲解员（图52、图53）。

8月15日　　　创新港第一栋楼22号楼动物实验中心主体工程封顶（图54）。

8月20日　　　阿里巴巴等首届西商大会客商代表团100余贵宾参观考察创新港（图55）。

8月24日　　　首期建筑业企业文化建设高级研修班到创新港项目参观考察（图56）。

8月25日　　　陕建集团创新港项目"五小"创新活动（小发明、小创造、小革新、小设计、小建议）代表作陕建航母揭幕（图57）。

8月26日　　　陕建集团创新港项目首次举办亲子活动（图58、图59）。

| 图53 | 图54 |

| 图55 | 图56 | 图57 |

图58

图59

图60

图61

9月11日　中国建筑业协会公布了2016—2017年度全国建筑业企业创建进城务工人员业余学校示范项目部名单，共有69个进城务工人员业余学校示范项目部获此殊荣，其中陕西省3个，陕建创新港项目部位列其中（图60、图61）。

9月19日　创新港第一个巨构主体封顶（2号巨构封顶历时179天，总建筑面积18.1万m²）（图62、图63）。

9月26日　在创新港科创基地正式开工7个月后，时任陕西省省长胡和平再次来到中国西部科技创新港，调研创新港建设工作（图64）。

9月28日　创新港1号巨构封顶（图65）。

10月2日　创新港15号楼学生食堂正式实施装配式施工，是陕西省首个装配整体式框架结构多层民用公共建筑（图66）。

图62

图63

图64

图65

图66

图67　　　　　　　　　　图68　　　　　　　　　　图69

10月12日	中国施工企业管理协会500余人现场观摩创新港项目基于全生命期BIM技术的项目信息化运用、工法技术创新及装配式建筑（图67）。
10月17日	中国建筑业协会在项目举办了创精品工程专题研修班。时任中国建筑业协会会长王铁宏参观项目，副会长、秘书长吴涛，中国建筑业协会建筑工程技术专家委员会副主任委员、中国工程院院士肖绪文，中国建筑业协会建筑工程技术专家委员会副主任委员、南京市住房和城乡建设委员会巡视员赵正嘉出席并授课（图68、图69）。
10月23日	项目召开图书室建设推进会，并开展了"弘扬项目精神，共建书香工地"捐书活动和"我们的节日——冬至"等活动（图70、图71）。
10月25日	陕建集团创新港项目与咸阳市人民检察院开展检企共建活动（图72）。

图70　　　　　　　　　　图71　　　　　　　　　　图72

11月5日	创新港4号巨构封顶（图73）。
11月6日	各界文化大咖齐聚创新港，以创新港文化建设及道路楼宇命名为主题，召开创新港文化建设座谈会（图74）。
11月8日	西咸新区沣西新城人社民政局党支部与陕建创新港项目党总支召开十九大精神学习研讨会，并共同对进城务工人员代表宣讲十九大精神（图75）。
11月9日	陕西省召开文明工地暨施工扬尘防治现场观摩会，陕建集团创新港项目作为全省14个首个观摩项目，受到省市建设行业相关领导及行业代表的观摩参观（图76）。
11月10日	创新港6号米兰楼开工建设（图77）。

图73 　　　　　　　　 图74 　　　　　　　　 图75

图76 　　　　　　　　　　　　　　　 图77

| 11月12日 | 陕建集团创新港项目与西安交通大学举办健步创新港活动（图78、图79）。 |
| 11月13日 | 西安交通大学工会和法学院与项目联合开展"遵法守法·携手筑梦"服务进城务工人员法治宣传活动（图80）。 |

图78 　　　　　　　　 图79 　　　　　　　　 图80

11月15日	经陕西省政府和教育部研究决定，成立部省共建中国西部科技创新港领导小组。
11月20日	中国西部科技创新港教学科研板块159.44万㎡主体工程实现全面封顶，中国西部科技创新港物理空间建设取得阶段性胜利。同时，全国绿色施工示范工程复查组专家走进项目（图81、图82）。
11月24日	陕建集团创新港项目与西安交通大学一附院联合开展义诊活动（图83）。
11月30日	由陕西省委宣传部、陕西省总工会主办的"党的十九大精神进企业进车间进班组"活动走进创新港项目（图84）。
12月25日	创新港二期高端人才生活基地和西安交通大学附属创新港医院项目正式启动（图85）。
12月27日	陕建集团创新港项目荣获中国工程建设标准化协会、施工安全专业委员会2016—2017年度中国建设安全质量标准化示范单位（图86）。

图81

图82

图83

图84

图85

图86

2018年

1月 陕建集团创新港项目荣获省建协2017年度陕西省建筑业绿色施工示范工程和陕西省劳动竞赛委员会2017年陕西省劳动竞赛先进班组（图87）。

图87

3月7日 创新港高端人才生活基地学镇西区（2.1期）

项目开始土方开挖，该项目共有55栋楼，2106套住房，总建筑面积约52.5万m²，设计建筑层高8～16层。该项目5月30日开始筏板浇筑，6月18日冲出正负零；9月20日B3-10地块34号楼率先封顶；10月31日，主体结构全面封顶；2019年5月1日，全面开始室内精装（图88～图92）。

图88

图89

图90

图91

图92

3月15日 　创新港8号楼博物馆、9号楼阅览中心开工建设（图93、图94）。

3月20日 　创新港五号文科楼装饰项目第一个完成楼梯间样板和走廊样板间（图95、图96）。

图93

图94

图95

图96

图97

3月23日 　中国工程质量安全提升万里行代表团暨参加绿色建造创新技术经验交流会的1000余名全国建筑行业精英，来到陕建创新港项目，实地观摩绿色建造在陕建创新港项目的应用实践（图97）。

图98

3月24日 　西安交通大学举办内涵建设动员大会暨植树活动，标志着创新港建设重心由空间建设转入内涵建设新阶段（图98、图99）。

图99

3月31日 　创新港项目5号文科楼二层卫生间完成第一个样板间施工（图100）。

4月24日 　中省市18家主流媒体走进中国西部科技创新港，探秘创新港速度、创新港质量和创新港人文关怀等方面施工经验（图101）。

4月28日 　陕建集团创新港项目荣获全国工人先锋号和陕西省建设工会模范职工小家（图102）。

5月13日 　陕建集团创新港项目用3天3夜完成第一个园林绿化样板区（图103）。

5月14日 　第三届丝博会40余家华文媒体走进创新港项目，从不同角度了解并认知中国建筑业的发展和陕建创新港创造的"陕建速度和质量"（图104）。

图100　　　　　图101　　　　　　　　图102

图103　　　　　　图104　　　　　　　图105

5月25日	陕西日报社"全媒体行动"5报2刊10网骨干力量20余人走进陕建创新港项目（图105）。
6月25日～27日	陕建集团创新港项目联合西咸新区交大科技创新港发展有限公司举办"创新港杯"职工篮球联赛（图106、图107）。

图106　　　　　　图107　　　　　　　图108

6月28日	沣西新城在项目举办"生命至上·安全发展"2018年安全生产月主题晚会（图108）。
8月	陕建集团创新港项目荣获西南、西北八省（区）建筑业第二十三届"贡献杯"联赛优秀青年突击队。
8月13日	凤凰网陕西频道记者走进创新港建设工地，寻访创新港最美牛郎与织女（图109）。
9月13日	陕建创新港项目"小吃城"开业（图110）。
9月18日	创新港五号文科楼安装项目完成第一间智慧教室施工（图111）。

图109　　　　　　图110　　　　　　　图111

10月24日　创新港第一个屋面绿化巨构完成（一号巨构A1区屋面）（图112）。

10月26日　项目联合创新港发展公司举办中国西部科技创新港趣味运动会（图113）。

10月27日　陕建集团创新港项目用32天建成创新港空中花园（9月25日～10月27日绿化面积49 551m²）（图114）。

11月26日　中国西部科技创新港科创基地8号工程楼和9号阅览中心顺利封顶（图115）。

12月27日　时任陕建集团董事长、党委书记、创新港项目总指挥张义光在项目召开"六比六赛"劳动竞赛周例会上，要求以"认识、措施、目标"三到位，统领创新港工程收尾攻坚阶段的各项工作（图116）。

图112　　　　　　　　图113　　　　　　　　图114

图115　　　　　　　　　　　图116

2019年

1月15日　创新港第一个建筑室外照明完工（5号文科楼）（图117）。

2月16日　时任陕建集团党委副书记、总经理张文琪在创新港管理目标推进会上，要求项目人员要以"起步就是冲刺，开局就是决战"的精气神，以讲政治、敢担当、改作风的实际行动，干好创新港工程，抓好项目创杯夺优工作，确保项目进度、质量、安全等各项管理目标实现（图118）。

3月5日　陕建集团在创新港项目召开创建整体"鲁班奖"工作推进会（图119）。

图117 图118 图119

3月18日 　创新港高端人才生活基地2.2期南洋东院项目正式启动；该项目4月11日F2-05率先开始土方开挖；2020年6月2日F1-01地块3栋楼率先主体封顶（图120~图123）。

图120 图121 图122 图123

3月21日 　江苏省党政代表团考察创新港（图124）。

4月1日 　创新港科创基地10kV电源正式接通。同日，创新港市政配套道路通车仪式在南洋大道与红光大道交会处举行（图125、图126）。

4月2日 　中国西部海外博士后创新示范中心进驻创新港（图127）。

4月8日 　高端装备研究院在中国西部科技创新港揭牌成立，拉开了各研究院进驻的序幕（图128）。

  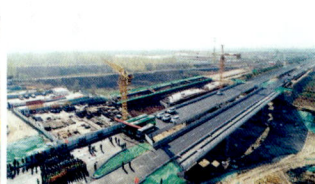

图124 图125 图126

图127 图128

4月20日~22日 创新港科创基地竣工验收会议在千人报告厅召开，经过69个检查验收小组800余人三天紧张的验收工作，专家组宣布中国西部科技创新港科创基地单体施工工程竣工验收合格（图129、图130）。

4月30日 陕建集团创新港项目经理部召开了2018年度创新港建设总结表彰会。会后，与会人员前往蓝田葛牌镇红色教育基地进行了参观学习（图131、图132）。

5月7日 西安交大和陕建集团共同举办"新港视界"暨创新港建设足迹摄影作品展，共展出近600幅作品（图133、图134）。

图129

图130

图131

图132

图133

图134

5月17日 创新港景观命名发布，创新港楼宇、道路、桥梁、站名正式命名。

5月21日 中国西部科技创新港市政配套设施建设座谈会暨通水通电通气仪式在项目举行，标志着创新港水、电、气全面贯通（图135~图137）。

图135

图136

图137

图138

图139

5月24日	西安交通大学进驻创新港动员大会在中国西部科技创新港召开。这是学校第一次在创新港召开全校干部动员大会，标志着中国西部科技创新港正式进入了启用的新阶段。
5月27日下午	来自中央和地方54家主流新闻媒体的58名夜班编辑和资深新闻工作者赴项目采风。
6月1日上午	陕建集团联合西安交通大学在项目举办"童绘创新港 我与创新港一起长大"六一儿童节亲子活动（图138、图139）。
6月12日	西安交通大学、西咸新区管委会和沣西新城管委会共同在创新港涵英楼千人报告厅举办创新港科创基地交付仪式暨工程建设表彰大会。会后，又举办了庆典晚会和点亮仪式（图140、图141）。
6月15日	英国皇家特许建造师学会（CIOB）中国北方区许天戟主席率领考察团一行40余位专家莅临陕建创新港项目，参观了中国西部科技创新港建设情况（图142）。
7月3日	时任全国政协委员、陕建集团党委书记、董事长张义光来到项目就"稳定进城务工人员就业岗位、提升进城务工人员技能培训、提高进城务工人员社会地位"进行调研（图143）。
7月30日	第一辆通往创新港的公交车862路（交大创新港至鱼化寨地铁站）正式运行。
8月5日上午	西安交大和陕建集团进行了一场篮球友谊赛，标志着创新港运动场投

图140

图141

图142

入使用。

| 8月6日 | 陕建集团在创新港举办以"青春初见·陕建初心"为主题的七夕情感讲述活动（图144）。 |

图143

| 8月31日 | 创新港综合服务大厅暨陕西省西咸新区海内外高层次人才服务中心揭牌仪式举行，打造了全国首个集公安出入境、人才落户、社保、医保等公共服务、金融服务为一体的创新服务综合体（图145）。 |

图144

| 9月5日 | 国务院原副总理刘延东在创新港调研，充分肯定了创新港建设所创造的奇迹。 |

| 9月7日 | 创新港迎来首批新生，西安交通大学在创新港首次举办了2019级研究生开学典礼，共有7266名研究生参加（图146）。 |

图145

| 9月22日 | 陕建集团在创新港千人报告厅召开"不忘初心、牢记使命"主题教育总结会暨创新港项目建设表彰大会。会后，又举办了庆祝新中国成立70周年文艺晚会（图147）。 |

图146

| 10月15日 | 中共中央政治局常委、国务院总理李克强到西安交通大学调研。 |

图147

| 10月26日 | 中国西部科技创新港空天与力学研究院入驻创新港，标志着西安交通大学26个研究院（中心）全部顺利入驻中国西部科技创新港（图148）。 |

图148

| 11月12日 | 全省文明工地暨施工扬尘防治现场观摩会在西咸新区交大创新港召开。中国西部科技创新港高端人才生活基地南洋东院项目等10个项目被确定为陕西省文明工地暨施工扬尘防治观摩现场，受到各方关注（图149、图150）。 |

| 11月15日 | 创新港6座无干扰地热供热系统综合能源供应站投入使用，成为目前我国最大规模无干扰地热供热系统项目。它的使用，满足了159.44万 m^2 的建筑供热、供冷及供应生活热水，为创新港内西安交通大学23个国家级实验室、2.5万名科研人员和1万名教职工的工作、 |

图149

图150

图151

图152

图153

生活提供了能源需求（图151）。

11月28日　陕建集团在项目举办绿色建造与高质量发展培训，时任中国建筑业协会会长王铁宏作题为"绿色建筑与高质量发展"的讲座（图152）。

12月23日　陕建集团创新港项目联合沣西新城创新港办公室、劳动监察、公安等单位部门，开通了进城务工人员欠薪绿色通道，在项目第三会议室设立进城务工人员工资集中办公点（图153）。

2020年

1月10日　陕建集团创新港项目经理部召开寒假质量整改提升动员暨表彰会，5个优胜单位和10名先进个人受到表彰。时任集团总经理、党委副书记张文琪要求：要明确目标、问题、结果三个导向，确保质量整改取得实效（图154）。

图154

1月14日　创新港服务管理办公室与陕建创新港项目部联合举办"迎新春、送春联"活动（图155）。

图155

2月19日　创新港项目按下复工步伐快进键，先后建立了疫情检测点、疫情防控承诺、疫情应

图156   图157   图158

急方案、疫情防控日报和紧急报告制度等5项制度，并对1600余人进行核酸检测，多次组织专车赴四川省达州市等地点对点包车接送工地急需的技术工人，确保项目一手抓疫情防控，一手抓复工复产（图156～图158）。

3月4日   西安特色小镇规划建设领导小组办公室公布了西安市第一批创建类特色小镇评价考核结果，创新港获评西安市优秀特色小镇（图159）。

4月20日   2020年度陕建集团优质工程"华山杯"奖现场复查工作在创新港全面启动。9个现场复查组35名专家对创新港科创基地52栋单体建筑及市政园林建设进行现场复查（图160）。

4月30日   陕建集团创新港项目经理部召开理论中心组学习暨2019年度创新港建设总结表彰会。会议全面总结了2019年以来创新港建设取得的成效和存在的问题，对期间涌现出的3个优秀项目经理部、3个模范职工小家、23名先进个人、5名优秀工会干部进行表彰奖励（图161）。

图159

图160

5月28日~29日   陕西省建设工程"长安杯"奖现场复查验收组5名专家分别对项目工程实体和资料进行复查验收，6月28日公布55个获奖项目，创新港位列第一（图162）。

5月29日   创新港科创基地6号楼（米兰联合设计学院）荣获三星级绿色建筑设计标识证书（图163、图164）。

图161

6月10日   沣西新城城乡规划建设局在创新港项目举行的一场脚手架坍塌+触电事故应急演练（图165、图166）。

图162

6月23日	陕西省建筑装饰协会党支部与陕建创新港项目党总支联合开展了学习西迁精神，助力创新港建设为主题党日活动，并共同参观了西迁博物馆（图167）。
7月9日	陕建集团暑期慰问组走进创新港项目，时任陕建集团总经理、党委副书记张文琪要求，要将陕建集团在创新港的品牌擦得更亮（图168）。
7月16日	陕建创新港项目再次启动"六比六赛"劳动竞赛，会上命名了5支党员先锋号、5个工人先锋号和5支青年突击队，并对项目最后阶段冲刺鲁班奖、再次提升项目管理水平进行了动员（图169）。
7月18日	创新港高端人才生活基地开盘（图170）。
8月29日	参加2020年建筑时报全国通联工作会议的10余个省、市建筑行业主管部门、建筑业协会领导，以及各地建筑业企业的宣传干部共40余人，现场观摩了创新港项目（图171）。
9月1日	新渭沙湿地公园正式对外开放。该项目西邻中国西部科技创新港，东靠沣西新城核心区，南起南洋大道，北至新河入渭口，总占地约1438亩，其中一期已于2019年5月正式对外开放（图172）。
9月5日～22日	创新港举办"科创月"活动。期间共举办了359场次活动，向全世界集中展示了科研平台，推介了科技成果，拓展了

图163　　　　图164

图165

图166

图167

图168

图169

图170

图171

图172

图173

图174

图175

图176

与社会的合作。目前，29个研究院、379个科研平台已经入驻，2000余台设备已经到位，研究院运行已逐渐步入正轨（图173、图174）。

9月10日　西安地铁五号线"创新港专列"驶进创新港，8名创新港建设者及家属参加了此次"奔驰在民族复兴道路上的时代快车"为主题的五号地铁开行活动（图175、图176）。

9月12日　西安交通大学在创新港涵英楼南广场举行2020级研究生开学典礼，8000余名学生参加了典礼，使创新港累计已有1.3万余名研究生入驻学习、科研和生活（图177）。

9月22日　创新港获西咸新区城市创新实践奖（图178）。

9月24日～26日　中国建设工程"鲁班奖"现场复查验收组走进创新港，对项目工程实体和资料进行复查验收（图179）。